D1751214

# KÄTHE DELIUS
(1893–1977)

Ortrud Wörner-Heil

# KÄTHE DELIUS
# (1893–1977)

Hauswirtschaft als Wissenschaft

MICHAEL IMHOF VERLAG

BILDNACHWEIS

13, 109, 155, 171, 187, 189, 191: Mende, Deutsches Frauenstreben, 1931; 185: Mende, Deutsches Frauenstreben, 1931 (Foto: Alfred Bischoff, Jena); 27, 31, 33, 307: Archiv der Familienverbindung Delius; 39: Schmidt, Hans, Hundert Jahre, 1929; 47, 61, 79, 80: Berg- und Stadtmuseum Obernkirchen; 103: NLA BU; 120: bpk/Geheimes Staatsarchiv, SPK/Bildstelle GStAPK; 140: Land u. Frau 39/1927; 177, 240: bpk; 183: bpk/Neue Photographische Gesellschaft; 214: bpk/Kunstbibliothek, SMB, Photothek Willy Römer/Willy Römer; 295: Gedenkstätte und Museum Sachsenhausen (Foto Richard Perlia); 326, 333, 342: Max Rubner-Institut, Karlsruhe; 335, 337: Nutzen und Ordnung 4/1952; 357: Nutzen und Ordnung 1,2/1955.

© 2018
Michael Imhof Verlag GmbH & Co. KG
Stettiner Straße 25 | D-36100 Petersberg
Tel.: 0661/29 19 166-0 | Fax: 0661/29 19 166-9
www.imhof-verlag.com | info@imhof-verlag.de

REPRODUKTION UND GESTALTUNG: Patricia Koch, Michael Imhof Verlag
DRUCK: Artprint Druck- & Verlagsdienstleistungs GbR, Fulda

Printed in EU

ISBN 978-3-7319-0737-4

# INHALT

9     Einleitung

19    I. KINDHEIT, JUGEND UND FAMILIE (1893–1912)

19    Eine Nähmaschine und ein eigensinniger Wunsch

26    Kindheit und Jugend in Berlin

32    Die Familie eines höheren Beamten in Preußen

36    Ein altes westfälisches Geschlecht

41    Der internationale Frauenkongress 1912 mit der Ausstellung „Die Frau in Haus und Beruf"

50    II. BERUFLICHE AUSBILDUNG (1912–1917)

50    Die Wirtschaftliche Frauenschule Obernkirchen – „Ich fühle mich diesem Schulwesen stark verbunden."

64    Ausbildung zur Gewerbelehrerin im Pestalozzi-Fröbel-Haus in Berlin

67    Hauswirtschaft und Frauenbildung im Ersten Weltkrieg

75    III. LEHRERIN, AUTORIN, GESCHÄFTSFÜHRERIN (1917–1923)

75    Erste Anstellung als Lehrerin

78    Lehrerin in der Wirtschaftlichen Frauenschule Obernkirchen

83    Akademische Weiterbildung und das erste Fachbuch

| | |
|---|---|
| 86 | Erprobung der Siedlungsidee auf dem Sonnenhof in Ostpreußen |
| 91 | Geschäftsführerin des Reichsverbandes der Beamtinnen und Fachlehrerinnen in Haus, Garten und Landwirtschaft |
| 114 | **IV. IM PREUSSISCHEN LANDWIRTSCHAFTSMINISTERIUM (1923–1934)** |
| 114 | Ein historischer Moment: Die erste Frau im höheren Dienst des Ministeriums – „O wie schön, jetzt zieht der Frühling ins Landwirtschaftsministerium." |
| 119 | Ausbildung für Mädchen und Frauen auf dem Land zu Beginn der Weimarer Republik |
| 126 | Kommunikative Strukturen im Preußischen Landwirtschaftsministerium und der Status einer Beamtin |
| 134 | Der preußische Verwaltungsapparat und der parlamentarische Betrieb |
| 138 | Ein weitgespanntes Netzwerk für Frauenausbildung und Frauenarbeit auf dem Land |
| 142 | Ein Schulwesen entsteht: „Keime zum Wachsen bringen ..." |
| 159 | Neuregelung der Ausbildung von Lehrerinnen der landwirtschaftlichen Haushaltungskunde |
| 166 | Erste Schritte zur Konstituierung einer Wissenschaft von der Hauswirtschaft |
| 175 | Gründung einer Zentrale für Hauswirtschaftswissenschaften an der Akademie für soziale und pädagogische Frauenarbeit – das spätere Institut für Hauswirtschaftswissenschaft |
| 192 | Das landwirtschaftliche Unterrichtswesen in Preußen 1929: Zwei Denkschriften |
| 201 | Von Franz von Papen bis Adolf Hitler – Ein parteienübergreifendes Netzwerk von Frauen ist gefährdet |

| | |
|---|---|
| 207 | Versetzung an das Kulturamt Teltow |
| 215 | Noch im Preußischen Landwirtschaftsministerium im ersten Jahr unter dem Hakenkreuz |
| 223 | Ein dienendes Glied in der Kette der Beamten |
| 237 | V. IM REICHSMINISTERIUM FÜR WISSENSCHAFT, ERZIEHUNG UND VOLKSBILDUNG (1934–1945) |
| 237 | Versetzung in das Reichsministerium für Wissenschaft, Erziehung und Volksbildung |
| 243 | Die Abteilung „Landwirtschaftliches Berufs- und Fachschulwesen" |
| 254 | Sicherstellung des ideologischen Führungsanspruches |
| 256 | Verstaatlichung der Lehrerinnenausbildung und Ausbau des ländlich-hauswirtschaftlichen Schulwesens |
| 264 | Frauen im Zentrum von Wirtschaftsberatung und Betriebsforschung im Vierjahresplan |
| 271 | Bildungsadministration in den angeschlossenen, eingegliederten und annektierten Gebieten |
| 277 | Luftkrieg um Berlin |
| 283 | Eine ernsthafte Erkrankung und die Genehmigung eines Krankheitsurlaubs |
| 287 | VI. INTERNIERUNG IM SPEZIALLAGER NR. 7/NR. 1 SACHSENHAUSEN/ORANIENBURG (1945–1950) |
| 287 | Beschäftigung in der Deutschen Zentralverwaltung für Land- und Forstwirtschaft der sowjetisch besetzten Zone |
| 293 | Überleben im GPU-Keller, in den Speziallagern Nr. 3 Berlin-Hohenschönhausen und Nr. 7/Nr. 1 Sachsenhausen/Oranienburg |

| | |
|---|---|
| 309 | VII. BUNDESFORSCHUNGSANSTALT FÜR HAUSWIRTSCHAFT (1950–1955) |
| 309 | Rückkehr in die berufliche Verantwortung |
| 313 | Initiativen von Frauenverbänden und Vertreterinnen der bizonalen Militärregierung für eine Wissenschaft der Hauswirtschaft |
| 318 | Hauswirtschaft und Marshallplan |
| 327 | Aufbau einer Bundesforschungsanstalt für Hauswirtschaft – Wissenschaft, Forschung, Lehre, Beratung |
| 338 | Protest des Office of Economic Affairs. Food and Agriculture Division, Bad Godesberg |
| 343 | Deutsche Gesellschaft für Hauswirtschaft e. V. |
| 346 | Weiterführung der „Hauswirtschaftlichen Jahrbücher" durch die Zeitschrift „Hauswirtschaft und Wissenschaft" |
| 348 | Konstituierung eines Beirates der Bundesforschungsanstalt für Hauswirtschaft |
| 350 | Verleihung des Professorentitels und Abschied von der Bundesforschungsanstalt für Hauswirtschaft |
| | |
| 360 | Abkürzungen |
| 362 | Literatur |
| 382 | Veröffentlichungen von Käthe Delius, eine Auswahl |

# EINLEITUNG

Dieses Buch richtet seine Aufmerksamkeit auf eine Frau, von der zur Zeit ihres Ausscheidens aus dem Berufsleben im Januar 1955 geschrieben wurde, sie sei „eine weithin bekannte und verehrte Persönlichkeit geworden". Ihre Leistung für die gesamte ländlich-hauswirtschaftliche Bildungsarbeit erfülle „die Älteren, die mit ihr gearbeitet haben, [...] heute noch mit Bewunderung. Die Jüngeren aber sollten von dieser Entwicklung wissen; denn wenn sie heute eine klar umrissene Arbeit und einen wichtigen Auftrag im Rahmen des ländlich-hauswirtschaftlichen Ausbildungs- und Beratungswesens haben, so verdanken sie das im wesentlichen dieser Frau."[1]

Das Wirken dieser in der Weimarer Republik und bis in die 1970er Jahre in der BRD bekannten Frau, Käthe Delius, ist heute weitgehend vergessen. Sie hat weder als Bildungsplanerin für ein ländlich-hauswirtschaftliches Schulwesen noch als Wissenschaftlerin und auch nicht für die Schaffung von Strukturen für eine Wissenschaft der Hauswirtschaft eine ausreichende Würdigung in der Geschichtsschreibung der Hauswirtschaft erfahren.[2] Sie hatte Mitte der 1920er Jahre erkannt, dass das ländlich-hauswirtschaftliche Schul- und Beratungswesen wissenschaftlich qualifizierte Fachkräfte verlangte, deren Ausbildung eine Wissenschaft der Hauswirtschaft voraussetzte. Dieser Einsicht folgend gründete sie als ersten Schritt hin zu einer Konstituierung einer Hauswirtschaftswissen-

---

[1] Sprengel, Aenne, Käthe Delius, in: Hauswirtschaft und Wissenschaft. Neue Folge der „Hauswirtschaftlichen Jahrbücher". Hg. v. d. Gesellschaft für Hauswirtschaft, Bad Godesberg, unter Mitwirkung der Bundesforschungsanstalt für Hauswirtschaft, Bad Godesberg/Stuttgart, Hamburg 1/1955, S. 3–5, hier S. 3.

[2] Ausnahmen bilden: Richarz, Irmintraut, Oikos, Haus und Haushalt. Ursprung und Geschichte der Haushaltsökonomik, Göttingen 1991, S. 256–271; Fegebank, Barbara, Der private Haushalt in systemtheoretisch-ökologischer Betrachtung, Frankfurt am Main u. a. 1994, S. 18f; Schlegel-Matthies, Kirsten, „Im Haus und am Herd". Der Wandel des Hausfrauenbildes und der Hausarbeit 1880–1930, Stuttgart 1995, S. 194–210.

schaft im Jahr 1925 in Berlin die „Zentrale der Hauswirtschaftswissenschaften", die sie der „Deutschen Akademie für soziale und pädagogische Frauenarbeit", gegründet von der Sozialreformerin und Frauenpolitikerin Alice Salomon (1872–1948), anschloss.[3] Diese „Zentrale der Hauswirtschaftswissenschaften" sollte die Vorgängereinrichtung des „Institutes für Hauswirtschaftswissenschaft" werden, das im Jahr 1928 entstand, und als Verein in das Vereinsregister eingetragen werden sollte.

Das Leben der im Jahre 1893 Geborenen umfasst das Kaiserreich, die Weimarer Republik, die Zeit des Nationalsozialismus bis in die Bundesrepublik Deutschland. Als Dreizehnjährige hört sie in einem Gespräch mit ihrer Mutter von neugegründeten Frauenschulen auf dem Lande, die in ländlicher Hauswirtschaft Ausbildungen anboten. Insbesondere ist sie fasziniert von der Aussicht, mit einer solchen Ausbildung „einen Beruf zu haben, unabhängig und selbständig zu sein"[4]. Tatsächlich beginnt sie, eine Tochter aus großbürgerlichem Hause, im April 1912 eine Ausbildung in der Wirtschaftlichen Frauenschule Obernkirchen des Reifensteiner Verbandes. Ihr Weg führt sie über die Prüfung als Gewerbeschullehrerin für Hauswirtschaft und erste Anstellungen als Lehrerin weiter zur Geschäftsführung des Reichsverbandes der Beamtinnen und Fachlehrerinnen in Haus, Garten und Landwirtschaft. Bereits im Mai 1923 wird sie als Referentin für das ländlich-hauswirtschaftliche Schulwesen in das Preußische Landwirtschaftsministerium berufen. Sie hatte sich durch ihre fachlich-praktische Ausbildung sowie durch ihre anspruchsvolle Verbandstä-

---

3 Erste Anstrengungen für eine Wissenschaft von hauswirtschaftlichen Angelegenheiten wurden in Teilbereichen bereits in der „Versuchsanstalt für Landarbeitslehre Pommritz i. Sachsen", im „Institut für Familienforschung" in Berlin u. in der „Versuchsstelle für Hauswirtschaft" des Hausfrauenverbandes in Leipzig, in der Haushaltsmaschinen, Geräte u. Gebrauchsmittel des Haushalts geprüft wurden, unternommen.

4 Delius, Käthe, Ein Leben für die ländliche Hauswirtschaft. Lebenserinnerungen, zugleich eine Geschichte des ländlich-hauswirtschaftlichen Schulwesens von Anbeginn bis 1945, Teil I: Wie kam ich zur ländlichen Hauswirtschaft?, S. 1–6; Teil II: Die wirtschaftlichen Frauenschulen bis zum 1. Weltkrieg, S. 7–22; Teil III: Die Zeit des Weltkrieges und der Nachkriegszeit bis 1923, S. 1–10; Teil IV: Die Jahre von 1923 bis 1933, S. 10–37; Die nationalsozialistische Zeit von 1933–1945, S. 38–46, Typoskript, o. O., o. J., Niedersächsisches Landesarchiv, Standort Bückeburg (NLA BU), D 21, Nr. 1354, hier Teil I, S. 2.

tigkeit empfohlen, die ihr neben der Vertretung der beruflichen Interessen der Frauen die Entwicklung von Konzeptionen für die Verbesserung der schulischen und beruflichen Ausbildung für Mädchen und Frauen auf dem Land abverlangt hatte. Die Durchsetzung ihrer Projekte und die Gestaltung des gesetzgeberischen Rahmens für Berufsqualifikationen hatte sie dabei von Anfang an in eine enge Kooperation mit einer Vielzahl von Berufsverbänden, Abgeordneten und der preußischen Ministerialbürokratie geführt.

Als erste Frau im höheren Dienst des im Jahr 1848 gegründeten Preußischen Ministeriums für Landwirtschaft, Domänen und Forsten gewinnt sie im Kreis von fast ausschließlich Juristen einen prägenden Einfluss auf die Gestaltung und den Ausbau eines ländlich-hauswirtschaftlichen Schul- und Beratungswesens. Dieses erfordert ihrer Ansicht nach eine bessere berufliche Qualifizierung vor allem der Lehrerinnen, was zur Folge haben musste, dass sich deren Ausbildung nicht nur auf wissenschaftliche Inhalte und die Entwicklung einer Wissenschaft von der Hauswirtschaft stützen können musste, sondern auch ein akademisches Studium verlangte. Käthe Delius greift die schon lange und oft vorgetragene Forderung der Hausfrauen- und Landfrauenverbände auf, ein wissenschaftliches Institut für die Hauswirtschaft zu schaffen, das sowohl Lehre wie Beratung und Forschung betreiben sollte. Bereits im Jahr 1892 war für die Ausbildung der männlichen Landwirtschaftslehrer an der Humboldt-Universität Berlin ein viersemestriger Studiengang eingerichtet worden. Im Preußischen Landwirtschaftministerium liegen sogar ältere Pläne für die akademische Ausbildung von ländlich-hauswirtschaftlichen Lehrerinnen an den Landwirtschaftlichen Hochschulen in Bonn und Berlin vor, die jedoch wegen des Weltkrieges nicht umgesetzt wurden.

Es gelingt Käthe Delius, die „Zentrale für Hauswirtschaftswissenschaften" im Jahr 1928 an die Landwirtschaftliche Hochschule in Berlin zu verlegen, es entsteht das „Institut für Hauswirtschaftswissenschaft". Damit wird die Integration in eine Hochschule räumlich vollzogen und den Lehrerinnen zugleich die Möglichkeit gegeben, im Rahmen ihrer Fortbildungen auch Veranstaltungen in der Hochschule zu belegen. Neben der Akademisierung der Qualifikation wird auf diese Weise nicht nur ein wesentlicher Schritt hin zu einer Akzeptanz der Hauswirtschaft als wissenschaftlicher Disziplin getan, sondern ebenso eine Gleichstellung von Lehrern und Lehrerinnen für den ländlichen Bereich erreicht. Trotzdem sollte es noch bis zum Jahr 1962 dauern bis ein erster Lehrstuhl für Wirtschaftslehre des Haushalts und Verbrauchsforschung an der Justus-Liebig-Universität Gießen und ein entsprechender Studiengang, später dann Ökotrophologie (Hauswirtschaft und Ernährung) genannt, eingerichtet wird. Käthe Delius' Erfolge bei der Entwicklung von Ausbildungsgängen für ländlich-hauswirtschaftliche Berufe, bei der Begründung der Hauswirtschaft als Wissenschaft und bei den ersten Schritten, die Hauswirtschaft als wissenschaftliche Disziplin an Universitäten zu etablieren, sollten in der Einrichtung einer Bundesforschungsanstalt für Hauswirtschaft in den 1950er Jahren gipfeln.

Käthe Delius bleibt nach der Machtübertragung an Adolf Hitler im Januar 1933 Ministerialbeamtin. Sie wird vom Preußischen Landwirtschaftsministerium in das Preußische Kultusministerium versetzt, das 1934 in das Reichsministerium für Wissenschaft, Erziehung und Volksbildung (REM) überführt wird. Sie wird nicht entlassen, obwohl sie nicht der NSDAP angehört und sehr viele Frauen in dieser Zeit aus den höheren Verwaltungen entfernt werden. Die Behauptung, sie sei eine der „maßgebliche[n] Nationalsozialistinnen im Bereich Volkswirtschaft – Hauswirtschaft"[5] gewesen, beruht auf der Annahme ihrer Mitgliedschaft in der NSDAP. Dieser Behauptung muss nach gründlicher Überprüfung widersprochen werden. Die Recherchen ergaben, dass es sich bei der festgestellten Mitgliedschaft einer Käthe Delius mit der Mitgliedsnummer 3913463 um eine andere, namensgleiche Frau handelt. Die Mitgliedsnummer 3913463 gehört zu einer Käthe Delius, die am 30. Juni 1889 in Eisleben geboren wurde. Sie war von Beruf Wirtschafterin. Ihr Parteieintritt erfolgte am 1. März 1937. Ihre Wohnung befand sich in Berlin-Wittenau, Heilstätte, Kochküche.[6]

---

5 Harter-Meyer, Renate, Der Kochlöffel ist unsere Waffe. Hausfrauen und hauswirtschaftliche Bildung im Nationalsozialismus, Hohengehren 1999, S. 249–260, hier S. 249.

6 Vgl. BArch, E 0070.

*Einleitung* · 13

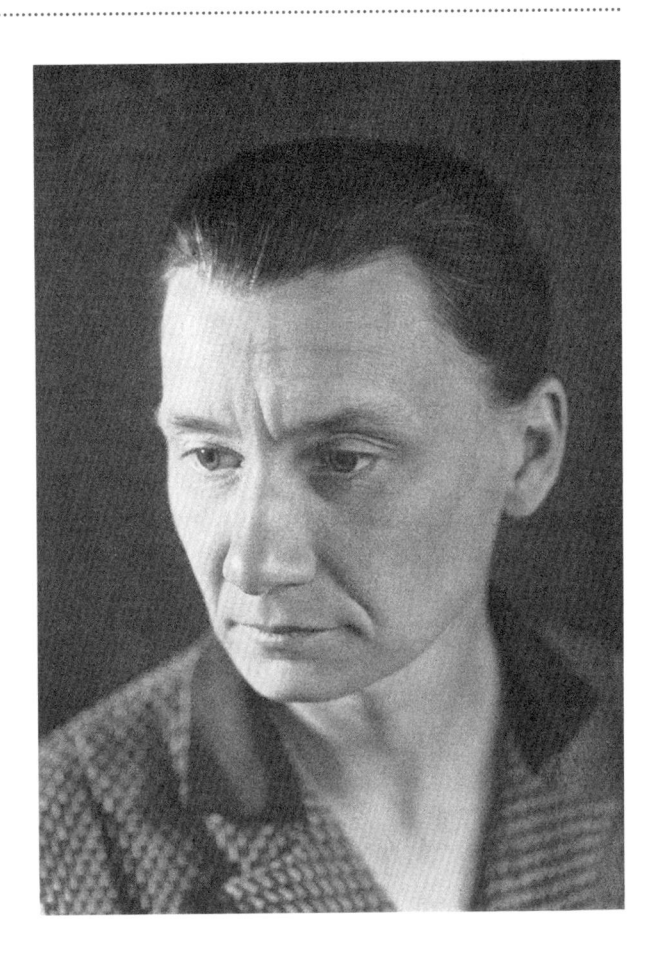

*Käthe Delius, um 1930*

In einer Eintragung im Bestand BArch, R 9361 I 511 finden sich zu derselben Mitgliedsnummer 3913463 für die Person Käte(ohne h geschrieben) Delius mit dem vorgenannten Geburtsdatum, Parteieintrittsdatum und Wohnort die weiteren ergänzenden Angaben: ledig, evangelisch. Hauptamtl. i. d Partei, NSFK, NS-F (führend), NSV, Reichsbund d. D. Beamt., Reichsluftschutzbd., Kolonialbund, Rotes Kreuz.

Um einem flüchtigen und vorschnellen Urteil zu entgehen, wird die Zugehörigkeit von Käthe Delius zur Ministerialbürokratie in der Zeit von 1933 bis 1945 in der vorliegenden Arbeit auf der Grundlage der zur Verfügung stehenden

Quellen und der Literatur erstmals behandelt. Hierbei konnte keine Personalakte von Käthe Delius einbezogen werden, war doch die intensive Suche nach einer solchen in allen einschlägigen Archiven, weiteren Institutionen und Bundeseinrichtungen erfolglos geblieben. Es war auch nicht möglich, Käthe Delius' Berufsbiographie in die Geschichte des REM/RMWEV einzuordnen, da eine solche nicht vorliegt.[7] Grundsätzlich könnte ihre Berufsbiographie ein Baustein sein sowohl für die Analyse des Übergangs von der Weimarer Republik zum

---

7 Eine vom Bundesministerium für Bildung u. Forschung (BMBF) in Auftrag gegebene Machbarkeitsstudie „Vorgeschichte des Bundesministeriums für Bildung und Forschung bzw. seiner Vorgängerinstitutionen" liegt seit Januar 2015 v. Thomas Raithel vor; vgl. Mentel, Christian, Weise, Niels, Die zentralen deutschen Behörden und der Nationalsozialismus. Stand und Perspektiven der Forschung, hg. v. Frank Bösch, Martin Sabrow, Andreas Wirsching, München/Potsdam 2016, S. 48f. Diese Vorstudie prüfte auch die Quellen- u. Literaturlage u. kam zu dem Ergebnis, man habe weitgehend Neuland betreten u. nur wenige Anknüpfungspunkte in der Literatur vorgefunden. Das BMBF wertet diese Studie zur Zeit aus. Gleichwohl ist die profunde Arbeit von Anne C. Nagel zum RMWEV zu nennen, die auch für die vorgelegte Publikation von grundlegender Bedeutung war: Nagel, Anne C., Hitlers Bildungsreformer. Das Reichsministerium für Wissenschaft, Erziehung und Volksbildung 1934–1945, 2. Aufl., Frankfurt am Main 2013.

8 Vgl. zur Frage, welche Aufgaben u. Funktionen eine Ministerialverwaltung u. ihr Personal im Herrschaftsgefüge des NS-Regimes erfüllte, die Studie zur Geschichte des Reichsarbeitsministeriums im Nationalsozialismus: Nützenadel, Alexander (Hg.), Das Reichsarbeitsministerium, Verwaltung – Politik – Verbrechen, Göttingen 2017. Grundlegend dazu die Debatte: Gruner, Wolf, Nolzen, Armin (Hg.), Bürokratien. Initiative und Effizienz, Berlin 2001; Kuller, Christiane, „Kämpfende Verwaltung". Bürokratie im NS-Staat, in: Süß, Dietmar, Süß, Winfried (Hg.), Das „Dritte Reich". Eine Einführung, München 2008, S. 227–245; Reichardt, Sven, Seibel, Wolfgang (Hg.), Der prekäre Staat. Herrschen und Verwalten im Nationalsozialismus, Frankfurt am Main 2011; Broszat, Martin, Der Staat Hitlers. Grundlegung und Entwicklung seiner inneren Verfassung, München 1983. Broszat sprach vom „Prestigeverlust und Bedeutungsschwund des Staatsbeamtentums", der mit der „Machtübernahme" eingesetzt u. sich im Zuge der Kriegsvorbereitung seit 1936 noch fortgesetzt habe. Diese Sichtweise entwickelte sich zur These, die eigentlichen Entscheidungen seien ohne die Regierungsverwaltungen gefallen, die alte Ministerialbürokratie sei mehr u. mehr umgangen u. lahmgelegt worden (S. 323ff.), die Beamtenschaft habe sich trotz Gegenwehr politisch allmählich aufgelöst. Vgl. dazu auch: Hüttenberger, Peter, Nationalsozialistische Polykratie, in: Geschichte und Gesellschaft 4/1979, S. 417–442. Gegen diese Auffassung wurde angeführt, sie stelle eine Entlastungsargumentation für führende Ministerialbeamte nach 1945 dar. Dagegen wurde argumentiert: Auch wenn die Ministerien durch die neuen Institutionen des NS-Regimes unter Druck geraten seien, so hätten sie doch eine Aufwertung ihrer Bedeutung erfahren, denn die Anforderungen seien durch zahlreiche neue Gesetze, Erlasse u. Verordnungen gewachsen, die erarbeitet u. umgesetzt werden mussten. Die Ministerialverwaltung sei keine passive Einrich-

Nationalsozialismus als auch für die Erforschung der personellen und politischen Kontinuitäten des REM/RMWEV vom Kaiserreich bis zur Bundesrepublik.[8] Man kann davon ausgehen, dass die Frage nach personellen Kontinuitäten auch einen Zugang zu institutionellen oder wissenschaftspolitischen Kontinuitäten des gesamten Ministeriums erschließen könnte.[9] Auch für das Reichsministeriums für Ernährung und Landwirtschaft fehlt noch eine grundlegende Studie. Jedoch liegt ein Sachverständigengutachten zur Rolle dieses Reichsministeriums in der NS-Zeit vor.[10] Generell lässt sich für den Bereich der Land-

tung, sondern eine von zahlreichen Akteuren gewesen, die sich innerhalb der komplexen u. zunehmend unübersichtlichen Herrschaftsstrukturen des NS-Staates zu behaupten versuchte. Sie habe sich verstärkt auf die klassische Kernkompetenz, die Lösung politisch-administrativer Aufgaben durch effizientes u. möglichst regelkonformes Verwaltungshandeln konzentriert. Vor dem Hintergrund des nationalsozialistischen Aktionismus sei das Expertenwissen der Beamten von großer Bedeutung gewesen, da eine administrative Umsetzung ohne ihre Unterstützung nicht denkbar gewesen wäre. Bis zum Schluss habe sich das Verwaltungshandeln an bestimmten Regeln u. Routinen orientiert, die zwar situativ umgangen oder angepasst, aber nicht vollständig außer Kraft gesetzt worden waren. Obgleich der Nationalsozialismus den bürgerlichen Rechtsstaat beseitigte, seien zentrale Bereiche des Verwaltungsrechtes intakt geblieben. (Nützenadel, S. 16f) Die Studien über Ministerien verlangen daher die Analyse interner Kommunikationsprozesse, informeller Hierarchien, persönlicher Netzwerke u. Alltagsroutinen. Außerdem verweisen sie darauf, dass nach 1945 persönliche Netzwerke aus der Zeit vor 1945 eine wichtige Rolle spielten. Grundsätzlich bestand ein Mangel an geschultem Verwaltungspersonal. In den westlichen Besatzungszonen u. in der Bundesrepublik wurden qualifizierte Beamte mit NSDAP-Parteibuch zahlreich eingestellt. In den fünfziger Jahren waren oberste Ministeriumsebenen zum Teil bis 70% mit ehemaligen NSDAP-Mitgliedern besetzt. Nützenadel argumentiert: „Die formale Parteimitgliedschaft ist freilich ein Indikator, der für die Frage der politischen Kontinuitäten nur bedingt aussagekräftig ist. Entscheidend ist, dass es sich bei den ministeriellen Eliten offenbar um eine weitgehend homogene Gruppe [...] handelte, die durch gemeinsame professionelle Sozialisationen und politische Erfahrungen geprägt wurden, die von der Weimarer Republik über den Nationalsozialismus bis in die Nachkriegszeit reichten." (S. 29)

9 Vgl. hierzu die erst kürzlich kontrovers geführte Debatte um die Geschichte des Reichsaußenministeriums: Hürter, Johannes, Mayer, Michael (Hg.), Das Auswärtige Amt in der NS-Diktatur, Berlin, München, Boston 2014.

10 Dornheim, Andreas, Prof. Dr. (Otto-Friedrich-Universität Bamberg, Lehrstuhl für Neuere und Neueste Geschichte unter Einbeziehung der Landesgeschichte (Vertretung)), Rasse, Raum und Autarkie. Sachverständigengutachten zur Rolle des Reichsministeriums für Ernährung und Landwirtschaft in der NS-Zeit. Erarbeitet für das Bundesministerium für Ernährung, Landwirtschaft und Verbraucherschutz. Planungsstab Agrarpolitik, Wilhelmstraße 54, Berlin 2011: Dornheim, Andreas, Rasse, Raum und Autarkie. Sachverständigen-

wirtschaft, der Agrarpolitik und auch für die Geschichte der Landfrauen sagen, dass deren personelle Kontinuität vom Dritten Reich bis zur Bundesrepublik Deutschland in Ministerien und anderen staatlichen Einrichtungen ganz unzureichend erforscht ist.[11]

Den Zusammenbruch des Nationalsozialismus und die Eroberung Berlins durch die Sowjetarmee erlebt Käthe Delius in Berlin. Anfang Oktober 1945 wird sie von ihrem früheren langjährigen Mentor und Kollegen im Preußischen Landwirtschaftsministerium, Geheimrat Gustav Oldenburg (1873–1948), in der russischen Zentrale für Land- und Forstwirtschaft der sowjetisch besetzten Zone als Referentin eingestellt. Gustav Oldenburg hatte sich im Jahr 1935 nicht in das Reichserziehungsministerium versetzen lassen, „er zog den Ruhestand vor"[12], wie Käthe Delius überliefert. Trotz der Zugehörigkeit zu dieser neu von der sowjetischen Besatzungsmacht eingerichteten Verwaltung, wird sie am 21. November 1945 von der Operativgruppe Nr. 12 des sowjetischen Geheimdienstes NKDW verhaftet und für fünf Jahre ohne Anklage interniert. Die längste Zeit davon – von 1946 bis 1950 – ist sie im Speziallager Nr. 7 (später Nr. 1) Sachsenhausen in Oranienburg nördlich von Berlin in Haft.

Einige Monate nach ihrer Entlassung aus dem Internierungslager am 19. Januar 1950 wird sie in das Bundesministerium für Ernährung, Landwirtschaft und Forsten eintreten. Bereits ein halbes Jahr danach beauftragt sie der Minister,

gutachten zur Rolle des Reichsministeriums für Ernährung und Landwirtschaft in der NS-Zeit. Erarbeitet für das Bundesministerium für Ernährung, Landwirtschaft und Verbraucherschutz, Bamberg 2011, (http://www.bmel.de/SharedDocs/Downloads/Ministerium/RolleReichsministeriumNSZeit.pdf?blob=publicationFile). Das Gutachten geht auf die Schwerpunkte der nationalsozialistischen Agrarpolitik u. des RMEL ein: Aufbau des Reichsnährstandes, Durchführung des Reichserbhofgesetzes, Enteignung jüdischen Grundbesitzes, staatliche Lenkung u. Kontrolle der Agrarwirtschaft im Rahmen der NS-Kriegswirtschaft,

Schwerpunkte der NS-Agrarforschung sowie die Planungen u. Maßnahmen zur „Neubildung deutschen Bauerntums" mit dem Ziel, ein „Großgermanisches Reich" zu schaffen.

11 Vgl. Kluge, Ulrich, Agrarwirtschaft und ländliche Gesellschaft im 20. Jahrhundert, München 2005, S. 139. Ausnahmen: Münkel, Daniela, Nationalsozialistische Agrarpolitik und Bauernalltag, Frankfurt am Main, New York 1996; Albers, Helene, Die stille Revolution auf dem Lande. Landwirtschaft und Landwirtschaftskammer in Westfalen-Lippe 1899–1999. Ausstellung im Stadtmuseum Münster, Münster 1999.

eine Konzeption für eine Bundesforschungsanstalt für Hauswirtschaft zu entwickeln. Am 1. April 1951 wird sie zur Direktorin dieser Forschungsanstalt berufen. Nunmehr kann Käthe Delius an ihren Projekten zur Wissenschaft von der Hauswirtschaft, die sie in der Weimarer Republik als Referentin im Ministerium entwickelt hatte, wieder anknüpfen. Dass sie im Alter von 58 Jahren, gesundheitlich durch die Haft geschädigt, mit solchen Aufgaben betraut wird, weist auf den guten Ruf hin, den sie sich über Jahrzehnte als versierte Fachfrau im Bildungssektor erworben hat.

Der berufliche Lebensweg von Käthe Delius hatte in der Wirtschaftlichen Frauenschule Obernkirchen des Reifensteiner Verbandes begonnen, in der sie zur Lehrerin für die ländliche Haushaltungskunde ausgebildet worden war. Um diese Qualifikation mit der Ausbildung als Lehrerin für die städtische Hauswirtschaft zu ergänzen, hatte sie sich zur zusätzlichen Ausbildung als Gewerbeschullehrerin im Pestalozzi-Fröbel-Seminar in Berlin entschieden. Ein Zeichen dafür, dass weiterhin eine enge Beziehung zur ländlichen Hauswirtschaft und den Reifensteiner Schulen bestand, zeigte sich daran, dass sie sich sowohl von der Wirtschaftlichen Frauenschule Malchow in Mecklenburg und später auch von ihrer ehemaligen Ausbildungsschule in Obernkirchen als Lehrerin verpflichten ließ. In ihrem weiteren Berufsweg blieb sie freundschaftlich als Beraterin und Förderin sowie als Verantwortliche in der aufsichtführenden Behörde dem Reifensteiner Verband und seinen Schulen intensiv, aber auch kritisch, immer verbunden. Dieser Verband hatte als erster im Jahr 1897 in Deutschland durch die Initiative von Ida von Kortzfleisch (1850–1915) den Unterricht für eine ländliche Hauswirtschaft mit einem Schulkonzept begonnen, das fast einhundert Jahre erfolgreichen Bestand hatte und damit einen wesentlichen Beitrag zur Frauenbildung im 20. Jahrhundert geleistet hatte.[13]

---

12 Delius, Ein Leben, Teil IV, S. 38.
13 Vgl. Wörner-Heil, Ortrud, Frauenschulen auf dem Lande. Reifensteiner Verband (1897–1997), 2. Aufl., Kassel 1997; Wörner-Heil, Ortrud, Adelige Frauen als Pionierinnen der Berufsbildung. Die ländliche Hauswirtschaft und der Reifensteiner Verband, Kassel 2010.

Seit der Schließung der letzten Schulen des Reifensteiner Verbandes im Jahr 1990 pflegt der „Reifensteiner Verband e.V. – Verein ehemaliger Reifensteiner" das Gedächtnis der Schulen durch Überlassung seines Archivs dem Standort Bückeburg des Niedersächsischen Landesarchivs. Ausdrücklich findet sich in der Satzung des Vereins der Auftrag, die „Bewahrung des für die Geschichte der Frauenbildung wichtigen Erbes" zu pflegen. Auch diese Publikation und die dafür notwendigen weitreichenden Recherchen wurden von dem Verein der Ehemaligen und ihrer Vorsitzenden, Ina Farwick, großzügig gefördert.

# I. KINDHEIT, JUGEND UND FAMILIE (1893–1912)

## Eine Nähmaschine und ein eigensinniger Wunsch

In einer Wohnung in Wilmersdorf, damals noch vor den Toren der seit Jahrzehnten rasant wachsenden Stadt Berlin gelegen, fand im Jahr 1906 ein Gespräch zwischen der dreizehnjährigen Käthe Delius und ihrer Mutter Eleonore (1868–1965) statt. Käthe Delius erinnerte sich später, dass dieses Gespräch für sie einen „Schicksalswink" bereithielt, der ihr Leben und insbesondere ihren Berufsweg in bestimmte Bahnen gelenkt habe. Die Mutter hatte von neu gegründeten Frauenschulen auf dem Lande erzählt. Eine läge ganz in der Nähe ihrer Heimatstadt Bielefeld. Sie sprach von der Wirtschaftliche Frauenschule Obernkirchen, die seit dem Jahr 1901 Ausbildungen in ländlicher Hauswirtschaft anbot.[14] Im ersten Prospekt der Schule hieß es, dass in den wirtschaftlichen Frauenschulen gebildete junge Mädchen mit allen Zweigen der wirtschaftlichen Arbeit vertraut gemacht sollen, „und zwar sollen sie dort nicht nur eine gewisse Summe praktischer Kenntnisse erwerben, sondern sie sollen auch in die wissenschaftlichen Grundlagen der Wirtschaft eingeführt werden, um auf dieser Basis selbständig weiterbauen und sich ausbilden zu können." Speziell die Frauenschule in Obernkirchen formulierte das Ziel, ihre „Schülerinnen so weit zu fördern, dass es ihnen möglich werde, die wirtschaftliche Arbeit als **Beruf** zu ergreifen und sich durch dieselbe eine gesicherte Lebensstellung,

---

14 Wörner-Heil, Frauenschulen; dies., Die Wirtschaftlichen Frauenschulen des Reifensteiner Verbandes als neuer Schultyp in der modernen Berufsbildung. Ein Beitrag zu den Anfängen des ländlich-hauswirtschaftlichen Bildungswesens, in: Heidrich, Hermann (Hg.), Frauenwelten. Arbeit, Leben, Politik und Perspektiven auf dem Land, Bad Windsheim 1999, S. 99–118.

etwa als wirtschaftliche Leiterin von Anstalten der sozialen Wohlfahrtspflege, von einzelnen Zweigen großer landwirtschaftlicher Betriebe, vor allem als Haushaltslehrerinnen zu erwerben."[15] Die Gründerin der Wirtschaftlichen Frauenschulen, Ida von Kortzfleisch (1850–1915)[16], hatte ihren Schülerinnen schon 1895 die Bezeichnung „Maiden", wahrscheinlich im Rückgriff auf das englische Wort „maid – Mädchen, unverheiratet", gegeben.

In den Ausführungen des Prospekts steckten reizvolle moderne Stichworte: gebildete junge Mädchen, wirtschaftliche Arbeit, wissenschaftliche Grundlagen, Ergreifen eines Berufes, Leiterin, Lehrerin. Das hörte sich ganz anders an als ein Pensionsjahr, das „höhere Töchter" in einer anderen Familie im Haushalt verbrachten. Die Dreizehnjährige hörte die Beschreibung der Mutter und hatte sofort die Eingebung: „Das ist dein Weg" [17]. Ihr frühreifer Entschluss – Käthe Delius nannte ihn in ihren Erinnerungen „kindlich"[18] – stand fest: Ich möchte einen Beruf ergreifen und mich in der ländlichen Hauswirtschaft ausbilden lassen: „Es war also weder ein innerer noch ein äußerer Zwang für meinen Entschluss maßgebend. Ich folgte einer inneren Stimme, die mir den für mich richtigen Weg zeigte."[19]

So ganz aus heiterem Himmel kamen diese Unterhaltung und auch die Begeisterung der jungen Käthe nicht. Aus zahlreichen autobiographischen Berichten von Töchtern des wohlhabenden Bürgertums, die nach 1880 geboren waren, weiß man, dass eine Berufsausbildung allmählich selbstverständlicher wurde.[20] Betroffen war gesellschaftlich eine noch recht kleine Gruppe, die nicht aus finanzieller Erwägung berufstätig sein musste. Käthes Mutter informierte über die Frauenschulen nicht mit dem Ziel, ein Studium oder eine Erwerbstätigkeit ins Auge zu fassen, vielmehr wird es ihr um höchste Chancen im Zusammenhang mit einer vorteilhaften Eheschließung gegangen sein. Darauf verweisen zahlreiche Hinweise für die jungen Käthe, sie habe diese oder jene Anstrengung im Ausbildungsgang nicht nötig. In gebildeten und höheren Lebenskreisen erwartete man jedoch am Anfang des 20. Jahrhunderts eine gründliche Ausbildung, umfassendere Kenntnisse, sichere Umgangsformen und ästhetischen Geschmack. Es war nicht mehr die biedere Hausfrau gefragt, sondern es wurde mehr Wert auf „kommunikative Fähigkeiten und repräsentative Funktionen der bürgerlichen ‚Gattin, Mutter und Hausfrau'"[21] gelegt. Dieser Tendenz kam zugute, dass die höheren Mädchenschulen ausgebaut wurden und die Anzahl der ausgebildeten Lehrerinnen zunahm. Auch die von der Frauenbewegung vielfach angeregte, öffentlich geführte Diskussion über die Frauenfrage beeinflusste die Meinungsbildung.

Viele, aus bürgerlichen Familien stammenden Mädchen berichteten über ihre Freude, unterrichtet zu werden und lernen zu dürfen. Die „gewisse Unruhe", die sich in dieser Generation ausbreitete, beschrieb die 1885 geborene Schriftstellerin Ina Seidel: „Und vor anderen ging es der Mädchengeneration so, zu der ich gehörte, wenigstens denjenigen von uns, die zu lebendig waren, um das Warten auf die Ehe einzig mit gesellschaftlichem Betrieb, mit Dilettantismus in den bildenden Künsten und am Klavier, mit Handarbeiten und Staubwischen auszufüllen. Wir waren voll innerer Unruhe und von Wissenshunger besessen, wir beneideten diejenigen unserer Bekannten, die sich zu Abitur und Studium entschlossen – es waren in meinem Gesichtskreis nur zwei Mädchen. [...] Wir lasen Carlyle, Ruskin, Nietzsche, Harnack und Ellen Key durcheinander; wir gründeten kleine Gruppen, um uns im logischen Denken und Begriffsbestimmen zu üben. Aber was nutzte das alles, da wir ja mit unseren Füßen nicht auf hartem realen Boden standen, da wir die eigentliche Substanz des Lebens niemals anrühren konnten, sondern durch sieben irisierende Schleier von ihr getrennt blieben! Von all unserem Bemühen, blieb

---

15 Wirtschaftliche Frauenschule Obernkirchen, Reg. Bez. Kassel, Verein für wirtschaftliche Frauenschulen auf dem Lande, o. O. 1903, o. S. [S. 5f]. Hervorhebungen im Original.
16 Wörner-Heil, Frauenschulen, insb. S. 32–59; dies., Adelige Frauen als Pionierinnen, insb. S. 181–254.
17 Delius, Ein Leben, Teil I, S. 2.
18 Ebd.
19 Ebd., S. 4.
20 Zu bildungsbürgerlichen Erziehungswegen u. zu Mustern von Mädchen- u. Jungenerziehung vgl. Budde, Gunilla Friederike, Auf dem Weg ins Bürgerleben. Kindheit und Erziehung in deutschen und englischen Bürgerfamilien 1840–1914, Göttingen 1994; dies., Blütezeit des Bürgertums. Bürgerlichkeit im 19. Jahrhundert, Darmstadt 2009.
21 Frevert, Ute, ‚Mann und Weib, und Weib und Mann'. Geschlechter-Differenzen in der Moderne, München 1995, S. 158.

nichts zurück als der rein motorische, triebhafte Wunsch: arbeiten zu können."²² Auch bei der jungen Käthe zeigte sich schon bald, dass graduell ein Frauenbild interessanter wurde, das sich von der traditionellen Frauenrolle unterschied.

Konnte sich Käthe Delius bei ihrer Entscheidung für die ländliche Hauswirtschaft auf sich abzeichnende Talente stützen? Gab es in ihrer Familie oder in ihrem Umkreis Bezüge zur ländlichen Hauswirtschaft, so dass das Mädchen wusste und kannte, für was sie sich entschied? Beides kann mit nein beantwortet werden. Sie hatte keine wirklichen Vorstellungen, was eine ländliche Hauswirtschaft war. Sie war noch nicht einmal aufgeklärt, was der städtische Haushalt ihrer eigenen Familie, in dem sie lebte, hauswirtschaftlich erforderte, weil sie gut behütet und versorgt, aber nicht zu Pflichten herangezogen wurde. Es gab hierfür Bedienstete. Sowohl ihre mütterliche wie auch ihre väterliche Familie besaßen keine bäuerliche Tradition. Käthe kannte kein Leben auf dem Bauernhof oder einen Gutshaushalt. Sicher, die Sommerfrische verbrachte man im Gebirge oder an der See – aber dann logierte die Familie in Hotels. Die Wohnung in Berlin besaß keinen Garten. Der Großvater mütterlicherseits in Bielefeld war wohl ein begeisterter Botaniker, die Enkelkinder lernten bei ihm zweifellos die eine oder andere Pflanze kennen. Aber mit Nutzpflanzen hatten die Kinder keine besondere Berührung, das war Sache des Gärtners. Das Kind Käthe hatte auch keinerlei Erfahrung mit Einkaufen. Käthe Delius vermutet im Alter, sie hätte damals wohl keinen Weißkohl von einem Wirsing unterscheiden können. Kurz gesagt: Käthe kannte kein Landleben, allenfalls Phantasien davon. Aber sie besaß eine technische, handfertige Begabung. Käthe galt in ihrer eher technisch unbegabten Familie als praktisch veranlagt. Sie nähte nämlich ohne weitere Anleitung mit einigem Geschick Puppenkleider und wurde dafür „angestaunt". Dieses Talent wurde schon in jungen Jahren mit einer Nähmaschine belohnt.

Dennoch hatte ihr Entschluss eine klar umrissene Dimension: Diese bezog sich auf den so grundsätzlichen wie eigenwilligen Wunsch, „einen Beruf zu haben, unabhängig und selbständig zu sein"²³. An dieser Stelle deutet sich im jugendlichen Prozess der Persönlichkeitsentwicklung bei Käthe ein entschiedenes, von ihrer Familie keineswegs erwartetes Begehren an, das dispositionelle Funktion besaß und eine zentrale Bedeutung für ihr zukünftiges Verhalten erlangen sollte. Schon im jugendlich naiven Wunsch klingt das Bedürfnis nach Emanzipation von weiblichen Konventionen an. Mehr intuitiv suchte sie nach Möglichkeiten für Autonomie und Selbstbestimmung. Sie selbst schreibt: „Es waren wohl alles nur nebellose Phantasien, wobei allerdings der Gedanke, einen Beruf zu haben, unabhängig und selbständig zu ein, eine festere Gestalt gewann."[24] Die familiäre und gesellschaftliche Konvention sah für sie dagegen keine außerhäusliche Berufstätigkeit vor.

Beim Abgang von der Schule im Jahr 1909 war Käthe Delius mit einer weiteren Mitschülerin die einzige, die einen Beruf ergreifen wollte. Auch wenn die Eltern sich Käthes Ausbildungswünschen nicht widersetzten, so zweifelten sie nicht am gängigen Geschlechtermodell, sollte sie doch mehrfach im Laufe ihres Ausbildungsweges von ihnen hören, dass sie das alles nicht tun müsse, sie habe dies materiell nicht nötig. Aber dennoch unterstützten sie den Wunsch nach einer guten Ausbildung. Wurde der Vater in Gesellschaft oder in beruflichen Zusammenhängen auf die Berufswünsche seiner Tochter angesprochen, so war es ihm „sichtlich unangenehm"[25]. Zur Erklärung verwies er immer an seine Frau. Seit Ende des 19. Jahrhunderts forderten immer mehr Eltern aus dem mittleren und höheren Bürgertum – im Chor mit männlichen Mädchenschulpädagogen und Vertreterinnen der Frauenbewegung – eine Weiterentwicklung der höheren Mädchenschulen.[26] Jedoch war kulturell das Verständnis von den traditionellen Geschlechterrollen noch tief verankert. Die Mutter verlangte von der Tochter, dass sie vor Beginn der Ausbildung mindestens zwei Winter ausgehen müsse. Eine mögliche Eheanbahnung durch Tanzvergnügun-

22 Seidel, Ina, Meine Kindheit und Jugend. Ursprung, Erbteil und Weg, Stuttgart 1935, S. 186–192.
23 Delius, Ein Leben, Teil I, S. 2.
24 Ebd.
25 Ebd., S. 4.
26 Kleinau, Elke, Opitz, Claudia, Geschichte der Mädchen- und Frauenbildung, Band 2. Vom Vormärz bis zur Gegenwart, Frankfurt/New York 1996, insb. S. 85–203.

gen und Bälle sollte ihr nicht entgehen. Diese Unternehmungen zeigten an, dass der Abschnitt des jugendlichen Heranwachsens zu Ende ging.

Wie Käthe Delius so beschrieb auch Marie-Elisabeth Lüders[27] und die mit ihr befreundete Dorothee von Velsen (1883–1970) in ihren Erinnerungen die für viele weitere Mädchen zutreffende Lebenslage: „Von den wirtschaftlichen Veränderungen, die sich anbahnten, wurde das Leben der besitzenden Schichten zu Anfang des Jahrhunderts kaum berührt. Vor allem die jungen Mädchen lebten harmlos dahin. [...] Das Dasein der jungen Mädchen jener Zeit wurde vor allem durch das Bewußtsein ihrer Nutzlosigkeit beschwert. Eine Ehe zu schließen, womit sie im Grunde alle rechneten, war keineswegs mehr so sicher wie früher, als diese von den Familien geplant und vorbereitet wurde." Dorothee von Velsen berichtet, dass zahlreiche Mädchen Reaktionen zeigten, sich anderes wünschten, denn „sie selber wollten im Grunde diese Sicherheit nicht mehr. Sie waren anspruchsvoll geworden und verlangten mehr als ein ruhiges Genügen."[28]

Dorothee von Velsen machte darauf aufmerksam, dass unter den Konventionen um die Jahrhundertwende vor allem die Generation der in den 1890er Jahren Geborenen litten: „Am frühesten zeigte sich der Konflikt in seiner ganzen Schärfe bei der Jüngsten von uns. Ruth ging in ihr elftes Jahr, stand also noch der Stufe fern, in der Sehnsucht und unbestimmte Hoffnung den Eigenwillen besänftigten. Sie war klug, begabt und wollte lernen. Eine der guten öffentlichen Schulen, wie Berlin sie besaß, wäre angezeigt gewesen."[29] Aber öffentliche Schulen gefielen der Mutter nicht. So wurde die Jüngste erst abgeschirmt in einem privaten Zirkel geschult und später auf eine Privatschule geschickt. Für Dorothee von Velsen sollte es noch Jahre dauern, bis sie ihren Wunsch nach sinnvollem Tun umsetzen konnte. Ein erster Schritt war für sie, sich für Kurse zu interessieren, die systematisch auf soziale Arbeit vorbereiteten. Solche Kurse, die zu einer Sozialen Schule ausgeweitet werden sollten, gab Alice Sa-

---

27 Lüders, Marie-Elisabeth, Fürchte dich nicht. Persönliches und Politisches aus mehr als 80 Jahren, 1878–1962, Köln, Opladen 1963, S. 34–43.

28 Velsen, Dorothee von, ... im Alter die Fülle. Erinnerungen, Tübingen 1956, S. 80f.

29 Ebd., S. 81.

lomon (1872–1948)³⁰. Alice Salomon nahm sie als Schülerin auf. Dies war für Dorothee von Velsen der „Schicksalswink", den sie überschwänglich und für ihr weiteres Leben als prägend beschrieb: „Nun aber begann meine Arbeit, und ich ging an wie ein Licht! Noch heute fühle ich die freudige Erregung, und das Herz hüpft in mir, gedenke ich jener Jahre. Denn ich kam in mein Eigentum. In meine eigene Aufgabe. Nicht die soziale Frage ergriff mich, sondern der Kampf der Frauen um das Recht der eigenen Lebensführung."³¹

Das Recht der Frauen auf eine eigene Lebensführung und die Schaffung einer soliden beruflichen Basis hierfür, kristallisierte sich auch bei Käthe Delius als starker Impuls heraus. Welcher Beruf war für diese jungen Frauen und auch für sie denk- und wählbar? Da blieb keine große Auswahl, denn die meisten Berufe waren den Frauen versperrt. Grundsätzlich kam erst einmal keiner in Frage, denn als höhere Tochter aus großbürgerlichen Kreisen waren sie von jeglicher Erwerbstätigkeit freigestellt. Ihre zukünftige Aufgabe bestand darin, eine gute Hausfrau, Gattin und Mutter zu werden. Und wenn doch an eine berufliche Tätigkeit gedacht wurde, dann konnte standesgemäß die Wahl fallen auf eine Gouvernante, Lehrerin, Gesellschafterin oder Krankenpflegerin – Tätigkeiten, die kaum wissenschaftliches oder soziales Ansehen hatten und auch finanziell unsicher waren. Um die Jahrhundertwende 1900 war dagegen das Konzept der Wirtschaftlichen Frauenschulen zeitgemäßer und neuartiger, da es, ohne die Tradition gänzlich aufzugeben, unkonventionell wirtschaftliche, handwerkliche, praktische Bereiche einbezog, die Frauen bisher verschlossen waren und grundsätzlich für mehr Unabhängigkeit und Selbstständigkeit von

---

30 Alice Salomon war eine liberale Sozialreformerin in der deutschen Frauenbewegung u. eine Wegbereiterin der sozialen Arbeit als Wissenschaft. Am 15. Oktober 1908 gründete sie die reichsweit erste interkonfessionelle Soziale Frauenschule in Berlin-Schöneberg, die seit 1932 Alice-Salomon-Schule hieß. Ab 1990 trug sie den Namen Staatliche Fachhochschule für Sozialarbeit u. Sozialpädagogik, seit 1991 Alice Salomon Hochschule Berlin – ASH Berlin. Auch Alice Salomon gehörte zu der Frauengeneration, die sich aus den Erwartungen ihrer Familie u. der gesellschaftlichen Konvention löste. Als junges Mädchen war sie nicht zufrieden mit kleinen häuslichen Diensten u. hatte sich Jeanette Schwerin angeschlossen. Diese war einer der ersten Frauen Berlins, die sozialen Missständen nachging.

31 Velsen, … im Alter, S. 101.

Frauen und bessere Berufsbildung warb. Das Frauenschulkonzept wandte sich in vielerlei Beziehung gegen das herrschende Weiblichkeitsideal und votierte für Freiräume. Und nicht zuletzt setzte es kein Abitur oder ein Studium voraus, die in der Regel für Frauen noch immer nicht möglich waren.

Es wird offensichtlich, und es sollte sich in den kommenden Jahren noch stärker herauskristallisieren, dass Käthe Delius etwas anderes wollte, als höhere Tochter zu sein. So war es folgerichtig, dass die jugendliche Käthe statt Backfischliteratur als Lektüre Lebenserinnerungen von Personen wählte, die von unkonventionellen und radikalen Lebenswegen, insbesondere von Frauen, handelten: u. a. Malwida von Meysenbug, Carl Schurz und Lilli Braun. Einige Jahre später sollte sie durch Besuch der prominenten Ausstellung in Berlin „Die Frau in Haus und Beruf", die 1912 mit einem Frauenkongress verbunden war, direkte Bekanntschaft mit der organisierten Frauenbewegung machen, wohnte Vorträgen über die zu bekämpfenden Restriktionen für Frauen bei, konnte zugleich Frauen beobachten, die kenntnisreich und souverän argumentierten und agierten. Sie wurde hier konfrontiert mit vielen aktiven Frauen, konnte erkennen, dass der Kampf um Rechte und Chancen für bessere Ausgangsbedingungen sich schon weit entwickelt hatte.

## Kindheit und Jugend in Berlin

Zum Zeitpunkt des wegweisenden Gesprächs zwischen Mutter und Tochter lebte Familie Delius seit drei Jahren, seit dem Oktober 1903, in Wilmersdorf. Käthes Vater, der Jurist Johannes (Hans) Konrad Daniel Delius (1859–1932), war ein halbes Jahr zuvor an das Kammergericht Berlin versetzt worden.[32] Die Familie hatte eine Wohnung in einer zentralen und dennoch ruhigen innerstädtischen Wohnstraße, der Schaperstraße 32, bezogen.[33] Wilmersdorf hieß in dieser Zeit noch Deutsch-Wilmersdorf, war offiziell noch ein Dorf, ein Begriff, der die Tatsache verbirgt, dass Wilmersdorf als südwestlicher Vorort von Berlin schon damals ein vornehmer Berliner Außenbezirk mit einer beachtlichen Einwohnerzahl von über 30.000 Einwohnern war. Wilmersdorf lag an der Berliner

*Dr. Johannes Konrad Daniel Delius, Vater von Käthe Delius*

Ringbahn, war mit der Großstadt Berlin durch elektrische Straßenbahnen verbunden. Der Ort besaß zwei Gymnasien, das prominente traditionsreiche Joachimsthalsche Gymnasium[34], das Bismarckgymnasium und zusätzlich ein Reformrealgymnasium. Die Schaperstraße grenzte sogar an das Joachimsthalsche

32 Westfälisches Geschlechterbuch, bearbeitet v. Uta v. Delius, Bielefeld-Theesen, Siebenter Band. Deutsches Geschlechterbuch. Genealogisches Handbuch Bürgerlicher Familien. Quellen- und Sammelwerk mit Stammfolgen Deutscher Bürgerlicher Geschlechter, Band 193, Limburg a. d. Lahn 1987, S. 399.

33 Brief Landesarchiv Berlin v. 5.8.2016.

34 Im Jahr 1880 hatte das Joachimsthalsche Gymnasium einen Neubau in der Kaiserallee 1–12, der heutigen Bundesallee, bezogen. Die Schule war ein beachtlicher Komplex, besaß mehrere Gebäude, auch Unterkünfte für Lehrer u. Schüler, eine Sporthalle u. dehnte sich bis zum Fasanenplatz aus.

Gymnasium, ein Umstand, dem sie auch ihren Namen verdankte: Der Pädagoge Karl Julius Heinrich Schaper (1828–1886) war von 1872 bis 1886 Rektor des Gymnasiums gewesen. Bereits ab 1890 waren um das Schulgelände die neuen Quartiere des Berliner Westens entstanden. Für die Familie Delius mit fünf Kindern waren die Schulen sicher wichtige Einrichtungen, die auch ihre Wohnungssuche gelenkt haben dürften. In unmittelbarer Nähe der Wohnung lag auch der Gründungsstandort der Freien Volksbühne.

Mit dem Einzug in die Schaperstraße war Familie Delius in eine mit vielen Vorzügen ausgestatte Vorstadtidylle gezogen. Ganz nah zur Schaperstraße verlief der Kurfürstendamm, der die Nordgrenze zum angrenzenden Ortsteil Charlottenburg bildete. Sehr prominent war das legendäre Seebad Wilmersdorf, eine Badeanstalt, die der Wilmersdorfer Gastronom Otto Schramm (1845–1902) gegründete hatte. Auf ihn geht auch der berühmte Tanzpalast Schramm zurück. „Gehn wir zu Schramm" wurde zu einem geflügelten Wort der Vergnügung suchenden Berliner. Familie Delius wohnte bereits drei Jahre in Wilmersdorf, als dieses 1906 das Stadtrecht erhielt. Ab 1912 führte die Stadt die Bezeichnung Berlin-Wilmersdorf. 1920 wurde Wilmersdorf nach Groß-Berlin eingemeindet. In weniger als zwanzig Jahren war der Stadtteil Wilmersdorf mit knapp 140.000 Einwohnern zur Großstadt angewachsen.

Wie wohnte und lebte Familie Delius? Konnte Käthe Delius ihre Bücher mit elektrischem Licht lesen? Gab es in ihrer Wohnung schon Steckdosen, Bügeleisen, die mit Strom betrieben wurden, elektrische Kochapparate, eine beheizte Waschmaschine oder gar einen der sehr seltenen Kühlschränke? Auch wenn in Berlin die Wiege der öffentlichen Energieversorgung in Deutschland stand, so kann man annehmen, dass die Jugendliche noch nicht mit elektrischem Licht las. 1884 wurde die Aktiengesellschaft Städtische Elektricitäts-Werke zu Berlin gegründet – das erste Unternehmen in Europa, das die öffentliche Stromversorgung betrieb. Die Elektrifizierung ab den 1880er Jahren hatte auf längere Sicht gesehen umwälzende Veränderungen im öffentlichen und privaten Bereich zur Folge, der auf der ständigen Verfügbarkeit von Strom beruhte. Da aber die elektrische Beleuchtung anfangs noch viel teurer war als das Gaslicht, wurde sie hauptsächlich für einerseits repräsentative Bereiche genutzt und andererseits war sie in erster Linie für vermögende Kreise erschwinglich. In weiten Teilen Berlins wurde aber hauptsächlich noch bis ins 20. Jahrhundert hinein Gas genutzt. In kleinen Wohnungen hielten sich noch lange Petroleumlampen. Bis 1910 waren erst 3,5 % der Berliner Wohnungen an das Stromnetz angeschlossen, erst ab den 1920er Jahren kann man von einem vermehrten Einzug von Elektrizität in die Privathaushalte sprechen. Auch wenn angenommen werden kann, dass Familie Delius zu den Wohlhabenderen gehörte, so waren auch deren äußere Lebensumstände in vieler Hinsicht doch der Zeit entsprechend einfach: keine Zentralheizung, Schlafzimmer ungeheizt, kein fließendes Wasser in allen Zimmern.

Die erste Wohnung von Familie Delius hatte enorme andere Vorteile, denn sie war ganz nah am sogenannten Geheimratsviertel im alten Westen Berlins zwischen Zwölf-Apostel-Kirche, Nollendorfplatz, Marienstrasse, Lützowplatz und dem neu entstehenden Westen gelegen, dort, wo auch die Familie von Marie-Elisabeth Lüders wohnte. Sehr viele befreundete Familien wohnten hier eng beieinander. Marie-Elisabeth Lüders berichtet von 17 befreundeten Familien mit 122 Kindern zwischen dem Bahnhof Zoologischer Garten und Marchstraße. Lebenslange Freundschaften seien hier entstanden. Soziale Kontakte über Schichten hinweg seien eingeübt worden: „Zu diesem Massenaufgebot von Spielgefährten und Schulkameraden gehörten – vollkommen selbstverständlich – auch die zahlreichen Kinder der Portier-, Gärtner-, Diener- und Kutscherfamilien. Mit ihnen und durch sie haben wir wahrscheinlich sehr viel mehr ‚Volksverbundenheit' praktiziert, als es politische Zweckpropaganda später künstlich hervorzurufen vermochte. Wir waren gleichberechtigt im Spiel und in der Benutzung des Spielzeugs. Die meisten hatten den gleichen Schulweg mit uns, und wir halfen ihnen, wenn nötig, bei den Schularbeiten. Das war selbstverständlich."[35] Selbstverständlich gab es auch Konflikte: Die sogenannten ‚Herr-

---

35  Lüders, Fürchte dich nicht, S. 24–27.

schaftskinder' bezogen ebenso nachdrücklich Keile von den Portierskinder wie umgekehrt.

Auch die Familie von Dorothee von Velsen wohnte in diesem Wohnareal der Familien der höheren Beamten. Der Vater war im Jahr 1900 nach Berlin versetzt worden, wo er die Leitung der preußischen Bergverwaltung übernahm. Die Familie bewohnte ein Stockwerk eines Hauses am Kurfürstendamm, direkt dem Zoologischen Garten gegenüber. Man hörte von hier sowohl die Glocken der Kaiser-Wilhelm-Gedächtniskirche wie auch das Heulen der Wölfe und Schakale im Zoo. Noch im Alter sprach Dorothee von Velsen vom „Zauber" dieser Wohnung. Das Haus mit einem prunkhaften, marmorgeschmückten Aufgang besaß schöne Vorderzimmer, einen langen, dunklen Flur, auf der hinteren Seiten Stuben, aus denen man auf Gärten schauen konnte und eine geräumige Veranda mit dem Blick ins Grüne.

Obwohl nicht alle bürgerlichen Familien so liberal wie die Lüdersche gewesen sein mögen, die den Kindern viel unbeaufsichtigten Freiraum gewährten, auf den Aufenthalt im Freien war aber auch die Familie Delius bedacht. Aufzeichnungen von Käthe Delius belegen, von wie großer Wichtigkeit für sie als Kinder der nah gelegene Zoologische Garten Berlins war, der 1841 gegründet und damit der älteste Zoo Deutschlands war. In diesem Zusammenhang erfährt man auch, dass die Familie ein Kinderfräulein beschäftigte: „Meine Mutter sorgte sehr dafür, dass wir täglich in frische Luft kamen und da wir einen Garten nicht hatten, so wurden wir täglich mit dem Kinderfräulein in den Zoologischen Garten geschickt"[36]. Die Kinder lernten durch die häufigen Besuche die Zootiere intensiv kennen: „Wir sahen den Löwen sich immer in seinem Käfig bewegen, wir kannten die Gewohnheiten der Bären, der Affen, der Seehunde. Wir liebten den Elefanten und freuten uns, wenn er mit seinem Rüssel unsere hingeworfenen Bissen ertastete und zum Maul führte. Wir kannten die Fütte-

---

36 Delius, Ein Leben, Teil I, S. 3.
37 Ebd.
38 Ebd.

*Eleonore Elise Delius
geb. Niemann, die Mutter
von Käthe Delius im Alter
von über 90 Jahren*

rungszeiten der einzelnen Tiere und wussten genau, was und wieviel die Tiere zu fressen bekamen."³⁷

Familie Delius wohnte bis 1917 in der Schaperstraße, zog dann in die Meierottostraße 7, eine nur um die Ecke gelegene, noch ruhigere Straße – ein Beleg dafür, dass man sich in Wilmersdorf wohl fühlte. Käthe selbst fand, dass sie in Berlin als „echtes Großstadtkind" aufwuchs und betonte: „[...] ich liebte auch diese Stadt in ihrer Weite und Großzügigkeit mit ihren vielen Möglichkeiten."³⁸ Die Familie blieb mehrere Jahrzehnte in Berlin, wohnte bis zum Tod des dreiundsiebzigjährigen Vaters am 5. April 1932 in Wilmersdorf in der Meierottostraße. Die Mutter Eleonore überlebte ihren Mann mehr als dreißig Jahre. Sie war in Bielefeld am 2. August 1868 geboren und starb mit 97 Jahren in Freiburg im Breisgau. Nach einigen Monaten im Jahr 1932 in Zehlendorf am Hohenzollerndamm 22 wohnte die Mutter dann bis nach dem Zweiten Weltkrieg in der Zehlendorfer Riemeisterstraße 148. Sie sollte noch nach weiteren Umzügen innerhalb Zehlendorfs und am Ende Dahlems bis zum Mai 1959 in Berlin bleiben und zog erst dann, schon 91-jährig, nach Freiburg im Breisgau in das Evangelische Seniorenstift „Abendfrieden" in der Schloßbergstraße 32, wo sie von ihren „Töchtern liebevoll betreut" wurde. Als ihr die Familienzeitung Delius im Jahr 1965 zum Geburtstag gratulierte, konnte sie von fünf Enkelkindern und zehn Urenkeln berichten.[39] Am 18. November 1965 starb Eleonore Delius.[40]

## Die Familie eines höheren Beamten in Preußen

Bevor die Familie in Berlin sesshaft wurde, hatte sie bedingt durch den Beruf des Vaters Johannes (Hans) Konrad Delius, geboren am 2. Dezember 1859 in Versmold, schon an verschiedenen Orten gewohnt. Der Vater hatte von 1874 bis 1878 mit dem Rats-Gymnasium die älteste nichtgeistliche Schule in dem nahegelegenen Osnabrück besucht, die schon 1595 gegründet worden war.[41] Jura studierte er in Jena und Berlin. Im Jahr 1881 hatte er seine Referendarsprüfung bestanden. Seine Ausbildung als Referendar hatte er in Bielefeld, Münster, Berlin, Dortmund und wieder Berlin absolviert. Die juristische Staatsprüfung legte er 1887 in Berlin ab. Ein Jahr später, am 18. September 1888, im sogenannten Dreikaiserjahr[42] heiratete Hans Konrad Delius Eleonore Elise geb.

39 Die Familienfotos u. Informationen aus der Familienzeitung stellte freundlicherweise Uwe Standera, Archiv der Familienverbindung Delius, zur Verfügung. Zit. n. Familienzeitung 30/1965, S. 96.
40 Ab 30.9.1946 Berlin – Zehlendorf, Am Lappjagen 43. Ab 13.10.1952 Berlin – Zehlendorf, Argentinische Allee 173. Ab 4.5.1953 Berlin – Zehlendorf, Wilskistr. 51B. Ab 20.8.1957 Berlin – Dahlem, Am Hirschsprung 53–59. Ab 7.2.1959 Berlin – Zehlendorf, Am Lappjagen 43. Brief Landesarchiv Berlin v. 5.8.2016.
41 Dies ist einem Artikel v. Hermann Delius-Bielefeld, Amtsgerichtsdirektor, entnommen: „Geheimer Justizrat Dr. Hans Delius, Kammergerichtsrat i. R. †, o. O.", der im Familienarchiv Delius aufbewahrt wird.
42 Die Familiendaten sind entnommen: Westfälisches Geschlechterbuch, bearb. v. Uta v. Delius, S. 399. Das Dreikaiserjahr: Kaiser Wilhelm I., der am 9.3.1888 in Berlin gestorben war, folgte sein an Kehlkopfkrebs erkrankter Sohn Friedrich Wilhelm als Friedrich III. Dieser starb nach nur 99 Tagen Regentschaft am 15.6.1888 in Potsdam. Am selben Tag bestieg sein ältester Sohn Friedrich Wilhelm als Wilhelm II. den Thron als Deutscher Kaiser u. König von Preußen.

*Günther Delius, der ältere Bruder von Käthe Delius, der am Ende des Ersten Weltkrieges in Frankreich fiel.*

Niemann in deren Heimatort Bielefeld, wo sie auch aufgewachsen war. Dort begann auch die aufstrebende Karriere von Hans Delius.

Käthe Auguste Bertha Maria Delius wurde am 7. März 1893 in Hamm in Westfalen als drittes Kind der Familie Delius geboren. Ihre beiden älteren Geschwister waren vier und ein Jahr alt und in Bielefeld zur Welt gekommen, der Bruder Günther im Jahr 1889[43], die Schwester Irmgard 1892[44]. Der Vater war

---

43 Geboren am 10.6.1889. Günther Delius, juristischer Referendar in Bielefeld, fiel 1918 am Ende des Ersten Weltkriegs in Frankreich. Er hatte im Juli 1917 Elisabeth Helene Meyer (1894–1976), Tochter des Fabrikdirektors Carl Meyer u. seiner Frau Luise geb. Diering, beide aus Bielefeld, geheiratet. Nach dem Tod des Vaters wurde die Tochter Rose-Marie geboren, in: ebd., S. 400f. Außerdem: Brief Landesarchiv Berlin v. 5.8.2016.

44 Geboren am 7.1.1892. Irmgard blieb unverheiratet, war später tätig als Jugendleiterin in Berlin-Zehlendorf. Sie starb 1956 in Berlin: ebd., S. 400.

hier als Assessor tätig. Im Dezember 1891 erhielt er in Hamm in Westfalen eine Stelle als Richter am Amtsgericht. Die Familie wohnte anfangs in der Königstraße 22 in der östlichen Altstadt, zog später dann in die Südstraße 20. Im Adressbuch aus dem Jahr 1893 wird der Vater als „Vereinspräses" des Hammer Kriegsvereins genannt.[45] Auch aus den biographischen Angaben im Geschlechterbuch geht hervor, dass er seine militärische Dienstpflicht für die Nation sehr ernst nahm. Alle Daten, auch seiner Reservezeit, werden aufgeführt. Nach dem Ersten Weltkrieg erhielt er den Charakter als Major. Vier Jahre, von 1891 bis 1895, blieb die Familie in Hamm, dann wurde Hans Delius als Landrichter nach Cottbus in die Niederlausitz versetzt.

In Cottbus wohnte die Familie in der Bahnhofstr. 50.[46] Hier wurden die beiden jüngeren Geschwister Hans Conrad[47] und Eleonore[48] geboren. Acht Jahre später, im Jahr 1903, stand nochmals ein Umzug an, dieses Mal nach Berlin, wo die Familie dann für Jahrzehnte lebte. Der Vater hatte zunächst eine Stelle als Hilfsrichter beim Kammergericht Berlin angetreten. Zwei Jahre später wurde er Kammergerichtsrat und seit 1914 trug er den Titel Geheimer Justizrat. Dies war ein nichtakademischer Titel, der vom Staat als Auszeichnung an oberste Beamte Preußens, an Rechtsanwälte und Notare verliehen wurde, die

---

45 Brief Stadtarchiv Hamm v. 29.7.2016. Weitere Quellen stehen wegen der Kriegsverluste des Stadtarchivs nicht zur Verfügung.
46 Brief Landesarchiv Berlin v. 5.8.2016.
47 Geboren 29.5.1897. Dr. jur. Hans Conrad Delius war Jurist bei der Preußischen Seehandlung zu Berlin. Er starb am 29.5.1947 im sowjetischen Speziallager Nr. 6 Jamlitz „nach Verschleppung (1945)". Westfälisches Geschlechterbuch, bearb. v. Uta v. Delius, S. 400, 402. Das Speziallager Jamlitz bestand v. September 1945 bis April 1947. Nach sowjetischen Unterlagen durchliefen etwa 10.200 Gefangene dieses Lager. Beinahe jeder Dritte fand den Tod. Dieses Lager hatte demnach die höchste Todesrate aller sowjetischen Speziallager. Die Haftgründe blieben auch nach Öffnung der NKDW-Registraturakten umstritten. Mehrheitlich waren die Internierten, wenn überhaupt, dann den niedrigen Funktionen innerhalb der NSDAP u. ihren Gliederungen zuzuordnen. Am 3.7.1926 hatte Hans Conrad Delius Martha Ellinghaus (1894–1962), Tochter eines Kaufmanns aus Bielefeld geheiratet. Das Paar hatte vier Töchter: Christine Rose, Uta Eleonore, Veronika u. Martha Maria, in: ebd., S. 402-404.
48 Geboren 2.7.1899. Eleonore heiratete am 4.7.1936 in Freiburg im Breisgau den Privatlehrer Oskar Meyer (1892–1975). Die Ehe blieb kinderlos. Im Westfälischen Geschlechterbuch von 1987 wird als deren Adresse das Johanneshaus in Niefern-Öschelbronn angegeben, wo Käthe Delius 1977 gestorben war, in: ebd., S. 401.

damit auch rangfähig am Hof Wilhelms II. waren. Hans Delius gehörte der zweiten (großen) Justizprüfungskommission in Berlin an, verstand sich zudem als juristischer und staatswissenschaftlicher Schriftsteller und veröffentlichte zahlreiche Bücher und Aufsätze in mannigfachen Zeitschriften. Er publizierte auf den Gebieten des Straf-, Vereins-, Jagd-, Beamten-, Presse- und Auslieferungsrechts, sowie des Straf- und Zivilprozess- und Rechtshilferechts. Es heißt, eine große Reihe seiner Bücher und Ausgaben einzelner Gesetze gehörten zum ständigen Rüstzeug des praktischen Juristen. In den Urteilen höherer Gerichte wurde er beachtet und häufig zitiert. Sein erfolgreichstes Buch war das „Beamtenhaftpflichtgesetz", das bis zu seinem Tod vier Auflagen erreichte. Einem Gebiet widmete er, der selbst ein eifriger Jäger war, besondere Aufmerksamkeit: dem Jagdrecht. An den Vorarbeiten für eine neue preußische Jagdordnung Ende der 1920er Jahre nahm er noch teil.[49] Im Ersten Weltkrieg war er von August 1914 bis November 1916 als Bahnhofskommandant in Berlin-Neukölln tätig. Im April 1925 wurde Hans Delius in den Ruhestand versetzt. Im Nachruf von Hermann Delius ist vermerkt, dass dieser 1931 sein 50-jähriges Doktorjubiläum feiern konnte, was auch in der Öffentlichkeit beachtet worden sei. Käthes Vater präsentierte sich somit als gebildeter Bürger im Dienste des Staates, der sich kraft seiner Qualifikation am gesellschaftswissenschaftlichen Diskurs beteiligte und Stellung bezog. Der Lebensweg von Käthe Delius wird davon geprägt, wie noch gezeigt werden wird.

---

49 Von zahlreichen der folgenden Publikationen erschienen auch bearbeit. Auflagen. Delius, Hans, Die Zwangsvollstreckung aus schiedsmännischen Vergleichen nach preussischem Recht, §32 der Schiedsmannsordnung vom 29. März 1879 (GS. S. 321), Berlin 1889; ders., Die Auslieferung flüchtiger Verbrecher aus fremden Ländern nach dem Königreich Preussen: zum praktischen Gebrauch bearbeitet, Berlin 1890; ders., Das preußische Vereins- und Versammlungsrecht unter besonderer Berücksichtigung des Gesetzes vom 11. März 1850, Berlin 1891; ders., Das Reichsgesetz über die Presse vom 7. Mai 1874 und die übrigen auf das Preßwesen bezüglichen Bestimmungen der Reichs- und Landesgesetze, Strafgesetzbuch, Gewerbeordnung, Gerichtsverfassungsgesetz, Urheberrechtsgesetze, Postgesetz usw., Hannover 1895; ders., Die gerichtliche Praxis in Strafsachen, Berlin 1900; ders., Die Haftpflicht der Beamten, Berlin 1901; ders., Die Rechtsverhältnisse der geschlossenen Gesellschaften und Vereine nach preußischem Recht, Berlin 1902; ders., Handbuch des Rechtshilfeverfahrens im Deutschen Reiche sowie im und gegenüber dem Auslande, 3.,neubearb. Aufl.,

## Ein altes westfälisches Geschlecht

Von Käthe Delius ist nur eine knappe Schilderung ihrer Familiengeschichte überliefert. In ihren „Lebenserinnerungen" stellt sie die Frage „Wie kam ich zur ländlichen Hauswirtschaft?" und kommt zum Schluss, dass aus ihrer Herkunftsfamilie keine Anregung gekommen wäre: „Ich stamme aus einer Familie ohne jede bäuerliche Tradition. Es ließ sich weder in der väterlichen noch der mütterlichen Linie auch Jahrhunderte zurück kein Bauer nachweisen, die Vorfahren waren Pastore, Beamte, Industrielle. Wir hatten auch keinerlei Beziehungen zum Lande, sodass ich als Kind niemals Gelegenheit hatte das Leben auf einem Bauernhof oder einem Gutshaushalt kennen zu lernen." [50]

Nürnberg u.a. 1906; ders., Deutsches Vereinsrecht und Versammlungsrecht in privat- und öffentlich-rechtlicher Beziehung unter besonderer Berücksichtigung des preussischen Rechts, 4., verb. und wesentl. verm. Aufl., Berlin 1908; ders., Deutsches Vereinsrecht und Versammlungsrecht in privat- und öffentlich-rechtlicher Beziehung unter besonderer Berücksichtigung des preussischen Rechts; Nachträge 4., verb. und wesentl. verm. Aufl., Berlin 1909; ders., Die Zivilprozeßordnung nebst Einführungsgesetz i.d. vom 1. April 1910 an geltenden Fassung, Mannheim u.a. 1910; ders., Die Rentengutsbildungen in der Provinz Schleswig-Holstein. Ein Beitrag zur inneren Kolonisation Preußens, Hannover 1910; ders. (Hg.), Handbuch des Rechtshilfeverfahrens im Deutschen Reich sowie im und gegenüber dem Auslande in bürgerlichen Rechtsstreitigkeiten, in Konkurssachen, in Angelegenheiten der freiwilligen Gerichtsbarkeit und in Verwaltungssachen: Auf d. Grundlage d. von Ferdinand Böhm verfaßten „Handbuchs d. Rechtshilfeverfahrens in bürgerlichen Rechtsstreitigkeiten u. Konkurssachen", 4., wesentl. verm. u. vollst. umgearb. Aufl., Nürnberg 1911; ders., Das öffentliche Vereins- und Versammlungsrecht unter besonderer Berücksichtigung des preußischen Rechts, Berlin 1912; ders., Das deutsche Reichs- und Staatsangehörigkeitsgesetz, Mannheim u.a. 1913; ders., Preußisches Jagdrecht, Dalcke, Albert, vollst. umgearb. u. wesentlich verm. Aufl., bearb. von Hans Delius, Breslau 1914; ders., Schutz des Familiennamens gegen Decknamen (Pseudonyme) von Schauspielern und Schriftstellern, Sonderdruck aus der Zeitschrift „Der deutsche Herold", 1915, Nr. 9 u. 10; ders., Das Fischereigesetz vom 11. Mai 1916, Berlin 1916; ders., Die Landesfischereiordnung vom 29. März 1917 und die Bezirksfischereiordnungen, Berlin 1917; ders., Das preußische Rentengut, 5. Aufl., 11. – 14. Tsd., Berlin 1918; ders., Internationale Rechtsverfolgung, Berlin-Zehlendorf-West 1920; ders., Das Gemeinde-Bestimmungsrecht, Berlin u.a. 1925; ders., Das preußische Fischereigesetz, 2., verb. und verm. Aufl., Berlin 1929; ders., Die Beamtenhaftpflichtgesetze des Reiches und der Bundesstaaten, Berlin 1929; ders., Das Jagdrecht in der gerichtlichen Praxis, Bd. I. Erster Teil, Berlin 1930; ders., Waffengesetze. Die Gesetze über Schußwaffen und Munition sowie gegen Waffenmißbrauch vom 12. April 1928 und 28. März 1931 nebst waffenrechtlichen Nebengesetzen, Berlin 1931.

50 Delius, Ein Leben, Teil I, S. 2f.

Die väterliche Familie Delius ist ein altes westfälisches Geschlecht. Zuerst nachgewiesen ist es durch einen Grabstein des Johann Daniel Delius, der aufweist, dass dieser im Jahr 1670 in Wagenfeld geboren worden und 1707 in Berenkämpen gestorben war.[51] Es heißt, dass dieser Ahne, ein Urenkel des Stammvaters Johannes Delius, kurbrandenburgischer Vogt und Holzförster zu Wehrendorf gewesen war.[52] Das Geschlecht Delius lässt sich bis zum Jahr 1554 zurückverfolgen, vermutlich das Geburtsjahr des Stammvaters, der der erste reformierte Pastor zu Kleinenbremen bei Minden in Westfalen war.[53] Sieben Söhne des Johann Daniel Delius begründeten die sieben Äste des westfälischen Stammes der Familie Delius. Der fünfte Ast war der Versmolder Ast, der wie zwei weitere Äste heute noch Nachfahren vorweisen kann. Zum Versmolder Ast gehört die Familie von Käthe Delius, dessen Besonderheiten im Westfälischen Geschlechterbuch beschrieben werden. Die Nachkommen dieses Astes „weisen die mannigfachsten Berufe auf. Im Gegensatz zum Bielefelder Ast tritt hier der Kaufmannsstand zahlenmäßig zurück. Richterliche und Verwaltungsbeamte, Offiziere, Ärzte, Landwirte, Schriftsteller und Ingenieure finden sich vor. Während die Beamten und Offiziere ihren Sitz in Deutschland namentlich in den westlichen Provinzen und in Berlin haben, üben andere, besonders die Kaufleute, ihren Beruf auch außerhalb Deutschlands in Frankreich, England, Mexiko, Nord- und Südamerika, in Indien und Ozeanien aus."[54]

Der Stammvater dieses Astes wurde Daniel Conrad Delius, der 1721 in Versmold ansässig wurde. Das Stammhaus in Versmold wurde die „freie Bürgerstelle Nr. 41". Wie auch in Bielefeld, so widmete sich auch in Versmold die Familie Delius dem Leinen- und Segeltuchhandel. 1729 wurde Daniel Conrad Delius

---

51 Vgl. Westfälisches Geschlechterbuch, bearb. v. Uta v. Delius. Im Jahr 1937 ließ die Familie ein Wappen in die „Deutsche Wappenrolle" eintragen: „In Silber eine goldbesamte rote Rose mit grünen Kelchblättern, deichselförmig besteckt mit drei gestielten grünen Kleeblättern. Auf dem rot-silbernen Decken drei Straußenfedern, eine silberne zwischen zwei roten." Ebd., S. 1.
52 Ebd.
53 Ebd., S. 3.
54 Westfälisches Geschlechterbuch, bearb. v. Uta v. Delius, S. 5f.

Bürgermeister und eröffnete damit „die lange, hundertjährige Reihe der Bürgermeister namens Delius"[55].

Auch Käthes Großvater August Delius (1818–1868), den sie nicht kennenlernen konnte, war ausgewandert. 1839 ging der junge Delius nach Mexiko, betrieb dort ein Leinen- und Segeltuchgeschäft zu Durango. Später holte er seine zwei Brüder Hermann und Albrecht in sein Geschäft nach. Es heißt, dass er seinen Brüdern schließlich das Geschäft überließ und 1857 für immer nach Versmold zurückkehrte. Möglicherweise waren gesundheitliche Gründe ausschlaggebend, dass er sich 1858 mit 40 Jahren zur Ruhe setzte. Vielleicht hatte er aber auch genug verdient, denn von einem entfernteren Familienangehörigen, der auch als Kaufmann in Mexiko tätig war, heißt es: „Der Vetter brachte reiche Erfahrungen und recht bedeutende Kapitalien vom Auslande mit."[56] Käthes Großvater August Delius heiratete 1858 die sehr viel jüngere Louise Böckelmann (1832–1896) aus Bielefeld. Fünf Kinder wurden geboren – das älteste war der Vater von Käthe Delius, Johannes (Hans), der erst neun Jahre alt war, als sein Vater fünfzigjährig starb.

Auch Käthes Mutter Eleonore stammte aus einer Fabrikantenfamilie aus Bielefeld. Sie war die Tochter des Fabrikanten und Kaufmann Hugo Niemann (1836–1914)[57], der erst 21-jährig im Jahr 1858 mit Gustav Bertelsmann die Plüschweberei Bertelsmann & Niemann gründete.[58] Ihre Mutter war Ottilie Jung (1843–1885). Eine Darlegung der Firmengeschichte durch den Bruder von Käthes Mutter, Carl Niemann, der später als Teilhaber in die Firma einstieg, macht deutlich, dass die Herstellung von Plüsch ab den 1880er Jahren – 25 Jahre nach Firmengründung – sehr einträglich war und die Familie reich machte. Ab dem Jahr 1871 schnellte der Gewinn sprunghaft nach oben: „Bei diesen, für damalige Bie-

---

55 Schmidt, Hans, 1828–1928. Hundert Jahre Geschichte der Firma Conr. Wilhm. Delius & Co. Mechanische Spinnerei und Weberei für Segeltuche Versmold (Westf.), Berlin 1929, S. 3.
56 Ebd., S. 43.
57 Carl Niemann gibt als Todesjahr 1917 an, im Westfälischen Geschlechterbuch ist 1914 notiert.
58 Niemann, Carl, Geschichte der Firma Bertelsmann & Niemann, Bielefeld, von 1858 bis 1924, hg. u. eingel. v. Karl Ditt, in: Jahresbericht des Historischen Vereins für die Grafschaft Ravensberg, Bielefeld 1977, S. 159–189.

*Titelgraphik der Festschrift Hundert Jahre Firma Conr. Wilhm. Delius & Co., Versmold*

lefelder Verhältnisse hohen Gewinnen, hatte sich der Vermögensstand der beiden Inhaber sichtlich erweitert und haben sie in diesen Jahren den Grund gelegt zu der Periode in den achtziger Jahren, welche man wohl als die Glanzperiode der Firma in deren ersten Drittel Jahrhundert bezeichnen kann."[59] Als der Gründer Hugo Niemann Ende 1890 aus der Firma austrat, besaß er ein Gesamtvermögen von fast einer Million Mark. Der Sohn bescheinigte ihm eine verhältnismäßig einfache Lebenshaltung und eine „tadellose Verwaltung" seines Vermögens.[60] Im Jahr 1900 – das berichtet Carl Niemann – fand eine erste Erbteilung unter den Geschwistern statt. Nach dem Tod des Vaters wurden die Geschwister „allmählich ausbezahlt"[61]. Dies gibt Anlass zu der Feststellung, dass Hans Delius mit seiner Heirat von Eleonore im Jahr 1888 eine sehr gute Partie machte.

59 Ebd., S. 175.
60 Ebd., S. 175f.
61 Ebd., S. 184.

Die Gründung einer Plüschfabrikation war eine Konsequenz aus der Krise gewesen, in die das vorherrschende Gewerbe Minden-Ravensbergs, die Flachsspinnerei und die Leineweberei, geraten war. Der gewichtigste Grund war die Mechanisierung der Garnherstellung in Irland, England und Belgien. Trotz des entstandenen Konkurrenzdrucks blieb Bielefeld für eine ganze Weile durch den Anbau eines hochwertigen Flachses weiterhin die Leinenstadt. Die Mechanisierung war jedoch nicht der einzige Ausweg. Man wandte sich dem Weben von neuen Stoffen zu, etwa von Samt und Seide. Die Plüschweberei entwickelte sich aus der Samtweberei. Schon der Urgroßvater von Käthe Delius, der Leinenhändler Christian Niemann (1787–1860), hatte die Plüschweberei erwogen.[62] Dieser Urgroßvater war Teilhaber der Leinenhandlung Weber, Laer und Niemann, Beigeordneter des Bürgermeisters und einer der Gründer der Ravensberger Spinnerei gewesen. Gegen Ende der 1850er Jahre zählte er zu den hundert reichsten Einwohnern Bielefelds.[63]

Carl Niemann charakterisierte seinen Vater Hugo, Käthes Großvater, als einen feinfühlenden Menschen, „der neben seinem kaufmännischen Beruf die verschiedensten Interessen hatte, der einen Shakespeare Club gründete, in der Botanik Bescheid wusste, Klavier spielte und die Musik der Klassiker beherrschte, also eine viel idealere und nicht so real angelegte Natur wie Bertelsmann."[64] Er besaß eine gründliche kaufmännische Ausbildung, eine gute Kenntnis der Webereitechnik und sprach englisch und französisch. Am Altstädter Kirchplatz besaß er ein eigenes Haus. Unter einer großen Beeinträchtigung hatte Hugo Niemann aber zu leiden: Er war schwerhörig. In der Familie mütterlicherseits starb die Großmutter von Käthe Delius sehr früh. Sie lernte nur den Großvater kennen, bei dem sie sich oft als Kind und sogar zwei Jahre als Jugendliche aufhalten sollte.

---

62 Ebd., S. 161f.
63 Stadtarchiv Bielefeld, Akte H 9,2, zit. n. Niemann, Geschichte, S. 162.
64 Ebd., S. 168.

65 Freundliche Information von Uwe Standera, Archiv der Familienverbindung Delius, zit. n. Familienzeitung 30/1965, S. 96.

Bielefeld sollte im Kaiserreich zum führenden Zentrum der Herstellung von Plüsch werden. Die Firma exportierte insbesondere nach England und Amerika. Die Weberei lieferte Plüsch für die Eisenbahnen des sich stark ausdehnenden Bahnnetzes in den USA. In den 1950er Jahren stellte die Fabrik dann in großem Umfang Möbelstoffe her. In Bielefeld sind bis heute Firmengebäude erhalten, und es findet sich eine Bertelsmann-und-Niemann-Strasse.

Auch wenn die räumliche Entfernung zwischen Berlin und Westfalen groß war, so lag der Familie von Käthe Delius der Familienzusammenhalt sehr am Herzen. Die Pflege der Geschichte, des Familiensinns und Familienzusammenhalts der westfälischen Gesamtfamilie konzentrierte sich auf die Einrichtung eines Familienarchivs, die Gründung einer Familienzeitung 1913, der Delius'schen Familienzeitung, und ab 1873 der Veranstaltung von Familientagen durch die „Familienverbindung Delius westfälischen Stammes". Vater Hans war viele Jahre im Vorstand, ein „eifriger Mitarbeiter" an der Delius'schen Familienzeitung und bekannt dafür, dass er sich sehr für die Familienverbindung einsetzte. Es interessierten ihn besonders die Fragen nach dem Ursprung der Familie, die Entstehung des Namens und der Zusammenhang mit den sächsischen Delius'. Auch Käthes Mutter Eleonore – im Familienkreis Tante Ella genannt – wird testiert, dass auch sie der Sippe Delius und vielen einzelnen Familienangehörigen immer großes Interesse und Anteilnahme an ihrem Schicksal entgegengebracht habe: „Sie kannte die Stammbäume in- und auswendig und nahm an allen Lebensschicksalen der einzelnen Familienmitglieder regen Anteil."[65]

## Der internationale Frauenkongress 1912 mit der Ausstellung „Die Frau in Haus und Beruf"

Käthe Delius besuchte bis 1909 eine Höhere Mädchenschule, auch Lyzeum genannt, die bis zur zehnten Klasse reichte. Vermutlich war es eine private Mädchenschule, da die kommunalen und staatlichen noch sehr selten waren. Auch wenn das private Mädchenschulwesen sehr uneinheitlich aufgebaut war und von Schule zu Schule stark variierende Lehrpläne aufwies, zeichneten sich alle höheren Töchterschulen durch eine geschlechtsspezifische Allgemeinbildung aus, die auf Ehe, Haushalt und Mutterschaft vorbereiteten. Im Jahr 1908 hatte in Preußen eine Reform des Mädchenschulwesens bedeutsame Fortschritte in der Mädchenbildung gebracht. Es waren nun verschiedene Schultypen eingerichtet, die das Abitur und damit die Hochschulreife möglich machten. Dazu gehörten auch die sogenannten Studienanstalten.

Käthe Delius vermerkt in ihren Erinnerungen, dass sie gar nicht auf die Idee gekommen sei, eine Studienanstalt zu besuchen, denn ihr lange feststehendes Ziel war ja die Wirtschaftliche Frauenschule, für die Abitur nicht verlangt wurde.[66] Es trat jedoch ein anderes für sie ärgerliches Hindernis in den Weg: Die sehnlich gewünschte Schule konnte erst mit 18 Jahren besucht werden. Käthe war bei ihrem Abgang aus der Selekta aber erst sechzehn Jahre alt. Die jugendliche Käthe war ungehalten, drohte jetzt doch ein Intermezzo als „höherer Tochter", was ihr offensichtlich unangenehm war. Sie hatte aber Glück im Unglück, denn sie durfte das Pensionsjahr, das man gewöhnlich im Ausland verbrachte, mit dem Besuch einer neu eingerichteten Frauenschule in Bielefeld inklusive einiger Monate Aufenthalt in England ersetzen. Diese Frauenschule hatte das Bildungsziel, Allgemeinbildung mit haus- und volkswirtschaftlicher Orientierung zu vermitteln. In diesen zu überbrückenden zwei Jahren lebte sie längere Zeit beim Großvater Hugo Niemann in Bielefeld und führte das von der Mutter gewünschte Leben eines jungen Mädchens mit Tanzen und Tennisspielen.

Bevor es im Frühjahr 1912 endlich soweit war, in die Wirtschaftliche Frauenschule Obernkirchen aufgenommen zu werden, machte sie eine Erfahrung, die einen nachhaltigen Eindruck bei ihr hinterließ. Käthe Delius besuchte die vom 24. Februar bis 24. März 1912 in Berlin gezeigte Ausstellung „Die Frau in Haus und Beruf" und den begleitenden internationalen Frauenkongress vom 27. Februar bis 2. März. Nach 1896 und 1904 war dieser Kongress der dritte Internationale Kongress, den der Bund Deutscher Frauenvereine (BDF) in Berlin veranstaltete. Er gestaltete sich als ein glanzvoller Auftritt der Frauenbewegung, die sich als sozial- und parteiübergreifende Kulturbewegung präsentierte und zugleich eine politische Demonstration ihrer Präsenz und ihres Einflusses war. Die Anregung hierfür war von der Vorsitzenden des Berliner Lyceum Clubs, der Frauenrechtlerin, Unternehmerin und Sozialpolitikerin Hedwig Heyl (1850–1934) ausgegangen.[67] Für die Gesamtorganisation der Ausstellung war sie selbst, für den Kongress die Vorsitzende des BDF Gertrud Bäumer (1873–1954) verantwortlich. Die Schirmherrin Kaiserin Auguste Viktoria (1858–1921) nahm an der feierlichen Eröffnung teil, für die eigens eine Festkantate von der Komponistin und Dirigentin Elisabeth Kuyper (1877–1953) für Frauenchor und das Berliner Frauenorchester geschrieben wurde. In dieser Kantate trug die „schaffende Frau" das Hohe Lied der befreienden Frauenarbeit vor, verfasst von der Schriftstellerin Margarete Bruch (1882–1963): „Aus tiefer Nächte Dämmerschoß / Ringt sich's empor und will zur Sonne, / Du Schaffende, in Arbeitswonne / Wird deine Seele frei und groß. / Dein ist der herrliche Gewinn, / Dir blüht die Welt in Licht und Farben, / Du erntest Deine Mühe Garben / Und bist Dir selbst Erlöserin."[68]

An die zehntausend Frauen hatten ehrenamtlich ein Jahr Ausstellung und Kongress vorbereitet. Johanna Erika von Boetticher, die Tochter des ehemaligen Staatsministers Karl Heinrich von Boetticher (1833–1907), die von 1904 bis 1905 die Frauenschule in Reifenstein besuchte, zeigte sich beeindruckt von der Außenwirkung der Ausstellung: „Der Geist, der die Frauen beseelte, die das große Werk unternahmen, der Mitwelt zu zeigen, inwieweit Frauenarbeit auch

---

66 Vgl. Schaser, Angelika, Frauenbewegung in Deutschland 1848–1933, Darmstadt 2006.

67 Hedwig Heyl hatte 1869 den Charlottenburger Farbenfabrikanten Georg Heyl (1840–1889) geheiratet, mit dem sie fünf Kinder hatte. Eine der ersten von ihr gegründeten sozialen Einrichtungen war ein Kindergarten für die Kinder ihrer Fabrikmitarbeiter. Im Jahr 1884 gründete sie eine Koch- u. Haushaltungsschule. Sie schrieb u. a. das Kochbuch „Das ABC der Küche", Berlin 1885.

1905 gehörte sie zu den Gründungsmitgliedern des Lyceum Clubs Berlin, des ersten internationalen Frauenclubs in Deutschland mit einem Partnerclub in London. 1915 gehörte sie zu den Gründungsmitgliedern des Deutschen Hausfrauen-Bundes.

68 Böttcher, Johanna Erika von, Eine Plauderei über die Ausstellung „Die Frau in Haus und Beruf", in: Reifensteiner Maidenzeitung 15/April 1912, S. 5–9, hier S. 5, Archiv Bückeburg.

zur wirtschaftlichen Größe Deutschlands beigetragen hat, weht überall in den Räumen und packt selbst die Lauesten, die sich nicht für Frauenbewegung interessieren, noch je etwas darüber gelesen zu haben. Es ist das Gemeinsamkeitsgefühl der Frau, das stark und überzeugend zum ersten Mal in Deutschland sich Bahn bricht."[69] Es war nicht die erste öffentliche Darstellung der Frauenbewegung, aber sicher eine der stärksten und selbstbewusstesten, die nach Ansicht vieler ein Kulminationspunkt war und einen Durchbruch im Hinblick auf Breitenwirkung demonstrierte. Johanna Erika von Boetticher selbst gehörte zur Vortragskommission, die für jeden Tag Vorträge organisiert hatte.

Als Förderer für Ausstellung und Kongress traten die Berliner Gaswerke auf. 5.000 Frauen aus aller Welt hatten sich in Berlin eingefunden und wurden von Staatsministern und Fürstinnen deutscher Länder willkommen geheißen. Die Frau des Reichskanzlers Theobald von Bethmann Hollweg, Martha geb. von Pfuel, lud 800 Frauen zu einem Empfang ins Reichskanzler-Palais in der Berliner Wilhelmstraße 77 ein. Zu diesem Empfang erschien auch der Reichskanzler, der bekannt dafür war, liberale Auffassungen zu vertreten, der der Fortschrittlichen Volkspartei nahe stand und sich mit den Frauenrechtlerinnen zur Erinnerung ablichten ließ.

Die Ausstellung, die parallel zum Kongress lief, fand in zahlreichen Ausstellungshallen am Zoologischen Garten statt. Es war eine monumentale Ausstellung von Frauenwelten im privaten, öffentlichen und beruflichen Raum. Spektakulär war, dass die Kaiserin mit einem Rundgang die Ausstellung nobilitierte.[70] Der Zuspruch des Publikums war enorm: 500.000 Besucher wurden verzeichnet, zeitweise kam man nur mühselig voran. Die Restaurants, das größte befand sich im Zoologischen Garten, waren ständig überfüllt. Man konnte sich

---

69 Ebd.
70 Velsen, ... im Alter, S 110–114.
71 Boetticher, Eine Plauderei, S. 8; Krüger, Elsa, Der deutsche Frauenkongress, in: Reifensteiner Maidenzeitung 15/1912, S. 9-14; Heydekampf, Anna von, „Die Frau in der Landwirtschaft" auf der „Frauenausstellung", in: Reifensteiner Maidenzeitung 15/1912, S. 14–19; Götze, Marianne, Nächtliche Erlebnisse während der Berliner Ausstellungstage, in: Reifensteiner Maidenzeitung 15/1912, S. 19–22; Boetticher, Johanna Erika von, Der Maidentee 27. Februar 1912, in: Reifensteiner Maidenzeitung 15/1912, S. 23–26.

moderne Küchen, die von Architektinnen entworfen waren, anschauen. Eine Stollwerck'sche Kakaostube war aufgebaut, in einer Maggiküche konnte man Suppe essen. Die Grünfeld'schen Webstühle und Nähmaschinen rasselten unentwegt. In zierlichen Pavillons waren künstlerische Werke, Handarbeiten und kunstgewerbliche Erzeugnisse zu bewundern, in einem Kiosk wurde über die Leistungen der Frau in der Presse informiert. Auf viel Interesse stieß die umfangreich vorgestellte Marienfelder Gartenbauschule. Es gab einen Bereich zum Thema „Die Frau in den Tropen", einen weiteren, in dem die Jugendpflege präsentiert wurde. Auf einer Empore zwischen den beiden Hallen spielte jeden Nachmittag eine Frauenkapelle. Es präsentierten sich große Institutionen, wie das deutsche Rote Kreuz und der Vaterländische Frauenverein und zeigten ihre Arbeit in der Wohlfahrtspflege. In der beruflichen Abteilung wurde über hunderte von Frauenberufen informiert. In der Halle 11 stellten sich die Industrie und die Landwirtschaft vor. Dort waren Verkaufsstellen sowohl der Produzentinnen vom Land wie auch der Stadt mit ganz unterschiedlichen Waren aufgebaut.

Es gab zwei Präsentationen, die zu Publikumsmagneten gerieten: Das war zum einen der Scherl'sche Pavillon, der das Zeichnen von Schnittmustern vorführte. Die Darbietung der Moden aus den letzten Jahrzehnten an lebensgroßen Modellen bildete den Übergang von der ersten zur zweiten Halle. Der zweite prominente Teil war die Vorstellung der Arbeits- und Lerngebiete der wirtschaftlichen Frauenschulen. Am Eingang dieses Bereiches stand ein Zelt, in dem sämtliche Prospekte nicht nur der Reifensteiner Schulen, sondern auch der dem Verband angeschlossenen Schulen anderer Träger ausgelegt waren, in denen ehemalige Frauenschülerinnen Interessierte berieten. Tafeln informierten über die Berufstätigkeit der Absolventinnen. Jede Frauenschulen wurde mit Fotos vorgestellt. Die Frauenschule Scherpingen hatte einen Geflügelhof mit Rammelsloher Hühner, Enten und Puten aufgebaut, die mit Gackern permanent auf sich aufmerksam machten. Der Brutapparat und die kleinen Küken fesselten die Aufmerksamkeit der Besucher, denn „wie eine Mauer stehen die Menschen vor den süßen, kleinen Tierchen."[71] Die Frauenschule Groß-Sachsenheim bewirtschaftete in praxi einen Molkereipavillon, der unter der Leitung von Ruth Steiner, geb. von Kalckreuth[72], vom Schloss Laupheim und der Molkereilehrerin Frl. Wewer, beide ehemalige Obernkirchener Maiden, geplant und betrieben wurde. Täglich stellten Schülerinnen Neuchâteler Käse, Spunden- und Liptauerkäse her, der sofort verkauft wurde. Romadour und Gervais wurden täglich aus den Frauenschulen frisch geschickt. Liest man darüber hinaus von der Versorgung der Frauenschulausstellung mit Torten, Kuchen, Broten, Würsten, Schinken, Saft und Eingemachtes, dann kann man die Geschäftigkeit und den Aufwand ermessen, die hierfür aufgebracht wurden. Dem Molkereipavillon gegenüber befand sich der Bienenstock. Der Clou waren jedoch die zu bewundernden lebendigen Küken und Schweine, die mit dem exemplarischen Kommentar versehen wurden: „Das ist wirklich das Allernetteste auf der Ausstellung, so etwas sieht man in Berlin nicht alle Tage."[73] Die Idee, Lebendiges zu zeigen, hatte Ida von Kortzfleisch gehabt und hatte damit einen Sturm der Entrüstung losgetreten: „Schweine!? – Lebende Tiere!? – Unmöglich! – Woher schicken? – Wie verpflegen? – Der Geruch!! Die Bedenken wuchsen, die Schwierigkeiten von Seiten der Ausstellungsleitung waren immens. Es blieb nicht bei diesen beiden Tiergruppen – es kamen noch Bienen, Puten, Schneegänse und Hühner hinzu. Und dann: Die Tiere wurden zur Sensation. Man hörte viele Besucher fragen: „Wo sind denn die Schweine? Hier sollen ja lebendige Schweine sein?!"[74] Das Großstadtpublikum war erstaunt und entzückt.

Es beeindruckten auch die in der Ausstellung präsentierten Statistiken: Von 1897 bis 1911 hatten an die 2.000 Schülerinnen die wirtschaftlichen Frauenschulen besucht. Davon waren 448 in Berufe gegangen. Von 226 ausgebildeten Lehrerinnen übte die Hälfte ihren Beruf aus. Von den Berufstätigen waren

---

72 Vgl. Wörner-Heil, Ortrud, Frauenelite und Landfrauenbewegung in Württemberg. Der Landwirtschaftliche Hausfrauenverein als adelig-bürgerlicher Begegnungsraum, in: Flemming, Jens u. a. (Hg.), Lesarten der Geschichte. Ländliche Ordnungen und Geschlechterverhältnisse. Festschrift für Heide Wunder zum 65. Geburtstag, Kassel 2004, S. 418–444.

73 Holzmann, Clara, Wir Maiden und die Ausstellung „Die Frau in Haus und Beruf", in: Maiden-Zeitung 5,6/1912, S. 1–3, hier S. 3.

74 Heydekampf, „Die Frau in der Landwirtschaft", S. 15.

*Schlachten in der Wirtschaftlichen Frauenschule Obernkirchen 1909*

mehr als 100 in ländlichen Berufen tätig, etwa in der Geflügelzucht, im Gartenbau oder als Wirtschafterin. Die Presse berichtete ausführlich über die Ausstellung mit Artikeln, Fotos und Beilagen. Die Veranstaltung schloss mit einem Erlös von mehr als 15.000 Mark für die Kasse des BDF. Die Leitung des Reifensteiner Verbandes und seine Schulleitungen, Kollegien und Schülerinnen waren mit ihrem Erfolg zufrieden und besonders stolz darauf, dass sie zu den 10.000 Frauen gehört hatten, die diesen Fraukongress mit Ausstellung getragen und als „Elite der deutschen Frauenwelt" bezeichnet worden waren.

Aktuelle und ehemalige Schülerinnen aus den Reifensteiner Frauenschulen halfen mit beim Aufbau, der Betreuung und der Beratung der vierwöchigen Frauenschulpräsentationen. Und die Maiden waren sich bewusst, wie wichtig für ihre Schulen ihr Auftritt war und machten gerne mit: „Es war wirklich nett, wieder einmal Maid zu sein, schon das Paket aus Obernkirchen mit dem Stoff zum neuen Maidenkleid erregte bei uns große Freude und wurde mit viel Liebe genäht; es sollte doch auch tadellos ausfallen, denn wir wurden ja ‚mitausgestellt'." Und wie so häufig artikulierte sich die tiefe Verbundenheit mit der Einrichtung, in der man einst ausgebildet worden war: „Unsere stete Freude war die große Anerkennung und das rege Interesse [...]. Und was wünschten wir wohl mehr, als dass viele junge Mädchen den Segen und die Freude eines so schönen Maidenjahres erfahren möchten, wie wir in unserem geliebten Obernkirchen."[75]

Käthe Delius erlebte dieses Ereignis, das allgemein Euphorie hervorrief und eine geeinte, starke Frauenbewegung zeigte, und natürlich war sie tief beeindruckt. Der prominente protestantische Theologe, Kirchenhistoriker, der zugleich Generaldirektor der Königlichen Bibliothek und Präsident der Kaiser-Wilhelm-Gesellschaft war, Adolf von Harnack (1851-1930), hielt die Festrede. Er hatte sich schon seit der Jahrhundertwende 1900 für die Frauenbewegung, ihre Forderungen für Gymnasialkurse und das Recht der Frauen auf ein Universitätsstudium und die Reform des Mädchenschulwesens im Jahr 1908 eingesetzt. Um die Einigung und Mächtigkeit der Bewegung zu demonstrieren, galt die Devise: Alle politischen Richtungen sollten zu Wort kommen. Und Käthe war insbesondere vom Kongress begeistert: „Ich war nach dem ersten Vortrag so innerlich erfasst und interessiert, dass ich es fertig gebracht habe, alle Veranstaltungen, auch die internen für die es nur ganz wenige Karten gab, zu besuchen. Stundenlanges Anstehen und Eindrücken von Türen machten mir nichts aus."[76] Sie wurde in den Vorträgen und Diskussionen konfrontiert mit Frauenleben und Frauenschicksalen, mit denen sie bisher keine Berührung gehabt hatte. Die abendlichen Vorträge thematisierten sowohl sensible als auch politisch-aktuelle Angelegenheiten: Die Bedeutung der Frauenbewegung für

---

75 Holzmann, Wir Maiden, S. 1.
76 Delius, Ein Leben, Teil I, S. 5.

die Beziehung der Geschlechter, die öffentliche Sittlichkeit, das Frauenstimmrecht, die Rolle der Frau in den Parteien.[77] Die Vorträge thematisierten Sexualität und Scheidung, brachten diese Themen aus der Tabuzone. Käthe Delius bekannte: „Nach diesem Kongress rollte sich mir nun das Bild des Frauenlebens und Frauenschicksals ab. Angefangen von der Prostitution, über Ehe und Familie, über Frauenberufe und Frauenstudium, alles wurde beleuchtet und diskutiert."[78]

Die Frauenbewegung hatte eindrucksvoll das in politischen Kreisen kursierende Wort von ihr als „öffentlichem Machtfaktor" bestätigt. Käthe Delius hatte Frauen reden und agieren sehen, hatte empfunden, dass Wichtiges in der Gesellschaft in Bewegung war. Ihr imponierten hauptsächlich die Versammlungsleiterinnen Gertrud Bäumer und Alice Salomon und wie sicher und selbstverständlich sie sprachen. Sie hatte zahlreiche Gebiete kennengelernt, in denen Frauen schon berufstätig waren: in Büros, in Postämtern, in der Landwirtschaft,[79] im Handwerk, als Ärztinnen und Künstlerinnen. Diese Erfahrungen und tiefgehenden Eindrücke weckten ihre Bereitschaft, an der Verbesserung der Situation von Frauen mitzuarbeiten.

Käthe Delius war bewusst, dass sie neue Impulse für ihr Leben bekommen hatte. Sie kam ins Grübeln, ob ihr gefasster Plan, Lehrerin für die ländliche Hauswirtschaftskunde zu werden, überhaupt der geeignete Berufsweg sei, um sich der Arbeit für Frauen zu widmen. Sie bekämpfte diese Zweifel, beruhigte sich mit der Überzeugung, sie sei so jung, es ständen ihr noch nach dieser Berufsausbildung viele weitere Möglichkeiten offen. In den Lebenserinnerungen formulierte sie, dass die Erörterungen und Präsentationen des Frauenkongresses dazu beigetragen hätten, dass sie mit ganz neuen Gesichtspunkten ihre Ausbildung begonnen hätte: „Es war der erste brauchbare Impuls."[80]

---

77 Beuys, Barbara, Die neuen Frauen – Revolution im Kaiserreich 1900–1914, München 2014.
78 Delius, Ein Leben, Teil I, S. 5.
79 Aus der Arbeit für Kongress u. Ausstellung erwuchs eine grundlegende Untersuchung über die Lage der Frau in der Landwirtschaft. Vgl. Wörner-Heil, Adelige Frauen, S. 255–303.
80 Delius, Ein Leben, Teil I, S. 6.

# II. BERUFLICHE AUSBILDUNG (1912–1917)

## Die Wirtschaftliche Frauenschule Obernkirchen – „Ich fühle mich diesem Schulwesen stark verbunden."

Im Frühjahr 1912 war es dann endlich soweit: Käthe konnte Schülerin der Wirtschaftlichen Frauenschule Obernkirchen werden. Die Situation der Obernkirchener Schule und auch aller weiteren Frauenschulen des Reifensteiner Verbandes hatte sich seit dem Zeitpunkt, als die junge Käthe sich sechs Jahre zuvor für eine Ausbildung dort entschied, grundlegend gewandelt. Die Frauenschulen waren für junge Frauen noch attraktiver geworden, erfreuten sich großer Nachfrage und hatten sich weiterentwickelt.

Ab 1910 waren die Frauenschulen nach einer Phase der Irritation und des Kampfes um die staatliche Anerkennung ihres Schultyps allmählich zur Ruhe gekommen und hatten auf der Basis neuer gesetzlicher Regelungen schulrechtlich zur Stabilität gefunden. Die Gründungsphase war damit abgeschlossen. Der Reifensteiner Verband besaß im Jahr 1912 fünf Frauenschulen: in Reifenstein, Obernkirchen, Maidburg in Posen, Scherpingen in Westpreußen und in Bad Weilbach. Als sechste Schule kam die Kolonialschule in Bad Weilbach hinzu. Eine ganze Reihe wirtschaftlicher Frauenschulen anderer Träger – die ihren Einrichtungen das Modell des Reifensteiner Verbandes zu Grunde legten – hatten sich ihm kooperativ angeschlossen. Die Nachfrage nach Schulplätzen war enorm angestiegen, es konnte nur gut die Hälfte berücksichtigt werden. Die Bedeutung des Reifensteiner Verbandes und seiner Schulen für das ländlich-hauswirtschaftliche Schulwesen war nicht nur anerkannt, sondern von Staats wegen auch deutlich herausgestellt worden. Der Geheime Regierungs- und vortragender Rat im Ministerium für Landwirtschaft, Domänen und Forsten, Gustav Oldenburg[81], hob hervor, „daß dieser Verein [...] nach wie vor einen gewissen Mittelpunkt für alle Bestrebungen auf dem Gebiete des landwirtschaftlichen Haushaltungsschulwesens abgibt"[82].

Die Phase der Verunsicherung hatte 1907, zehn Jahre nach der Gründung der ersten Wirtschaftlichen Frauenschule in Nieder-Ofleiden, mit Vereinbarungen zwischen dem Preußischen Ministerium für Handel und Gewerbe und dem Kultusministerium begonnen. Diese Vereinbarungen betrafen die Ausbildung der schulentlassenen weiblichen Jugend. Die sich daraus ergebenden ministeriellen Erlasse und Verordnungen vom 23. Januar und 24. Juni 1907 knüpften an Bestimmungen des Kultusministeriums vom 11. Januar 1902 über den hauswirtschaftlichen Unterricht schulpflichtiger Mädchen an Volks- und Mittelschulen an. Diese deckten sich einerseits zum Teil mit dem theoretischen Lehrprogramm der wirtschaftlichen Frauenschulen, berücksichtigten jedoch andererseits nicht ihre Besonderheit, die darin bestand, dass die Unterrichtung der ländlichen

---

81  Gustav Oldenburg, der Sohn eines Regierungs- u. Ökonomierates, wurde auf der Domäne Wilhelmshof im Regierungsbezirk Kassel geboren. Er starb in Potsdam-Babelsberg. Nach seinem Studium übernahm er eine Tätigkeit in der Landwirtschaftskammer Rheinland in Bonn. Im Jahr 1904 wurde er in das Preußische Ministerium für Landwirtschaft, Domänen u. Forsten berufen. 10 Jahre später wurde er zum Geheimen Oberregierungsrat ernannt. Gustav Oldenburg setzte sich sehr früh für die Entwicklung des Landwirtschaftlichen Bildungswesens u. die wissenschaftliche Erforschung auf dem Gebiet der Landwirtschaft ein. Verdienste erwarb er sich auch auf dem Gebiet des weiblichen Bildungswesens auf dem Land. Mit dem älteren Kollegen Hugo Thiel (1893–1918) betreute er von Anfang an die Entwicklung der Wirtschaftlichen Frauenschulen des Reifensteiner Verbandes. Auf seine Initiative wurden mehrere staatliche Versuchs- u. Forschungsanstalten ins Leben gerufen: die Preussischen Landwirtschaftlichen Versuchs- u. Forschungsanstalten Landsberg/Warthe. Aus dem Ministerium schied er 1935 aus, ging nach Chile u. untersuchte dort die Möglichkeiten des Anbaus von Zuckerrüben. 1942 bis 1945 war er beim Oberpräsidenten der Provinz Brandenburg als landwirtschaftlicher Berater tätig. Mit Hugo Thiel gab er von 1911 bis 1918 die „Landwirtschaftlichen Jahrbücher" heraus. Bis zum Jahr 1928 war er deren alleiniger Herausgeber. Zu seinen wichtigsten Publikationen gehören: „Der Ausbau des landwirtschaftlichen Unterrichts- und Beratungswesen in Preußen" (Berlin 1920) u. „Entwicklung, Stand und Zukunftsaufgaben des landwirtschaftlichen Unterrichtswesen" (Berlin 1927). Vgl. Böhm, Wolfgang, Biographisches Handbuch zur Geschichte des Pflanzenbaus, Berlin 1997, S. 231f; Geh. Oberregierungsrat Dr. Gustav Oldenburg 75 Jahre, in: Neue Mitteilungen für die Landwirtschaft Jg. 3, 1948, S. 186; Geheimrat Oldenburg gestorben, in: Neue Mitteilungen für die Landwirtschaft Jg. 3, 1948, S. 381.

82  Oldenburg, Gustav, Das landwirtschaftliche Unterrichtswesen im Königreich Preußen, zugleich landwirtschaftliche Schulstatistik für die Jahre 1909, 1910 und 1911. Auf Grund amtlicher Unterlagen und Berichte im Auftrage des Ministers für Landwirtschaft, Domänen und Forsten, Berlin 1913, S. 487.

Hauswirtschaft wesentlich durch praktische Arbeit und in der wirtschaftlichen Produktion bewerkstelligt wurde. Die in den Schulen lebenden Schülerinnen lernten Hauswirtschaft im Schulhaushalt in praxi, beschäftigten sich mit Garten- und Gemüsebau im schuleigenen Garten. Geflügel- und Schweinehaltung lernte man in den Ställen und Ausläufen, Milchwirtschaft in der Schulmolkerei und Imkerei im Bienenhaus. Neben unterrichtlichen Zwecken dienten die Betriebe zudem der Versorgung der Schule. In einigen Fällen wurde durch den Verkauf von hergestellten Produkten auch Einnahmen erzielt. Im Zusammenhang mit den neuen ministeriellen Erlassen und Verordnungen, die diese Besonderheiten in der praktischen Ausbildung ignorierten, sahen der Vorstand des Reifensteiner Verbandes, die Vorsteherinnen und Lehrerinnen die ländlich-hauswirtschaftlichen und landwirtschaftlichen Interessen der Frauenschulen gefährdet.

Im April 1907 hatte den Reifensteiner Verbandsvorstand auch die Mitteilung der preußischen Regierung erreicht, dass alle Haushaltungs-, Fortbildungs- und Fachschulen ab sofort dem Ministerium für Gewerbe und Handel unterstellt seien. Diese Feststellung wurde von den Leitungen und Kollegien der wirtschaftlichen Frauenschulen und auch dem Vorstand als Zumutung empfunden, kooperierten sie doch schon seit einem Jahrzehnt eng mit dem Landwirtschaftsministerium. Ein weiteres kam noch dazu. Durch die Verfügung vom Januar 1907 war das Herzstück der Schulen in Gefahr: die Ausbildung der Lehrerinnen. In den neuen Verordnungen war die Berechtigung zur Ausbildung ausschließlich den Königlichen Handels- und Gewerbeschulen Potsdam, Posen und Rheydt, dem Lette- und dem Pestalozzi-Fröbelhaus in Berlin zuerkannt worden. Der Reifensteiner Verbandsvorstand reagierte im Schulterschluss mit den Schulleiterinnen und Lehrerinnen mit einem Reigen an zahlreichen Eingaben, Verhandlungen und Konferenzen: Einsendung der Lehrpläne, Gesuche an das Landwirtschaftsministerium, sich für die landwirtschaftlichen Interessen der wirtschaftlichen Frauenschulen und die Anerkennung der Seminarausbildung einzusetzen. Vorsitzender einer der zentralen Konferenzen in Obernkirchen im April 1908 war Ministerialdirektor Wirklicher Geheimer Rat Dr. Hugo Thiel (1893–1918)[83] als einer der Vertreter des Preußischen Landwirtschafts-

83 Der Wirkliche Geheime Rat Hugo Thiel hieß von Anfang an die Schulpläne Ida von Kortzfleischs gut, förderte u. betreute ihre Entwicklung. Er sorgte dafür, dass die Frauenschulpläne von Beginn an vom Preußischen Landwirtschaftsministerium finanziell u. beratend unterstützt wurden. Schon im ersten Jahresbericht wird er als Mitglied des „weiteren Ausschuß" – dieser fungierte als Gesamtvorstand – genannt u. erwähnt, dass vom Preußischen Minister für Landwirtschaft sowie vom Preußischen Justizminister Beihilfen für unbemittelte Beamtentöchter in Aussicht gestellt wurden, die sich in der ersten Schule in Nieder-Ofleiden zu haus- u. landwirtschaftlichen Lehrerinnen ausbilden lassen wollten. Im Vereinsbericht von 1906–1910 wird er als Ehrenvorstand aufgeführt: Verein für Wirtschaftliche Frauenschulen auf dem Lande, Bericht 1906–1910, S. 12, NLA BU, D 21.

Hugo Thiel war ein prominenter Landwirtschaftsbeamter, der das landwirtschaftliche Ausbildungswesen mit gestaltete u. sich für die wissenschaftliche Fundierung der Landwirtschaft einsetzte. Geboren wurde er 1839 in Berlin, er starb dort 1918. Er arbeitete zunächst mehrere Jahre in der landwirtschaftlichen Praxis, studierte anschließend von 1861 bis 1864 an der Landwirtschaftlichen Akademie Poppelsdorf. Seit 1865 lehrte er als Privatdozent an seiner Ausbildungsakademie, deren Versuchsfeld er einige Zeit leitete. 1869 wurde er als Professor für Landwirtschaft an das Polytechnikum Darmstadt berufen. 1872 erfolgte ein Ruf an die landwirtschaftliche Abteilung der Polytechnischen Hochschule München. 1873 übernahm er das Amt des Generalsekretärs des Preußischen Landesökonomiekollegiums in Berlin, eine in Preußen dem Landwirtschaftsministerium als technischer Beirat untergeordnete Behörde, die den Landwirtschaftskammern seit 1898 für die Bearbeitung gemeinschaftlicher Angelegenheiten als Geschäftsstelle diente. 1885 wurde Hugo Thiel Geheimer Ober-Regierungs- u. Vortragender Rat im Preußischen Landwirtschaftsministerium, 1896 zum Wirklichen Geheimen Ober-Regierungsrat u. Direktor der Domänenabteilung ernannt. Studienreisen führten ihn nach Frankreich, England, Amerika, Österreich u. Ungarn. Als Kurator der Königlichen Landwirtschaftlichen Hochschule zu Berlin hat er deren Organisationsstruktur u. deren Lehrpläne maßgebend mit strukturiert. In Preußen förderte er die landwirtschaftlichen Versuchsstationen u. führte Wetterberichte für die Landwirtschaft ein. Mit Unterstützung der Deutschen Landwirtschafts-Gesellschaft richtete er Kurse für landwirtschaftliche Wanderlehrer ein. Die Gründung der zahlreichen preußischen Landwirtschaftskammern war im Wesentlichen sein Werk. Seine publizistische Tätigkeit war ausgedehnt: Von 1873 bis zu seinem Tod 1918 hat Hugo Thiel die bedeutende agrarwissenschaftliche Zeitschrift „Landwirtschaftliche Jahrbücher" redaktionell betreut. Auch den „Landwirthschaftlichen Hülfs- und Schreib-Kalender" hat er seit 1875 herausgegeben. Zugleich fungierte er als Mitherausgeber der kommentierten Neuausgabe von „Albrecht Thaer's Grundsätze der rationellen Landwirthschaft" (Berlin 1880). Zu seinem 70. Geburtstag wurde er mit einer umfangreichen Festschrift geehrt: „Arbeiten der Königlichen Landwirthschaftlichen Hochschule zu Berlin. Festschrift zur Feier des siebzigsten Geburtstag von Dr. Hugo Thiel" (Berlin 1909). Vgl. Böhm, Wolfgang, Biographisches Handbuch zur Geschichte des Pflanzenbaus, Berlin 1997, S. 350; Orth, Albert, Thiel als Landwirt, in: Mitteilungen der Deutschen Landwirtschafts-Gesellschaft, Jg. 24, 1909, S. 361f; Oldenburg, Gustav, Parey, Paul, Hugo Thiel †, in: Landwirtschaftliche Jahrbücher Bd. 52, 1919, S. I–IV; Thiel – der Verwaltungslandwirt, in: Pflügende Hand - Forschender Geist. Lebensbilder denkwürdiger Bahnbrecher und Führer des Nährstandes, hg. v. Martin Kühner unter Mitarbeit v. Herbert Morgen, Berlin 1934, S. 160–167.

ministeriums. Der zweite war Regierungs- und Landesökonomierat Dr. Gustav Oldenburg, der die berufliche Laufbahn von Käthe Delius später intensiv begleiten sollte.

Die Regelungen und Sicherheiten, die die Reifensteiner Frauenschulen brauchten, wurde nun Teil einer umfassenden Reform des Mädchenschulwesens in Preußen. Seit der Jahrhundertwende diskutierten Mädchenschulpädagogen, Vertreterinnen der bürgerlichen Frauenbewegung und Vertreter des Unterrichtsministeriums über eine künftige Struktur des Mädchenschulwesens. Sie endeten mit den „Bestimmungen über die Neuordnung des höheren Mädchenschulwesens" vom 18. August 1908.[84] Preußen als größter Staat des Deutschen Reiches war das erste Bundesland, das das bisher hauptsächlich privat organisierte Mädchenschulwesen reformierte, vorhandene und neugestaltete Schultypen in ein institutionelles System brachte und deren Verhältnis zueinander regelte. Die zehnstufige Mädchenschule wurde als höhere Lehranstalt staatlich bestätigt. Als Weg zum Abitur wurden die Frauenschule und das Lehrerinnenseminar anerkannt, daneben die Studienanstalt etabliert, die direkt zum Abitur führte. Das bedeutete, dass in Bezug auf die Vorbereitung zum Studium den Mädchen gleiche Rechte wie den Jungen zugestanden wurden. Auch wenn damit entscheidende Schritte des Staates in Hinsicht auf die Angleichung gleicher Bildungsrechte gemacht worden waren, so waren die Unterschiede in der Praxis doch noch erheblich.

Ähnlich wie die wirtschaftlichen Frauenschulen waren die durch die Reform der Preußischen Sekundärschulbildung für Mädchen 1908 eingerichteten Frauenschulen auf eine spezifisch weibliche Bildung orientiert. Diese brachten in das höhere Schulwesen neben der Bürgerkunde Unterrichtsfächer sowie Bil-

---

84 Güldner, Hans (Hg.), Die höheren Lehranstalten für die weibliche Jugend in Preußen. Bestimmungen, Verfügungen und Erlasse über Lyzeen, Oberlyzeen (Frauenschulen und Wissenschaftliche Oberlyzeen) und Studienanstalten sowie über deren Lehrkräfte; mit einem Abschnitt über Privatschulen und einem solchen über Höhere Mädchenschulen, 2., stark verm. Aufl., Halle 1913; Kleinau, Opitz, Geschichte der Mädchen- und Frauenbildung, Band 2, insb. S. 85–203.

85 Verein für Wirtschaftliche Frauenschulen auf dem Lande. Bericht 1906–1910, S. 4, NLA BU, D 21.

dungsinhalte wie Pädagogik, Hauswirtschaft, Kinderpflege und soziale Hilfstätigkeit ein, die als spezifisch weiblich galten. Typische Tätigkeitsbereiche von Frauen wurden zu Unterrichtsgegenständen, um die Bildungs- und Berufschancen von Frauen zu erweitern. Hatten die Reifensteiner Schulen schon vor der Jahrhundertwende mit ihrer Verkoppelung von Allgemein- und Berufsausbildung das mittlere Schulwesen durch einen speziellen weiblichen Bildungsgang erweitert, so geschah das mit der Mädchenschulreform in 1908 für das höhere Mädchenschulwesen. Diese Reform brachte einerseits eine Angleichung an das höhere Knabenschulwesen, aber auch eine Erweiterung durch besondere weibliche Bildungsgänge.

Die Erlösung für die wirtschaftlichen Frauenschulen kam in Gestalt von zwei Erlassen, der eine am 27. Januar, der andere am 20. Juni 1909. Das Kultusministerium erkannte in Abstimmung mit dem Landwirtschaftsministerium dem Reifensteiner Verband die staatliche Berechtigung zu, „nach beigegebenem Lehrplan und der Prüfungsordnung vom 18. Mai 1908, die Ausbildung von Lehrerinnen der Hauswirtschaftskunde unter besonderer Berücksichtigung der Verhältnisse ländlicher Haushaltungen zunächst an den beiden Vereinsseminaren Obernkirchen und Maidburg vorzunehmen."[85] Als Ausbildungszeit waren drei Halbjahre festgelegt. Zugesagt war auch die Berufung von zwei staatlichen Prüfungskommissionen, die die Prüfungen in den jeweiligen Schulen abhalten konnten. Bis zu diesem Zeitpunkt hatten sich die Seminaristinnen in benachbarte Städte begeben müssen, wo sie von einer unbekannten staatlichen Kommission geprüft wurden. Ein weiterer Erlass vom 30. September 1909 ließ einen neuen Weg zur Qualifizierung von Lehrerinnen zu. Das sogenannte Maidenjahr, die Grundlagenausbildung in den landwirtschaftlichen Fächern wie Grundlage des Molkereiwesens, der Schweinehaltung, der Geflügelzucht, des Obst- und Gemüsebaus, der Obst- und Gemüseverwertung sowie der Imkerei, konnte ebenfalls mit einer staatlichen Prüfung abgeschlossen werden. Daran anschließend erreichte man mit einem mindestens halbjährigen Jahrgang nach Ablegung einer zweiten Prüfung die Befähigung als Lehrerin der landwirtschaftlichen Haushaltungskunde. Mit dieser Festsetzung erreichten die in den wirtschaftlichen Frauenschulen des Reifensteiner Verbandes ausgebildeten Lehrerinnen die Gleichstellung mit den Gewerbeschullehrerinnen. Bevor jedoch das staatliche Lehrbefähigungszeugnis ausgestellt werden konnte, musste zusätzlich eine mindestens einjährige praktische Tätigkeit in verantwortlicher Stellung auf dem Land und außerdem ein Probejahr an einer als geeignet anerkannten Schule nachgewiesen werden.

Auch wenn die früheren Lehrpläne sich nicht sehr von den neuen unterschieden – die Fächer Pädagogik und Bürgerkunde wurden neu aufgenommen –, so war mit diesen diversen ministeriellen Verordnungen doch eine qualitative Zäsur verbunden. Das Interesse, in den Schulen eine professionelle Berufsausbildung anzubieten, wurde gestärkt und forderte vom Maidenjahr als Grundausbildung seriöse Qualität. Das Charakteristikum der Reifensteiner Ausbildung, sowohl eine grundlegende Ausbildung, einsetzbar für private Interessen, sowie eine qualitative Berufsausbildung anzubieten, konnte erhalten werden. Einerseits konnten nach wie vor Frauen die Ausbildung zur praktischen Hausfrau im privaten Bereich im Grundlagenjahr absolvieren, während andererseits anderen Schülerinnen am Ende des ersten Jahres die Möglichkeit gegeben war, die Ausbildung zur Lehrerin anzuschließen. In diesem Fall wurde das Grundlagenjahr für ein Halbjahr der seminaristischen Ausbildung anerkannt. Mit den aktuellen ministeriellen Erlassen waren die Reifensteiner Frauenschulen ausdrücklich als Vorbereitungsstätten auch für weitere Wege der Lehrerinnenausbildung qualifiziert, etwa auch der Gewerbeschulseminare. Käthe Delius sollte sich nach zwei Jahren Ausbildung für die letztgenannte Option entscheiden.

Ein halbes Jahr vor Käthe Delius Aufnahme hatte die Frauenschule Obernkirchen mit zahlreichen Gästen zwei Tage ihr zehntes Stiftungsfest gefeiert. Es war aufwändig mit einem Festkommers, mit Aufführungen von Chören und Theaterstücken gestaltet worden. Von allem Geschehen um dieses Fest berichtete ausführlich die Obernkirchener Maidenzeitung vom 1. Mai 1912, die erschien, als Käthe Delius gerade Maid geworden war. Sie erhielt gleich zu Beginn einen Vorgeschmack davon, in welch neue Welten sie als Großstadtkind nun hineingestellt war. Gleich am ersten Tag wurde sie mit in den Geflügelstall genommen und erhielt die Aufgabe, Vogelmiere zu holen: „Ich hatte natürlich keinerlei Vorstellungen, was das sein konnte, ob ein Präparat, Körner oder Kraut." Ihr Einwurf, sie wisse nicht Bescheid, wurde überhört, die Aufgabe noch bestimmter wiederholt. Das Überhören hatte pädagogisches System: Selbständig, ohne Anleitung und mit Verantwortungsfreude sollten die Schülerinnen Aufgaben lösen. Die unerfahrene Schülerin überwand ihre Scheu und fragte Mitschülerinnen, von denen sie dann erfuhr, dass Vogelmiere voraussichtlich im Garten zu finden sei: „Und siehe da, im Garten fand sich dieser wertvolle Stoff in hellen Mengen und ich brachte ihn stolz zum Stall zurück. Dieses selbständig ohne Anleitung Aufgaben zu lösen, stärkte die Kräfte, machte einen frei und sicher."[86] In der Rückschau beurteilt sie die pädagogische Schwerpunktsetzung auf die Praxis als „ungemein wichtig": „Da alle Arbeiten für die Versorgung in Garten, Stall, Küche und Haus von den Maiden aus wirtschaftlichen Gründen selbst gemacht werden mussten, nahm der praktische Unterricht und die Ämter den meisten Raum ein. Pädagogisch war dies aber ungemein wichtig, denn die Arbeit bekam dadurch erst ihren Sinn und wurde lebensvoll."[87]

Obwohl sie aus einer materiell gut gestellten Familie kam, fiel ihr das Einleben in die „Primitivität" des Schullebens nicht besonders schwer. Auch in dieser Hinsicht stand am Anfang eine prägende Erfahrung. Am Abend stellte Käthe Delius wie gewohnt ihre Schuhe vor die Türe, in der Erwartung, sie am Morgen geputzt wieder zu finden. Ihre Zimmerkameradin prophezeite, dass sie sie am Morgen im gleichen ungeputzten Zustand auffinden werde, sie müsse sie schon selbst säubern. Diese anfänglichen Irritationen verwandelten sich bald in Stolz und Freude über eigenständiges Tun und Bewältigen, so erinnert sie sich im Alter. Schwieriger war für die junge Käthe, die sich selbst als typische Einzelgängerin charakterisiert, das Einleben in die Gemeinschaft: „Ich war ein typischer Einzelgänger und fand nicht leicht die Beziehung zu anderen Menschen, suchte

---

86 Delius, Ein Leben, Teil II, S. 19.
87 Ebd.

sie zunächst auch garnicht. Nun war ich in einen grossen Kreis von gemeinsam an einem Werke schaffenden Menschen hineingestellt und wollte ich mich nicht ganz verlieren oder ganz abschließen, so musste ich von mir aus die Beziehung zu den Menschen suchen, ein sehr bewusstes Erlebnis, eine Aufgabe, die ich im späteren Leben immer wieder neu aufgreifen musste."[88]

Obwohl sie das Großstadtleben mit seinen vielen Angeboten, Theateraufführungen und Vorträgen vermisste, fühlte sie sich in Obernkirchen bald „heimisch". Das alte Kloster mit seinem Klosterhof, den Kreuzgängen, den alten Gräbertafeln, den kleinen Zimmern mit den tiefen Fensternischen, der Landschaft zog die 19-jährige sehr an. Im Alltag gab es genug Schwierigkeiten, die häufig durch die ungewohnte und schwere Arbeit entstanden – tragbar wurden diese durch die Erziehung zu Verantwortungsgefühl, die gepaart war mit der Weckung einer Begeisterung für die gestellte Aufgabe. Käthe Delius meinte, dass dieses Verantwortungsgefühl und die Hingabe an eine Aufgabe das Verhalten vieler Maiden in ihren späteren Arbeitsgebieten ausgezeichnet habe. Sie meinte dies vor allem bei den landwirtschaftlichen Lehrerinnen zu erkennen. Den Schulgrundsätzen entsprach es, dass die Schülerinnengemeinschaft ihre eigenen Angelegenheiten selbstverantwortlich regelte. Gewählt wurde eine Obermaid als Vertretung aller. Dies war in dieser Zeit keineswegs üblich, wurde als etwas Besonderes empfunden.

Käthe Delius besuchte die Wirtschaftliche Frauenschule Obernkirchen als die sogenannten „Drei Spitzen" die Schule leiteten: Schulleiterin Helene Morgenbesser (1851–1938), Kochlehrerin Thekla Heusinger von Waldegg (1864–1949) und Hausdame Luise Stölting (1862–1933), eine Johanniterin.[89] Diese drei, im Temperament und der Mentalität sehr unterschiedliche Damen, waren alle drei markante Persönlichkeiten, die sich gut ergänzten. Zum zehnjährigen Jubiläum

---

88 Ebd., S. 16.
89 Wörner-Heil, Ortrud, Adelige Frauen in der Landfrauenschule Obernkirchen (1901–1970), in: Höing, Hubert (Hg.), Zur Geschichte der Erziehung und Bildung in Schaumburg, Bielefeld 2007, S. 315–348, bes. S. 329–339; dies., Helene Morgenbesser, in: Höing, Hubert (Hg.), Schaumburger Profile. Ein historisch-biographisches Handbuch, Bielefeld 2008, S. 217–222.

hatte Ida von Kortzfleisch der Frauenschule Obernkirchen, die auch das „Eulennest" genannt wurde, ein Eulenpaar als Symbol der Weisheit und der Gerechtigkeit geschenkt. Im Besonderen dankte sie damit auch den „drei Spitzen", die die Schule als Leitungsteam von Anfang an begleitet und aufgebaut hatten. Ihre Eloge auf die drei brachte die Gründerin in Reimen dar.

[An Helene Morgenbesser]

„Und ihr gepaart, schmiegt sich zur Seit'
Die ‚Eule der Gerechtigkeit'.
‚Beständig, weise und gerecht',
Der Morgenbesser alt Geschlecht.
Sie hat's bewährt nach echter Art,
Bis dieser Tag beschieden ward.

Dass auf dem Eulenneste ruht
Idealer Sinn, Demut und Mut,
Ausdauer, die das Schwere schafft,
Geduld und Lieb und Geisteskraft –
Ihr danken wir's – Du junge Brut
Gedeih und steh in Gottes Hut!

[An Thekla Heusinger von Waldegg]

Du hast allerwegen der Trägheit gewehrt,
Hast alle Zeiten die Maiden belehrt,
Allerorten des Hauses Wohlstand gemehrt,
Und wenn Du dem Bösen aufbegehrt,
Hat an Dir der heilige Eifer gezehrt.
Dann hast Du gezürnet und hast gegrollt,
Dann hat Dein Auge so lieb und hold

Wie das eines Königstigers gerollt,
Voll Hochsinn hast Du das Gute gewollt,
Der Wille von Stahl, das Herz von Gold.
So bleibe die unsere, und sei uns hold.

[An Luise Stölting]

Des Hauses Engel,
Dem alle Mängel offenbar und klar,
Die selber der Mängel Deckung war,
Der Geben stets seliger denn Nehmen war.
Die zehn Jahre teilte jedwede Not,
Den Gast versorgte mit Wein und Brot,
Die aller Arbeit die Spitze bot!
Ihr drück' ich in Dankbarkeit die Hand.
Heil Stölting! Bleib unser im Zukunftsland."⁹⁰

Ganz ähnlich charakterisierte Käthe Delius ihre Lehrerinnen. Sie profitierte besonders von Helene Morgenbesser, die sie als sehr kluge, geistig interessierte Frau schätzte, die vielfach verkannt worden sei, da sie wenig Ausstrahlung nach außen gehabt hätte. Über eine mangelnde Außenwirkung konnte sich dagegen Thekla Heusinger von Waldegg nicht beklagen. Käthe Delius bezeichnete sie als „Willensnatur", die in der Küche das Regiment führte: „Ihr Jähzorn jagte den Maiden oft Angst ein, denn es war nicht selten, dass die Deckel durch die Küche flogen und unliebsame Maiden aus der Küche gejagt wurden." Ihr Wille habe sich immer durchgesetzt. Aber offensichtlich fanden die Schülerinnen dennoch tröstliche Auswege. Eine Episode charakterisiert einmal mehr bildlich

---

90 Kortzfleisch, Ida von, Ansprache beim Stiftungsfest, in: Maiden-Zeitung der Frauenschule Obernkirchen 4/1912, S. 11–15, hier S. 13f.

91 Delius, Ein Leben, Teil II, S. 18.

*Ida von Kortzfleisch, Gründerin der Wirtschaftlichen Frauenschulen, mit Thekla von Heusinger-Waldegg (links) und Helene Morgenbesser (rechts) in Obernkirchen*

die Vorgänge: „Ich erinnere mich, dass wir einmal aus eigener Machtvollkommenheit viel Eierschnee geschlagen hatten, der jedoch in das betreffende Gericht nicht hineingehörte. Mit einer unnachahmlichen Gebärde wurde uns bedeutet ‚in den Schweineeimer'. Da gab es nichts zu fackeln, d. h. hintenherum wussten wir uns doch zu helfen und die heimlich aus dem Eierschnee gebackenen Baisers schmeckten uns vorzüglich."[91] Luise Stölting wiederum war die Seele der Schule, zu ihr konnten die jungen Leute mit Sorgen und Problemen kommen – sie half, tröstete, gab Ratschläge.

Käthe Delius beschrieb das Schulleben als äußerlich streng diszipliniert, innerlich habe sie sich aber ganz frei empfunden. Das betraf auch die religiöse Orientierung. Die Schulen wären christlich orientiert gewesen, es habe auch täglich zwei, meist von Schülerinnen gehaltene Andachten gegeben, deren

Teilnahme verpflichtend gewesen sei. Ein Kirchgang aber sei von den Maiden nicht verlangt worden. Wie so viele andere Schülerinnen auch, war auch Käthe Delius von der musischen Gestaltung von Festen und der besonders schön und innig arrangierten Adventszeit mit Musik, Lichtern und heimlichen Überraschungen tief beeindruckt. Sie war der Auffassung, dass in dieser Hinsicht über viele Jahrzehnte eine besonders starke Wirkung von den Schulen in die Familien ausgegangen sei. Obwohl das von Käthe Delius besuchte Seminar mit zwölf Schülerinnen stark besetzt war, wurden von diesen Seminaristinnen nur ganz wenige berufstätig – früher oder später heirateten die meisten und strebten keine Berufstätigkeit mehr an. Käthe Delius war aus ihrem Jahrgang die einzige, die ihr ganzes Leben lang berufstätig blieb.

Auch wenn sie notiert, dass ihr die praktische Schularbeit sehr viel Freude gemacht hatte, so galt ihre Leidenschaft doch mehr dem theoretischen Unterricht, insbesondere den naturwissenschaftlichen Fächern. Dieses Wissensgebiet, wie auch Rechnen und Mathematik hatten schon zu ihren Lieblingsfächern in der privaten Berliner Mädchenschule gehört. Da ihre Mitschülerinnen ihre Begeisterung nicht geteilt hatten, wurde dort ihr Wissensdrang gebremst.

In der Frauenschule wiederum wurde den Naturwissenschaften im Unterrichtskonzept viel Raum gegeben, was unter anderem auf die Einflüsse von

---

92 Ebd., S. 20.

93 Seit 1902 war Aurelie Kohlmann im Gartenbau tätig. Von 1906 bis 1920 hatte sie die praktische u. theoretische Verantwortung für den Gartenbau in der Frauenschule Obernkirchen übernommen. Vgl. Kohlmann, A. [Aurelie], Die Arbeit im Laboratorium, in: Das Maidenblatt. Zeitschrift des Reifensteiner Vereins für Wirtschaftliche Frauenschulen auf dem Lande 4/1916, S. 49f, demnächst zit. als „Maidenblatt"; dies., Kurze Anleitung im Obstbau, 3. Aufl., Gotha 1922; dies., Gemüsebau im Hausgarten, 5. Aufl., Gotha 1922; dies., Die Pflege der Zimmerpflanzen, 3. Aufl., Gotha, 1922; dies., Wrangel, Ellen Gräfin, Anleitung zum Experimentieren, Gotha 1922. Direktorin Agnes von Dincklage zum Abschied von Aurelie Kohlmann: „Die Schule sah besonders Frl. Kohlmann mit großem Bedauern scheiden. Sie dankt ihr vierzehnjährige unermüdliche treue Arbeit. Durch sie wurde der Obernkirchener Garten erst zu dem, was er heute ist. Die Ausgestaltung des Botanik- und Chemieunterrichts in seiner heutigen Form ist in der Hauptsache ihr Verdienst. Wir verfolgen nun mit Interesse und den besten Wünschen zu gutem Gelingen ihr Wirken und Schaffen auf eigenem Grund und Boden in der Nähe der alten Schule, in Krainhagen." Dincklage, Agnes von, Verbandsbericht 1919/20, in: Maidenblatt 2/1920, S. 17-26, hier S. 22.

94 Kohlmann, A. [Aurelie], Der Botanische Garten in Dahlem, in: Maiden-Zeitung der Frauenschule Obernkirchen 2/1911, S. 5-7.

zwei für die Frauenschule zuständigen Schulräten zurückgeführt werden kann. Diese waren begeisterte Naturwissenschaftler, die in den Schulen Möglichkeiten erkannten, die theoretische Naturwissenschaft anschaulich in die Praxis umzusetzen. Da die jungen Frauenschulen ohne Vorbild waren und auch ohne erprobte Lehrbücher Unterricht erteilen mussten, war das Curriculum besonders in den Anfangsjahren für Veränderungen offen. Nach langjährigen Berufserfahrungen kommentierte Käthe Delius diese Entwicklung: „Bei dieser Liebe zur Sache wurde dann wohl auch über das Ziel hinausgeschossen. Der Unterricht in Chemie und Botanik konnte sich mit dem Unterricht an den Landwirtschaftlichen Hochschulen messen."[92]

Ein begeisternder und lebendiger Unterricht in diesen Fächern wurde in Obernkirchen von der Gartenbaulehrerin Aurelie Kohlmann[93] gegeben. Die Unterrichtsqualität profitierte davon, dass die Lehrerin ein Jahr zuvor – nach achtjähriger Berufstätigkeit im Gartenbau – einen Sommer beurlaubt war, um sich wissenschaftlich und praktisch weiterzubilden. Die Weiterbildung fand in der Königlichen Gärtneranstalt in Berlin-Dahlem statt, wo Aurelie Kohlmann an Lehrveranstaltungen und Laboratoriumsarbeiten teilnahm. Studien trieb sie in dieser Zeit im systematisch angelegten Botanischen Garten in Dahlem, über den sie später in der Maiden-Zeitung berichtete.[94]

Ein neues Gebiet war der Unterricht in Psychologie, Pädagogik und Methodik, der bei Käthe Delius auf großes Interesse stieß. Die damals übliche Unterrichtsmethode war die „Sokratische Methode", die auf die Philosophen und Lehrer Leonard Nelson (1882–1927) und Gustav Heckmann (1898–1996) zurückging und sich an das sokratische Gespräch der Antike, das Platon in einer Reihe seiner literarisch gestalteten „platonischen Dialoge" darstellte, anlehnte. Im Wesentlichen war dies eine Form, die den solitären Vortrag einer Lehrerin oder eines Lehrers oder auch den Frontalunterricht vermeiden wollte. Stattdessen sollte der Unterrichtsstoff im Gespräch zwischen Lehrpersonal und Schülerschaft durch Fragen und Antworten gemeinsam erschlossen werden. Die Schülerinnen sollten zu eigenverantwortlichem Denken, zur Reflexion und Selbstbesinnung angeleitet werden. Zweifelsohne sprach diese Vorgehensweise die jungen Menschen an. Käthe Delius war aber auch offen für kritische Anmerkungen. Ihr damaliger Pädagogiklehrer wies auf die Gefahr hin, dass diese Methode leicht zur „Spielerei" ausarten könne, da die Anschaulichkeit übertrieben und das Denken nicht genügend geschult würde. Sie war sich bewusst, dass sie ihm für ihre spätere Arbeit unendlich viel verdanke.[95]

In ihren Lebenserinnerungen bilanzierte Käthe Delius immer wieder, dass sich Erziehung und Ausbildung in Obernkirchen sehr anregend und prägend auf ihren Lebensweg ausgewirkt hätten. Sie benennt aber auch Mängel und Unzulänglichkeiten, formuliert kritische Erkenntnisse. Geistige Anregung außerhalb des Unterrichts habe es kaum gegeben, Urlaub zum Besuch von Theater und Vorträgen war nicht üblich, Bücher, die sie zu lesen gewohnt war, waren nicht vorhanden. Überhaupt sei auch der fachliche Bücherbestand bescheiden gewesen. Noch am Ende ihrer langjährigen Berufsarbeit konstatierte sie, dass sie sich mit dem Wirtschaftlichen Frauenschulwesen auf dem Land des Reifensteiner Verbandes „stark verbunden" fühlte.[96] Sie hatte aber die Lektion gelernt, genau nachzudenken, auch über sich und den weiteren Lebensweg. Das Ergebnis war, dass sie nach ihrer ersten Lehrerinnenprüfung nicht das weitere geforderte halbe Jahr Ausbildung in der Landwirtschaft anschließen wollte. Sie entschied sich, ihre Qualifikation für die ländliche Hauswirtschaft durch die städtische zu ergänzen und meldete sich zur Aufnahme in das Gewerbeschullehrerinnenseminar des Pestalozzi-Fröbelhauses in Berlin an.

## Ausbildung zur Gewerbelehrerin im Pestalozzi-Fröbel-Haus in Berlin

Im April 1914 begann Käthe Delius ihre Ausbildung zur Gewerbelehrerin in Kochen und Hauswirtschaft im Pestalozzi-Fröbel-Haus, einer prominenten Einrichtung in Berlin-Schöneberg.[97] Es ist davon auszugehen, dass sie von dieser Einrichtung nicht erst seit dem sie so beeindruckenden Frauenkongress und der Ausstellung „Die Frau in Haus und Beruf" 1912 erfahren hat. Das Pestalozzi-Fröbel-Haus war eine der ältesten Ausbildungsstätten Deutschlands für Frauen und hatte schon viel von sich reden gemacht. Gegründet worden war es im Jahr 1874 von Henriette Schrader-Breymann (1827–1899), unterstützt von Annette Schepel (1844–1931), als „Berliner Verein für Volkserziehung". Schon die Gründungsschrift nannte die Erweiterung und Verbesserung der Kleinkinderfürsorge und der Jugenderziehung sowie die Ausbildung von Frauen für Hauswirtschafts- und Erziehungsberufe als zentrale Vereinsaufgabe. Der Name stellte den Bezug zu den Pädagogen Johann Heinrich Pestalozzi (1746–1827) und Friedrich Fröbel (1782–1852) her, nach deren Grundsätzen die Kinderpädagogik in den ersten Jahren ausgerichtet wurde. Henriette Schrader-Breymann war eine enge Verbündete der Lehrerin und Frauenpolitikerin Helene Lange (1848–1930). Beide forderten die Erweiterung der Bildungs- und Berufschancen für Frauen und beeinflussten eine ganze Reihe jüngerer Feministinnen, die in den Frauenreformbewegungen der nächsten Jahrzehnte führend engagiert waren. Auch Kronprinz Friedrich Wilhelm (1831–1888) und Kronprinzessin Victoria von Preußen (1840–1901) standen dem Pestalozzi-Fröbel-Haus und seinen Zielen zustimmend gegenüber. Perspektiven, die sich auf lange Sicht daraus hätten entwickeln können, wurden durch den frühen Tod Friedrich Wilhelms, des späteren Deutschen Kaisers Friedrich III., zunichte gemacht.

Dem Pestalozzi-Fröbel-Haus wurden im Laufe der Jahre zahlreiche weitere Einrichtungen angeschlossen. Schon bald wurde die Unternehmerin, Frauenreformerin und Sozialpolitikerin Hedwig Heyl als Unterstützerin und Förderin gewonnen. Sie, die früh die volkswirtschaftliche Bedeutung und Verantwortung der Hauswirtschaft und der Hausfrau erkannt hatte, hatte schon länger eine institutionelle hauswirtschaftliche Bildung gefordert. Sie war wie etwas später auch die Gründerin der Wirtschaftlichen Frauenschulen, Ida von Kortzfleisch, der Auffassung, dass die hauswirtschaftliche Bildung der Töchter nicht länger nur in den Händen der Mütter liegen sollte. Im Jahr 1884 hatte sie mit diesem

---

95 Delius, Ein Leben, Teil II, S. 21.
96 Ebd., S. 15.
97 Leider sind v. Gewerbelehrerinnenseminar keine Schülerinnenlisten erhalten. Auskunft v. Sabine Sander, Bibliothek u. Archiv des Pestalozzi-Fröbel-Hauses, Email v. 24.4.2017.

Ziel dem Pestalozzi-Fröbel-Haus eine Koch- und Haushaltungsschule angegliedert. Ihr Einsatz für die hauswirtschaftliche Bildung sollte ihr den Scherznamen „die erste Hausfrau Deutschlands" einbringen. Ihr so grundlegendes wie mit 825 Seiten schwergewichtiges und berühmt gewordenes Kochbuch, das „Das ABC der Küche", wurde auch in den Wirtschaftlichen Frauenschulen als grundlegendes Fachbuch genutzt.

1908 nahm im Pestalozzi-Fröbel-Haus dann auch die „Soziale Frauenschule", gegründet von Alice Salomon, ihre Arbeit auf, unterstützt von dem Berliner Verein für Volkserziehung in Gemeinschaft mit den Mädchen- und Frauengruppen für soziale Hilfsarbeit. Diese Ausbildungsstätte diente der Vorbereitung junger Mädchen und Frauen auf freiwillige, ehrenamtliche oder berufliche Tätigkeit auf sozialem oder kommunalem Gebiet. Die neugegründete Einrichtung war die erste interkonfessionelle Schule mit einer zweijährigen Ausbildung von Wohlfahrtspflegerinnen. Als Stiftung Öffentlichen Rechts besteht das Pestalozzi-Fröbel-Haus bis heute als Träger einer Erzieherfachschule, von Kindertagesstätten und anderen psychosozialen und pädagogischen Einrichtungen der Kinder- und Jugendhilfe.

Die emphatische Zuwendung von Käthe Delius zur Frauenarbeit und Frauenbewegung, die einst wesentlich durch das Erleben des Frauenkongress begründet worden war, war inzwischen durch ihre Erfahrungen in der Reifensteiner Frauenschule befestigt worden. Die Frauenschülerinnen waren oft durch Ida von Kortzfleisch vom frauenpolitischen Geschehen in Kultur, Politik und Gesellschaft durch schriftliche und mündliche Berichte informiert worden. Den Schulberichten lässt sich entnehmen, dass auch von den Obernkirchener Lehrkräften Frauenfragen häufig zum Gegenstand des Unterrichts gemacht worden waren. So lag es durchaus nahe, dass sich die 21-jährige für ein weiteres, in Frauenkreisen sehr geschätztes Frauenbildungsinstitut entschied. Um ihre Ausbildung als Lehrerin abzuschließen, beschloss sie, das Seminar für angehende Gewerbelehrerinnen des Pestalozzi-Fröbel-Hauses zu besuchen. Diese Entscheidung macht außerdem darauf aufmerksam, dass sie persönlich noch etwas anderes als die ländliche Hauswirtschaft interessierte. Käthe Delius wollte sich nicht mit einem linearen Ausbildungsverlauf zufrieden geben. Sie wollte ihre Qualifikationsbasis verbreitern, wollte nicht nur ländliche, sondern auch städtische Hauswirtschaft unterrichten. Offensichtlich suchte sie auch nach der Einordnung einer einstmals und häufig auch heute noch immer isoliert gesehenen Hauswirtschaft in das gesamtgesellschaftliche Geschehen. Obendrein konnte sie mit ihrem Wechsel zum Pestalozzi-Fröbel-Haus ein weiteres Institut der Frauenbildung kennenlernen. Zugleich erforderte ihre Entscheidung ihre Rückkehr in die Großstadt Berlin und zu ihrer Familie, bei der sie dann auch wieder wohnte. An den Unterricht in diesem Seminar musste sie sich überraschenderweise aber erst gewöhnen, denn er fand – ganz anders als in Obernkirchen – traditionell schulmäßig mit strengem Stundenplan statt. Käthe Delius fehlte die abwechslungsreiche Betriebsamkeit der Hauswirtschaft, die in der Frauenschule durch die Selbstversorgung der Schulgemeinschaft und durch die Erfordernisse eines nutzbringenden Wirtschaftsbetriebes gegeben war.

## Hauswirtschaft und Frauenbildung im Ersten Weltkrieg

Einschneidende Entwicklungen traten dann im Sommer 1914 ein. Sie verbrachte die Sommerferien mit ihren Eltern in Tirol, als der Erste Weltkrieg ausbrach. Zurückgekehrt wurde ihr Vater als Kommandant auf einem Berliner Bahnhof eingesetzt und mit der Aufgabe betraut, dort die Organisation der Militärtransporte sicherzustellen. Auch Käthe Delius war überzeugt, jetzt ihre Ausbildung aufgeben zu müssen, um sich ganz der Kriegshilfe zur Verfügung stellen zu können. Sie wurde dazu eingeteilt, Butterbrote herzustellen und Saft an die an den Bahnhöfen durchfahrenden Truppen auszuteilen. Auf den Bahnhöfen herrschte rege Betriebsamkeit. Auch Kaiserin Auguste Viktoria (1858–1921) und Kronprinzessin Cecilie (1886–1954) beteiligten sich hier in der Kriegshilfe. Jedoch hinderte die allgemein herrschende patriotische und hilfsbereite Euphorie die junge Käthe nicht daran, unbestechlich zu beobachten und daraus eigene Schlüsse zu ziehen. Sie stellte fest, dass Soldaten die gereichten Butterbrote auf der einen Seite des Zuges entgegennahmen und auf der anderen Seite wieder aus dem Fenster warfen. Ihr wurde klar: Die Soldaten waren so gut verpflegt, dass sie keine Sondergaben benötigten. Auf diese Weise erhielt ihre Begeisterung für die nationale Hilfstätigkeit einen entscheidenden Dämpfer: „Es wurde mir klar, dass diese angebliche Hilfe nur der eigenen Befriedigung diente und sinnlos war. Da im übrigen in der ersten Zeit mehr Frauen für die Hilfe zur Verfügung standen als wirklich gebraucht wurden, kehrte ich reumütig in mein Seminar zurück."[98]

Jetzt löste sich auch ihre etwas reservierte Haltung zu ihrer Ausbildung im Seminar des Pestalozzi-Fröbel-Haus, die ihr am Anfang so viel Eingewöhnung abgefordert hatte. Ein wichtiger Aspekt wirkte dabei entscheidend mit. Durch die Kriegssituation wurden ihr jetzt in Bezug auf die Hauswirtschaft Zusammenhänge klar, die ihr wiederum in Obernkirchen gefehlt hatten: der Bezug der Hauswirtschaft zur gesamten Volkswirtschaft, unabhängig davon, ob diese privat, erwerbsmäßig oder unternehmerisch betrieben wurde. Diese Erkenntnisse verdankte sie auch einer Lehrerin, die nach Käthe Delius Aussagen einen glänzenden Unterricht in Volkswirtschaft gab, in dem diese sehr anschaulich die Beziehungen und Abhängigkeiten zwischen der Kriegswirtschaft und ihren Anforderungen an wirtschaftliche und technischen Fähigkeiten in einer Hauswirtschaft herausarbeitete: „Es wurde mir klar, was mir in der Frauenschule gefehlt hatte, das Hineinstellen der Hauswirtschaft in das allgemeine volkswirtschaftliche Geschehen und die wirtschaftliche Gesamtschau aller einzelnen hauswirtschaftlichen Tätigkeiten, die dadurch zu einer Einheit zusammengefasst wurden."[99] Deutlich werden die auf eine übergeordnete, gesellschaftliche Ebene gerichteten Ambitionen von Käthe Delius. Hier entstand die Basis für ihre Überzeugung von der Notwendigkeit der Erarbeitung einer wissenschaftlichen Hauswirtschafts- und Betriebslehre, für die sie sich ein Leben lang einsetzte.

---

98  Delius, Ein Leben, Teil III, S. 1.
99  Ebd., S. 2.
100 Wörner-Heil, Frauenschulen, S. 76–80.

Die quantitativ wichtigste Frauenarbeit, die Hausarbeit, erfuhr im Ersten Weltkrieg, der „Urkatastrophe des 20. Jahrhunderts", eine deutliche Aufwertung. Der Krieg beanspruchte nicht nur Soldaten und Kriegsgerät, er verlangte auch eine umfassende Mobilisierung aller ökonomischen und gesellschaftlichen Ressourcen an der Heimatfront.[100] Das war viel verlangt, denn Reich und Kommunen zahlten nur eine kärgliche Kriegsunterstützung. Selten zuvor war die gesellschaftliche Relevanz der Hausarbeit so evident und einmütig betont worden. In den Fokus gerieten die wirtschaftlichen und technischen Fähigkeiten der Hausfrauen, um ihre Familien einigermaßen gesund zu versorgen. Stichworte waren Verknappung der Rohstoffe, Einschränkung der Lebensmittel durch unzureichend gefüllte Getreidelager, von der Regierung war zunächst weder eine planvolle Vorratswirtschaft, noch eine Magazinierung von Lebensmitteln vorgesehen. Zwar wurden Höchstpreise für Gegenstände des täglichen Bedarfs erlassen, aber Ernährungsstrategien für mehrere Jahre gab es nicht, hatten die Militärs doch stets an einen schnellen Sieg geglaubt. Im Laufe des Krieges sank jedoch die landwirtschaftliche Produktionsrate rapide, Importe wurden durch die alliierte Wirtschaftsblockade beschränkt, die Qualität der in Deutschland erwirtschafteten Nahrungsmittel wurde schlechter, Wucher, Schleich- und Schwarzhandel für verknappte Waren blühten. Berlin und Hamburg führten im Februar 1915 „Brotkarten" ein, denn im Laufe des Jahres 1915 zeichnete sich ein Hungern der Bevölkerung ab. Im gleichen Sommer waren Fleisch, Butter und Eier bereits zu teuren Luxusartikeln geworden. Der Höhepunkt des Hungers wurde im Winter 1916/17 erreicht: Die amtliche Tagesration – die „Hungerration" – für Erwachsene betrug 270 Gramm Brot, 35 Gramm Fleisch (einschließlich Knochen), 25 Gramm Zucker, ein Viertel Ei. Die Handlungsspielräume der Hausfrauen wurden immer begrenzter, viel Energie und Geschicklichkeit war notwendig, um die Familien zu ernähren.

Hilfe suchte man im Einsatz von Ersatzstoffen wie Kohl- oder Steckrüben. Sie wurden allem zugesetzt, dem Brotteig, zu Marmelade verkocht oder zu Kaffee-Ersatz zerrieben. Diese Zeit prägte sich als „Kohlrübenwinter" in das Gedächtnis. Der Verknappung versuchte man außerdem durch Subsistenzwirtschaft, durch

Eigenproduktion von Nahrungsmitteln, entgegenzutreten. Das bedeutete, dass in Wohnungen, Kellern und auf Balkonen Kaninchen, Hühner, Ziegen und Schweine gehalten wurden. Stadtverwaltungen und Betriebe stellten Land zur Verfügung, auf dem Kartoffeln, Obst und Gemüse angebaut werden konnte. Für die Hausfrauen begann die Zeit der „Polonäsen" – wie die Berliner die immer länger werdenden Schlangen vor den Geschäften nannten. Frauen standen stundenlang um Lebensmittel, Kleidung, Seife oder Lebensmittelkarten mitunter schon in der Nacht an und wurden dann im Morgengrauen von ihren Kindern abgelöst. Das geschickte Einkaufsverhalten der Frauen, ihre Kochkünste sowie ihre Haushaltsführung wurden im Krieg Gegenstand des öffentlichen Interesses, sie wurden als wirtschaftlich-patriotische Kriegshilfen unentbehrlich. Im Krieg wurde besonders der Mangel an systematischer beruflicher Ausbildung der Land- und Hausfrauen deutlich. Dazu kam, dass zunehmend mehr Landfrauen ihre Wirtschaften ohne ihre Männer und männliche Hilfskräfte alleine weiterführen mussten. Der neuen Bedeutung von Hauswirtschaft und Hausfrauen entsprach, dass der Bund der deutschen Frauenvereine, der in Gestalt des Nationalen Frauendienstes die Frauenhilfsarbeit im Krieg koordinieren wollte, mit Kriegslehrgängen sehr schnell die Anleitung und Aufklärung der volkswirtschaftlich so wichtigen Hausfrauen in die Hand nahm. Im Februar 1915 fand in Königsberg der erste Kriegslehrgang statt, an dem 350 Landfrauen und 30 Männer teilnahmen.[101] Am 22. Mai 1915 wurde dann zur noch konzentrierteren Organisierung eine eigene Hausfrauenorganisation gegründet: der Verband deutscher Hausfrauenvereine. Lokale und staatliche Behörden griffen zunehmend auf die Unterstützung der Frauenverbände zurück. Die Leiterin des Reichsverbandes Landwirtschaftlicher Hausfrauenvereine (RLHV), Elisa-

---

101 Kueßner-Gerhard, Liselotte, Der Reichsverband landwirtschaftlicher Hausfrauenvereine, in: Mende, Clara (Hg.), unter Mitarbeit von Käthe Delius, Eva Förster, Gräfin Margarete Keyserlingk, Liselotte Kueßner-Gerhard, Hildegard Margis, Frida Spandow, Dr. Aenne von Stranz, Deutsches Frauenstreben. Die deutsche Frau und das Vaterland, unter dem Protektorat des Reichsausschusses deutscher Hausfrauenvereine und des Reichsverbandes landwirtschaftlicher Hausfrauenvereine, Stuttgart, Berlin 1931, S. 37–72, hier S. 48.

beth Boehm (1859–1943)[102], wurde in den Reichsernährungsausschuss berufen. Die Vorsitzenden aller Landes- und Provinzialverbände dieses Verbandes wurden zur Sitzung der Reichsgemüsestelle nach Berlin gerufen.

Es sollte noch einige Jahre dauern, bis Käthe Delius die berufliche Stellung hatte, um die wissenschaftliche Erarbeitung einer Hauswirtschaftslehre institutionell begründen zu können. Vorerst war sie froh, ihre Prüfung als Gewerbeschullehrerin für Hauswirtschaft im Pestalozzi-Fröbel-Haus erfolgreich bestehen zu können. Sie war jetzt frei, sich für den beruflichen Einsatz zu entscheiden, den sie für hilfreich und sinnvoll hielt. Das erste Stellenangebot kam von einer Reifensteiner Frauenschule, die sie nicht genau benennt. Man wollte sie gerne als Lehrerin für Chemie einstellen – ihre naturwissenschaftlichen Interessen und Fähigkeiten waren bekannt. Aber zu diesem Zeitpunkt fehlte ihr noch der letzte Teil der Anstellungsfähigkeit: das sogenannte Lehrprobejahr als Lehrerin, das heutige Referendariat. Sie konnte dieses Angebot daher nicht annehmen und entschied sich zunächst für eine Arbeit als Küchenschwester in einem Barackenlazarett in Berlin-Tempelhof. Erstaunlicherweise urteilte sie, dass diese Zeit „zu ihren schönsten Erinnerungen" gehörte, „denn man kam hier mit dem wirklichen Leben und den Kriegsereignissen in engste Berührung. Viele Gespräche mit Soldaten ließen einen Einblick gewinnen in das Denken und Tun dieser Menschen, in ihr Verhältnis zum Leben und zum Krieg."[103] Diese Arbeit war offensichtlich genau die sinnvolle und nutzbringende Arbeit, zu der sie ausgebildet worden war und die sie sich auch wünschte. Keine überflüssigen Butterbrote verteilen, die nur das eigene Gewissen beruhigten. Dagegen nah am Leben und den wirklichen Bedürfnissen der Bevölkerung. Zum ersten Mal bot sich ihr die berufliche Möglichkeit, ihre bisher erworbenen hauswirtschaftlichen Kenntnisse in einer Großküche einzusetzen und sich dabei noch ganz spezifischen Erfordernissen zu stellen, denn es gab im Lazarett

---

102 Vgl. Wörner-Heil, Die Wirtschaftlichen Frauenschulen, in: Heidrich, Frauenwelten, insb. S. 106–109.

103 Delius, Ein Leben, Teil III, S. 2.

eine Reihe von Nierenkranken. Für deren besondere Kost fuhr sie in freien Tagen in den Spreewald, um dort für diese Obst und Gemüse zu erstehen.

In diesem Umfeld trat ihr Wunsch auf, noch umfänglicher pflegerisch wirken zu können. Sie absolvierte zunächst einen Rote-Kreuz-Kurs und arbeitete anschließend in einem Kiefernlazarett. Bei dieser Tätigkeit kam Käthe Delius zu der Einsicht, dass sie letztlich für das Pflegerische doch nicht so geeignet war. Da passte es gut, dass auch in diesem Lazarett Küchenschwestern fehlten. Sie wechselte wieder zur Arbeit in die Küche und kommentierte diesen Wechsel mit ihrer Devise: „Es schien mir immer das Richtigste, sich dahin zu stellen, wo man gebraucht wurde und nützliche Arbeit leisten konnte."[104] Dabei spiegelte diese Grundeinstellung nur die halbe Wahrheit, denn sie unterschlug ihr gezieltes Suchen nach Erfahrungen in unterschiedlichsten Konstellationen.

Zu diesem Zeitpunkt, das dritte Kriegsjahr war angebrochen, stellte Käthe Delius mit anderen fest, dass für die stark angewachsene kriegsbedingte Ausbildung in Hauswirtschaft nicht ausreichend ausgebildete Lehrkräfte zur Verfügung standen. In den Reifensteiner Wirtschaftlichen Frauenschulen war die Nachfrage von jungen Frauen nach einem Schulplatz enorm angestiegen. Diese wiederum suchten verstärkt nach ausgebildeten Lehrerinnen, der Engpass wurde immer deutlicher. Es schien ihr nun doch sinnvoll zu sein, ihr Lehrprobejahr zu absolvieren. Sie meldete ihren Wunsch an, dieses in Ostpreußen abzulegen. Dem wurde stattgegeben, und es wurde ihr die Mädchengewerbeschule in Königsberg zugewiesen, in die sie an Ostern 1916 auch eintrat.

Dieser, wieder wohlüberlegte Schritt, sollte Käthe Delius erneut viele neue Eindrücke und Erfahrungen verschaffen. Ostpreußen fand zu dieser Zeit von einem Ausnahmezustand allmählich wieder in die Normalität zurück. Mehr als ein Jahr war seit der Schlacht bei Tannenberg vergangen, in der Generalfeldmarschall Paul von Hindenburg (1847–1934) als Oberbefehlshaber der 8. Armee die in das südliche Ostpreußen vorgedrungene russische Armee besiegt hatte. Die Bevölkerung, die geflohen war, kehrte langsam zurück. Da die Lehramtsanwärterin im Sommer sehr wenig zu tun und dadurch viel Zeit hatte, nutzte sie die Gelegenheit, Land und Leute kennen und schätzen zu lernen. Sie fuhr in die verschiedenen Ostseebäder und genoss die kurische Küste. Im Winter gab es dann mehr Arbeit für sie. Sie vertrat eine kranke Lehrerin und unterrichtete zwei Klassen im Kochen. Sie war sehr auf sich selbst gestellt und erfuhr wenig Anleitung. Im Winter 1916/17 waren auch in Ostpreußen verschiedene Lebensmittel knapp. Die junge Lehrerin war gezwungen, wendig und flexibel ihren Unterricht zu gestalten, und sie bewältigte diese Herausforderung.

Beruflich wurde diese Stelle für sie auch in anderer Hinsicht wertvoll. Die Mädchenschule hatte eine neue junge Direktorin, „Frau Gosse"[105], bekommen. Die junge Leiterin war voller Energie, voller neuer, reformerischer Pläne für Umgestaltungen, wurde aber von den älteren, traditioneller eingestellten Lehrkräften bei der Umsetzung gehindert. So taten sich die beiden jüngeren Frauen zusammen. Man sprach sehr viel über pädagogische Angelegenheiten und die junge Direktorin zog die Lehramtsanwärterin unter anderem zu Verwaltungsarbeiten und Lehrplangestaltungen heran. Sie war es auch, die Käthe Delius anregte, als Gasthörerin an der Universität im Fach Chemie Vorlesungen zu belegen, um ihr weitergehendes naturwissenschaftliches Interesse zu pflegen. Daneben setzte sie sich mit der von Professor Eduard Spranger veröffentlichten Schrift „Die Idee einer Hochschule für Frauen und die Frauenbewegung"[106] sehr intensiv auseinander, da sie von der Direktorin den Auftrag erhalten hatte, hierüber einen Vortrag zu halten.

Auf großes Interesse stieß in der Königsberger Lehrerschaft und der Mädchengewerbeschule auch das 1915 in Berlin gegründete Zentralinstitut für Erziehung und Unterricht und seine Veröffentlichungen, die reformpädagogisch beeinflusst waren. Inspirator dieses Institutes war der Pädagoge und Altphilologe Julius Ziehen (1864–1925) gewesen, der zunächst an die Gründung eines Reichsschulmuseums gedacht hatte. Seit 1905 hatte Julius Ziehen auch als Stadtrat für das Frankfurter Schulwesen gewirkt. Schon 1914 erhielt er die Honorarprofessur für Pädagogik an der Frankfurter Universität. Bis 1916 blieb er

---

104 Ebd., S. 3.
105 Ebd.

106 Spranger, Eduard, Die Idee einer Hochschule für Frauen und die Frauenbewegung, Leipzig 1916.

städtischer Schuldezernent, danach wechselte er als ordentlicher Professor auf den von dem Unternehmer, Sozialpolitiker und Philanthropen Wilhelm Merton (1848–1916) gestifteten Lehrstuhl für Pädagogik an der Frankfurter Universität. Sein Lehrstuhl war die erste Professur für Pädagogik an einer Universität in Preußen. Langjähriger Leiter des Zentralinstitutes für Erziehung und Unterricht – von 1915 bis 1933 – wurde der Reformpädagoge Ludwig Pallat (1867–1946)[107]. Das Institut gab das „Pädagogische Zentralblatt" heraus, das auch in Ostpreußen rezipiert wurde. Nach einem Jahr, einer lebendigen Zeit voller Anregungen, konnte die nun fertig ausgebildete Lehrerin Käthe Delius Bilanz ziehen: „Ich habe diesen Entschluss, in den Osten zu gehen, nie bereut, ich habe Ostpreußen, das Land und die Menschen lieben gelernt."[108] Auch wenn ihr der Abschied von dort schwer fiel, so machte sie sich nun auf den Weg nach Mecklenburg.

---

107 Dann noch einmal von 1934–38; Franz Hilker (geschäftsführend 1930–1933), danach die Nationalsozialisten Ernst Bargheer (1933/34) u. Rudolf Benze (seit 1938). 1934 bis 1945 stand das Institut unter dem Einfluss vom REM/RMWEV. Nach dem Ersten Weltkrieg war es als Stiftung vor allem von den deutschen Ländern (ohne Bayern) weitergeführt worden, um eine pädagogisch-didaktische Beratungsfunktion wahrzunehmen. Nach vielen Ausstellungen wurde eine Abteilung für Rundfunk u. Film aufgebaut. Für die Weimarer Republik kann es als wirkungsvollstes Fortbildungsinstitut im Deutschen Reich angesehen werden.

108 Delius, Ein Leben, Teil III, S. 3.

# III. LEHRERIN, AUTORIN, GESCHÄFTSFÜHRERIN (1917–1923)

## Erste Anstellung als Lehrerin

Ab April 1917 nahm Käthe Delius eine Stelle als Lehrerin in der kurz zuvor gegründeten Wirtschaftlichen Frauenschule Malchow an, die etwa drei Kilometer von Malchow entfernt in der Nähe des Fleesensees am südlichen Teil der Mecklenburgischen Seenplatte neu erbaut worden war.[109] Es war vorgesehen, dass sie die Fächer Chemie, Physik, Kochen und Hausarbeit unterrichten sollte. Der Träger der Schule war der Mecklenburgische Frauenschulverband in Schwerin, der sich dem Reifensteiner Verband korporativ angeschlossen hatte.[110]

Hier erwartete sie im Vergleich mit dem anregenden Milieu in Königsberg ein eher beschauliches, sie – nach eigenen Aussagen – in kurzer Zeit unterforderndes Kontrastprogramm. Die Frauenschule Malchow war nach zweijähriger Vorbereitungszeit und zehn Monaten Bauzeit mitten im Krieg, am 31. Oktober 1916, eröffnet worden. Sie war das typische Ergebnis einer Gründung, die aus kriegsbedingter Notwendigkeit rasch auf den Weg gebracht worden war. Von städtischen und staatlichen Behörden und zahlreichen Privatpersonen hatte sie großzügige Unterstützung erfahren. Bau- und Einrichtungskosten von 270.000 Mark waren in kurzer Zeit aufgebracht worden. Das Schulgelände hatte eine Größe von 5 Hektar. Es gab einen Naturpark mit altem Buchenbestand. Das zentrale dreigeschossige Schulgebäude erinnerte an ein Schloss, be-

---

109 Frauenschule Malchow i. Meckl. des Mecklenburgischen Frauenschulverbandes, Schwerin, in: Maidenblatt 7/1918, S. 78.

110 Wörner-Heil, Frauenschulen, S. 191–193.

saß Zentralheizung, elektrisches Licht, Warm- und Kaltwasserleitungen und großzügig gestaltete hygienische Einrichtungen. Baulich war die Frauenschule sehr gut mit Lehrküchen, Waschküche, Rollstube, Plättstube, Schneiderstube, Molkerei und Versorgungs- und Lagerräumen ausgestattet worden. Zum Zeitpunkt der Eröffnung war schon der erste Schülerinnenjahrgang mit 36 Maiden, neben der Vorsteherin Camilla von Bescherer († 1929), vier Lehrerinnen, einer Hausdame und einer Lehramtsanwärterin anwesend. Nachdem in den folgenden Monaten noch das dritte Geschoß ausgebaut wurde, letzte Handwerkerarbeiten und die Improvisationen eines Neuanfanges soweit abgeschlossen waren, konnten zu Ostern 1917 nochmals 12 Maiden aufgenommen werden. Zu diesem Datum kam auch Käthe Delius als Lehrkraft zum Kollegium hinzu.

Die kriegsbedingten Schwierigkeiten in Bezug auf eine ausreichende Verfügung über Lebensmittel wurden in Malchow dadurch erschwert, dass noch keinerlei Vorräte aus eigenen Beständen vorhanden waren und der vor kurzem angelegte Garten, der zudem sandigen Boden hatte, noch keine Ernten erbracht hatte. Käthe Delius wurde zunächst nur der Chemie- und Physikunterricht übergeben. Auch wenn diese Fächer in ihrem Interesse lagen, war sie doch enttäuscht, dass sie ganz außerhalb des hauswirtschaftlichen Geschehens stand. Auf ihren dringenden Wunsch erhielt sie nach einem halben Jahr noch eine Gruppe in Kochen und Hausarbeit. Obwohl ihr das Freude bereitete und sie ihre Kriegsküchenerfahrung aus Königsberg anwenden konnte, fühlte sie sich dennoch nicht ausreichend ausgefüllt. In diesem Zusammenhang kamen auch erste Überlegungen auf, mit einer Kollegin Lehrbücher zu schreiben, da diese in den Frauenschulen noch immer fehlten. Der Drang, die Zelte erst einmal wieder woanders aufzuschlagen, war stärker. Es waren wohl im Wesentlichen zwei Aspekte, die ihrer Entscheidung für eine Kündigung zu Grunde lagen: Der erste war, dass sie Anregungen und Herausforderungen vermisste, die ihrer Meinung nach auch nicht von der Schulleitung gesucht und gefördert wurden. Die Schulleiterin Camilla von Bescherer hatte zu den ersten Vorkämpferinnen im Kreise von Ida von Kortzfleisch gehört. Sie war Maid in der ersten Frauenschule in Nieder-Ofleiden und dann Lehrerin in der Frauenschule in Reifenstein geworden. Nach Käthe

Delius führte sie die Schule „in alter Tradition ohne wesentliche neue Impulse"[111]. Die täglichen Zusammenkünfte des Lehrerkollegiums erschienen der Jüngeren als ein bloß gemütliches Beisammensein, und sie drückte sich daher gerne um eine Teilnahme. Der zweite Grund war, dass sie noch immer an einer weiteren persönlichen Entwicklung interessiert war und daher ständig über Fortbildungen und Weiterbildungsmöglichkeiten nachdachte. Ihr Interesse richtete sich nun auf die moderne sozialpädagogische Ausbildung, entwickelt und institutionalisiert in ersten Fachschulen für Frauen. Auch in dieser Wahl zeigte sich erneut das grundlegende Interesse an einem Beruf, der sich der Gestaltung und Beeinflussung gesellschaftlicher Bedingungen und Verhältnisse verschrieben hatte.

Käthe Delius erwog, das Sozialpädagogische Institut für Frauen in Hamburg zu besuchen, das die Pädagogin und Frauenpolitikerin Gertrud Bäumer im Jahr 1916 mit der Sozialwissenschaftlerin, Sozialpolitikerin und ebenfalls Frauenpolitikerin Marie Baum (1874–1964) aufgebaut hatte und leitete. Dieses Institut hatte sich das Ziel gesteckt, als höhere Fachschule in moderner sozialer Berufsarbeit auszubilden. Gertrud Bäumer und Marie Baum waren davon überzeugt, dass soziale Berufsarbeiter eine Bildung bräuchten, die die soziale Arbeit in einen Zusammenhang mit der Wirtschaft und dem kulturellen Leben stelle. Zieht man die programmatischen Ziele dieses Institutes in Betracht, so erkennt man, in welche Richtung sich zu diesem Zeitpunkt Käthe Delius' Fragen bewegten. Moderne Sozialarbeiter mussten nach Gertrud Bäumers Verständnis von sozialem und politischem Engagement geleitet sein. Sie seien von Beruf Reformer und Umgestalter. Wären sie dies nicht, so wäre ihre Arbeit mechanisches Handwerk, das kaum nützlich wäre. Die für dieses Institut entwickelte Methodik umfasste daher auch das Fach Soziale Ethik. Der ethische Unterricht sollte den Schülerinnen Wege weisen, ein praktisches Lebensideal zu gewinnen.[112] Es war der reformerisch durchdrungene Zeitgeist, der die Gründerinnen

---

111 Delius, Ein Leben, Teil III, S. 4.
112 Arbeiten zur Methodik in der Frauenschule. Durchgeführt in der pädagogischen Abteilung des Sozialpädagogischen Instituts unter der Leitung von Dr. Gertrud Bäumer. Sonderdruck aus „Die Lehrerin", Leipzig 1918, S. 35.

des Sozialpädagogischen Instituts für Frauen lenkte, wenn sie von der Durchdringung des Bildungswesens mit einem neuen politisch-sozialen Lebensideal sprachen.[113] Käthe Delius war von den Gedanken zur Bildung einer sozialen Gesinnung und eines sozialen Gewissens und der Idee fasziniert, Frauen hätten eine Kulturaufgabe zu verwirklichen.

## Lehrerin in der Wirtschaftlichen Frauenschule Obernkirchen

Noch war Krieg, der zu Beginn des Jahres 1918 besondere Eskalationsstufen zeitigte. Die Situation war durch den begonnenen Gaskrieg und den wieder aufgenommenen uneingeschränkten U-Boot-Krieg des Deutschen Reiches eskaliert. Letzterer war schon im April 1917 ein wesentlicher Auslöser für den Kriegseintritt der Vereinigten Staaten gegen die Mittelmächte gewesen. Die britische Seeblockade war effektiv und führte in Deutschland zu massiven Versorgungsmängeln.

Zu diesem Zeitpunkt erreichte Käthe Delius die Anfrage, ob sie in ihrer „alten", sie prägenden Ausbildungsschule in Obernkirchen unterrichten wolle. Sie gab ihren Plan, nach Hamburg zur weiteren Fortbildung zu gehen, auf und übernahm im April 1918 in Obernkirchen den Unterricht in Kochen, Nahrungsmittellehre und Staatsbürgerkunde.[114] Damit folgte sie dem Hilferuf ihrer alten Schule und stellte sich dieser Herausforderung, obwohl bekannt war, dass deren Lage nicht einfach war. Im vierten Kriegsjahr war die Aufrechterhaltung des Schulbetriebs aufwändig und anstrengend. Noch immer war die Beschaffung von Lebens- und auch Futtermitteln schwierig. Auch ausreichen-

---

113 Bäumer, Gertrud, Baum, Marie, Soziale Frauenschule und sozialpädagogisches Institut Hamburg. Bericht über die ersten beiden Arbeitsjahre Ostern 1917 bis Ostern 1919, erstattet von Dr. Gertrud Bäumer und Dr. Marie Baum 1919, Hamburg 1919, S. 10.

114 Verbandsbericht 1918/19, in: Maidenblatt 3/1919, S. 38.

115 Bericht von Margarete von Spies, NLA BU, D 21, Nr. 1322.

116 Wörner-Heil, Ortrud, „Vorsteherin" der Wirtschaftlichen Frauenschule Obernkirchen. Agnes Freiin von Dincklage, in: Wörner-Heil, Adelige Frauen, S. 383–410.

*Schulleiterin Agnes von Dincklage inmitten der Schulgemeinschaft in Obernkirchen, Ostern 1920*

den Brenn- und Beleuchtungsstoff zur Verfügung zu haben, erforderte viel Einsatz. Die Schulleitung entschloss sich, den Anbau von Kartoffeln, Gemüse und Mohn zu vergrößern. Da die früheren Hilfskräfte fehlten, mussten die Schülerinnen und Lehrerinnen alle Arbeiten alleine bewältigen, auch die Erntearbeit und die Konservierung von Obst und Gemüse. Im Herbst 1918 gab die Direktorin der Schule, Margarete von Spies (1873–1953), ihr Amt schon nach knapp drei Jahren erschöpft auf. Sie musste den Kampf gegen den „Mangel an allen Enden"[115], die andauernde prekäre Ernährungslage und die häufigen Auseinandersetzungen mit den Eltern aufgeben. Die Leitung übernahm im Oktober 1918 Agnes Freiin von Dincklage (1882–1962)[116].

Schon drei Wochen nach diesem Ämterwechsel folgte im Herbst 1918 für vierzehn Tage die Schließung der Schule durch den Kreisarzt, da sie von der

*Agnes von Dincklage mit den Ziegen im Wirtschaftshof der Frauenschule*

zweiten Welle der Spanischen Grippeepidemie erreicht wurde. Diese Pandemie, die zwischen 1918 und 1920 durch einen ungewöhnlich virulenten Abkömmling des Influenzavirus verursacht wurde, sollte weltweit viele Millionen Todesopfer fordern. Zum Höhepunkt der Herbstwelle 1918 schätzten preußische und Schweizer Gesundheitsbehörden, dass zwei von drei Bürgern erkrankt waren. Das Kriegsende 1918, die Revolution und die sich anschließenden Auseinandersetzungen um das zukünftige politische System, die bis in den Spätsommer 1919 andauern sollten, erlebte Käthe Delius nicht in Berlin, sondern noch in Obernkirchen.[117] Deutschland erlebte am Ende des Ersten Weltkrieges Wochen zwischen Chaos und Aufbruch. Am 11. August 1919 trat dann die Weimarer Verfassung in Kraft, die die Weimarer Republik konstituierte.

In der Zeit nach 1918 eröffneten sich Frauen neue Perspektiven.[118] Die Verfassungsreform, die Frauen das aktive und passive Wahlrecht gebracht hatte, führte zu einer Beteiligung von 82% der wahlberechtigten Frauen an der Wahl zur Nationalversammlung: Es zogen 41 Frauen in diese ein. Zugleich begann eine umfangreiche journalistische Tätigkeit von Frauen. Der Eintritt in die Nationalversammlung motivierte zu Berichterstattung, Reflektion und Analyse in den Frauenzeitschriften der Parteien und der Verbände. Im Jahr 1920 traten der einflussreiche und zahlenmäßig große Reichsverband der Beamtinnen und Fachlehrerinnen in Haus, Garten und Landwirtschaft (RBF) und auch der Reichsverband Landwirtschaftlicher Hausfrauenvereine (RLHV) der Dachorganisation der Frauenbewegung, dem BDF, bei. Führende Mitglieder des RBF waren der Auffassung, dass der Stimme der Landfrauen im Chor der Frauenvereine größeres Gewicht zukommen sollte. Dem BDF gehörten im Jahr 1921 57 Verbände mit 3.778 Vereinen und damit etwa 920.000 Mitglieder an. Diese Zahlen sollten im Laufe der Weimarer Republik noch steigen: 1930 waren es 83 Verbände und über eine Million Mitglieder, ein Zeichen dafür, dass sich die Frauenbewegung dynamisch entwickelte. Die Historikerin Angelika Schaser konstatiert jedoch in ihrer Studie über die Frauenbewegung in Deutschland, dass mit dem Wachstum der Bewegung zunehmend Konflikte zwischen den Mitgliedsorganisationen und ihren Vertreterinnen auftraten. Daran hatte ihrer Ansicht nach der RLHV wegen seiner politisch konservativen Prägung erheblichen Anteil: „In bewusster Abgrenzung zu der städtischen Frauenbewegung brachten die Landes- und Provinzialverbände des RLHV zu Beginn der zwanziger Jahre neue Themen, konservative sowie deutlich antiemanzipatorische Zielvorstellungen in die Arbeit des BDF ein. Sie trugen in den folgenden Jahren einen entscheidenden Teil bei, die Reibungspunkte zwischen den drei großen, in ihren Arbeitsgebieten voneinander abgegrenzten Organisationstypen des BDF zu erhöhen."[119]

Dessen ungeachtet konnten Frauenorganisationen in diesen Jahren mit umfangreichen Aktivitäten, Erklärungen und Eingaben an die Reichs- und Landesbehörden politischen Einfluss in Parteien, Parlamenten und auf Regierungs-

---

117 Verbandsbericht 1919/20, in: Maidenblatt 2/1920, S. 22. In Obernkirchen gab es im Sommer 1917 Differenzen mit dem Arbeiterrat. In Deutschland lösten sich die meisten Räte im Frühjahr u. Sommer 1919 auf, die letzten im Herbst u. Winter 1919/20.

118 Vgl. Gerhard, Ute, unter Mitarbeit von Ulla Wischermann, Unerhört. Die Geschichte der deutschen Frauenbewegung, Reinbek bei Hamburg 1990, insb. S. 326–370; Reicke, Ilse, Die großen Frauen der Weimarer Republik. Erlebnisse im „Berliner Frühling", Freiburg, Basel, Wien 1984; Lauterer, Heide-Marie, Parlamentarierinnen in Deutschland 1918/19–1949, Königstein/Taunus 2002.

119 Schaser, Frauenbewegung in Deutschland, S. 103.

kreise gewinnen.[120] Die nach gewerkschaftlichem Vorbild arbeitenden Berufsorganisationen der Frauen wurden bedeutender und einflussreicher. Es entstanden für Frauen erweiterte Handlungsspielräume. Behörden öffneten sich und Frauen gelangten bis in die höchste Regierungsebene, die Ministerien. Eine der ersten war die prominente Frauenpolitikerin Gertrud Bäumer, die 1920 als Ministerialrätin in das Reichsinnenministerium berufen wurde. Diejenigen, die in die Landwirtschaftskammern, in Parlamente und Ministerien einzogen, gehörten einer Generation an, die bereits von den Errungenschaften der Frauenbewegung hinsichtlich Bildung und Ausbildung profitiert hatten. Viele dieser Frauen entstammten bildungsbürgerlichen Familien. Sie hatten Bildungseinrichtungen für Mädchen nutzen können, die von Anhängerinnen der Frauenbewegung im letzten Drittel des 19. Jahrhunderts ins Leben gerufen worden waren. Neue berufliche Perspektiven bewirkten, dass sich auch das Gesamtbild der Frauenverbände und Frauenvereine wandelte: Früher dominierende soziale Fürsorge- und Bildungsvereine traten in ihrer Bedeutung zurück, während Berufsorganisationen in diesen Jahren außerordentlich an Gewicht, Einfluss und Zuwachs gewannen.

Vom RLHV war häufig die Forderung ausgesprochen worden, dass die Landwirtschaftskammern als kooperative Interessenvertretungen des Berufsstandes mit aktivem und passivem Wahlrecht Frauen aufnehmen und für die Betreuung von Frauenarbeit, Frauenbelange und Ausbildung Frauenausschüsse einrichten und Referentinnen anstellen sollten. Ende 1920, mit der Novellierung des preußischen Kammergesetzes, wurde seinen Forderungen teilweise stattgegeben: Durch Zuwahl sollten Frauen Mitglieder der Kammer werden können. Mit dieser Neuerung war eine Quotenregelung verbunden, die festschrieb, dass ein Drittel der in die Kammer hinzu zu wählenden Personen Frauen sein sollten.[121] Auf je zehn gewählte Mitglieder sollte ein weiteres Mitglied hinzu gewählt werden. Von der Gesamtzahl der hinzu zu wählenden Mitglieder sollte ein Drittel Frauen sein.[122] Außerdem wurden sukzessive Referentinnen für ländliche Frauenarbeit in den Kammern eingestellt, die häufig zugleich die Geschäftsführung von Landwirtschaftlichen Hausfrauenvereinen übernahmen.

Die meisten von ihnen hatten eine Ausbildung in einer Reifensteiner Frauenschule absolviert.

Nach eineinhalb Jahren Tätigkeit in der Frauenschule Obernkirchen entschied sich Käthe Delius im Herbst 1919, ihren früheren Wunsch nach Weiterbildung erneut aufzunehmen. Dass sie die Unterrichtstätigkeit aufgab, lässt erahnen, dass diese sie nicht ausfüllte, sie nicht zufriedenstellte und sie ihr nicht ausreichte. Sie suchte nach mehr und anderem. Ein Motiv war ihr Interesse an einem Unterricht in Volkswirtschaft. Erneut konstatierte sie den empfindlichen Mangel einer Volkswirtschaftslehre, in die die Hauswirtschaft mit all ihren Aspekten aufgenommen war. Im Herbst 1919 verließ sie Obernkirchen, trotz des Bedauerns der Schulleiterin Agnes von Dincklage[123], und kehrte in das noch immer sehr unruhige Nachkriegs-Berlin zurück. Die Stimmung dort war aufgeheizt und von Gerüchten, Nervosität und Aggressionen gekennzeichnet.

## Akademische Weiterbildung und das erste Fachbuch

In der spannungsgeladenen, düsteren Atmosphäre erregte eine Publikation großes Aufsehen, der sich auch Käthe Delius nicht entziehen konnte: Der Geschichtsphilosoph, Kulturhistoriker und politische Schriftsteller Oswald Spengler (1880–1936) veröffentlichte sein Hauptwerk „Der Untergang des Abendlandes".[124] Die zentrale These des Buches lautete: Die Kultur des Abendlandes sei im Untergang begriffen. Oswald Spenglers Prophezeiung und Ideen polarisierten, riefen auf der einen Seite Begeisterung, auf der anderen Ablehnung hervor.

---

120 Ebd., S. 97f.
121 Schwarz, Christina, Die Landfrauenbewegung in Deutschland. Zur Geschichte einer Frauenorganisation unter besonderer Berücksichtigung der Jahre 1998 bis 1933, Mainz 1990, S. 77.
122 Sawahn, Anke, Die Frauenlobby vom Land. Die Landfrauenbewegung in Deutschland und ihre Funktionärinnen 1898 bis 1948, Frankfurt am Main 2009, S. 128–132.
123 Verbandsbericht 1919/20, in: Maidenblatt 2/1920, S. 22.
124 Spengler, Oswald, Der Untergang des Abendlandes. Umrisse einer Morphologie der Weltgeschichte, Band 1, Wien 1918.

Die erstaunliche Wirkung des Buches war in erster Linie der zu verkraftenden Niederlage Deutschlands im Krieg, der hart ausgetragenen Parteienkämpfe und der unsicheren Zukunft geschuldet.

Käthe Delius beschäftigte sich mit Spenglers Buch, entzog sich jedoch seiner fatalistischen Tendenz. Sie hatte das erlebt, was die Erfahrung vieler Frauen war: Die Entbehrungen, mit denen Frauen im Krieg und auch in den Nachkriegsjahren konfrontiert waren, hatten vielen dennoch gezeigt, was sie alles bewältigen konnten. Die Not- und Krisenzeiten hatten auch Kräfte mobilisiert. Viele Frauen hatten das Gefühl, trotz aller Belastung an den gestellten Herausforderungen gewachsen zu sein. Die Hauswirtschaft und mit ihr die Hausfrauen im privaten und im beruflichen Bereich waren im Besonderen gefordert gewesen und zugleich aufgewertet worden. Dazu kam das Stimmrecht für Frauen, das die erste Republik den Frauen als aktives und passives Wahlrecht zugesprochen hatte. Frauen konnten bei der Wahl zur Deutschen Nationalversammlung am 19. Januar 1919 erstmals auf nationaler Ebene ihr aktives und passives Wahlrecht nutzen. Das weckte auch euphorische Gefühle. Frauenverbände hatten jahrzehntelang darauf hingearbeitet, dass zahlreiche ihrer Mitglieder mit Bildung, Ausbildung und Weiterbildung gerüstet und bereit waren, im öffentlichen Raum, in den Parteien, den Verbänden, den Parlamenten und Ministerien mitzuwirken. Der BDF hatte 1919 „den Eintritt möglichst vieler Frauen in die gesetzgebenden und verwaltenden Körperschaften von Gemeinde, Kirche und Staat, [...] die Einstellung von Frauen in die Regierung [... und] die staatsbürgerliche Schulung aller Frauen"[125] gefordert. Viele Frauen waren davon überzeugt, eine neue Gesellschaft bedürfe einer größeren weiblichen Mitwirkung.

Käthe Delius genoss nach der Unterrichtstätigkeit wieder die Chance, „Neues aufnehmen zu können"[126] und belegte Vorlesungen und Arbeitsgemeinschaften an der Landwirtschaftlichen Hochschule und Universität in Berlin. Und sie

---

125 Satzung des BDF vom September 1919, zit. n. Schaser, Frauenbewegung in Deutschland, S. 102.

126 Delius, Ein Leben, Teil III, S. 5.

entwarf für sich ambitionierte Zukunftspläne: Sie beabsichtigte, sich für die Ausbildung von Lehrerinnen zu qualifizieren. Aus diesem Grund belegte sie nicht nur ihre „geliebte" Naturwissenschaft, sondern auch Vorlesungen in Philosophie, Psychologie, Pädagogik und Volkswirtschaft.

In dieser Zeit setzte sie noch einen weiteren früheren Plan um, der sie schon in Königsberg beschäftigt hatte. Sie schrieb ein vierundachtzig Seiten umfassendes Fachbuch für die Wirtschaftlichen Frauenschulen, einen Leitfaden für Nahrungsmittellehre.[127] In der Zeitschrift des Reifensteiner Verbandes für Wirtschaftliche Frauenschulen, dem Maidenblatt, war im April 1922 das Buch mit der Empfehlung angekündigt: „Das Buch hat in der Urschrift dem Preußischen Ministerium für Landwirtschaft, Domänen und Forsten vorgelegen und wird von ihm zur Einführung an den Wirtschaftlichen Frauenschulen aufs wärmste empfohlen. Inhalt: I. Allgemeines a) Ernährung, b) Auswahl der Nahrung. II. Nährstoffe a) organische, b) anorganische, c) Vitamine, d) Umwandlung der Nährstoffe im Körper. III. Nahrung: Wasser, Getreide und Getreideprodukte, Mehl, Teigwaren, Stärke, Brot und Backwaren, Kartoffeln, Gemüse, Hülsenfrüchte, Pilze, Obst, Salz, Gewürz, die alkaloidhaltigen Getränke, Vorteile vegetarischer und gemischter Kost, Fleisch, Schlachttiere, Geflügel, Wild, Fische, Krustentiere, Süßstoffe, alkoholische Getränke, Essig, Fette, Milch, Eier, Gallertstoffe."[128] Auf der gleichen Seite, auf der diese Inserat erschien, waren vier Publikationen angezeigt, die ihre frühere Gartenbaulehrerin Aurelie Kohlmann verfasst hatte. Aurelie Kohlmann war es gewesen, die sie für die Naturwissenschaften begeistert hatte. Käthe Delius trat mit ihrem kleinen Lehrbuch in deren Fußstapfen. Sie konnte für diese, ihre erste Veröffentlichung, die fachliche Literatur der Universitätsbibliothek nutzen und arbeitete außerdem in einem

---

127 Die 1. Aufl., die im Frühjahr 1920 veröffentlicht wurde, war nicht ausfindig zu machen. Die 4. Aufl. erschien 1930 u. verwies auf die Zusammenarbeit von Käthe Delius mit Max Winckel. Mit jeder Aufl. wuchs der Umfang. Die 5. Aufl. erschien 1931 mit dem Zusatz: Umgearbeitet. u. neu hg. v. Max Winckel. Die 9. Aufl. hatte die bibliographischen Angaben: Delius, Käthe, Nahrungsmittellehre, 9., unveränd. Aufl., umgearb. u. hrsg. von Max Winckel, Gotha 1944.

128 Maidenblatt 4/1922, S. 75.

Laboratorium für Nahrungsmitteluntersuchungen. Ihr Lehrbuch, dem sie durch die Vorlage im Ministerium eine staatliche Autorisierung besorgt hatte, sollte sehr erfolgreich werden: Es erfuhr neun Auflagen, die neunte im Jahr 1944. Ab 1930 hatte Käthe Delius den Chemiker und Ernährungsforscher Max Winckel (1875–1960) gewonnen, ihr Buch neu zu bearbeiten und selbst herauszugeben. Er schrieb außerdem als Fortsetzung von Käthe Delius Buch ein eigenes mit dem Titel „Ernährungslehre", das im Jahr 1944 in der dritten, erweiterten Auflage erschien.[129]

## Erprobung der Siedlungsidee auf dem Sonnenhof in Ostpreußen

Im Zeitraum zwischen 1880 und 1930 zeigten sich in vielen Bereichen des kulturellen und sozialen Lebens lebensreformerische Bestrebungen. Sie waren das Ergebnis gravierender Strukturveränderungen, die sich in Politik, Gesellschaft, Wissenschaft, Wirtschaft, Technik und Kultur abzeichneten. Im Mittelpunkt standen Ideen, die vor diesem Hintergrund auf eine Reformierung des Lebens zielten. Zahlreiche Menschen, Gruppen, Vereine und Verbände beschäftigten sich mit Themen wie Gesundheitspflege, Naturheilkunde, Licht- und Luftbäder, Nacktkultur, Gymnastik, Sport und Spiel, Sexualreform und Reformmode, Reformpädagogik und Tanz. Auch mit einer Vielzahl von alternativen religiösen Einstellungen, etwa mit Buddhismus, Theosophie und Spiritualität setzte man sich auseinander. An dieser Aufzählung wird die Breite des lebensreformerischen Verständnisses deutlich. Das nach neuen Lebensmodellen und -auffassungen suchende, reformerische Denken bezog sich auch auf eine Wohnungs- und Bodenreform. Es entstanden Initiativen, die sich etwa für die Realisierung von sogenannten Gartenstädten einsetzten.

Eine starke Bewegung, die schon vor dem Ersten Weltkrieg einsetzte und wesentlich von der Wandervogel- und Jugendbewegung beeinflusst war, verstärkte sich nach dem Ende des Ersten Weltkrieges – die Siedlungsbewegung. Die Jahre nach Kriegsende waren eine Zeit der Erwartungen und der Ängste, aber auch der Überzeugungen, eine Neuordnung der Welt sei unausweichlich. Misstrauen und Skepsis, Hoffnungen und Aufbruchstimmungen traten gleichzeitig auf. Diese divergierenden Ansichten zeichnete auch die Siedlungsbewegung aus, die motiviert war zu „siedeln". Es ging dieser darum, eine neuartige Lebensweise zu finden, in der veränderte Verhaltensweisen, Umgangsstile, Wirtschaftsformen und Eigentumsverhältnisse wirksam werden sollten.[130] Der Historiker Ulrich Linse zählt eine enorme Vielzahl von Siedlungsarten und -typen auf, die sich in der Geschichte entwickelt hatten.[131] Die Spannweite reicht von lebensreformerischen, jugendbewegten Siedlungen, über anarcho-kommunistische, völkische, christliche und jüdische bis hin zu Frauenkommunen. Dazu wäre auch der Typus einer ländlichen, gemeinschaftlich-kommunitär betriebenen Schulsiedlung zu zählen. Diese strebte meist eine genossenschaftliche Kooperation in Produktion und Konsum an. Man teilte Arbeit und Besitz, bildete eine Hausgemeinschaft, die zugleich auch Produktionseinheit war. Oft betrieben diese Gemeinschafts- und Schulsiedlungen Landwirtschaft, zum einen für den eigenen Bedarf und zum anderen zum Verkauf der angebauten und hergestellten Erzeugnisse. Diese Form der Hinwendung zur Landwirtschaft darf einer zivilisationskritischen Haltung zugerechnet werden.

Auch die 27-jährige Käthe Delius war von der Siedlungsidee angesteckt: „Mich ergriff zunächst die damals in vielen Köpfen spukende Idee der gärtnerischen oder landwirtschaftlichen Siedlung."[132] Sie hatte seit dem Beginn ihrer Ausbildung verschiedene qualifizierende Einrichtungen in unterschiedlichen Gegenden und Orten kennengelernt und persönliche Erfahrungen gesammelt. Sie hatte sich immer wieder die Frage gestellt: „Was bringt mich weiter?" Sie bilanzierte kritisch ihre Erfahrungen, thematisierte, beobachtete und erlebte Stärken, Schwächen und Defizite. Schon bei der frühen, für ihre Herkunft ungewöhnlichen Entscheidung für eine Berufsausbildung, hatte sie nicht nur Ei-

---

129 Winckel, Max, Ernährungslehre, Gotha 1930.
130 Wörner-Heil, Ortrud, Von der Utopie zur Sozialreform. Jugendsiedlung Frankenfeld im Hessischen Ried und Frauensiedlung Schwarze Erde 1915 bis 1933, Darmstadt, Marburg 1996, insb. S. 49–83.
131 Linse, Ulrich (Hg.), Zurück o Mensch zur Mutter Erde. Landkommunen in Deutschland 1890–1933, München 1983, S. 7f.
132 Delius, Ein Leben, Teil III, S. 5.

gensinn, sondern auch Sinn für Neues, Anderes, Zukünftiges gezeigt. Sie hatte inzwischen viele kreative, tatkräftige und energische Frauen erlebt. In den Frauenschulen war in der Palette der Berufsmöglichkeiten auch immer für die unternehmerische bzw. genossenschaftliche Initiative geworben worden, besonders für und in ländlichen Gebieten.[133] Die Realität auf dem Land zeigte, dass die Ausweitung der Frauenbildung und Frauenarbeit ohne solche mutige Neugründungen nicht möglich gewesen wäre. Daher ist es nicht verwunderlich, dass die gesellschaftliche Krise nach dem Ende des Krieges bei Vielen Wünsche nach alternativen, wenn auch wagemutigen Lebensmodellen bestärkt hatte. Auch Käthe Delius fand es grundsätzlich erstrebenswert, selbstständig zu sein, eigene Ideen verwirklichen und auf eigenem Grund und Boden arbeiten zu können. Außerdem besaß sie ein kleines Vermögen, das auch ein finanzielles Engagement in einem Gemeinschaftsprojekt ermöglicht hätte. Aber durch schöne und blendende Ideen alleine wollte sie sich nicht beeindrucken lassen, denn „verschwommene Pläne lagen mir nicht."[134] Sie war trotz allem Idealismus rational und vorsichtig zugleich und wollte vor einer endgültigen Festlegung erst einmal ein solches Projekt durch praktische Mitwirkung prüfen.

Zwei ehemalige Direktorinnen von zwei Wirtschaftlichen Frauenschulen hatten sich in Ostpreußen, wenige Kilometer nordwestlich von Königsberg in Königl. Neuendorf, einen Hof von 85 Morgen – ihren „Sonnenhof" – gekauft: Margarete von Spies (1873–1953)[135], die Käthe Delius als Vorsteherin der Schule in Obernkirchen erlebt hatte, und Irene von Gayl (1882-1960)[136], die der Wirtschaftlichen Frauenschule Metgethen in Ostpreußen acht Jahre vorgestan-

---

133 Vgl. exemplarisch Kerchner, Brigitte, Beruf und Geschlecht, Göttingen 1992, insb. S. 229– 232.
134 Delius, Ein Leben , Teil III, S. 6.
135 Sie, die Tochter eines Landwirts, absolvierte ihr Maidenjahr v. 1908–1909 in der Wirtschaftlichen Frauenschule Scherpingen in Westpreußen. Ihre Ausbildung zur Lehrerinnen schloss sich danach in der Wirtschaftlichen Frauenschule Oberkirchen an. Anschließend unterrichtete sie in der Wirtschaftlichen Frauenschule Reifenstein, bevor sie die Schulleitung in Obernkirchen von 1915–1918 übernahm. Danach erteilte sie den Molkereiunterricht in der Wirtschaftlichen Frauenschule Metgethen in Ostpreußen. Vgl. Wörner-Heil, Adelige Frauen, insb. das Kapitel Adelige Frauen, Berufsbildung und Frauenbewegung, S. 41–181, hier S. 144-146.

den hatte.[137] Im April 1920 hatten die beiden im Maidenblatt der Frauenschulöffentlichkeit ihre Unternehmung bekannt gegeben und für Besucher die Verkehrsverbindungen notiert. Ihrem „Rittergut" bescheinigten sie „besten Boden, vollständiges Inventar"[138]. Geplant war, die Siedlung als Wirtschaftsbetrieb zu führen und Haushaltspflegerinnen auszubilden. Die Siedlerinnen hofften auf gutes Fortkommen und manchen lieben Besuch. Offensichtlich ermunterte diese Einladung auch viele ehemalige Maiden oder Kolleginnen, den „Sonnenhof" zu besuchen.

Käthe Delius wollte nicht nur besuchen, sondern den Betriebsalltag von innen erleben. Das bedeutete mitzuarbeiten. Sie reiste im Frühjahr 1920 nach Ostpreußen und blieb ein Jahr. Im Mai 1921 berichtete sie, dass sie den Anfang in dieser Siedlung miterleben und mitschaffen konnte. Und alle, die mit dem Begriff „siedeln" nichts anfangen oder idyllische Vorstellungen verbänden, klärte sie auf: „Sich anzusiedeln, heißt wahrhaftig nicht in Ruhe gute Landluft und schöne Natur genießen, sondern es bedeutet echte rechte Arbeit und Überwinden von vielen Schwierigkeiten. Schwierigkeiten gab es und gibt es im Sonnenhof genug, aber die Freude am Vorwärtskommen ist deshalb auch so groß und die Liebe zu dem Lande, an das man seine ganze Kraft setzen muss, wächst immer mehr." [139]

Der Sonnenhof war eine große Besitzung mit einem Haupthaus, mit großen Ställen und einer Scheune. Die Frauen besaßen drei Pferde, drei Kühe, ein Kalb, Schweine, Schafe, Kaninchen, Gänse und Hühner. Nur zwei Hilfskräfte

---

136 Irene von Gayl war die Tochter eines Generalmajors. Sie besuchte v. 1909–1910 die Wirtschaftliche Frauenschule Obernkirchen. Ihre Ausbildung zur Landwirtschaftlichen Lehrerin absolvierte sie an der Wirtschaftlichen Frauenschule Maidburg in Posen. Anschließend beteiligte sie sich am Aufbau der Wirtschaftlichen Frauenschule Metgethen in Ostpreußen, deren Direktorin sie von 1912–1920 war. Anschließend gründete sie den Landwirtschaftlichen Lehrbetrieb Sonnenhof in Neuendorf am Kurischen Haff. 1923 übernahm sie die Stelle einer Referentin der Landwirtschaftskammer Ostpreußen. 1945 wurde sie als Vertriebene von ihrer alten Frauenschule in Obernkirchen aufgenommen. Im Februar 1960 starb sie in Obernkirchen.

137 Vgl. Wörner-Heil, Frauenschulen, S. 145–148.
138 Maidenblatt 4/1920, S. 60.
139 Maidenblatt 5/1921, S. 76f, hier S. 76.

standen zur Verfügung: ein Knecht für die Pferde und ein Mädchen für das Haus. Der Alltag gestaltete sich weitaus schwieriger als erhofft. Die Mieter, die das Haupthaus bewohnten, weigerten sich auszuziehen, so dass die beiden Besitzerinnen mit ihrer Praktikantin vorerst in einer sogenannten Instwohnung, einer Gutsarbeiterwohnung, mit durchlässigem Dach und feuchten Wänden wohnten. Die Felder bestellte im ersten Jahr noch ein Nachbar. Die Frauen konzentrierten sich auf die sich mühselig gestaltende Anlage eines Gartens, das Herrichten der Ställe, den Aufbau eines Bienenstandes und das Montieren eines Zaunes. Die erste große Enttäuschung bereitete die Missernte im ersten Jahr, die einem trockenen und heißen Sommer geschuldet war. Unverdrossen machten sie dennoch weiter, bereiteten sich auf den Winter mit der Arbeit an Spinnrädern und Webstühlen vor. Käthe Delius verabschiedete sich dann im kommenden Frühling. In ihrem Artikel formulierte sie eine Ermunterung für den Sonnenhof und weitere Frauensiedlungen. In ihren späteren Lebenserinnerungen dagegen gesteht sie sowohl ein, dass das Siedeln für sie selbst nicht passend war, als auch, dass nach ihren Erfahrungen eine Frauensiedlung kein gangbarer Weg sein könne: „Doch ging die Arbeit wohl über meine Kräfte. Dazu kam die Erkenntnis, dass dieser Weg der Siedlung für mich nicht gangbar sei, denn ich konnte mich nicht nur der praktischen Arbeit widmen, andere Interessen verlangten ihr Recht. Auch schien mir nun eine Frauensiedlung kein Weg zu sein."[140] Gründe, warum sie gerade einer Frauensiedlung keine Erfolgsaussichten zubilligte, gab sie in diesem Zusammenhang nicht an. In einem späteren Vortrag äußerte sie dann, dass bestimmte landwirtschaftliche Arbeiten Frauen körperlich überfordern würden.

---

140 Delius, Ein Leben, Teil III, S. 6. Die geplante Ausbildung von Haushaltspflegerinnen wurde den Frauen vom Sonnenhof zu ihrem großen Bedauern vom Landrat nicht genehmigt. Im Jahr 1923 übernahm Irene v. Gayl die Stelle einer Referentin in der Landwirtschaftskammer Ostpreußen. Im Verbandsbericht 1923/24 des Reifensteiner Verbandes wird die Einstellung des Sonnenhofes notiert: Maidenblatt 2/1914, S. 14-19, hier S. 19.

141 Datenbank d. deutschen Parlamentsabgeordneten: Parlamentsalmanache/Reichstagshandbücher 1867-1938: http://www.reichstag-abgeordnetendatenbank.de.

Käthe Delius wurde auch durch äußere Umstände gezwungen, sich neu zu orientieren: Die ab 1919 einsetzende Hyperinflation in Deutschland hatte inzwischen ihr ererbtes Geldvermögen entwertet. Schon am Ende des Ersten Weltkrieges hatte die Deutsche Mark bereits mehr als die Hälfte ihres Wertes verloren. In eine Hyperinflation wuchs die schon vorhandene Inflation durch einen massiven staatlichen Ausbau der Geldmenge zu Beginn der Weimarer Republik noch einmal an. Im Oktober 1921 betrug die Mark nur noch ein Hundertstel ihres Wertes vom August 1921. Im November 1923 entsprach 1 US-Dollar 4,2 Billionen Mark. Die Konsequenz war, dass ein wesentlicher Teil der Mittelschichten verarmte, da ihre finanziellen Rücklagen aufgrund der inflationären Geldentwertung beinahe vollständig schmolzen. Unter diesen neuen Voraussetzungen war auch Käthe Delius jetzt gezwungen, ganz anders über ihren Berufsweg nachzudenken: Er musste solide sein und ihre Zukunft materiell absichern.

Käthe Delius besann sich zunächst auf das Naheliegendste: ihre Ausbildung als Lehrerin der ländlichen Haushaltungskunde. Sie erwog, eine entsprechende Stelle anzunehmen. Sie bewarb sich auch, erhielt Zusagen, sagte zu und im letzten Moment wieder ab. Das „Naheliegendste" war eben doch nicht das Passende. Ganz offensichtlich ahnte sie, dass ihr eine pädagogische Tätigkeit nicht genügte, vielleicht auch nicht lag.

## Geschäftsführerin des Reichsverbandes der Beamtinnen und Fachlehrerinnen in Haus, Garten und Landwirtschaft

In dieser Lage machte sie eine frühere Kollegin auf den kürzlich erst gegründeten RBF aufmerksam, der den Christlichen Gewerkschaften angeschlossen war. Gründerin und Vorsitzende dieses jungen Verbandes war die Landtagsabgeordnete Maria Schott (1878–1947). Maria Schott war in der Gartenbauschule von Elvira Castner in Marienfelde bei Berlin als Gärtnerin ausgebildet worden und hatte eine Zeit lang die Gewerbeschule in Danzig besucht. Der Datenbank der deutschen Parlamentsabgeordneten[141] ist zu entnehmen, dass sie von 1902 bis 1905 als Gärtnerin in der Mark Brandenburg, in Sachsen und am Rhein, seit 1905 dann in Erfurt gearbeitet hatte. Nach dem Krieg war sie der Deutschnationalen Volkspartei beigetreten und von 1919 bis März 1923 als Abgeordnete zunächst in den Landtag von Sachsen-Weimar-Eisenach und nach der Bildung des Landes Thüringen in den Landtag von Thüringen gewählt geworden. Durch ein Nachrückverfahren wurde sie dann im März 1923 Reichstagsabgeordnete. Dieses Mandat sollte sie bis 1928 behalten. Viele Jahre hindurch hatte sie nach ihrer Ausbildung mit Kolleginnen zur Marienfelder Schulgemeinschaft gehört, einem Zusammenschluss, in dem man sich über fachliche, berufsbezogene Themen und Erfahrungen austauschte und in dem immer deutlicher wurde, dass berufliche Interessen konzentrierter in der Öffentlichkeit vertreten werden sollten.

Dieser neue, im Jahr 1920 entstandene RBF hatte die Gründung einer einflussreichen Berufsvertretungsorganisation für Frauen dieser verwandten Berufe bezweckt. In ihm gingen verschiedene, schon länger bestehende Vereine, wie der in den 1890er Jahren gegründete Gärtnerinnen-Verein „Flora" oder auch der Zusammenschluss der Hausbeamtinnen auf. Recherchen ergaben, dass der Reifensteiner Verband wesentlich an seiner Gründung beteiligt war. Im März 1920 war ein Aufruf im Maidenblatt erschienen: „Tretet ein in den Reichsverband land- und forstwirtschaftlicher Fach- und Körperschaftsbeamten!"[142] Er trug die Unterschriften von drei Frauen: Maria Schott, Vorsitzende des Fachausschusses, Anna von Heydekampf, Vorsitzende des Reifensteiner Verbandes und Margarete Endemann, Mitglied in den Hausbeamtinnenkommissionen verschiedener Vereine und Verbände und ehemalige Schulleiterin der Wirtschaftlichen Frauenschule Reifenstein. Der Aufruf informierte über die Gründung eines Reichsverbandes land- und forstwirtschaftlicher Fach- und Körperschaftsbeamten im Herbst 1919. Der Verband sollte den Charakter einer Gewerkschaft tragen, da man davon ausging, dass in der neuen jungen Republik nur noch gewerkschaftliche Verbände vom Staat anerkannt würden und Schlag-

---

142 Maidenblatt 3/1920, S. 37f.

kraft entfalten könnten. Ziel der Gründung war die Bildung einer „starken wirtschaftlichen Macht der Beamten der Landwirtschaft." Es sollten die Beamten aller Fächer der Landwirtschaft, wie Inspektoren, Administratoren, Brennerei- und Molkereibeamte, Försterei- und Gärtnereibeamte, Bürobeamte, Beamte der Kammern und Lehrer der Schulen organisiert werden. Seine Gründung bedeutete, dass die Vereine und Verbände der Gutsbeamten und Gutsbeamtinnen abgelöst werden sollten, die verstreut in den Provinzen und Ländern schon bestanden hatten, und von denen man glaubte, dass sie nicht wirkungsvoll genug seien. Innerhalb des neuen Reichsverbandes war es möglich, einzelne Fachgruppen für die jeweiligen Berufsgruppen zu bilden, die sich dann einen eigenen Vorsitzenden oder Vorsitzende wählen konnten.

Der Aufruf im Maidenblatt richtete sich an die Frauen, ebenfalls in diesen Verband einzutreten: „Da es für uns Frauen heute noch viel schwerer ist, wie es für die Männer war, allein zu stehen und allein den wirtschaftlichen Kampf aufzunehmen, haben wir dem Reichsverband angeschlossen einen ‚Frauenausschuss', der von einer Frau geleitet wird, und den Zweck hat, alle Frauen, die in der Landwirtschaft und ihren Nebenbetrieben irgendwie als Beamtinnen, Hausbeamtinnen oder Lehrerinnen tätig sind, zusammenzufassen." Man erhoffte sich, dass es für die Frauen mit einem eigenen Frauenausschuss von Vorteil wäre, sich auf die 16.000 männlichen Kollegen in der gemeinsamen Organisation zu stützen, denn „dieser Frauenausschuss [wird] seinen Mitgliedern zu den Rechten verhelfen, die die Verfassung in ihrem § 165 ff. gegeben hat. Er wird die Interessen der Frauen in den Parlamenten vertreten, ja, er wird, soweit es geht, seine Mitglieder selbst in diese Parlamente schicken. So ist im kommenden Reichstag, wie im Reichswirtschaftsrat uns je ein Sitz zugesagt. Bei den Behörden, wie bei den gesetzgebenden Körperschaften werden unsere Wünsche durch eine Frau vorgetragen und finden durch die große Organisation ihre Unterstützung. In der Vollversammlung der Reichsarbeitsgemeinschaft zwischen Arbeitgebern und Arbeitnehmern der Landwirtschaft sind wir durch die Vorsitzende vertreten. Kurz überall, wo bisher nur der Mann über unser Wohl und Wehe entschied, spricht jetzt eine Frau für die Frauen."

Inzwischen war die Entwicklung schon weiter fortgeschritten: Am 22. Februar 1920 hatte man im Beisein von Anna von Heydekampf (1875–1958) und Margarete Endemann (1869–1935) im neugegründeten Reichsverband eine Fachgruppe Hausbeamtinnen gegründet. Damit hatte man sich der Zustimmung einflussreicher Frauen, die bisher im Reichsverband der Gutsbeamtinnen, in den Reifensteiner Frauenschulen und anderen Verbänden die Sache der Hausbeamtinnen vertreten hatten, für die Neuorganisation versichert. Damit signalisierten diese wiederum, dass sie damit einverstanden waren, dass die bisherige berufsständische Vertretung, der Reichsverband der Gutsbeamtinnen, in dem die Lehrerinnen und Hausbeamtinnen aus den Wirtschaftlichen Frauenschulen die größte Zahl stellten, zugunsten des neuen Reichsverbandes überflüssig werden sollte.

Margarete Endemann war diejenige gewesen, die als Pionierin den neuen Frauenberuf der ländlichen Hausbeamtin, der späteren ländlichen Haushaltspflegerin, schon ab etwa 1906 entwickelt hatte. An vorderster Stelle war sie daran beteiligt gewesen, einen Lehrplan zu erarbeiten und kümmerte sich intensiv um die professionelle Etablierung dieses Berufsbereiches. Sie war Mitglied im 1902 von Hedwig Heyl und Dora Martin gegründeten Verband zur Förderung hauswirtschaftlicher Frauenbildung[143] und gehörte dessen Kommission für Hausbeamtinnen an.[144] 1906 hatte sie ihre Stelle als erste Direktorin in der Wirtschaftlichen Frauenschule Reifenstein aufgegeben und das Waldhaus Häcklingen bei Lüneburg gebaut, das als haus- und landwirtschaftlicher Lehrbetrieb eingerichtet wurde, um hier Landpflegerinnen und in zweijährigen Kursen

---

143 Der Verband hatte 1913 12.000 Mitglieder: Vgl. Biegler, Dagmar, Frauenverbände in Deutschland. Entwicklung Strukturen Politische Einbindung, Opladen 2001, S. 78. Im März 1923 löste sich der Verband aus finanziellen Gründen auf, mitgeteilt in: Haus, Garten, Landwirtschaft 5/1923, S. 7.

144 Wörner-Heil, Frauenschulen, S. 211f. Zur Entstehung des Waldhaus Häcklingen: Reifensteiner Maidenzeitung 8/1908, S. 3–5 u. 9/1909, S. 35f; grundlegender Artikel zur Hausbeamtin: Endemann, Margarete, Die Hausbeamtin, in: Maidenblatt 1/1916, S. 5–7. Margarete Endemann betrieb das Waldhaus Häcklingen bis 1923, verkaufte es 1935. Sie war auch Gründerin des Hausfrauenvereins Lüneburg Stadt und Land. 1918 wurde sie Mitglied der DDP u. kandidierte auf Parteilisten. Vgl. Sawahn, Die Frauenlobby, insb. S. 318f, 323, 326, 328, 332f, 675.

Hausbeamtinnen auszubilden. Hier wurde zum ersten Mal nach dem neuen, im Wesentlichen von ihr erarbeiteten Lehrplan ausgebildet, bevor ihn andere Frauenschulen des Reifensteiner Verbandes übernommen hatten. Mehr als ein Jahrzehnt hatten sie und der Reifensteiner Verband an der Weiterentwicklung der Ausbildungsbedingungen kontinuierlich gearbeitet, hatten sich mit Prüfungs- und Besoldungsfragen und Anstellungsaussichten befasst und die Arbeitsstellenvermittlung der Hausbeamtinnen in die Hand genommen.[145] Die Unterschriften von Margarete Endemann und Anna von Heydekampf unter dem Aufruf signalisierten, dass man die neue Entwicklung verantwortlich mitgestaltete.

Auch die Lehrerinnen sollten ihren Platz in dem neuen Reichsverband finden und zwar vorerst in der Fachgruppe für Bildungs- und Unterrichtswesen. Diese versammelte die männlichen Kollegen u. a. der landwirtschaftlichen Schulen, auch der Akademien und Hochschulen. Auch in dieser Fachgruppe war den Frauen zugestanden, perspektivisch bei genügender Zahl einen eigenen Fachausschuss mit einer weiblichen Vorsitzenden zu bilden. Am Ende des Aufrufes zum Beitritt wird deutlich, dass Klassenkämpfe in der jungen Republik das Klima und das Handeln beeinflussten: „Wir wollen ihnen [den linksstehenden Gewerkschaften, O. W.-H.] nicht mehr nachstehen und wollen uns ihnen gegenüber als große Gewerkschaft auf nationalem Boden organisieren."[146]

Im September 1921 schaltete sich Käthe Delius im Maidenblatt in den Dialog zur Verstärkung der Berufsvertretung der Frauen im RBF ein.[147] Sie warb bei den Maiden für die Interessensvertretung von auf dem Land berufstätiger Frauen – die (noch) der Reichsverband der Gutsbeamtinnen wahrnahm. Ihr schien, als ob der RBF ein Fremdkörper unter den Maiden sei. Dieses Missverständnis müsse ausgeräumt werden, gehe es ihm doch um die Anerkennung

---

145 Fragstein, Margarete von, Bericht über die Tagung des Verbandes zur Förderung hauswirtschaftlicher Frauenbildung am 29. u. 30. Sept., in: Maidenblatt 11/1916, S. 163–167; 6/1917, S. 91; 7/1917, S. 110; Generalversammlung des Verbandes zur Förderung hauswirtschaftlicher Frauenbildung, in: Maidenblatt 8/1918, S. 89f.

146 Schott, Tretet ein, S. 38.

147 Delius, Käthe, Die Ziele des Reichsverbandes deutscher Gutsbeamtinnen, in: Maidenblatt 9/1921, S. 151f.

und Ausgestaltung aller landwirtschaftlichen Frauenberufe. Dies seien wertvolle Dienste für die einzelne Persönlichkeit, die Allgemeinheit und für das deutsche Volk. Sie appellierte an die Erfahrung der Maiden: „Pflegen wir in den Frauenschulen nicht den Gemeinsinn, haben die Maiden nicht immer wieder bewiesen, dass sie bereit sind, sich für ihre Kameradinnen und auch für die Allgemeinheit einzusetzen. Auch Arbeitsfreudigkeit und Berufstüchtigkeit sind die Kennzeichen einer echten Maid." Sie glaubte, dass viele Maiden in den letzten Jahren nicht zu den Berliner Maidentagen gekommen seien, weil ihnen etwas gefehlt habe: „Ich glaube, auch hier ist es das gemeinsame überpersönliche Ziel, das fehlt, das gemeinsame Streben, das um alle Maiden das feste Band schlingt, wie wir es in den Frauenschulen gewöhnt sind. Dies will und wird nun der Reichsverband unseren berufstätigen Altmaiden geben."

Sie warb zugleich dafür, Antipathien gegen Organisationen abzubauen, begründete deren Notwendigkeit mit politisch-nationalen Argumenten: „Man denkt dabei leicht an die Kampforganisationen unserer Arbeiter, die dem deutschen Volk durch ihre Gewaltpolitik so manche harte Nuß zu knacken gegeben haben. So sehr wir nun auch diese Kampfpolitik verwerfen, eines müssen wir zugeben, das Solidaritätsgefühl des Arbeiters und seine Opferfreudigkeit für seine Organisation ist großartig und wohl nachahmenswert. Ich sehe nun auch hier wieder eine große Aufgabe des Reichsverbandes, wenn nicht vielleicht die größte. Wir wollen den Arbeitern zeigen, dass auch wir Gemeinschaftsgefühl besitzen und dass auch wir bereit sind für unsere Ideen zu opfern, aber noch mehr, wir wollen beweisen, dass man sich durchsetzen kann ohne Kampfpolitik. Alle nationalen Elemente unter den Frauen wollen wir sammeln und ein festes Bollwerk bilden, einen Grundstein zum Aufbau unseres Vaterlandes. In diesem Sinne wollen wir im Reichsverband arbeiten und wir hoffen, dass echter Maidengeist unser Streben leitet zum Nutzen für uns selbst und für unser deutsches Volk."

Der engagierte Tenor ihrer Werbung für die Berufsorganisation, zum Teil wortgleich mit dem im März im Maidenblatt abgedruckten Aufruf, deutet darauf hin, dass Käthe Delius inzwischen nicht nur mit Maria Schott Kontakt aufgenommen, sondern offensichtlich die Arbeit im RBF angetreten hatte. Im Gegensatz zum Zaudern bei der möglichen Übernahme einer Lehrtätigkeit hatte sie tatkräftig und energisch die Sache der Berufsvertretung übernommen. Ihr intensiver Einsatz auf dem neuen Betätigungsfeld zeigte sich auch an der Einladung der Mitglieder der Fachgruppe der ländlichen Hausbeamtinnen des Reichsverbandes Deutscher Gutsbeamtinnen zu ihr in die elterliche Wohnung. Diese mussten vom Übertritt in den RBF überzeugt werden. Käthe Delius lud zum 1. Oktober 1921 zu einer Zusammenkunft in die Meierottostr. 7 in Berlin ein.[148]

Es waren erst drei Monate her, dass Käthe Delius übermittelt worden war, dass Maria Schott für die Reichsverbandsarbeit eine Mitarbeiterin suchte. Die Geschäftsstelle war im Bezirk Mitte in der Luisenstraße 31b in der Nähe des Tiergartens und der Charité untergebracht. Für den RBF brachte Käthe Delius als ausgebildete Lehrerin der ländlichen Hauswirtschaftskunde mit weiteren beruflichen Fortbildungen und Erfahrungen und als kenntnisreiche Kontaktperson zum Reifensteiner Verband wertvolle Voraussetzungen mit. Auch ihr selbst fiel in diesem Fall die Entscheidung für eine Mitarbeit nicht schwer. Zunächst übernahm Käthe Delius unentgeltlich die Verwaltung und Vertretung des Verbandes und seiner Mitglieder, wurde aber bald als offizielle Geschäftsführerin eingestellt. Mit dieser Verantwortung erschloss sie sich erneut eine ihr bisher unbekannte Welt, bald ein sie ausfüllendes und interessierendes Berufsfeld, von dem sie selbst sagte: „Aber sehr bald fing ich Feuer."[149] Das neue Aufgabengebiet, Einsatz für Frauen, ihre Bildung und ihre Berufe, erforderte ein Agieren zwischen Bildungsinstitutionen, Frauenbewegung, politischen Gremien, Politikern und Ministerialverwaltungen. Die Erfahrungen, die sie hier machte, die Kontakte, die sie knüpfte, die Themen, für die sie sich in den nächsten Monaten öffentlich engagierte, sollten ihr kurze Zeit später den Weg in das Landwirtschaftsministerium ebnen. Durch eine Stellenvermittlung, die

---

148 Maidenblatt 9/1921, S. 152.
149 Delius, Ein Leben, Teil III, S. 6.

der Verband betrieb, hatte sie umfangreiche Kontakte zu den Mitgliedern. Die verschiedenen Berufsgruppen hatte sie bei den Behörden und anderen Verbänden zu vertreten. Für sie ganz unbekannt und herausfordernd war die journalistische Aufgabe: Der Verband gab die Zeitschrift Haus, Garten, Landwirtschaft heraus, deren Schriftleitung sie von Anfang an übernahm. Sehr viele Beiträge hatte sie selbst zu schreiben. Auf dem Kopf der Zeitschrift erschien sehr bald, dass Käthe Delius als Geschäftsführerin und Leiterin der Stellenvermittlung fungierte. Hinzu kam das Agieren in der Welt der Politik und des Parlamentarismus.

Käthe Delius nahm an den Sitzungen des Dachverbandes, des Gesamtverbandes der christlichen Gewerkschaften, teil. Deren Generalsekretär war zu dieser Zeit Adam Stegerwald (1874–1945), der dem Zentrum angehörte. Adam Stegerwald war schon im Kaiserreich und nun auch in der Weimarer Republik durch seine Zugehörigkeit zur Gewerkschaftsbewegung ein einflussreicher Mann. Von 1903 bis 1929 hatte er das Amt des Generalsekretärs des Gesamtverbandes der christlichen Gewerkschaften Deutschlands inne. Parallel dazu trat er von 1919 bis 1929 an die Spitze des Deutschen Gewerkschaftsbundes. Neben seiner Mitgliedschaft in der Nationalversammlung (1919 bis 1920), hier arbeitete er im Ausschuss zur Vorberatung des Entwurfs einer Verfassung für das Deutsche Reich mit, hatte er auch der Preußischen Landesversammlung (1919 bis 1921) angehört. Zugleich war er Preußischer Minister für Volkswohlfahrt (März 1919 bis November 1921) und Preußischer Ministerpräsident (April bis November 1921) gewesen. Er vertrat darüber hinaus das Zentrum seit 1919 auch als Abgeordneter im Reichstag und sollte dies bis 1933 bleiben.

Mit weiteren Politikerinnen und Politiker, mit Abgeordneten und Verbandsvertreterinnen und Vertretern sollte Käthe Delius zusätzlich durch die Abgeordnetentätigkeit von Maria Schott bekannt werden. Am meisten aber schätzte sie die Möglichkeiten, die sich aus den berufständischen Bedürfnissen ihres Verbandes ergaben: „Das Schönste aber war, dass ich eigenen Ideen nachgehen konnte. Es lag ja so viel im Argen bei den vom Verband vertretenen Berufsgruppen, sowohl in der Ausbildung, als auch in der Anerkennung und Besoldung."[150] Es zeichnete sich hier schon ab, dass sie sich am meisten um den Ausbau einer soliden Berufsausbildung der ländlichen Frauenberufe Gedanken machte. Es ist erkennbar, dass sie mit Artikeln sofort zu Beginn ihrer Arbeit die ihr sehr gut bekannte Frauenschulöffentlichkeit nutzte: Bis zu ihrer Berufung ins Ministerium schrieb sie mehrfach im Maidenblatt des Reifensteiner Verbandes über Themen der Berufsorganisation.[151]

Wie schon der Aufruf im März 1919 gezeigt hatte, unterstützte der Vorstand des Reifensteiner Verbandes den RBF. Auch in der Folgezeit dokumentierte sich die enge Kooperation.[152] Am 14. Februar 1922 nahm die geschäftsführende Vorsitzende des Reifensteiner Verbandes, Anna von Heydekampf, an der Jahrestagung in Berlin teil. Umgekehrt referierte Maria Schott über die Organisation des RBF auf der am darauf folgenden Tag stattfindenden ordentlichen Sitzung des Ausschusses der dem Reifensteiner Verband angeschlossenen Schulen. Ihr Referat war Bestandteil der Berichterstattung über die Hausbeamtinnenausbildung.[153] Es war nur eine Frage der Zeit, wann der Übertritt verschiedener Fachgruppen in den neuen RBF erfolgen würde. Im Maidenblatt des Aprils erfolgte dann die erste Vollzugsmeldung. Käthe Delius berichtete, dass die Fachgruppe der ländlichen Lehrerinnen aus dem Reichsbund Deutscher Gutsbeamten ausgeschieden und sich als selbstständiger Verein dem neugegründeten RBF angeschlossen habe.[154] Der Verein der ländlichen Lehrerinnen umfasste drei Gruppen: die der Lehrerinnen an den Wirtschaftlichen Frauenschulen, an den Haushaltungsschulen und an den Wanderhaushaltungsschulen. Im Juni 1922 meldete Käthe Delius eine weitere zentrale Veränderung: Der RBF der Frauen hatte sich vollständig von der Organisation der Männer gelöst, agierte nun als eine selbstständige Frauenorganisation, die sich ausschließlich Verbänden der Frauenbewegung, der

150 Ebd.
151 Delius, Käthe, Berufsorganisation, in: Maidenblatt 6/1922, S. 101–102.
152 Vgl. Schott, Maria, Ziele und Aufgaben des Reichsverbandes der Beamtinnen und Fachlehrerinnen in Haus, Garten und Landwirtschaft, in: Haus, Garten, Landwirtschaft 1/1929, S. 2–5, hier S. 4.
153 Maidenblatt 3/1922, S. 44.
154 Delius, Käthe, Verein ländlicher Fachlehrerinnen, in: Maidenblatt 4/1922, S. 66.

Zentrale der Landfrauen sowie dem BDF angeschlossen hatte.[155] Der RBF hatte für sein berufspolitisches Vorgehen nun in jeder Beziehung völlig freie Hand.

Die genannte Zentrale der deutschen Landfrauen war noch im Krieg, am 25. Oktober 1917, in Berlin gegründet worden. Den Vorsitz hatte Gräfin Marie von Schwerin-Löwitz (1858–1932), die Vorsitzende der Ortsgruppe Berlin des Deutsch-Evangelischen Frauenbundes übernommen. Sechzehn große Frauenverbände, unter ihnen der Reifensteiner Verband, die wie er hauptsächlich auf dem Lande arbeiteten, schlossen sich zusammen, um „die wirtschaftlichen und sozialen Bestrebungen der Landfrauen wahrzunehmen und zu fördern."[156] Der Zweck dieses Zusammenschlusses war, Austausch der Verbände über Frauenarbeit auf dem Lande und die ländlichen Фraueninteressen bei den Behörden, den gesetzgebenden Körperschaften und in der Öffentlichkeit zu vertreten. Gemeinsam sollte die Zusammenarbeit mit den Berufs- und landwirtschaftlichen Vertretungen, wie z. B. den Landwirtschaftskammern gestaltet werden. Ein Ziel war erklärtermaßen die „geistige und wirtschaftliche Ertüchtigung der weiblichen Landbevölkerung". Vom Reifensteiner Verband waren im Vorstand Anna von Heydekampf, Käthe Herwarth von Bittenfeld[157] und Irmgard von Koerber. Anna von Heydekampf und Irmgard von Koerber waren überdies in den geschäftsführenden Ausschuss gewählt worden.

Im Krieg standen in der Zentrale die Ernährungsfrage, Lebensmittelengpässe und landwirtschaftliche Produktion im Vordergrund. Nach dem Ende des Krie-

---

155 Delius, Berufsorganisation, S. 101f. Ein Beitrag in der Debatte zur angemessenen Bezahlung der Praktikantinnen: Delius, Käthe, Zur Gehaltsfrage der Praktikantinnen, in: Maidenblatt 6/1922, S. 102.
156 Die Zentrale der deutschen Landfrauen, in: Maidenblatt 1/1918, S. 5f.
157 Käthe Herwarth von Bittenfelds Vater war Regierungsrat. Sie besuchte das Kaiserin-Augusta-Stift in Potsdam, 1907–1908 Maidenjahr in der Wirtschaftlichen Frauenschule Reifenstein, heiratete 1908 den Offizier Eberhard Herwarth von Bittenfeld, der wie auch ihr Bruder 1914 im Krieg fiel. 1913 waren sowohl ihre Mutter wie auch ihr Vater Mitglied im Gesamtvorstand d. Reifensteiner Verbandes, 1918 holte sie ihr Abitur nach u. studierte an der Friedrich-Wilhelm-Universität Berlin, an der sie mit dem Thema promoviert wurde: „Die Fachausbildung der ländlichen volksschulentlassenen Jugend und ihre Bedeutung für die Volkswirtschaft, dargestellt an der Provinz Hannover, Phil. Fak. Berlin 1922". 1922 bis 1936 war Käthe Herwarth von Bittenfeld Vorsitzende d. Reifensteiner Verbandes.

ges konzentrierten sich die Themen der Zentrale auf berufsständische, pädagogische, wirtschaftliche, soziale und rechtliche Fragen, u. a. auf das Wahlrecht der Frauen in die Landwirtschaftskammern. Einen gewissen Erfolg hatte man schon erreicht, als nach dem Beispiel Ostpreußens auch andere Kammern Ausschüsse für Geflügelzucht, Kleintierzucht, Gartenbau, kulturelle Fragen und auch für ländliches Schulwesen einrichteten. Die Zentrale verzeichnete es als einen Erfolg, dass schon im Jahr 1917 die Landwirtschaftskammer für das Königreich Sachsen eine Referentin für das ländliche Schulwesen angestellt hatte.[158] Man fand, dass damit ein Anfang gemacht war. Die Frauenverbände waren davon überzeugt, dass eine grundsätzliche Vertretung aller Belange der ländlichen Hauswirtschaft mit dem aktiven und passiven Wahlrecht für Frauen verbunden werden musste. Nur dieses konnte einen vollgültigen Sitz in der Kammer gewährleisten.

Auch nach dem Krieg war die Zentrale der Landfrauen noch ein wichtiges Interessensorgan und machte in dieser Hinsicht eine Reihe von Eingaben an Ministerien und Behörden, insbesondere an das Preußische Landwirtschaftsministerium und das Reichsministerium für Ernährung und Landwirtschaft. Das sollte auch Käthe Delius mittelbar betreffen, forderte die Zentrale der Landfrauen doch die unverzügliche Einstellung einer Referentin in das Reichsministerium für Ernährung und Landwirtschaft. In der Mitgliederversammlung der Zentrale am 29. September 1922 wurde der Antrag formuliert, das Reichsministerium möge eine Referentin für Landfrauenfragen anstellen. Außerdem solle ein Landfrauenausschuss im Ministerium gebildet werden, der die bearbeitete Thematik der Zentrale weiterführen könne. Die Geschäftsführung der Zentrale der Landfrauen, die in die Geschäftsstelle des Reifensteiner Verbandes verlegt wurde, übernahm zu diesem Zeitpunkt Käthe Herwarth von Bittenfeld (1889–1945).[159] Es war diese Art von Eingaben, die mit dazu beitrugen, dass vor allem in den

---

158 Kueßner-Gerhard, u. a., Der Reichsverband, S. 37–72, hier S. 50.

159 Bericht über die Mitgliederversammlung der Zentrale der Deutschen Landfrauen am 29. September 1922, in: Maidenblatt 10/1922, S. 174.

Landwirtschaftskammern und in Ministerien der Boden bereitet war für Referentinnen, die sich der Bearbeitung von Frauenfragen zuwenden konnten.

Die Arbeit der Zentrale der Landfrau sollte jedoch durch unversöhnliche Differenzen zwischen den Mitgliedsverbänden schließlich im Juli 1923 ein Ende finden. Der RDH und seine Landesverbände mit ihren 50.000 Mitgliedern waren zuvor ausgetreten. Die übrigen Verbände, wozu auch der Reifensteiner Verband gehörte, schlossen sich zum Reichsausschuss ländlicher Frauenverbände zusammen und gliederten sich dem deutschen Verein für Wohlfahrts- und Heimatpflege an. Vorsitzende wurde Margarete Gräfin von Keyserlingk (1879–1958), im Vorstand waren außerdem Maria Kerckerinck zur Borg (1879–1945) vom Katholischen Frauenbund und Käthe Herwarth von Bittenfeld, die zum 1. April 1922 als Vorsitzende des Reifensteiner Verbandes gewählt worden war.

Ersichtlich breit gefächert waren die Aufgaben der Geschäftsführerin des RBF, Käthe Delius. Eines der zentralen Themen war die völlig ungeklärte Situation einer ländlich-wirtschaftlichen Lehrlingsausbildung, ein Problem, das die Landfrauenverbände schon länger in der Öffentlichkeit vortrugen. Ein weiteres Gebiet waren Fragen der Fortbildung der landwirtschaftlichen Lehrerinnen.[160] Im ersten Schritt zur Abhilfe arbeitete der RBF an der Vorbereitung eines Fortbildungskurses, an dem Vertreterinnen aller Gruppen und aller Länder und Provinzen teilnehmen sollten. Der Kurs sollte die landwirtschaftliche Lehrerin bekannt machen mit allen neueren Bestrebungen auf wirtschaftlichem, pädagogischem und sozialem Gebiet. Man wollte dafür sorgen, dass diejenigen, die Wissen und Bildung vermitteln sollten, in fachlicher und pädagogischer Hinsicht auf der Höhe der Zeit waren.[161]

In den kommenden Monaten sollte sich zeigen, dass sich die einzelnen Berufsgruppen in der Vertretung ihrer Forderungen und Rechte gegenüber dem Landwirtschaftsministerium erfolgreich auf den RBF stützen konnten, etwa in der Forderung, die Lehrerinnen der Wirtschaftlichen Frauenschulen mit den Gewer-

---

160 Die Fortbildung der landwirtschaftlichen Lehrerinnen, in: Haus, Garten, Landwirtschaft 9/1922, S. 47. Autorin: Delius, Käthe?

161 Die Fortbildung der landwirtschaftlichen Lehrerinnen, S. 47f.

Dr. Käthe Herwarth von Bittenfeld (links), Vorsitzende des Reifensteiner Verbandes von 1922 bis 1936, mit der Schulleiterin in Reifenstein Anna Bertuch (Mitte) und der Kuratoriumsvorsitzenden, Freifrau von Wintzingerode

belehrerinnen gleichzustellen. Kämpferisch eingestellt hatten die Lehrerinnen zuvor die Eingabe des Ministers „einmütig" abgelehnt, die diese Gleichbehandlung nicht vorsah.[162] In der sich immer mehr zuspitzenden Währungskrise war Käthe Delius permanent auch mit Gehaltsfragen der Berufsgruppen befasst. Bei ihren intensiven Bemühungen um die Regelung eines ländlich-hauswirtschaftlichen Lehrlingswesens verzeichnete sie erste sichtbare Erfolge: Die Zentrale der deutschen Landfrauen widmete ihre Herbsttagung 1922 diesem Thema.[163] Auf dieser

162 Mitteilungen des Vorstandes, in: Maidenblatt 9/1922, S. 145f. Nach Verhandlungen, die in die unübersichtliche Situation der Inflation gerieten, gelang es nach Monaten, dem Ministerium diese Gleichbehandlung abzuringen.

163 Maidenblatt 9/1922, S. 150; Herwarth von Bittenfeld, Käthe, Die Gestaltung des ländlich-hauswirtschaftlichen Lehrlingswesens, in: Maidenblatt 12/1922, S. 187.

versammelten sich im September Sachverständige aus allen Teilen Deutschlands, darunter Vertreterinnen und Vertreter des Reichswirtschaftsrates, der Ministerien, der Landwirtschaftskammern, der landwirtschaftlichen Organisationen und der Berufs- und Arbeitsämter. Ein Ziel war, dem ländlich-hauswirtschaftlichen Lehrlingswesen zukünftig durch gesetzliche Regelungen den Schutz zu gewähren, den das übrige Lehrlingswesen schon erhielt. Der RBF hatte für diese Konferenz Richtlinien für die gesetzliche Regelung aufgestellt, die in einem Referat von Käthe Delius vertreten wurden. Die Ergebnisse der zweitägigen Verhandlungen gingen ein in einen Entwurf für eine gesetzliche Regelung, in dem die Unterschiede zwischen der ländlichen und der städtischen Lehre herausgestellt wurden. Die ländliche erstreckte sich auch auf Zweige der Außenwirtschaft, wie Geflügelhaltung und Milchwirtschaft. Dieser erste Entwurf wurde von einer Kommission der Konferenz, der Käthe Delius vorsaß, bearbeitet und schließlich dem Reichsarbeitsministerium und dem Reichswirtschaftsrat übergeben.[164]

Als Geschäftsführerin übernahm Käthe Delius im Herbst 1922 vom Reifensteiner Verband auch noch dessen schon viele Jahre bestehende Stellenvermittlung für Bewerberinnen auf Stellungen in Landhaushalten.[165] Bei letzterem verblieb nur die Stellenvermittlung für Landwirtschaftliche Lehrerinnen, Probelehrerinnen und Praktikantinnen.

Parallel beschäftigte Käthe Delius intensiv das Thema Hausbeamtin. Im September 1922 sprach sie auf einer gut besuchten Hausbeamtinnenversammlung im Lettehaus über die Arbeitsbedingungen im Haushalt. Zur Profilierung der „Hausbeamtin" setzte man sie deutlich von der „Hausgehilfin" ab. Der RBF verstand unter der Hausbeamtin eine gründlich wirtschaftlich ausgebildete, mit Befähigungsnachweis ausgestattete Person mit einer leitenden Funktion, nicht ver-

---

164 Delius, Käthe, Herwarth, Käthe von, Eingabe an das Reichsarbeitsministerium und den Reichswirtschaftsrat, in: Haus, Garten, Landwirtschaft 12/1922, S. 59.

165 Mitteilungen des Vorstandes, in: Maidenblatt 10/1922, S. 160.

166 Leistung und Gegenleistung, in: Haus, Garten, Landwirtschaft 10/1922, S. 49.

167 Ebd.

gleichbar mit einer „helfenden" Hausgehilfin. Man setzte sich deutlich von der Vorstellung einer „Haustochter" ab, die als gebildetes junges Mädchen von einer Familie mit dem Angebot eines Familienanschlusses eingestellt wird, stärkte die Auffassung, dass Allgemeinbildung hilfreich sei, aber keinesfalls eine Fachausbildung ersetzen könne. Gefordert wurde die klare Scheidung zwischen Hausgehilfin und Hausbeamtin, zwischen Wissen und Können im hauswirtschaftlichen Beruf und einer Töchterschulbildung mit Hilfe eines Befähigungsnachweises. Auf vielen Zusammenkünften zu diesen Themen wurde immer drängender die Forderung nach einer staatlichen Anerkennung der Prüfung gefordert.

Die Zuspitzung der Inflation zu Beginn der 20er Jahre beeinträchtigte die vielseitige Arbeit des RBF enorm. Die Probleme mit der Geldentwertung und immer wieder auszutarierende und auszuhandelnde Gehaltsfragen schoben sich unablässig nach vorne, forderten ganz neue wirtschaftliche und juristische Unterstützung und Beratung der Mitglieder und bedrohten letztendlich die Existenz des RBF, der von seinen Mitgliedsgeldern die Verbandsarbeit kaum mehr leisten konnten: „Fassungslos haben wir in der letzten Zeit dem Steigen des Dollars zugesehen, und erst jetzt fangen wir an zu begreifen, was uns diese Geldentwertung gebracht hat. Die Gehälter sind auch nicht nur annähernd so mitgestiegen und haben wir vorher schon unsere Lebenshaltung immer mehr einschränken müssen, so beginnt jetzt der Kampf um die reine Existenz. [...] Es heißt darum jetzt einen Kampf zu kämpfen, um die Erhaltung des uns lieb gewordenen Berufes."[166]

Schwer zu ertragen war, dass selbst Berufe, für die eine anspruchsvolle Ausbildung die Voraussetzung war, nicht mehr die Gewähr boten, die Existenz zu sichern. Die Empörung darüber war groß, dass in den letzten Monaten häufig einer Gärtnerin, einer Hausbeamtin, einer Sekretärin und auch Lehrerinnen angeboten worden sei, „für ein Monatsgehalt von 600M zu arbeiten. Ist das nicht ein Hohn? Ist denn unsere Arbeitskraft, unsere Aufopferung, die man von uns als den gebildeten Frauen, als selbstverständlich erwartet, gar nichts wert?"[167] Der Verband mobilisierte alle Reserven, um sich gegen die Entwicklung zu stemmen: „Viele und große Anforderungen sind in dieser Zeit an unseren Verband gestellt worden und viel, sehr viel Arbeit ist von ihm verlangt worden. Kämpfe um Gehaltserhöhungen, Berufsberatung, Stellenvermittlung, Beschaffung von billigen Stoffen durch unsere Wirtschaftshilfe, Rechtsauskunft und -Beihilfe, und nicht zuletzt die Zeitung als Nachrichtenbringer, alles dies hat man von uns gefordert."[168]

Die Spirale der Inflation drehte sich immer schneller, immer mehr Geld war immer weniger wert, Preise und Löhne explodierten. Kostete im Juni 1923 eine Straßenbahnfahrt in Berlin 600 Reichsmark, so waren ein halbes Jahr später hierfür 50 Milliarden Reichsmark zu zahlen. In der Novembernummer der Zeitung des RBF wurde vorgeschlagen, den Gehaltsforderungen den Roggenpreis zu Grunde zu legen.[169] Im Februar musste der RBF in seiner Zeitung zugeben, dass er diesen Vorschlag nicht hatte durchsetzen können. Ein Sturm der Entrüstung von Seiten der Arbeitgeber hatte diesen Vorschlag blockiert. Der Vorstand kritisierte im Gegenzug die bei den Arbeitgebern eingerissene Sitte, statt Lohn Geschenke zu verteilen: „Geschenke verpflichten und wir wollen unseren Arbeitgebern frei gegenüber stehen, wir wollen den uns zukommenden Lohn auch ausgezahlt bekommen."[170]

Trotz aller Beschwernisse wurde an den beruflichen Themen so gut es ging weitergearbeitet, und es konnten sogar Erfolge verzeichnet werden. In der Regelung des ländlich-hauswirtschaftlichen Lehrlingswesens bahnte sich eine reichsgesetzliche Lösung an. Es war die Rede davon, dass ein Gesetzentwurf über die Berufsbildung Jugendlicher vorgelegt werden sollte, in dessen Rahmen auch das Lehrlingswesen Berücksichtigung finden würde. Die Frauen wurden einerseits bei ihren öffentlichen Verlautbarungen nicht müde zu betonen, dass man sich grundsätzlich eine „Hebung der Hauswirtschaft" erhoffte, die noch immer als Stiefkind ohne Berücksichtigung ihrer hohen volkswirtschaftlichen Bedeutung behandelt würde, andererseits wusste man sich mit den erreichten,

---

168 Ebd.
169 Gehälter, in: Haus, Garten, Landwirtschaft 11/1922, S. 53.
170 Die Gehälter im Januar, in: Haus, Garten, Landwirtschaft 2/1923, S. 3.

sich abzeichnenden Regelungen in der Qualifizierung der hauswirtschaftlichen Berufe ein gutes Stück vorangekommen.

Käthe Delius verhandelte mit dem Preußischen Landwirtschaftsministerium über die Besoldung an den Wirtschaftlichen Frauenschulen, die Einstufung der Lehrerinnen, Hausbeamtinnen und Sekretärinnen – Verhandlungen, die schon seit zwei Jahren andauerten. Es war inzwischen ein einigermaßen zufriedenstellender Abschluss erreicht worden, der noch Wünsche bezüglich der Lehrerinnen an Maidenschulen und die Berechnung der freien Station offen ließ, die man später erneut behandeln wollte. Zudem hatten Verhandlungen stattgefunden, die weitgehende Änderungen in Bezug auf die Pensionierung der Lehrerinnen und Hausbeamtinnen an den Wirtschaftlichen Frauenschulen betrafen. Die Schulträger von Wirtschaftlichen Frauenschulen hatten dem RBF einen Plan vorgelegt, den Käthe Delius mit dem Oberbürgermeister von Paderborn, Otto Plassmann (1861–1932), als dem Vertreter der Schulträger erörterte. Dieser Plan sah vor, die Lehrerinnen und Hausbeamtinnen von der Angestelltenversicherung zu befreien und stattdessen eine Gewährung der Pension nach Staatsgrundsätzen sicherzustellen.

Am 22. Oktober 1922 versendete die Zentrale der Landfrauen an den Reichslandwirtschaftsminister das oben schon erwähnte Ansuchen, in dem sie mit Nachdruck die Einstellung einer Referentin forderte. Diese Referentin, für die ein eigenes Dezernat geschaffen werden sollte, sollte die Aufgaben der Landfrauen in Haus- und Landwirtschaft bearbeiten und vertreten. Die Zentrale der deutschen Landfrauen wünschte sich, dass die Referentin dies in ständigem Kontakt mit den in der Zentrale organisierten Frauenverbänden tun solle. Man war der Meinung, dass eine solche Verbindung dem Ministerium die Mitarbeit dieser Frauenkreise sichern würde und diesen wiederum die planmäßige staatliche Förderung der Frauenarbeit gewährleisten würde. Argumentiert wurde auch mit dem nationalen Argument des notwendigen Wiederaufbaus des deutschen Reiches, für den die Weckung der Frauenkräfte auf dem Land zentral sei. Es bedürfe einer ständigen, gleichmäßigen und einflussreichen Förderung durch die Behörden, die bei allem freundlichen Entgegenkommen und gelegentlicher Unterstützung bisher gefehlt habe: „Immer wieder trat der Umstand in die Erscheinung, daß die bisherige Vernachlässigung der Frauenaufgaben auf dem Lande ein schwerer Missgriff war."[171] Darüber hinaus schlug die Zentrale der Landfrauen vor, dem zu schaffenden Frauenreferat auch einen Ausschuss aus den bestehenden Landfrauenorganisationen anzugliedern. Diese Initiative zeugte von großem Selbstbewusstsein der Landfrauenorganisationen, die auf die Ausweitung ihres Einflusses bedacht waren und sich dafür einsetzten, unterstützende Strukturen zu schaffen.

In Kombination mit den Bemühungen um eine Regelung des ländlich-hauswirtschaftlichen Lehrlingswesens griff Käthe Delius zum Beginn des Jahres 1923 ein zweites virulentes grundlegendes Ausbildungsthema auf: die ländliche Mädchenberufsschule und damit in Verbindung stehend die Ausbildung von Berufsschullehrerinnen.[172] In einem ersten Schritt sollte die ländliche Mädchenberufsschule das Hauptthema der Jahrestagung des RBF sein, die in Verbindung mit seiner Mitgliederversammlung parallel zur landwirtschaftlichen Woche und zur Landfrauenwoche im Februar stattfinden sollte. Ort der Mitgliederversammlung und auch dieser Tagung war das Preußische Landwirtschaftsministerium. Als Referenten hatte sie – strategisch klug – Geheimrat Gustav Oldenburg aus eben diesem Ministerium angefragt. Es kam etwas anders. Die öffentliche Tagung wurde schließlich mit dem Titel „Notwendigkeit und Aufbau der ländlichen Mädchenberufsschule" angekündigt. Den zentralen Vortrag hielt schlussendlich die für dieses Thema bestens qualifizierte Referentin der Landwirtschaftskammer Brandenburg, Mathilde Wolff (1886–1975). Käthe Delius nahm von Seiten der landwirtschaftlichen Lehrerinnen hierzu Stellung.

Trotz widriger wirtschaftlicher Verhältnisse wurden sowohl die Mitgliederversammlung wie auch die Tagung sehr gut besucht, in großer Zahl sogar von

---

171 Eingabe an den Herrn Reichsminister für Ernährung und Landwirtschaft, in: Haus, Garten, Landwirtschaft 11/1922, S. 55.

172 Einladung zur Tagung unseres Verbandes, in: Haus, Garten, Landwirtschaft 1/1923, S. 1.

*Dr. Mathilde Wolff, Frauenreferentin der Landwirtschaftskammer Brandenburg*

weit angereisten Mitgliedern, was die Bedeutung des RBF und die an ihn gestellten Erwartungen unterstrich. Seine Zielsetzung, den von ihm vertretenen Berufen zum einen durch Tarif- und Gehaltsverhandlungen zu geregelten Gehältern zu verhelfen, wurde von den Mitgliedern geteilt. Zum anderen war man sich mit dem Vorstand einig, dass weiterhin intensiv an den Möglichkeiten einer guten Berufsausbildung gearbeitet werden sollte. Käthe Delius konnte berichten, dass der Verband dem Ziel von geregelten Ausbildungen ein erhebliches Stück näher gekommen war. Für den Beruf der Haus- und Gutsbeamtin stand man vor der Einführung einer behördlich anerkannten Prüfung. An den Vorbereitungen für eine reichsgesetzliche Regelung des Lehrlingswesens in der Gärtnerei und der Hauswirtschaft war man maßgeblich beteiligt gewesen.

In der Stellenvermittlung verzeichnete der RBF 343 Bewerberinnen und 461 Auftraggeber, vermittelt werden konnten 112. Außerdem wurde bekannt gegeben, dass Käthe Delius das Amt der zweiten Vorsitzenden übernommen hatte. Das war ein großer Erfolg für sie, ein Zeichen der Anerkennung erfolgreicher Arbeit. Sie hielt damit alle zentralen Ämter in ihrer Hand: Geschäftsführerin, Redakteurin der Zeitschrift, Leiterin der Stellenvermittlung und nun noch zweite Vorsitzende.

Auch die öffentliche Veranstaltung hatte äußerst regen Zuspruch verzeichnet. Es waren Vertreter des Reichsernährungsministeriums, des Landwirtschaftsministeriums, der Landwirtschaftskammern, der Berliner Schuldeputation, des Deutschen Gewerkschaftsbundes, des BDF, zahlreicher Verbände und Berufsämter anwesend. Die Frauen nutzten dieses kompetente und einflussreiche Forum, um für die umfassendere Berufsschulung der ländlichen Mädchenjugend zu werben. Mathilde Wolff behandelte in ihrem Vortrag die Mädchenberufsschule als Grundstein für alle landwirtschaftlichen Berufe, zeigte den bisherigen Stand des ländlichen Berufsschulwesens in Deutschland auf und entwarf die weitgehende Zielsetzung, die schon vorhandene Wanderhaushaltungsschule allmählich zur Pflichtberufsschule umzuwandeln. Sie forderte für die Berufsschule die Anstellung einer landwirtschaftlichen Lehrerin für den wirtschaftlichen Unterrichtsteil, während eine Elementarlehrerin den allgemeinen Unterricht übernehmen sollte. Da die Ausbildung von in ausreichender Zahl geschulten Lehrerinnen einen problematischen Punkt darstellte, bedeutete diese Forderung ein selbstbewusstes Plädoyer für eine qualitative Ausstattung der Mädchenberufsschule und zugleich die Abwehr einer möglichen Mängelverwaltung. Käthe Delius verwies wiederum darauf, dass die Einrichtung der Mädchenberufsschule eine Änderung in der Lehrerinnenbildung nach sich ziehen müsste, in der Weise, dass die wirtschaftlichen und volkswirtschaftlichen Gesichtspunkte mehr in den Vordergrund gestellt werden sollten. Auch Gustav Oldenburg vom Preußischen Landwirtschaftsministerium, der sehr bald ihr Kollege und zeitweise ihr Vorgesetzter werden sollte, meldete sich in der Debatte zu Wort. Er jedoch warnte vor zu weitgehenden Forderungen, die in dieser Zeit nicht erfüllt werden könnten und empfahl, sich mit den primitivsten Anfängen zufrieden zu geben, ohne das große Ziel aus den Augen zu verlieren. Letztlich trug der Kongress dazu bei, die Einsicht für eine bessere Berufsschulung der ländlichen Jugend noch weiter in der Öffentlichkeit und gegenüber Behörden zu verankern.

Käthe Delius hatte im Rahmen ihrer Verantwortung im RBF strategisch virulente Fragen des ländlich-hauswirtschaftlichen Schulwesens aufgegriffen. Sie hatte diese Themen hauptsächlich zum Gegenstand von prominenten Versammlungen und Konferenzen gemacht, auf denen sich Fachleute und Verantwortliche aus ganz Deutschland austauschten, Pläne und Konzepte zur Realisierung entwickelten. Sie hatte persönliche Netzwerke geschaffen und mit Hilfe diverser Medien Öffentlichkeit hergestellt. Die persönlichen Kontakte zu Ministerialbeamten waren durch die fachlichen Themen und staatlichen Zuständigkeiten ebenfalls vertieft worden. Hinzu kam, dass sie auch in den Räumlichkeiten des Ministeriums häufiger anwesend war, war doch die Geschäftsstelle des Reifensteiner Verbandes im März 1922 von Bad Kösen, wo die ehemalige Vorsitzende wohnte, in Räume des Preußischen Landwirtschaftsministeriums übersiedelt, denn die neue Vorsitzende Käthe Herwarth von Bittenfeld lebte in Berlin. Dieser Umzug markierte darüber hinaus die seit mehr als zwei Jahrzehnten außerordentlich engen Beziehungen zwischen dem Preußischen Landwirtschaftsministerium und dem Verband. Auch wenn man ein Quantum Fest-Euphorie zugesteht, dann ist doch die Beurteilung des Vertreters des Landwirtschaftsministeriums beim 25jährigen Jubiläum des Verbandes nicht aus der Luft gegriffen. Er sprach davon, dass die Frauenschulen ein „unentbehrliches Glied des landwirtschaftlichen Bildungswesens"[173] geworden seien.

Die Aufgabe des RBF korrespondierte mit den ausbildnerischen Anliegen des Reifensteiner Verbandes und seinem Bekenntnis zur Professionalisierung des hauswirtschaftlichen Berufes, man könnte sagen, der RBF verlängerte diese

---

173 Ansprache des Vertreters des Landwirtschaftsministeriums, in: Maidenblatt 7/1923, S. 98f.

in die Berufswelt: „Das Streben und die Arbeit unseres Verbandes geht darauf hinaus, Klärung in die verwirrten Verhältnisse des hauswirtschaftlichen Berufes zu bringen, ihn zu heben und ihn zu einem gelernten Beruf zu machen."[174] Die letzte Mitteilung, die Käthe Delius für den RBF im Maidenblatt veröffentlichte, bezog sich auf die Gehälter der Hausbeamtinnen und die „schwere Arbeit" der Berufsorganisation, die der dringenden Unterstützung bedürfe. Sie unterschrieb diesen Artikel zum ersten Mal nicht als Geschäftsführerin, sondern als zweite Vorsitzende des RBF.[175]

Die Eingaben der Frauenverbände zeigten Wirkung. In der Zeitschrift Haus, Garten und Landwirtschaft erschien in der Maiausgabe 1923 die Mitteilung: „Die 2. Vorsitzende, Käthe Delius, die bisher die Geschäfte des Verbandes geführt hat, ist bis zum Herbst beurlaubt, um in dieser Zeit als wissenschaftliche Hilfsarbeiterin im Preußischen Ministerium für Landwirtschaft, Domänen und Forsten tätig zu sein."[176] Im Juni/Juli-Heft wurden einerseits die erste Vorsitzende Maria Schott und weiterhin die zweite Vorsitzende Käthe Delius als Herausgeberinnen genannt. Letztere wurde jedoch schon in diesem Heft zum ersten Mal nicht mehr als verantwortliche Schriftleiterin angegeben, sondern an ihrer Stelle Maria Schott. Diese Veränderungen deuteten schon darauf hin, dass damit gerechnet wurde, dass Käthe Delius fest in das Landwirtschaftsministerium übernommen werden würde.

Einige Monate später, im März 1924, wurde schließlich bekannt gegeben, dass Käthe Delius – auch wenn sie weiterhin dem Vorstand als zweite Vorsitzende angehören werde – das Amt als geschäftsführende Vorsitzende wegen Zeitmangel niederlegen müsse.[177] Der Vorstand ließ sie mit großem Bedauern gehen, denn „was der Verband ihrer Arbeit zu verdanken hat, weiß wohl jedes Mitglied, und wir Alle sprechen ihr unseren wärmsten Dank aus für alle Mühe

---

174 Hausbeamtin – Hausgehilfin, in: Haus, Garten, Landwirtschaft 12/1922, S. 58.

175 Delius, Käthe, Hausbeamtinnen, in: Maidenblatt 3/1923, S. 31.

176 Mitteilung, in: Haus, Garten, Landwirtschaft 5/1923, S. 7.

177 Mitteilungen, in: Haus, Garten, Landwirtschaft 3/1924, S. 4.

und alle Aufopferung."[178] Die Lehrerin an der Wirtschaftlichen Frauenschule Obernkirchen, Gräfin Ellen Wrangel, die zu Studienzwecken für ein halbes Jahr von Obernkirchen nach Berlin beurlaubt war, übernahm das Amt der Geschäftsführerin und wurde auch Mitglied des Vorstandes.[179] In der Oktobersitzung des Vorstandes informierte Käthe Delius dann darüber, dass sie nicht nur das Amt der zweiten Vorsitzenden aufgeben müsse, sondern ganz aus dem Verband ausscheiden werde. Dieses Amt sei mit ihren Pflichten als Referentin im Landwirtschaftsministerium nicht vereinbar. Der RBF hatte bekanntermaßen bei zahlreichen Themen einen Vertreter oder – in ihrem Fall – eine Vertreterin des Ministeriums als Gesprächs- oder Verhandlungspartner als Gegenüber. Käthe Delius' Entscheidung musste akzeptiert werden, aber er wurde auch sehr bedauert: „Frl. Delius Entschluß wurde mit großem Bedauern angenommen, und ihr der Dank ausgesprochen für ihre rastlose und unermüdliche Arbeit, die sie uns in selbstloser Weise in schwerer Zeit geschenkt hat." Und: „Für ihre jahrelange, treue, aufopfernde und so erfolgreiche Tätigkeit sprach Frau Schott ihr den allerherzlichsten Dank aus."[180]

178 Mitteilungen des Vorstandes, in: Haus, Garten, Landwirtschaft 3/1924, S. 5.
179 Dieckmann, Ilse, Bericht über die Vorstandssitzung am 12. Oktober 1924, in: Haus, Garten, Landwirtschaft 11,12/1924, S. 27. Ostern 1923 hatte Ellen Gräfin Wrangel das Seminar in der Wirtschaftlichen Frauenschule Obernkirchen übernommen: Maidenblatt 2/1924, S. 16. Im Verbandsbericht von 1924/1925 berichtete die Schulleiterin Agnes von Dincklage, dass Gräfin Wrangel für ein halbes Jahr zu Studienzwecken beurlaubt sei: Maidenblatt 4/1925, S. 52. Ellen Gräfin Wrangel muss danach wieder zur Frauenschule Obernkirchen zurückgekehrt sein. Im Verbandsbericht 1925/26 gibt die Schulleiterin schließlich bedauernd bekannt, dass Gräfin Wrangel am 1. Oktober 1925 ganz plötzlich die Frauenschule verlassen habe. Sie sei vorläufig als Geschäftsführerin der ländlichen Hausfrauenverbände Hessen-Cassels von der Landwirtschaftskammer angestellt worden: „Wie schwer sie in jeder Beziehung für Obernkirchen zu ersetzen ist, wissen alle, die mit ihr als Kolleginnen oder Schülerinnen gearbeitet haben." Maidenblatt 4/1925, S. 52.
180 Dieckmann, Bericht über die Vorstandssitzung, S. 27; Kische, Dorothea, Dr., Kurzer Bericht über unsere diesjährige Hauptversammlung am 19. Februar 1925 in Berlin, in: Haus, Garten, Landwirtschaft 3/1925, S. 7f, hier S. 7.

# IV. IM PREUSSISCHEN LANDWIRTSCHAFTSMINISTERIUM (1923–1934)

**Ein historischer Moment: Die erste Frau im höheren Dienst des Ministeriums – „O wie schön, jetzt zieht der Frühling ins Landwirtschaftsministerium."**

Ob Käthe Delius während ihrer Zeit im Reichsverband schon einmal an eine Tätigkeit im Preußischen Ministerium für Landwirtschaft, Domänen und Forsten gedacht hatte, ist nicht bekannt. Selbstverständlich war ihr bewusst, dass im Ministerium die Weichen für entscheidende Strukturen für den Bildungs- und Berufsbereich der ländlichen und gärtnerischen Berufe geschaffen wurden. Diese Überzeugung ist ganz sicher in ihrer Reichsverbandsarbeit gefestigt worden. In den meisten ihrer Aufgabenbereiche hatte sie Berührungen mit dem Landwirtschaftsministerium gehabt. Für ein Referat im Ministerium „Bildung und Ausbildung von Mädchen und Frauen auf dem Land" hatte sie durch ihre Ausbildungen, die unterschiedlichsten beruflichen Einsätze sowie ihre vielseitigen Kontakte sehr gute Voraussetzungen. Ihr „Gesellenstück" hatte sie mit der erfolgreichen Reichsverbandsarbeit abgeliefert.

Wie kam es zu der Einrichtung einer Referentinnenstelle? Käthe Delius beschreibt in ihren Lebenserinnerungen, dass im Ministerium trotz des Ministers Hugo Wendorff (1864–1945)[181], der der DDP angehörte, eine „sehr starke konservative Einstellung"[182] geherrscht hätte. Hugo Wendorff amtierte nach 1918 als dritter Staatsminister für Landwirtschaft, Domänen und Forsten vom 7. November 1921 bis zum 18. Februar 1925 in der zweiten, vom sozialdemokratischen Ministerpräsidenten Otto Braun (1872–1955) geführten Regierung des Freistaates Preußen.[183] Auf der Basis eines republikanischen Bekenntnisses hatte sich die DDP für die demokratische Ordnung, für den Rechtsstaat, sowie für Föderalismus und Selbstverwaltung, eine fundamentale Heeresreform und für die Gleichstellung der Frau ausgesprochen. Da bekannte Frauen wie Gertrud Bäumer, Helene Lange und Marie-Elisabeth Lüders, die in Verbänden der Frauenbewegung führend aktiv waren, Mitglieder der DDP waren, hätte man von einem Minister der gleichen Partei eine frühe Zustimmung zu einer Referentin im Ministerium erwarten können.

Möglicherweise ist das Zögern des Ministeriums, eine Referentinnenstelle einzurichten, darauf zurückzuführen, dass es zahlreiche Konflikte und Meinungsverschiedenheiten nicht nur zwischen der Reichs- und der preußischen Regierung gab, sondern auch zwischen den in Preußen regierenden Koalitionsparteien, der Sozialdemokratie, dem Zentrum, der DVP und der DDP. Der am-

---

181 Im Kaiserreich war Hugo Wendorff Mitglied der Fortschrittlichen Volkspartei, für die er v. Januar 1912 bis November 1918 dem Reichstag angehörte. 1917 hatte Wendorff das von seinem Vater geerbte, in Mecklenburg gelegene Gut Toitz bei Nossendorf verkauft u. sich dann ausschließlich seiner politischen Tätigkeit gewidmet. Am 9. November 1918 hatte ihn Großherzog Friedrich Franz IV. v. Mecklenburg zum Staatsminister u. Präsidenten des Staatsministeriums v. Mecklenburg-Schwerin ernannt. Gleichzeitig hatte er die Leitung des Außen- u. Innenministeriums. Am 22. Februar 1919 wurde er vom Verfassunggebenden Landtag des Freistaates Mecklenburg-Schwerin, dem er selbst als Landtagsabgeordneter angehörte, zum Ministerpräsidenten des Landes gewählt. Seit 30. Juli 1919 amtierte er als Ministerpräsident u. als Staatsminister des Äußeren sowie als Staatsminister für Landwirtschaft, Domänen u. Forsten. Am 14. Juli 1920 trat er von seinen Ämtern zurück. Wendorff war 1918/19 Mitglied der Rostocker Bürgervertretung gewesen, gehörte v. Januar 1919 bis Juni 1920 der Weimarer Nationalversammlung an u. blieb bis 1921 in Mecklenburg-Schwerin. Er konnte eine prominente politische Karriere in Mecklenburg-Schwerin u. auf Reichsebene vorzeigen, bevor er 1921 in die preußische Landespolitik wechselte. Von 1921 bis 1924 war er Mitglied d. Preußischen Landtages. Als Landwirtschaftsminister gehörte er dem Reichsrat an. Er war Mitglied des Parteiausschusses der DDP, 1930 dann der Deutschen Staatspartei.

182 Delius, Ein Leben, Teil IV, S. 10.

183 Das dritte, v. Otto Braun geführte Kabinett sollte v. April 1925 bis Mai 1932 bis zum sogenannten Preußenschlag am 20.7.1932 dauern, bei dem die Regierung Braun durch Reichskanzler Franz von Papen entmachtet wurde. Der erste Preußische Landwirtschaftsminister nach dem Ersten Weltkrieg war der Sozialdemokrat u. spätere Preußische Ministerpräsident Otto Braun, der v. 14. November 1918 bis 10. März 1921 amtierte. Der zweite Landwirtschaftsminister war der parteilose Hermann Warmbold (1876–1976), der dieses Amt v. 21.4.1921 bis 1.11.1921 innehatte. Vgl. Heimann, Siegfried, Der Preußische Landtag 1899–1947. Eine politische Geschichte, Berlin 2011.

bitionierte und zupackende Sozialdemokrat Otto Braun war ein ausgewiesener Agrarpolitiker, in dessen zweite Regierungsperiode zahlreiche Auseinandersetzungen mit den Konservativen, den Großgrundbesitzern und der mit ihnen verbündeten DNVP gehörten. Jedoch kritisierten auch die Koalitionspartner in der Regierung Braun häufig die Agrarpolitik ihres Ministerpräsidenten Braun, die ihrer Ansicht nach voller sozialistischer Experimente sei, wie etwa die Aufhebung der Gutsbezirke. In diesen war es den Einwohnern auf Grund der herkömmlichen Rechtslage nicht möglich, eine Gemeindevertretung zu wählen. Neben der Schulpolitik entspann sich ein weiterer Konflikt innerhalb dieser Regierungskoalition über die Besetzung der Beamtenstellen. Die unterschiedlichen Auffassungen betrafen die Frage, ob die Einstellung von Beamten unter politisch-demokratischen Gesichtspunkten, das meinte die Parteizugehörigkeit, oder vorrangig im Hinblick auf die fachliche Kompetenz erfolgen sollte. Der Hintergrund war, dass in der Beamtenschaft die Gruppe konservativer und der Republik ablehnend gegenüberstehender Beamter das Übergewicht hatten. Auch über den Landfrauenorganisationen lag das Verdikt, politisch eher dem konservativen Lager anzugehören. Auf der konservativen Parteienseite wiederum gab es in Bezug auf eine emanzipierte Handhabung der Geschlechterfrage immer wieder Vorbehalte. In Hinsicht auf die Frauenfrage gerieten die Parteien, Ministerien und Institutionen jedoch unter den Druck von beharrlich verfolgten Forderungen von Frauenverbänden. So nimmt es nicht wunder, dass Käthe Delius im Rückblick erinnert, dass erst auf hartnäckiges Insistieren der weiblichen Abgeordneten das Preußische Landwirtschaftsministerium im Jahr 1923 die Berufung einer Referentin zugelassen hätte. Unter den insgesamt 428 Abgeordneten des ersten Preußischen Landtages (Wahlperiode 1921–1924) befanden sich 40 Frauen.

Wie im Reich so forderten auch in Preußen der RLHV und die Zentrale der deutschen Landfrau die Landwirtschaftskammer wie auch das Preußische Ministerium für Landwirtschaft, Domänen und Forsten auf, ihr Zögern aufzugeben und die Wertschätzung der Frauenarbeit durch die Einstellung einer Frau zu unterstreichen. Die Frauenverbände und auch die weiblichen Abgeordneten im Preußischen Landtag bedrängten das Preußische Landwirtschaftsministerium immer nachdrücklicher wegen der Einstellung einer Referentin. Ende 1922, Anfang 1923 war es soweit: Das Ministerium entschloss sich, eine Referentin zu berufen und machte sich an die Erstellung einer Berufungsliste. Da es zu dieser Zeit für einen Ministerialbeamten kein Bewerbungsverfahren gab, wurden Verbände und politische Parteien gebeten, geeignete Personen zu benennen. Dem Ministerium wurde eine ganze Reihe von fachlich und politisch geeigneten Frauen genannt, so berichtet es Käthe Delius.

An die erste Stelle setzte das Ministerium die ihm durch längere Zusammenarbeit gut bekannte Mathilde Groschupf (1881–1970). Sie war eine der ersten Maiden in der Wirtschaftlichen Frauenschule Obernkirchen im Schuljahrgang 1903/04 gewesen und hatte noch intensiv die Gründerin Ida von Kortzfleisch erlebt. In Obernkirchen absolvierte sie auch ihre Ausbildung als Lehrerin. Fast zehn Jahre, von 1911 bis 1920, war sie in schwieriger wirtschaftlicher und politischer Zeit Vorsteherin der Frauenschule in Bad Weilbach gewesen.[184] Danach hatte sie die neugeschaffene Stelle einer „Schulberaterin" aller Reifensteiner Schulen übernommen. In dieser Zeit war sie Vermittlerin zwischen den Schulen, dem Verband und dem Ministerium. Das ländlich-hauswirtschaftliche Schulwesen war nach 1918 „in Bewegung" geraten, Ausbildungsbestimmungen änderten sich ständig, es gab zahlreiche ministerielle Verordnungen und Verfügungen etwa zur Erlangung der Lehrbefähigung der Lehrerinnen, veränderte Ausbildungsvorschriften für Hausbeamtinnen und Gärtnerinnen, zur Vermittlung von Probelehrerinnen, Gewährung von Staatsstipendien und nicht zuletzt ständige Neufestsetzungen der Gehälter und Staatszuschüsse im Hinblick auf die galoppierende Inflation. Viele Schulen hatten mit existenziellen Problemen zu kämpfen. Es existierte ein hoher Beratungsbedarf, der mit Hilfe der Schulberaterin Mathilde Groschupf bewältigt werden sollte. Seit Mai 1921 gehörte sie dem Vorstand des Reifensteiner Verbandes an. Doch bald schon übernahm

---

184  Wörner-Heil, Frauenschulen, S. 139–144.

sie erneut eine Schulleitung. Es war die, der erst zwei Jahre zuvor gegründeten Wirtschaftlichen Frauenschule Gnadenfrei in Schlesien.[185] Zunächst teilte sie sich das Direktorat kommissarisch mit Gisella Freiin von Reibnitz, um dann am 1. April 1922 die Leitung dieser Schule alleine in die Hand zu nehmen. Sie sollte sie bis 1938 innehaben. Möglicherweise schlug Mathilde Groschupf die ihr angebotene Stelle im Ministerium aus, weil sie sich dem Reifensteiner Verband und ihrer erst kürzlich neu übernommenen Schulleitung verpflichtet fühlte.

Käthe Delius stand auf Platz zwei der Berufungsliste des Ministeriums. Hinter ihr standen nach ihren eigenen Aussagen verschiedene Frauenverbände, aber keine Partei, „denn ich gehörte keiner an."[186] Sie war dreißig Jahre alt, war dem Ministerium in jüngster Zeit durch die Geschäftsführung des RBF gut bekannt geworden. Auch sie war eine Absolventin einer Reifensteiner Frauenschule gewesen, hatte ihre Qualifikation durch diverse Ausbildungen erweitert und schon eine Reihe beruflicher Erfahrungen bei anderen Trägern und in verschiedenen Landesteilen sammeln können. Sie war gut vernetzt mit Frauenverbänden und hatte das politisch-parlamentarische Leben kennengelernt. Dagegen stand, dass sie keine Verwaltungserfahrung hatte, aber sie traute sich die Verantwortung für diese Aufgabe zu. Tätigkeiten, bei denen man in staatlichen Diensten in der gesellschaftlichen Öffentlichkeit stand, waren ihr aus ihrer engsten Familie, besonders durch ihren Vater und den Bruder – beides Juristen – gut bekannt. Seit frühester Jugend hatte sie ihre Selbstständigkeit und ihren Tatendrang unter Beweis gestellt, so dass es fast selbstverständlich erschien, dass sie sich auf dieses unbekannte Terrain einließ. Sie wusste, dass ihr eine Chance geboten war, gestaltend dort zu wirken, wo sie es für besonders notwendig hielt: im staatlichen Bildungswesen. Und ein sie schon länger bewegender Wunsch, ein innig gehegtes Anliegen fand seine Erfüllung: „Der Wunsch, der nach dem großen Frauenkongress im Jahre 1911 [hier irrt K. D.,

---

185 Ebd., S. 158-160.
186 Delius, Ein Leben, Teil IV, S. 10.

187 Ebd., S. 11.

gemeint ist 1912, O.W.-H.] in mir aufgesprungen war, nämlich für die Frauen zu arbeiten, sollte jetzt in Erfüllung gehen."[187] Als Käthe Delius am 1. Mai 1923 ihren Dienst im Preußischen Landwirtschaftsministerium antrat, war dies ein historischer Augenblick, denn sie sollte die erste Frau sein, die im höheren Dienst dieses Ministeriums eine Verantwortung übernahm.

## Ausbildung für Mädchen und Frauen auf dem Land zu Beginn der Weimarer Republik

Das Ministerium, das im Jahr 1848 im Königreich Preußen errichtet und im Freistaat Preußen weiterbestand, befand sich in Berlin am Leipziger Platz 6–9. Zwischen 1913 und 1919 war es um ein Gebäude an der Königgrätzer Straße 123 B (ab 1930 Stresemannstraße 128) erweitert worden. Am 1. Januar 1935 sollte es in das 1919 gegründete Reichsministerium für Ernährung und Landwirtschaft eingegliedert werden, das dann bis 1938 die Bezeichnung „Reichs- und Preußisches Ministerium für Ernährung und Landwirtschaft" trug. Zuletzt war es in Zentralbüro, Zentralverwaltung der Abteilung für Domänen und Forsten, Landwirtschaftsabteilung, Domänenabteilung, Forstabteilung, Gestütsabteilung, Veterinärabteilung und Wasserwirtschaftsabteilung aufgegliedert.

Vier Kriegsjahre hatten in der Land- und Ernährungswirtschaft große Schäden angerichtet, die nur allmählich beseitigt werden konnten. Der landwirtschaftliche Aufbau kam nur sehr zögerlich voran, die agrarische Leistung blieb lange Zeit auf Vorkriegsniveau. Es war jedoch die zentrale staatliche Hauptaufgabe der jungen Republik, die landwirtschaftliche Produktion wegen der Versorgung der Bevölkerung unverzüglich zu verbessern. Zum einen stützte der Strukturwandel langsam die bäuerlichen Familienwirtschaften und nicht die Großbetriebe auf Lohnarbeiterbasis. Die volkswirtschaftliche Bedeutung der klein- und mittelbäuerlichen Betriebe, die den größten Anteil an der landwirtschaftlichen Nutzfläche besaßen, trat in den Vordergrund. Nach Ulrich Kluge kam der Strukturwandel nicht so sehr durch staatliche Mittel zustande „als vielmehr durch Im-

*Das Preußische Landwirtschaftsministerium, Leipziger Platz 6–9 in Berlin*

pulse aus Wissenschaft, Industrie und Bildung."[188] Dazu zählten seiner Meinung nach die Bekämpfung von Tier- und Pflanzenkrankheiten, die Erschließung umbruchfähigen Grünlands für den Anbau von Futtermitteln, Neuerungen in der Fütterungstechnik und betriebliche Rationalisierung wie Meliorationen, Absatzförderung und der Ausbau des landwirtschaftlichen Schulwesens.

Weibliche Zuständigkeitsbereiche in der ländlichen Hauswirtschaft, wie unter anderem für Geflügel, Gartenwirtschaft und Molkerei, spielten eine immer wichtigere Rolle für eine marktorientierte Landwirtschaft. Es war jetzt deutlich genug und wurde auch nicht mehr hinterfragt, dass die ländliche Hauswirtschaft darüber hinaus auch für eine eigenorientierte Produktion von großer Bedeutung war. Und es schien gebotener denn je, dass der Bildung und Fachausbildung auch der Töchter größere Aufmerksamkeit zugewendet werden musste.

Mathilde Wolff, seit 1920 wissenschaftliche Hilfsarbeiterin und dann 1922 Referentin der Landwirtschaftskammer Brandenburg, hatte schon im September 1920 einen Leitartikel mit der Fragestellung „Wo liegen heute unsere Aufgaben?" verfasst. Darin forderte sie: „Wir haben heute die Pflicht uns in ganz anderem Maße, als es bisher geschehen ist für die allgemeine Einführung, für die Verbreitung und für den Ausbau ländlich-hauswirtschaftlichen Schulwesens bei uns einzusetzen!"[189] Die Redaktion des Maidenblattes hatte Mathilde Wolffs Artikel und auch den nachfolgenden Artikel des Schatzmeisters des Reifensteiner Verbandes und Ministerialbeamten im Landwirtschaftsministerium, Immanuel Frick, mit der Anmerkung eingeleitet: „Die beiden nachfolgenden Aufsätze sind im besonderen für unsere landwirtschaftlichen Lehrerinnen und die es werden wollen bestimmt. Bitte mit Aufmerksamkeit und offenem Herzen zu lesen!"[190]

Der Beitrag von Immanuel Frick beschäftigte sich mit den Berufsaufsichten der Lehrerin der landwirtschaftlichen Haushaltungskunde. Er ging von der Ansiedlung von sogenannten Kleinsiedlern mit landwirtschaftlichen Nebenerwerbsbetrieben nach dem Ersten Weltkrieg aus. Hintergrund war das Reichssiedlungsgesetz von 1919, das auf die Umsiedlungen, Vertreibungen oder „freiwilligen Wanderungen" nach dem Versailler Vertrag reagierte.[191] Ziel war die dichtere Besiedlung landwirtschaftlich nutzbaren Landes durch neue landwirt-

---

188 Kluge, Agrarwirtschaft und ländliche Gesellschaft, S. 21.
189 Wolff, Mathilde, Wo liegen heute unsere Aufgaben?, in: Maidenblatt 9/1920, S. 135–137, hier S. 135.
190 Frick, Immanuel, Die Berufsaussichten der Lehrerin der landwirtschaftlichen Haushaltungskunde, in: Maidenblatt 9/1920, S. 137–139.
191 Reichssiedlungsgesetz 1919 v. 11. August 1919, in: Reichs-Gesetzblatt 1919, S. 1429–1436. Große Bevölkerungsverschiebungen ergaben sich aus der Bildung des Staates Polen, insgesamt flüchteten rund 1,5 Millionen Deutsche oder wurden vertrieben. Dies betraf zu einem erheblichen Teil ländliche, agrarisch tätige Bevölkerungsgruppen. Aus dem Soldau- und Memelgebiet (Ostpreußen) wurden 16.000 Deutsche durch den neu gebildeten litauischen Staat vertrieben. Aus Elsaß-Lothringen wurden rund 132.000 Einwohner ausgewiesen, aus dem Saarland wanderten 37.000 Deutsche ab, aus Nordschleswig (Dänemark) rund 12.000. Hinzu kamen Ausgewiesene u. Rückwanderer aus den Kolonien. Allen diesen Gruppen sollte eine landwirtschaftliche Existenz ermöglicht werden.

schaftliche Klein- und Mittelbetriebe. Dazu sollten Staatsdomänen, Moor- und Ödland-Kolonisation und Pachtland für landwirtschaftliche Arbeitskräfte beitragen. Immanuel Frick stellte die Frage: „Wer hat wohl daran gedacht, daß der Siedler vor allen Dingen auch eine Frau braucht, die auf dem Gebiete des Obst- und Gartenbaus, der Rinderaufzucht und der Kleintierzucht, der Nutzgeflügelzucht, der Meierei, der Obstverwertung usw. tüchtig und geschult sein und daß mit dem Manne vor allem auch die Frau erst viel lernen muß." Er bezog seine Forderung der Schulung der Frauen noch auf weitere Kreise: „Aber nicht nur die Siedlerfrau, auch die Frau des alten seßhaften Kleinlandwirts und des Landarbeiters müßte viel lernen, wenn wir ein landwirtschaftlich reich erzeugendes Land werden und alle wieder nahrhaft und ausreichend essen wollen. Wieviel Millionen Einfuhr könnten wir für Eier und Geflügel, für Butter, Milch und Käse, für Obst und Gemüse, besonders auch für Edelobst und Feingemüse sparen und selbst erzeugen, wenn unsere Landfrauen das alles selbst und besser als bisher erzeugen könnten!"[192]

Eine bessere Ausbildung für die Landfrauen stand für Immanuel Frick auf gleicher Ebene wie alle anderen sozialen Fragen der Nachkriegszeit. In diesem Zusammenhang zeigte er die Absichten des Ministeriums und der Landfrauenverbände auf: „Deshalb beraten auch die im öffentlichen Leben stehenden Frauen über die Mädchenpflichtfortbildungsschulen, deshalb macht die Regierung große Anstrengungen, hauswirtschaftlichen Unterricht auf dem Lande einzuführen und die Landräte und die Hausfrauenvereine für die ländliche Wanderhaushaltungsschule (die Vorläufer der Mädchenfortbildungsschulen) und – für die Lehrerin der ländlichen Haushaltungskunde zu interessieren."[193]

Immanuel Frick wies in diesem Zusammenhang auf die ganz unterschiedliche Bedeutung einer ländlichen im Unterschied zu einer städtischen Hauswirtschaft hin: Die städtische war konzentriert auf die Verwertung, die ländliche dagegen

---

192 Frick, Die Berufsaussichten, S. 137.
193 Ebd.
194 Wolff, Mathilde, Das ländlich-hauswirtschaftliche Ausbildungs- und Fortbildungswesen in Deutschland, Auszug aus d. Diss., Thüringische Landesuniversität Jena 1923.

primär auf die Vorstufe jeder Verwertung, nämlich die Gewinnung von Erzeugnissen. Er war der Ansicht, dass sehr viele die Priorität dieses Aspektes noch immer nicht erkannt hätten. Sein Plädoyer zeigt, dass zumindest einzelne Beamte des Preußischen Landwirtschaftsministeriums die Zeichen und Notwendigkeiten der Zeit erkannt hatten. Der beschlossene demokratische Aufbau der jungen Republik erforderte auch die Demokratisierung der Landwirtschaft. Der Blick auf die soziale Situation auf dem Land und insbesondere die Lage der Landfrau förderte die Diskussion um Ausbildungs- und Berufsfragen für alle Mädchen auf dem Land.

Mathilde Wolff wiederum sollte sich in den nächsten zwei Jahren zu einer Spezialistin für die Berufsausbildung der Landfrau durch eine Dissertation qualifizieren. 1922 wird sie an der Universität Jena mit der Arbeit „Das ländlich-hauswirtschaftliche Ausbildungs- und Fortbildungswesen in Deutschland" promoviert werden. Seit 1909 war sie in der Landwirtschaft, auch als Lehrerin, tätig gewesen. Im Jahr 1920 war sie dann von der Landwirtschaftskammer Brandenburg als wissenschaftliche Hilfskraft eingestellt worden. In einem Auszug aus ihrer Dissertation wird die Bedeutung der Frau für die Förderung der deutschen Landwirtschaft hervorgehoben: „In der vorliegenden Arbeit wird aus der Notwendigkeit, die deutsche Landwirtschaft zu fördern, der Schluß gezogen, auch der in der Landwirtschaft tätigen Frau eine geeignete Ausbildung zuteil werden zu lassen, insbesondere da die Frau bezüglich Arbeitsaufgabe und zahlenmäßige Beteiligung im landwirtschaftlichen Betriebe von erheblicher Bedeutung ist."[194] Im Jahr 1922 wird sie Referentin der Landwirtschaftskammer Brandenburg werden und in dieser Verantwortlichkeit sehr viele Reisen in die Dörfer Brandenburgs unternehmen, um Frauen über Aus- und Weiterbildungsmöglichkeiten in Haus und Hof aufzuklären. Sie versuchte Landfrauen davon zu überzeugen, ihre Arbeit als Beruf anzusehen, für die man ausgebildet werden sollte. Sie beriet auch über Gesundheits- und Säuglingspflege, über Ernährung, Wäschepflege und Arbeitserleichterungen. Ihrer Ansicht nach war die Technisierung der Landwirtschaft recht weit fortgeschritten. Den Bereich des Landhaushaltes und besonders die Ausstattung der Küchen beurteilte sie dagegen gänzlich anders: Diese sähen aus „wie zu Karls des Großen Zeiten".[195]

Mathilde Wolff wusste um die Leistungen der Wirtschaftlichen Frauenschulen für die ländlich-hauswirtschaftliche Ausbildung, aber damit erreichten diese nur einen kleineren Teil der jungen Frauen. Ähnlich wie Immanuel Frick wies sie auf die notwendige Breitenwirkung hin: „Wohl sorgt die uns bekannte Zahl Wirtschaftlicher Frauenschulen auf dem Lande dafür, daß ein Teil der künftigen Frauen unseres größeren Grundbesitzes eine ländlich-hauswirtschaftliche Bildung erhält; wohl sorgen die in noch allzu geringer Zahl vorhandenen landwirtschaftlichen Haushaltungsschulen, daß ein Teil der Töchter des mittleren Besitzes unterwiesen wird." Und dennoch stand die Frage im Raum: *„wie steht es aber mit der großen Menge der weiblichen Jugend auf dem Lande?"* Ihre Argumentation zielte darauf ab, dass 80% aller landwirtschaftlichen Betriebe in Preußen bäuerliche oder Kleinbetriebe waren, die entsprechend für die wirtschaftliche Gesamtleistung der Landwirtschaft zentrale Bedeutung hatten und folgerte: „Die Töchter gerade dieser Besitzgrößen müssen in ganz anderem Maße, als es bis heute geschehen ist, dem Unterricht in ländlicher Hauswirtschaft zugeführt werden, mit ihnen zusammen die Töchter der Landarbeiter, der Gewerbetreibenden auf dem Lande und anderer ländlicher Kreise, deren Lebenshaltung und -richtung durch die Tüchtigkeit der Frau in jeder Richtung günstig beeinflußt werden dürfte. *Diese Hauptzahl der ländlichen weiblichen Jugend gilt es zu erfassen mit der ländlichen Haushaltungsschule."* [196] Sie appellierte an die Wirtschaftlichen Frauenschulen, diesem Gesichtspunkt eine größere Aufmerksamkeit als bisher zu schenken.

Inzwischen war es etwas mehr als 20 Jahre her, seit Elisabeth Boehm (1859–1943) den ersten Landwirtschaftlichen Hausfrauenverein in Rastenburg in Ostpreußen gegründet hatte. Das erklärte Ziel war damals gewesen: gesellschaftliche Anerkennung jeder hauswirtschaftlichen Arbeit als Berufsarbeit.

---

195 Zit. n. Sawahn, Die Frauenlobby, S. 160, 207, 223, 231, 679.

196 Wolff, Wo liegen heute unsere Aufgaben?, S. 136. Hervorhebungen im Original.

Mit der Gründerin der Wirtschaftlichen Frauenschulen, Ida von Kortzfleisch, war sich Elisabeth Boehm einig gewesen, dass die von Frauen besorgte ländliche Hausarbeit professionalisiert werden müsste. Diese Zielsetzung hatte den Aufbau eines formalisierten Ausbildungs-, Fort- und Berechtigungswesens als Voraussetzung, an dessen Realisierung die beiden in den von ihnen gegründeten Einrichtungen von Beginn an auch gearbeitet hatten. Im Krieg war dann das öffentlich-staatliche Interesse an den städtischen und ländlichen Hausfrauen wegen ihrer zentralen Bedeutung für die Nahrungsmittelproduktion, für die Ernährung und Versorgung der Bevölkerung gewachsen.

Jahrzehntelang waren die Forderungen und Notwendigkeiten von beruflicher Bildung und Weiterbildung der Landfrauen nicht beachtet, abgelehnt oder auch belächelt worden. Im Grunde bangten sowohl Bauern wie Großagrarier um die Lebenseinstellung der Landfrauen: Man hatte Sorge, dass weibliche Tugenden wie Fleiß, Ergebenheit, Anspruchslosigkeit und Treue durch Bildung und Selbstständigkeit der Frauen gefährdet würden. Vor allem fürchtete man die Verbindung zwischen Landfrauenbewegung und Frauenbewegung, da dadurch eine allgemeine und frauenrechtlerische Politisierung der Frauen befördert werden könnte, die das Gefüge des landwirtschaftlichen Hauswesens und die Geschlechterarrangements zerstören könnte. Die Forderung nach dem Auf- und Ausbau eines Schulwesens auf dem Land blieb weiterhin eine der Hauptaufgaben der auf das Land bezogenen Frauenverbände. Mit dieser Zielsetzung vor Augen wurde die Forderung nach Anstellung von Referentinnen für das ländlich-hauswirtschaftliche Schulwesen immer wieder formuliert.

Wie stand es nun nach dem Krieg um das ländlich-hauswirtschaftliche Schulwesen? Das Ansehen der seit 1897 bestehenden Wirtschaftlichen Frauenschulen war gut. Trotz schwierigster Existenzbedingungen im Krieg und auch noch in der Nachkriegszeit hatten sie enorme Resonanz gefunden und sich im Großen und Ganzen stabil erhalten. Nach Kriegsende war nun ein neuer Aspekt hinzugekommen: Nicht nur die politischen, sondern auch die wirtschaftlichen und sozialen Verhältnisse sowohl auf dem Land wie auch in bürgerlichen Kreisen hatten sich nach dem Ende des Weltkriegs verändert und mit ihnen die Geschlechterrollen. Die Entwertung von Vermögen hatte bewirkt, dass es für viele junge Mädchen notwendig war, einen Beruf zu ergreifen. Das führte in städtischen und ländlichen Kreisen zu größerem Interesse an der Ausbildung der Lehrerin der landwirtschaftlichen Haushaltungskunde, was den Wirtschaftlichen Frauenschule zugute kam. Auch der Beruf der Hausbeamtin wurde häufig gewählt. Davon profitierten sowohl die Wirtschaftlichen Frauenschulen, die diesen Ausbildungsgang anboten sowie die landwirtschaftlichen Haushaltungsschulen. Kernpunkt des ländlich-hauswirtschaftlichen Schulwesens waren bis dahin die Wanderhaushaltungsschulen gewesen, war mit dieser Schulart doch beabsichtigt worden, die größte Zahl der Landmädchen zu erfassen, wovon man nach dem Krieg weiter denn je entfernt war. 283 dieser Schulen hatte es vor dem Krieg gegeben, 1918 waren es nur noch 35. Diese Schulform hatte offensichtlich nur eine eingeschränkte Perspektive. Das Fazit konnte nur lauten: Es fehlt an Fachschulen, es fehlen die sogenannten Mädchenfortbildungsschulen – unsere heutigen Berufsschulen – es fehlt eine regulierte Lehrlingsausbildung, es fehlt eine ausreichende Zahl von ausgebildeten Lehrerinnen, kurz: Es fehlte ein systematisch konzipiertes, ausreichend ausgebautes, beruflich qualifizierendes Schulwesen für Mädchen und junge Frauen auf dem Land.

## Kommunikative Strukturen im Preußischen Landwirtschaftsministerium und der Status einer Beamtin

In ihren späteren Aufzeichnungen schildert Käthe Delius Details der Umstände, Verhältnisse und Beziehungen im Preußischen Ministerium einige Jahre nach der Begründung einer Republik, wie sie sie wahrnahm und die sie zu den Rahmenbedingungen ihrer Tätigkeit zählte. Sie beschreibt mit den dienstlichen und gesellschaftlichen Umgangsformen und Gepflogenheiten ein Milieu im Ministerium, das zum Teil noch den Traditionen des Kaiserreichs folgte, zum Teil auf die veränderten Mentalitäten und neuen politischen Prioritäten der jungen Republik reagierte. Eine Episode gleich am Anfang ihres Dienstantrittes machte deutlich, wie befremdlich eine Frau im höheren Dienst des Ministeriums wahrgenommen wurde. Nach langem Fußweg, da die Verkehrsmittel zu diesem Zeitpunkt bestreikt wurden, erschien Käthe Delius am 1. Mai 1923 zum Dienstbeginn an der Pforte des Preußischen Ministeriums am Leipziger Platz in Berlin und erklärte, sie wolle sich beim Minister zum Dienstantritt melden. Der Portier schüttelte nur ungläubig den Kopf und bemerkte: „Doch wohl nicht beim Minister."[197] Er ließ sie zum Bürodirektor bringen und erst nach der Erledigung einiger Formalitäten durfte sie im Vorzimmer des Ministers Platz nehmen. Die danach folgende Vorstellungstour bescherte ihr weitere zwiespältige Impressionen. Zunächst traf sie im Vorzimmer den ihr bekannten Franz Behrens (1872–1943)[198], den Führer der Landarbeiterorganisation, der ihre neue Aufgabe mit dem charmanten Spruch kommentierte: „O wie schön, jetzt zieht der Frühling ins Landwirtschaftsministerium." Auch die Begrüßung des Ministers Hugo Wendorff war sympathisch: „Ich freue mich, eine Frau als Mitarbeiterin zu bekommen."[199] Dies war etwas Balsam auf ihr „doch etwas ängstliches Gemüt". Die nächste Begegnung gestaltete sich entmutigender. Käthe Delius traf auf den Staatssekretär Dr. Eberhard Ramm (1861–1935), Doktor der Staats- und Wirtschaftswissenschaften, den sie noch im Alter als „finsterer alter Herr" in Erinnerung hatte, der sie ausschließlich fragte, ob sie schon amtliches Schriftwerk abgefasst hätte. Eberhard Ramm war Agrarwissenschaftler, seit 1901 im Preußischen Ministerium für Landwirtschaft, Domänen und Forsten, wo er bis 1927 bleiben sollte. Von 1890 bis 1900 war er Professor an der Landwirtschaftlichen Akademie Poppelsdorf gewesen. Von 1919 bis 1927 war er zunächst Unter-, später dann Staatssekretär.[200]

Ihre weitere Vorstellung übernahm dann Ministerialdirektor Wilhelm Abicht (1872–?). Er war Jurist und seit 1912 im Ministerium. Seit 1918 war er Ministe-

---

197 Delius, Ein Leben, Teil IV, S. 11. Hieraus auch die Zitate des gesamten Absatzes.
198 Franz Behrens war ein deutscher Politiker, der der DNVP angehörte. Er hatte diese 1918 mitbegründet u. gehörte deren Vorstand an. 1919/20 war er Mitglied der Weimarer Nationalversammlung gewesen. Anschließend bis 1930 u. erneut v. Juli 1932 bis November 1933 Reichstagsabgeordneter.
199 Delius, Ein Leben, Teil IV, S. 11.
200 „Akten der Reichskanzlei. Weimarer Republik" online. Edition Biographien. http://www.bundesarchiv.de/aktenreichskanzlei/1919-1933/0000/adr/getPPN/125988745/.

rialdirektor, Vorsitzender des Kuratoriums des Instituts für Binnenfischerei in Berlin-Friedrichshagen und Mitglied der Prüfungskommission für höhere Verwaltungsbeamte und Zentralmoorkommission. „Ministerialdirektor" war die Amtsbezeichnung eines Beamten mit herausgehobener Dienststellung. Meistens hatten diese die Funktion eines Abteilungsleiters in der Ministerialbürokratie inne und waren Vertreter des ihnen vorgesetzten Staatssekretärs. Im Jahr 1920 hatte Wilhelm Abicht noch den Vorsitz des Kuratoriums der Gärtnerlehranstalt Berlin-Dahlem übernommen.[201] Seine ersten Worte für Käthe Delius bereiteten sie auf Schwierigkeiten vor: „Sie werden es schwer haben, denn Sie sind nur als fachlich, aber nicht als politisch geeignet, vorgeschlagen."[202] Sie kommentierte diese Prognose in ihren Lebenserinnerungen differenziert: Im Sinne einer gerechten und sachlichen Arbeit habe die politische Unabhängigkeit für sie unschätzbare Vorteile gehabt, der Nachteil habe sie nur persönlich getroffen. Damit spielte sie auf ihre später nur sehr zögerlich vorgenommene Beförderung an.

Ministerialdirektor Wilhelm Abicht führte sie zu dem ihr aus der beruflichen Arbeit schon bekannten Ministerialrat Schreiber, dem Referenten des hauswirtschaftlichen Schulwesens, dem sie vorerst als Mitarbeiterin zugewiesen war. Käthe Delius beschreibt ihn in ihren Aufzeichnungen als „feinen Herrn der alten Schule, der aber während des Krieges verschüttet war und sein Gedächtnis zum Teil verloren hatte."[203] Er war rührend um ihr Wohlergehen besorgt, besuchte sie später jeden Morgen in ihrem Zimmer, fragte nach ihren Wünschen, etwa, ob sie genug verdiene, und ermahnte sie, nicht zu viel zu arbeiten. Alles, was man mit ihm verhandelt habe, habe er sorgfältig aufgeschrieben und dann das Schriftstück in einer Schublade verstaut, wo es dann vergessen wurde. Insgesamt schien ihm jede Aktivität lästig, keine besonders ermutigende Voraussetzung, um mit Elan an den Aufbau des ländlich-hauswirtschaftlichen Schulwesens zu gehen.

---

201 Ebd., http://www.bundesarchiv.de/aktenreichs-kanzlei/1919-1933/0000/adr/getPPN/133185036/.
202 Delius, Ein Leben, Teil IV, S. 11.
203 Ebd., S. 12.
204 Ebd.

Käthe Delius' Milieustudie über die Atmosphäre im Preußischen Ministerium weist noch auf die unterschiedlichen Umgangsformen von höheren Beamten im Gegensatz zu Amtsräten ihr als Frau gegenüber hin. Während sie von den ersteren respektvoll als Dame behandelt und mit „gnädigem Fräulein" angesprochen worden sei, seien die Amtsräte entschieden zurückhaltender bis ablehnend gewesen. Sie hätten einerseits eine Frau als Vorgesetzte gefürchtet, andererseits sich nicht vorstellen können, was man wohl mit einer Frau ohne jede Verwaltungspraxis anfangen könnte. Trotz dieser ablehnenden Haltung habe sie mit den meisten, vor allem den Registraturbeamten, deren Gedächtnis und Gewandtheit sie bewundert habe, bald ein gutes Verhältnis entwickelt. Schwierig sei es jedoch mit dem einen Amtsrat gewesen, der ihr als Expedient zugeordnet worden war. Er hatte die Aufgabe zugewiesen bekommen, sie in das amtliche Schriftwerk einzuweisen und führte ihr dabei gerne ihre Fehler und ihre Unkenntnis vor.

Es gab aber nicht nur Beschwerlichkeiten, sondern auch Hilfen und umsichtige Freundlichkeiten. Das ihr zugewiesene Zimmer befand sich im Neubau des Ministeriums, war modern eingerichtet und repräsentativ gestaltet. Es lag in der Nähe der ebenfalls im Ministerium untergebrachten Geschäftsstelle des Reifensteiner Verbandes: „Man wollte mir etwas weiblichen Anschluss sichern, so vorsorglich wurde seinerzeit die junge Referentin behandelt. Das blieb auch so. Bei jedem Zimmerwechsel, und der fand häufig statt, versicherte sich mein Vorgesetzter, ob das für mich in Aussicht genommene Zimmer auch gut genug sei."[204]

Käthe Delius fand zu ihrem Dienstantritt im Preußischen Landwirtschaftsministerium noch etwas von dem Geist des alten preußischen Beamtentums vor. Es gab noch immer eine Reihe von höheren Beamten, die schon im Kaiserreich im Amt gewesen waren. Sie waren nicht wegen einer Parteizugehörigkeit in das Ministerium eingezogen, vielmehr kamen sie aus bestimmten Gesellschaftskreisen, etwa aus dem Adel oder studentischen Corps. Oft sahen diese in ihrem Amt nicht den Erwerb, sondern die Aufgabe. Käthe Delius berichtete, dass viele von ihnen nicht selten ein beträchtliches Vermögen besaßen, was durchaus aber auch bei unteren Beamten anzutreffen gewesen wäre. Dieser Umstand habe ihnen „eine erfreuliche Unabhängigkeit und Freiheit"[205] gegeben. Sie sagten den Staatsdienst auf, wenn sie sich innerlich mit der eingeschlagenen Richtung nicht einverstanden erklären konnten. Einen solchen Fall erlebte sie selbst. Ein älterer Geheimrat, der unter anderem auch ihr eine Regierungsratsstelle auf Grund einer Zusage des Staatssekretärs in Aussicht gestellt hatte, zog Konsequenzen und gab seinen Dienst auf, nachdem weder dieses noch andere Versprechen eingelöst wurden.

Ihre Erfahrung war, dass die älteren Beamten durchweg Juristen waren. Fachleute, Beamte, die der „richtigen" Partei angehörten und Gewerkschaftsvertreter waren, zogen erst allmählich ein. Die älteren Juristen hätten sich in ihrer Laufbahn eine große Vielseitigkeit angeeignet, da sie beständig auf unterschiedlichste Stellen mit ganz eigenen Themen und Problemen gesetzt worden wären und sich dabei stets zu bewähren hatten. Sie hätten sich auf diese Weise zum Fundament der preußischen Verwaltung entwickelt. Im Gegensatz zu den Juristen seien die für ihre Materie qualifizierten Fachleute an ein bestimmtes Referat gebunden gewesen. Käthe Delius beobachtete, dass das Eintreten der Fachleute für ihre eigenen Ideen häufig autoritär vorgetragen wurde und dabei kreative Vielseitigkeit nicht zum Tragen gekommen sei. Dies galt besonders, wenn die Auffassungen der Mitarbeiter nicht mit denjenigen des Referenten übereinstimmten. Im Rückblick war sie der Meinung, dass dieses fachgebundene, zu autoritären Ansichten neigende System in der Zeit des Nationalsozialismus sehr unterstützt worden sei. Aber auch ihre Erfahrung mit der jüngsten Vergangenheit, den 50er Jahren, in denen sie ihre Erinnerungen niederschrieb, hätten ihr gezeigt, dass diese Struktur in der Verwaltung keineswegs überwunden sei.

Käthe Delius zeigte sich im Rückblick dankbar, dass sie den „preußischen Geist" noch kennenlernen durfte. Sie nahm vor allem die Tugend auf, „nach außen" zu schauen, hinzuhören auf das, was sich gestalten wollte und dann nach Wegen zu suchen, um die Bedürfnisse und Ideen in eine „tragbare Ordnung" zu bringen. Es war in Preußen sakrosankt, dass die volle Verantwortung für das übertragene Amt bei den Referenten lag. Das bedeutete, dass nichts ohne die Beteiligung des Referenten entschieden wurde. Wenn etwas schief ging, dann trug er die Verantwortung. Ganz selten sei es vorgekommen, dass eine

Anordnung von höherer Stelle erfolgt sei. In diesem Fall konnte der Referent oder die Referentin sich der Verantwortung entziehen, denn das Konzept eines Erlasses wurde mit dem Vermerk versehen: „Auf Anordnung." Nach außen trat die Verantwortung des Referenten weniger in Erscheinung. Das Recht, eine Unterschrift zu leisten, stand dem Ministerialdirektor und wenigen älteren Beamten zu. Käthe Delius selbst hatte dies als angenehm empfunden, denn auf diese Weise übernahmen auch diese Herren eine gewisse Verantwortung, da die Unterschrift nicht als reine Formsache angesehen wurde. Da ein Erlass nach Veröffentlichung Gesetzeskraft erhielt, war es unabdingbar, die Entwürfe mit aller Sorgfalt auf alle Eventualitäten und Möglichkeiten nach allen Richtungen zu prüfen. Für ihr Referat war eine Zeitlang ein Geheimrat zuständig, der vor der Unterzeichnung eines Erlasses ein Kreuzverhör durchführte. Jeder Satz musste genauestens begründet werden, bevor er unterschriftsreif war.

Eine hilfreiche Gepflogenheit waren ihrer Ansicht nach die Vorträge bei dem Minister. Er konnte diese angeordnet haben oder man selbst konnte sie beantragen. Dies galt vor allem für den Fall, dass sich die Auffassungen der einzelnen zuständigen Referenten bzw. mit dem Ministerialdirektor nicht deckten. Diese Anlässe waren einerseits eine „feierliche" Angelegenheit, andererseits „gefürchtet". Anwesend waren dabei immer außer dem Minister, der Staatssekretär, der Ministerialdirektor, der Referent und alle Coreferenten. Alle hatten die Gelegenheit, ihren Standpunkt zu vertreten. Die Vorträge folgten „Schlag auf Schlag", man wurde kurz vorher schon in den Raum gelassen, so dass man das Ende der vorhergegangenen Aussprache miterlebte. Minister Heinrich Steiger (1862–1943)[206], Nachfolger von Hugo Wendorff, hatte ein jähzorniges Temperament, und es soll vorgekommen sein, dass er buchstäblich den Herren die Akten vor die Füße warf. Käthe Delius fand sich als Frau jedoch immer liebens-

---

205 Ebd., S. 13.
206 Heinrich Steiger gehörte dem Zentrum an. Er wurde am 18. Februar 1925 als Preußischer Minister für Landwirtschaft in die von Ministerpräsident Wilhelm Marx geführte Landesregierung berufen. Er blieb auch in der von Ministerpräsident Otto Braun geleiteten Folgeregierung im Amt. Am 19.5.1932 trat er mit dem ge-

würdig behandelt und berichtet, dass ihre Kollegen froh waren, wenn sie anwesend war, da sich der Minister dann mäßigte. Es war ihr eine Genugtuung, dass es ihr bei diesen ministeriellen Erörterungen mehrfach gelang, eine Entscheidung in ihrem Sinne gegen die Auffassung anderer Herren, auch eines Vorgesetzten herbeizuführen.

Käthe Delius bilanziert im Rückblick, dass sie sich als Person durchaus für voll genommen gefühlt hätte. Sie habe die gleichen Rechte wie alle anderen männlichen Referenten gehabt, so dass ihr ein Kampf für ihre Person erspart geblieben sei. Dass sie erst nach sieben Jahren Regierungsrätin wurde, hing ihrer Meinung nach zum einen mit den politischen Verhältnissen in der Regierung zusammen sowie im speziellen mit ihrer Parteilosigkeit. Diese habe sie immer gewahrt, obwohl mehrere Parteien um sie geworben hätten. Zum anderen hätte ein Grund darin gelegen, dass, solange Geheimrat Gustav Oldenburg für das männliche Schulwesen verantwortlich gewesen sei, nicht noch eine weitere protestantische Referentin für das Schulwesen durchzusetzen gewesen wäre. Dieser Proporz war in dem Moment aufgelöst, als 1930 ein katholischer Schulreferent in das Schulreferat einzog. Sie sei dann mit zwei weiteren Herren zum Regierungs- und Kulturrat ernannt worden. Anders sei es dagegen mit ihrem Arbeitsgebiet gewesen, denn „das nahm man keineswegs für voll. Da habe ich sehr kämpfen müssen."[207]

Eine Besonderheit waren die sogenannten Herrenabende der Beamten des höheren Dienstes. Sie waren ein Überbleibsel vom ausgedehnten geselligen Verkehr der Angehörigen des Ministeriums im Kaiserreich. Jetzt gehörte eine Frau zu dieser Runde, und Käthe Delius nahm auch pflichtgemäß daran teil. Dafür gab es keine besonderen Regelungen, so dass sie für sich die Strategie verfolgte, das

samten Staatsministerium zurück, führte die laufenden Geschäfte gem. Art. 59 II der Verfassung aber bis zum 25.3.1933 weiter. Nach dem Abitur hatte er an der Landwirtschaftlichen Hochschule Hohenheim mit dem Abschluss Diplom-Landwirt studiert. Seit 1886 hatte er als Landwirtschaftslehrer gearbeitet, wurde 1888 Direktor einer Landwirtschaftsschule in Bassum. Seit 1910 führte er den Titel Ökonomierat. Steiger war v. 1894 bis 1896 Generalsekretär des Reichsverbands der landwirtschaftlichen Genossenschaften, v. 1896 bis 1899 Generalsekre-

Fest zu verlassen, wenn sie den Eindruck hatte, dass eine Frau fortan nur störend wirken könnte. Das war meistens nach dem ausreichenden Genuss von Alkohol der Fall. Weder waren diese Treffen, noch der alljährliche Herrenabend, den der Minister ausrichtete, für sie ein Vergnügen. Bei letzterem hebelte eine konventionelle Höflichkeitsform einer Dame gegenüber die männliche Hierarchiespitze des Ministeriums aus. Der Minister hatte die einzige Dame der Runde erstens zu Tisch zu führen und zweitens war er gehalten, ihr vom Büfett etwas zu essen zu besorgen. Käthe Delius' lakonischer Kommentar lautete, dass er dies „mit deutlichem Brummen tat."[208] Ihr selbst war der Abend am „steifen" Ministertisch recht langweilig, andererseits hatte sie Gelegenheit zu beobachten, wie jeder der Herren sich durch eine „gewisse Unterwürfigkeit" beim Minister beliebt machen wollte. Käthe Delius zog einen Vergleich zu den späteren Festen in der Hitlerzeit, die sich ihrer Meinung nach „gewaltig" von den früheren Herrenabenden unterschieden: „Es nahmen ja daran alle Angehörigen der Behörde bis zum einfachsten Arbeiter teil, aber eine Gemeinsamkeit kam trotzdem nicht auf, besonders weil die führenden Beamten sich streng gesondert hielten. Sie hätten sich nicht einmal mit einem Referenten an einen Tisch gesetzt."[209]

Das „Glück" an einer Damenveranstaltung teilzunehmen, hatte Käthe Delius ebenfalls: Die Frau des Ministers lud alle Frauen der Beamten und auch sie ein. Bei der Zusammenkunft empfand sie sich genauestens beäugt. Sie hatte den Eindruck, dass das Ergebnis alle froh gestimmt hätte, weil man zu der Ansicht gelangt sei, dass sie keine Gefahr für ihre Männer wäre. Sie aber war sich nach dem Kennenlernen sicher, dass sie sich nun manches Verhalten der Männer erklären konnte: „Wie wenig Verständnis hatten doch zum Teil diese Frauen für die anstrengende und aufreibende Tätigkeit ihrer Männer."[210]

tär des landwirtschaftlichen Hauptvereins in Hannover. Von 1899 bis 1923 war er Vorstandsmitglied der Landesgenossenschaftsbank Hannover u. wurde 1924 Verwaltungsratsmitglied der Provinzial-Landeskreditanstalt Hannover. V. 1924 bis 1928 war er Mitglied des Reichstags, v. 1928 bis 1933 gehörte er dem Preußischen Landtag an.
207 Delius, Ein Leben, Teil IV, S. 15.
208 Ebd.
209 Ebd.
210 Ebd.

## Der preußische Verwaltungsapparat und der parlamentarische Betrieb

Nach dem Kennenlernen aller Kollegen und Gepflogenheit fehlte Käthe Delius noch die Kenntnis der preußischen Verwaltung, das Vorgehen und die Regeln beim Abfassen von Erlassen, die geschriebenen und auch ungeschriebenen Gesetze, die Vorschriften und die Traditionen der Verwaltungspraxis. Da waren zunächst die Redewendungen zu beherrschen: „Ich ersuche ergebenst", dem Minister sollte dagegen alles „gehorsamst" vorgelegt werden. Ihr Versuch, dem Minister alles „ergebenst" vorzulegen, misslang: Sie bekam das Schriftstück mit der Korrektur in „gehorsamst" wieder zurück. Dennoch fand sie im Ganzen den preußischen Bürokratismus hilfreich, denn die formalen Regeln zwangen ihrer Meinung nach zur Genauigkeit: „Die Sorgfalt, mit der die Schriftstücke aus- und abgefertigt wurden, war bewunderungswürdig. Da wurde niemand vergessen, zu beteiligen, wie das später so oft vorkam."[211] Sie gestand den Männern Kenntnis über die „Formkräfte" zu, ohne die eine ordnungsgemäße Verwaltung undenkbar war. Für diese Einführung und Einübung in die Handhabung eines Verwaltungsapparats war sie dankbar, auch wenn sie das Gefühl hatte, dass sie als Frau häufig ganz anders dachte und sich stets ihrer weiblichen „Andersartigkeit" bewusst war. Anderssein bedeutete für sie, immer am Lebendigen anknüpfen zu wollen. Sie erfuhr, wie schwer es war, in diese festgefügte Mauer des Regelwerkes und der Traditionen Neues einzupflanzen. Sie lernte die Situationen in ihrem Sinne zu nutzen, wenn die Verwaltung auf Grund von politischen oder anderen Umständen ins Wanken geriet. Das war gleich zu Beginn ihrer Tätigkeit der Fall: „So war es 1923 der Höhepunkt der Inflation, der mir einen günstigen Start verschaffte, hauptsächlich in bezug auf die finanziellen Verhältnisse."[212]

Nachdem infolge der Inflation massiv Beamtenstellen abgebaut wurden, erhielt sie auf ihren Wunsch als Ersatz für fehlende Expedienten eine Frau, Rosa

---

211 Ebd., S. 20.
212 Ebd., S. 21.

Berger, als Mitarbeiterin zugewiesen – ein glückliches Geschick. Rosa Berger wurde zu ihrer ausdauerndsten und stärksten Stütze im Ministerium. Trotz der später vorhandenen Diktierzentralen erledigte Rosa Berger Schreib- und Sacharbeiten bis 1945 in ihrem Referat, das später noch zweimal das Ministerium wechseln sollte. Die letzte Etappe der Einarbeitung und der Verwaltungsschulung umfasste das intensive Studium der umfangreichen Akten des Ministeriums bezüglich des ländlich-hauswirtschaftlichen Schulwesens. Sie konnte diesen vor allem die organisatorischen und finanziellen Schwierigkeiten hinsichtlich einer Förderung entnehmen.

Für ihre Tätigkeit spielte das Parlament, der Preußische Landtag, eine wesentliche Rolle. Die Referenten und weitere höhere Beamte des Ministeriums waren verpflichtet, während der Haushaltsberatungen ständig im Landtag anwesend zu sein. Diese Teilnahme kostete – nach Käthe Delius' Aussage – viel Zeit, da sich die Beratungen zunächst im Ausschuss, dann im Plenum und schließlich im Staatsrat sehr lange hinzogen. Für sie war diese Nähe zum parlamentarischen Betrieb neu. Anfangs hörte sie sich auch gerne alle Reden an, da sie auf diese Weise Einblick in die Belange und Probleme der Landwirtschaft erhielt. Außerdem war es nicht uninteressant, die Reden und Beiträge einzelner Abgeordneter zu hören, um ihre Auffassungen kennenzulernen. Später nahm sie nur teil, wenn Angelegenheiten aus ihrem Referat verhandelt wurden. In diesem Zusammenhang trat immer nur – so Käthe Delius – eine Abgeordnete, Therese Deutsch (1870–?) von der DNVP auf. Therese Deutsch habe sie, Käthe Delius, geschätzt und alle Fragen und Beiträge vorher mit ihr abgesprochen, so dass für sie keine Überraschungen im Parlament aufgetreten seien. Einmal sei es jedoch gelungen, ihren Etat für das Frauenschulwesen um 500 Mark zu erhöhen, was sie als schönen Erfolg verbucht habe. Therese Deutsch war von 1921 bis 1932, mit kurzzeitiger Unterbrechung im Jahre 1928, Mitglied des Preußischen Landtages. Sie war zu Beginn der Weimarer Republik der DNVP beigetreten und hatte neben ihrer parlamentarischen Tätigkeit das Amt der Geschäftsführerin des Landesverbandes der DNVP Ostpreußens übernommen. Vor ihrer Tätigkeit als Abgeordnete hatte sie als Erzieherin in Königsberg gearbeitet.

Der parlamentarische Betrieb gab Gelegenheit, Abgeordnete kennenzulernen und sich mit ihnen auszutauschen. Dies geschah in den Wandelhallen, im Restaurant, im Garten, aber auch in Ausschüssen. Einem interfraktionellen Ausschuss, der das weibliche Dienstjahr zum Gegenstand hatte – ein Thema, das „immer wieder die Gemüter erregte"[213], gehörte Käthe Delius als Regierungsvertreterin an. Man erörterte die Angelegenheit, auch Bezug nehmend auf die frühen Pläne Ida von Kortzfleischs, die sie am Ende des 19. Jahrhunderts formulierte und deren Realisierung sie bis zu ihrem Tod im Jahr 1915 verfolgte. Die Arbeit dieses Ausschusses erbrachte kein gewichtiges Ergebnis. Käthe Delius sah diese Mitarbeit in erster Linie unter dem Aspekt, dass sie ihr die Chance gab, verschiedene Ansichten zu hören, sich einen Überblick zu verschaffen und zu erkennen, wo thematische und persönliche Zusammenhänge bestanden, die für die Realisierung ihrer Schulpläne Möglichkeiten, Unmöglichkeiten oder Schwierigkeiten boten.

Ihre Arbeit brachte sie noch in Kontakt mit anderen Reichs- und preußischen Ministerien. Naturgemäß bestand eine starke Abhängigkeit vom Finanzministerium. Die Kunst bestand darin herauszufinden, wie man gute Kontakte dorthin herstellte, wie man rechtzeitig über die eigenen Pläne informierte und so ausreichend kalkulierte, dass man nicht über jeden kleinen Betrag verhandeln musste. Dieses Verwaltungshandeln lernte sie von ihren „Herren", vor allem von Geheimrat Poldenburg. Käthe Delius behauptete, ihr Referat habe nie Geldmangel gehabt, daran hätten ihre Pläne nicht scheitern müssen. Die beiden anderen Ministerien, mit denen sie aus fachlichen Gründen eng zusammenzuarbeiten hatte, waren zum einen das Gewerbe- und Handelsministerium, das die städtische Hauswirtschaft betreute und zum anderen das Wohlfahrtsministerium, das gerne durchblicken ließ, dass eigentlich alle Schulen in seine Obhut gehörten und wo es galt, Begehrlichkeiten zu dämpfen. Auch mit den beiden Reichsministerien – dem Reichsernährungsministerium und dem Reichsministerium des Innern, speziell seinem Ausschuss für das Schulwesen – war zu kooperieren. In vielen dieser Ministerien arbeitete Käthe Delius mit Frauen zusammen. Meist waren sie verantwortlich für ein Gebiet der Frauenarbeit. Sie waren aber auch in leitenden Positionen tätig, etwa Else Lüders (1872–1948) als Ministerialdirektorin im Reichsarbeitsministerium, Helene Weber (1881– 1962) als Ministerialrätin im Preußischen Wohlfahrtsministerium oder Gertrud Bäumer (1873–1954) als Ministerialrätin im Reichsinnenministerium, wo sie für die Referate Jugendwohlfahrt und Schulwesen verantwortlich war. Als letztere Anfang der dreißiger Jahre eine Aussprache aller Frauen in den Reichs- und preußischen Ministerien anregte, kamen 18 Frauen zusammen. Gegenstand der Konferenz war die Frage, wie die Referate, die von Frauen geführt wurden, in den Ministerien gestärkt werden könnten. Die schwierigen Regierungsbildungen mit wechselnden Regierungen, die krisenhaften innen- und außenpolitischen Themen, die langwierig nachwirkenden Konsequenzen der Inflation hatten in den letzten Jahren dazu beigetragen, dass sich die erhoffte und erstrebte überparteiliche Arbeit der Frauen immer schwieriger gestaltete. Nach der Reichstagswahl vom 14. September 1930, die den Nationalsozialisten einen überraschenden und enormen Wahlerfolg beschert hatte, hatte Gertrud Bäumer in einer Aussprache im Gesamtvorstand des BDF das Ziel der Frauenpolitik gesteckt: „Was Frauen gemeinsam zu tun haben, das ist: Gegen das Klassenkämpferische und gegen das Zerstörerische zu wirken. Es gilt, den Boden dafür neu zu suchen. In Verbindung mit vielen Männern, mit weiten Kreisen der Jugend".[214] Das Ziel der Aussprache, die weiblichen Referenten in den Ministerien zu stärken, kommentierte Käthe Delius im Rückblick bitter. Dieses Problem habe sich von selbst gelöst, als 1932 von Papen Reichskanzler wurde und als erstes die Frauen aus den Ministerien entfernte: „Was ihm nicht gelang, hat Hitler ein Jahr später vollendet."[215]

Käthe Delius hatte in ihrem Arbeitsbereich meistens ein männliches Gegenüber, wenn sie mit Behörden zusammenzuarbeiten hatte, die dem Ministerium unmittelbar unterstellt waren: die Ober- und Regierungspräsidien. Denen oblag

---

213  Ebd., S. 16.
214  Zit. n. Schaser, Frauenbewegung, S. 252.
215  Delius, Ein Leben, Teil IV, S. 17.

die Schulaufsicht über die Wirtschaftlichen Frauenschulen und die ländlichen Fortbildungsschulen. Die Fachschulen dagegen unterstanden der Preußischen Hauptlandwirtschaftskammer. Oft traf sie dort auf Männer, gelegentlich aber auch auf Frauen. Die Herren in den Ober- und Regierungspräsidien kamen vielfach aus der Kultusverwaltung. Käthe Delius berichtete, dass deren Interessen an den ländlichen Schulen stark gewesen seien und der in Gang gesetzte Aufbau wäre von ihnen sehr gestützt worden. Diese Herren hatten zugleich auch den Vorsitz bei den Prüfungen der Lehrerinnen der landwirtschaftlichen Haushaltungskunde. Die Dienstreisen der Referentin führten sie auch oft in Landkreise, deren Landräte sich für die die Fortbildungs- und Wanderschulen interessierten.

## Ein weitgespanntes Netzwerk für Frauenausbildung und Frauenarbeit auf dem Land

Am engsten kooperierte Käthe Delius mit den preußischen Landwirtschaftskammern, die auf diese Weise am Aufbau des ländlich-hauswirtschaftlichen Schulwesens ganz wesentlich beteiligt wurden. Bei diesen waren zwischen den Kammern und den Landfrauenverbänden seit Ende 1920 Verantwortlichkeiten kombiniert worden, die sich für den Schulaufbau sehr günstig auswirken sollten. Fast jede der Kammern hatte 1923 schon eine Abteilung für ländliche Frauenarbeit geschaffen oder sollte in Kürze eine einrichten. Geleitet wurde diese von einer Referentin, meist war dies eine junge Frau, die zugleich Geschäftsführerin des lokalen landwirtschaftlichen Hausfrauenvereins war. Käthe Delius rief diese Referentinnen häufig zu Gesprächen in das Ministerium nach Berlin, denn sie war sich bewusst, wie verschieden die Verhältnisse in den preußischen Provinzen waren. Ostpreußen war nicht mit dem Rheinland zu vergleichen. Es ging ihr dabei darum, stets auf dem Laufenden über akute Angelegenheiten zu sein, alle anzuhören und zugleich die Möglichkeit zu eruieren, gemeinsam Lösungen zu finden, die die ortstypischen Verschiedenheiten berücksichtigten. Diese Zusammenarbeit bot ihr die Basis, den gewonnenen Überblick über die Eigenarten der Bedürfnisse in geeignete, handhabbare Erlasse umzusetzen.

Im Jahr 1922 entstand in der Preußischen Hauptlandwirtschaftskammer ein weiteres, sehr förderliches Gremium, das von der schon erwähnten Dr. Mathilde Wolff geleitetet wurde. Es war der Frauenausschuss dieser Kammer, an dessen Sitzungen auch häufig Referentinnen aus außerpreußischen Ländern teilnahmen. Diese Konstellation stellte sicher, dass andere Bundesländer in Preußen ausgearbeitete und verabschiedete Regelungen und Strukturen für die Frauenbildung übernahmen und somit bundesländerübergreifende Konstruktionen und Systeme gefunden wurden. Käthe Delius erinnerte sich noch im Alter an diese positive, effektive und erfolgreiche Arbeit: „In diesem Kreis von Frauen trugen alle gleichermaßen an der Verantwortung mit, eine ideale Arbeit, wie ich sie nie wieder gefunden habe."[216]

Neben Mathilde Wolff gehörten zu diesem gewichtigen Kreis Irene Freiin von Gayl (Kammer Ostpreußen), Dr. Aenne Sprengel (1897–1985)[217] (Kammer Pommern), Julie Lau (Kammer Schlesien), Frieda Breuer[218] (Kammer Sachsen),

---

216 Ebd., S. 18.
217 Im Saargebiet geboren u. am Rhein aufgewachsen studierte Aenne Sprengel nach der landwirtschaftlichen Lehrzeit an der Landwirtschaftlichen Hochschule in Bonn-Poppelsdorf. 1920 legte sie ihre Prüfung als Diplom-Landwirtin ab. Sie war die erste Frau, die Anfang der 20er Jahre an dieser Landwirtschaftlichen Hochschule bei Professor Brinkmann im Fach Agrarwirtschaft mit einem Thema zur Wirtschaftslehre promoviert wurde: „Die Lehre von der Statik in der Wirtschaftslehre des Landbaus." Kurze Zeit unterrichtete sie an der Wirtschaftlichen Frauenschule Chattenbühl. 1922 wurde sie Referentin für ländliche Frauenarbeit an der Landwirtschaftskammer in Stettin u. gleichzeitig zur Geschäftsführerin des Landwirtschaftlichen Hausfrauenvereins Pommern bestellt. 1934 wurde sie Referentin der Landesbauernschaft, 1935 der Nationalsozialistischen Frauenschaft. 1937 wurde sie zum Deutschen Frauenwerk beim Reichsnährstand in Berlin, Abtl. Ländliche Frauenarbeit, Forschungsstelle, berufen. 1945 arbeitete sie in der Zentralstelle für Ernährung bei der britischen Militärregierung in Obernkirchen, außerdem bei den Ernährungsämtern Hamburg, Stuttgart und Frankfurt am Main. 1950 wurde sie Leiterin des Referats Ländliche Hauswirtschaft im BMELF in Bonn. 1952 wurde sie zur Ministerialrätin ernannt. 1960 trat sie in den Ruhestand. Mitarbeit in internationalen Gremien im Landfrauenbereich. Jahrzehntelang arbeitete sie im Vorstand des Reifensteiner Verbandes: vgl. Dr. Aenne Sprengel im Ruhestand, in: Blatt der Altmaiden 132/1960, S. 7f; Sawahn, Die Frauenlobby, S. 489, 679.
218 Breuer, Frieda, Was muß der Lehrling der ländlichen Hauswirtschaft wissen? Veröffentlichung der Landwirtschaftskammer f. d. Prov. Sachsen, 3. Aufl., Halle (Saale) 1926; dies., Ländlich-hauswirtschaftliche Betriebslehre, Veröffentlichung der Landwirtschaftskammer f. d. Prov. Sachsen, Halle (Saale) 1926; dies., Das ländlich-hauswirtschaftliche Bildungswesen, Naturwiss. Diss., Halle (Saale) 1939.

140 · IV. Im Preußischen Landwirtschaftsministerium (1923–1934)

*Käthe Delius mit Referentinnen für Frauenarbeit an den Preußischen Landwirtschaftskammern. Von links nach rechts, 1. Reihe: Ellen Gräfin Wrangel (sitzend), Dr. Aenne Sprengel, Käthe Delius, Luise Runge, Aenne Gausebeck. 2. Reihe: Frau Rothe, Frau Kühn, Frieda Breuer, Dr. Mathilde Wolff, Irene Freiin von Gayl, Julie Lau, Frau Meister.*

Frau Rothe (Kammer Schleswig-Holstein), Luise Runge (1883–1965)[219], später Margarete Stüwe (1886–1960)[220] (Kammer Hannover), Dr. Müller-Kammler (Kammer Westfalen), Ellen Gräfin Wrangel (1892–1970)[221] (Kammer Hessen-Kassel), Frau Kühn (Kammer Hessen-Wiesbaden), Aenne Gausebeck (1890–1969)[222] (Kammer Rheinprovinz), Frau Berger (Kammer Grenzmark), Frau Sappok (nach der späteren Gründung der Kammer Oberschlesien).

Käthe Delius arbeitete mit Gremien zusammen, in dem nicht nur Leidenschaft für die Sache und Erfahrungen mit den Aufgaben und Belastungen der Frau auf dem Land versammelt waren, vielmehr trafen sich hier mehrere Referentinnen, die an Universitäten studiert, wissenschaftliche Arbeiten und Dissertationen verfasst und zum Teil promoviert worden waren. Zu diesem Kreis wäre auch die seit 1922 geschäftsführende Vorsitzende des Reifensteiner Verbandes, Käthe Herwarth von Bittenfeld, zu zählen, die engste berufliche Kontakte zu Käthe Delius unterhielt, woraus sich ein „kameradschaftliches Freundschaftsverhältnis eigener Art"[223] entwickelte. Sie hatte an der Philosophische Fakultät der Friedrich-Wilhelms-Universität Berlin 1922 eine Dissertation mit dem Titel verfasst: Die Fachausbildung der ländlichen volksschulentlassenen Jugend und ihre Bedeutung für die Volkswirtschaft, dargestellt an der Provinz Hannover.

Dass eine Freundschaft zwischen den beiden ungefähr gleichaltrigen Käthes entstand, war unter den gegebenen Umständen nicht unbedingt zu erwarten. Zwischen den Herren des Landwirtschaftsministeriums und dem Reifensteiner

---

219 Ausbildung in der städtischen Gewerbe- und Haushaltungsschule Hannover zur Haushaltungslehrerin, 1910 Wanderhaushaltungslehrerin, Spezialisierung in Landwirtschaftlicher Haushaltungskunde, 1913 Schulleiterin Landfrauenschule Hildesheim, 1915 Gründerin des Landwirtschaftlichen Hausfrauenvereins Hildesheim, 1916 Geschäftsführerin des Landwirtschaftlichen Hausfrauenvereins Verband Hannover, 1919 DVP, Kommunalpolitikerin, 1920 Prüfung als Lehrerin der Landwirtschaftlichen Haushaltungskunde in der Wirtschaftlichen Frauenschule Maidhof in Gnadenfrei/Schlesien d. Reifensteiner Verbandes, 1920 Referentin in der Abt. für ländliche Frauenfragen der Landwirtschaftskammer Provinz Hannover, 1928–1934 Direktorin der Wirtschaftlichen Frauenschule Trilke-Gut in Hildesheim. Vgl. Sawahn, Die Frauenlobby, S. 678.

220 1909 Landwirtschaftliche Wanderschullehrerin, 1927 Referentin für Ländliche Frauenarbeit in der Landwirtschaftskammer Hannover, Geschäftsführerin des Ländlichen Hausfrauenvereins, 1933 Eintritt in die NSDAP. 1934 Tätigkeit in der Landesbauernschaft Hannover, Verwaltungsamt Reichsnährstand Berlin, 1936–1938 Landesbauernschaft Hannover-Niedersachsen. Vgl. Sawahn, Die Frauenlobby, S. 678.

221 Ab 1918 Lehrerin in der Wirtschaftlichen Frauenschule Obernkirchen d. Reifensteiner Verbandes, 1925 Referentin der Landwirtschaftskammer Kurhessen, Geschäftsführerin des Landschaftlichen Hausfrauenvereins Kassel, 1933 Abteilungsleiterin I C der Landesbauernschaft Kurhessen, 1933 NSDAP, 1937 NSF, 1941 Reichsnährstand Berlin, Referentin HA I, nach 1950 BMELF in Bonn. Vgl. Wrangel, Ellen Gräfin, Was es schon einmal gegeben hat (1922–1933) ... Wir sind noch nicht viel weitergekommen. Landfrau und Landwirtschaftskammer – vor 35 Jahren, in: Nutzen und Ordnung 3,4/1955, S. 126–128. Vgl. Sawahn, Die Frauenlobby, S. 679.

222 1919 Referentin Rheinischer Verein für ländliche Wohlfahrts- und Heimatpflege, 1923 Referentin der Landwirtschaftskammer Rheinland für Bildungswesen, 1934 Promotion an der Universität Bonn in Geisteswissenschaften: „Liebe und Ehe im Anschauungswandel des internationalen Frauenromans seit der Frauenbewegung", 1934 Landesbauernschaft Rheinland, Teilnahme an internationalen Kongressen, nach 1945 Bücher zur Technisierung des Landhaushaltes, Deutsche Landwirtschafts-Gesellschaft bis 1955, 1962 Bundesverdienstkreuz. Vgl. Sawahn, Die Frauenlobby, S. 676.

223 Delius, Ein Leben, Teil IV, S. 19.

Verband war in mehr als zwei Jahrzehnten ein enges Verhältnis zum Zweck gegenseitiger Beratung und Unterstützung entstanden. War der Verband mit seinen Schulen ohne die ideelle und materielle Förderung des Ministeriums nicht zu denken, so hatte er sich im Gegenzug zu dessen engstem Berater in preußischen Schulangelegenheiten entwickelt. Seit Jahren hatten Ministerialbeamte Ämter im Verband übernommen, u. a. Geheimer Rechnungsrat Immanuel Frick, der die Finanzen des Reifensteiner Verbandes verwaltet hatte, der zur gleichen Zeit als Käthe Delius eintrat, er aus dem Ministerium ausschied und als bedeutende Bezugsperson ausfiel. Mit der Einstellung einer fachlich zuständigen Referentin war der Verband zusätzlich aus seiner herausgehobenen Beraterfunktion verdrängt. Außerdem entstanden bei dem Neuaufbau des gesamten ländlich-hauswirtschaftlichen Schulwesens neue Konstellationen, die den Reifensteiner Frauenschulen Kompetenzen entzogen und Neuordnungen abverlangten, die nicht immer zu ihrem Vorteil waren, im Gegenteil, zum Nachteil gerieten. Käthe Delius zeigte sich überzeugt, dass der Umstand, dass „wir beide frei von persönlichem Ehrgeiz waren und der Sache dienen wollten" dazu beigetragen habe, dass ihre Freundschaft keinen Abbruch erlitten habe. Sie selbst habe „auf einen stärkeren Einfluss auf die wirtschaftlichen Frauenschulen verzichtet"[224] und sich in dieser Hinsicht stark zurückgezogen, um die Nachteile des Verbandes zu kompensieren.

## Ein Schulwesen entsteht: „Keime zum Wachsen bringen ..."

Ihre ersten Erfahrungen mit dem Verwaltungsapparat des Ministeriums analysierend, formulierte sie einen Leitsatz, der sie beim Aufbau des von ihr verantworteten Schulwesens leiten sollte. Sie griff auf pflanzliche Metaphern zurück, um zu veranschaulichen, was ihrer Meinung nach die Kunst der Verwaltung war: „Keime zum Wachsen bringen und nur vorsichtig zu schneiden und zu formen, wo es notwendig war, aber der Pflanze auch Nährstoffe zuzufügen."[225] Diese Devise grenzte sie bewusst als ihr eigenes weibliches Denken ab gegenüber dem männlichen, das ihr wie eine im Regelwerk eingefügte feste Mauer erschien, in die etwas Neues zu implantieren fast unmöglich schien. Mit dieser Leitlinie, die ihr pragmatisch, flexibel und dem Leben nahe erschien, entwickelte sie eine Vorgehensweise, die kleine vorhandene Ansätze als Impulse aufgriff, diese mit neuen Ideen verband und zu neuen komplexen Strukturen entwickelte.

Drei Grundgedanken formulierte Käthe Delius für den Aufbau eines Schulwesens für Mädchen im ländlich-hauswirtschaftlichen Bereich: Erstens war für sie Hauswirtschaft ein Gebilde, das sowohl für Menschen und Familien zur Befriedigung ihrer Bedürfnisse von grundlegender Bedeutung war, andererseits war sie von Bedeutung für die Land- und die Volkswirtschaft der Nation. Die gegenseitigen Beziehungen zu erfassen und einzuordnen schien die Aufgabe einer zu erarbeitenden Hauswirtschaftslehre zu sein, die die Bedürfnisse des Menschen in den Vordergrund stellen sollte. Zweitens sollte eine Priorität darin bestehen, allen jungen Mädchen beziehungsweise allen zukünftigen ländlichen Hausfrauen, eine Ausbildung für ihren Beruf zu geben. Und um dieses Ziel zu erreichen, war es notwendig, verschiedene ländlich-hauswirtschaftliche Lehranstalten zu schaffen. Drittens war sie überzeugt, dass die Erlernung einer hauswirtschaftlichen Technik nicht das Endziel einer Ausbildung sein sollte, stattdessen sollte die Fähigkeit der jungen Menschen ausgebildet werden, sich im Wirtschaftsleben zurechtzufinden und flexibel mit dessen Entwicklung und Veränderungen Schritt zu halten.

In der Zeitschrift Haus, Garten, Landwirtschaft veröffentlichte sie zu Beginn ihrer Tätigkeit als Referentin einen programmatischen Artikel mit dem Titel „Neue Aufgaben"[226]. Sie konstatierte angesichts des finanziellen Zusammenbruchs Deutschlands, der monatelangen Hyperinflation und der Geldentwertung eine zunehmende Arbeitslosigkeit, die die hauswirtschaftlichen Berufe bedrohte. Durch ein Vordringen von Ungelernten und in anderen Berufen Ausgebildeten auf den Arbeitsmarkt und insbesondere in die hauswirtschaftlichen Stellen, sah sie ein sich wieder ausbreitender Dilletantismus, der auf Kosten der qualifizierten Berufe ging und deren Anerkennung und angemessene Bezahlung gefährdete.

224 Ebd.
225 Ebd., S. 21.

226 D., K., Neue Aufgaben, in: Haus, Garten, Landwirtschaft 11/12 1923, S. 15.

Das hieß für sie ein dringendes Ablegen der eingetretenen „Kampfesmüdigkeit". Das Ziel der alten Frauenbewegung, die „Frau unabhängig und selbständig wie den Mann zu machen", sei nicht erreicht worden. Ihr Vordringen in die Öffentlichkeit, ihr selbstständiges und unabhängiges Erwerbsleben habe nicht verhindert, dass abgezehrte, abgehetzte und müde Frauen das Bild der Zeit prägten, und zwar als Leiterinnen ihres Hauswirtschaftsbetriebes und als Erzieherinnen des neuen Geschlechts. Käthe Delius stellte die Frage, ob es nicht ein Fehler der Frauenbewegung gewesen wären, „über die eigentlichen Frauen und Frauenberufe verachtend hinweg geschritten" zu sein.[227] Die Suche nach einem Weg führte sie zu traditionellen Antworten: Sie sprach vom verloren gegangenen „Frauentum", forderte die Erfüllung der „Frauenaufgaben" und „Frauenpflichten" als höchste Aufgabe einer freien Persönlichkeit. Die ländlichen und städtischen hauswirtschaftlichen Berufe waren aus dieser Perspektive die „wahren" Frauenberufe.

Zunächst versuchte sie sich einen Überblick darüber zu verschaffen, was sie an Ausbildungseinrichtungen vorfand und welche Historie die Bemühungen um ein ländlich-hauswirtschaftliches Schulwesen aus staatlicher Sicht hatten. In ihren Lebenserinnerungen bemerkt sie, dass die einst von ihr lange und sorgfältig verwahrten Akten über die Zeit in den 1890er Jahren, in denen erste Erhebungen dokumentiert waren, die die mangelnden Ausbildungsmöglichkeiten für Mädchen auf dem Land deutlich vor Augen geführt hatten, am Ende des Zweiten Weltkriegs den Bomben zum Opfer fielen. Diese Unterlagen stammten von einem 1892 in Frankfurt am Main gegründeten Verein für Hauswirtschaftsschulen, der auf Grund von Untersuchungen in Preußen dem Ministerium ein Jahr später Anregungen für die Einrichtung erster landwirtschaftlicher Haushaltungsschulen gab. Käthe Delius urteilte anlässlich des Berichtes über die vorhandenen Einrichtungen: „Es war ein krauses Durcheinander, was in diesen Erhebungen zu Tage trat und in seinem Umfang naturgemäß sehr bescheiden."[228] Ihrer Ansicht

---

227 Ebd.
228 Delius, Ein Leben, Teil II, S. 12.
229 Ebd., S. 13.

230 Oldenburg, Das landwirtschaftliche Unterrichtswesen, S. 463, 465.

nach schälten sich erst dann verschiedene Schultypen heraus, nachdem Gustav Oldenburg im Ministerium das Referat übernommen hatte. Sie weist seinen Talenten und seinen Fähigkeiten den Verdienst zu, dem landwirtschaftlichen Schulwesen im Allgemeinen erste Strukturen und Zukunftsaussichten verschafft zu haben: „Er war außerordentlich tatkräftig mit einem starken Willen, sich durchzusetzen, was nicht immer leicht war. Seinem bewunderungswürdigen Organisationstalent verdankt das landwirtschaftliche Schulwesen einen klaren Aufbau, einheitliche Schulträgerschaft, gesunde Finanzierung und die gute Gehaltseinstufung der männlichen Lehrkräfte."[229] Immer wieder hatte er, der auch die Anfänge des ländlich-hauswirtschaftlichen Schulwesens geleitet hatte, sich in den letzten zehn Jahren mit grundsätzlichen Denkschriften über den Status des landwirtschaftlichen Unterrichtswesens in Preußen zu Wort gemeldet. Darin galt seine Fürsprache engagiert dem Aufbau des Schulwesens für Frauen und Mädchen: „Die außerordentliche Bedeutung, die dem hauswirtschaftlichen Unterricht in sozialer, volksgesundheitlicher und volkswirtschaftlicher Hinsicht beigemessen wird, hat das Entstehen der mannigfachsten Einrichtungen für diesen Zweck zur Folge [...]. Der Hausfrau auf dem Lande fallen nicht nur wichtige Aufgaben im Haus zu, ihrer Fürsorge ist in der Regel auch ein großer Teil der Innen-, (Hof-) Wirtschaft (Viehhaltung, einschließlich Kleintierhaltung, Obst- und Gartenbau usw.) anvertraut. Von ihrer Tüchtigkeit und Wirtschaftlichkeit hängt mithin der Betriebserfolg und damit die Erhaltung und Steigerung des Wohlstandes auf dem Lande sehr wesentlich ab."[230] Vor allem in seiner Veröffentlichung von 1920, in der er auf den dringenden Handlungsbedarf beim Ausbau des landwirtschaftlichen Unterrichts- und Beratungswesens aufmerksam macht, um der drohenden Hungersnot zu entgehen, lenkt er die Aufmerksamkeit auf das stark vernachlässigte Schulwesen für Mädchen und Frauen: „Sind schon auf dem Gebiete der beruflichen Ausbildung der männlichen Landjugend Versäumnisse zu beklagen, so trifft dies in noch höherem Maße für die weibliche Jugend des Landes zu. Dies ist von allen sonstigen Erwägungen abgesehen um deswillen auf das lebhafteste zu bedauern, weil der Frau im ländlichen Wirtschaftsleben wichtige Aufgaben zufallen, von deren sachgemäßer Erledigung der Erfolg des Betriebes wesentlich beeinflußt wird und häufig abhängig ist. Die Frau kann mit der Schürze mehr aus dem Hause heraustragen als der Mann mit dem Leiterwagen hereinbringt, sagt treffend eine alte Bauernregel. Diesem Gebiet der ländlichen Volkserziehung muß deshalb in Zukunft erhöhte Beachtung geschenkt werden."[231] Oldenburg hatte sich nach Käthe Delius' Aussagen immer dafür eingesetzt, dass eine weibliche Fachkraft in das Ministerium berufen werden sollte.

Ganz pragmatisch fing sie als Erstes mit der Ausarbeitung von Bestimmungen zur staatlichen Ausbildung und Prüfung von Hausbeamtinnen an. Der Reifensteiner Verband hatte beim Preußischen Landwirtschaftsministerium die Anerkennung der Ausbildung beantragt.[232] Hierzu gab es seit vielen Jahren Erfahrungen und seit fünf Jahren auch geregelte Bestimmungen für die Ausbildungsstätten und Interessentinnen. Sie selbst war im RBL vor allem durch dessen Stellenvermittlung sehr viel mit diesem Thema befasst gewesen. Sie war die Leiterin der Hausbeamtinnenkommission des RBL gewesen, hatte Konferenzen hierzu vorbereitet und Entwürfe für gesetzliche Regelungen vorgelegt. Hinzu kam, dass das Handels- und Gewerbeministerium bereits eine Regelung für die Anerkennung der städtischen Hausbeamtin ausgearbeitet hatte. Käthe Delius verfasste als Referentin ihren ersten Erlass und legte ihn dem Minister vor, der ihn auch unterzeichnete. Mit diesem wurde die Ausbildung zur „Hausbeamtin" ab Dezember 1923 als Ausbildung für die „ländliche Haushaltspflegerin" staatlich anerkannt. Seit vielen Jahren war auf diese Regelung hingearbeitet worden – sie trug deutlich die Handschrift von Käthe Delius.

Ihr gelang mit diesem ersten Erlass ein erfolgreicher Einstieg in die komplizierte und desolate Situation des gesamten ländlich-hauswirtschaftlichen Schulwesens. In der Geschichte der ländlichen und städtischen hauswirtschaftlichen Berufe war dies ein einmaliges Ereignis, hatte sich der Staat doch zum ersten Mal einem Beruf der Hauswirtschaft angenommen. Käthe Delius war – auch

---

231 Oldenburg, Der Ausbau, S. IV, 46f.
232 Verbandsbericht 1923/24, in: Maidenblatt 2/1924,
    S. 14–19, hier S. 16.

wenn ihr Pathos und zu offen zur Schau getragene Emotionen nicht lagen – stolz auf diesen Beginn. Diese Regelung stärkte ihr Selbstbewusstsein und gab Energie für das Kommende.

Die Wirtschaftlichen Frauenschulen des Reifensteiner Verbandes, Landwirtschaftliche Hauswirtschaftsschulen anderer Träger und auch haus- und landwirtschaftliche Lehrbetriebe boten schon seit vielen Jahren private Hausbeamtinnenlehrgänge an. Für diese brachte die staatliche Regelung nichts wesentlich Neues. Für die Erteilung der staatlichen Anerkennung wurde von den Auszubildenden eine zweijährige Lehrzeit in Landhaushaltungen, ersatzweise auch in Schulen mit einer abschließenden Prüfung vor der Landwirtschaftskammer, ein einjähriger Haushaltpflegerinnenlehrgang an einer Wirtschaftlichen Frauenschule und zwei Jahre Praxis verlangt. Die bedeutsamste Neuerung in diesem Zusammenhang war jedoch die Einfügung der Lehrlingsausbildung mit einer abzulegenden Prüfung als Abschluss. In dieser Hinsicht war die eigene Handschrift von Käthe Delius zur Geltung gekommen, denn sie griff ein schon älteres großes Anliegen der Landfrauenverbände geschickt auf, baute erste Projekte dazu in die staatliche Anerkennung ein. Gemeint ist die schon länger geäußerte Forderung der Landfrauen, dass ein ländlich-hauswirtschaftliches Lehrlingswesen aufgebaut werden sollte. Im Ersten Weltkrieg musste dieses Ansinnen zunächst zurückgestellt werden. Nach dem Krieg hatten sie jedoch couragiert die Initiative erneut gestartet und zu Selbsthilfe gegriffen. Der Landfrauenverband hatte geeignete Landfrauen in seinen Reihen gesucht, die die Aufgabe von Lehrfrauen übernehmen konnten, hatte Arbeitsprogramme aufgestellt und die Landwirtschaftskammern dazu gedrängt, Prüfungsausschüsse einzurichten. Verschiedene Kammern griffen diese Initiative tatsächlich auch auf. In Ostpreußen, Sachsen und Schlesien wurde mit der Ausbildung begonnen. Die erste Prüfung fand in Sachsen im März 1921 in Halle statt, kurz danach folgte Ostpreußen. Auf diese Weise wurde, angeregt durch die Landfrauenverbände, die Ausbildung von Lehrlingen ins Leben gerufen. Und der Erlass für ländliche Haushaltspflegerinnen von Käthe Delius suchte die sich allmählich etablierende Lehrlingsausbildung ebenfalls zu stabilisieren und zu fördern.

Dennoch musste die Referentin nach einigen Jahren eingestehen, dass der Beruf der Haushaltspflegerin seine Schwierigkeiten hatte, die nicht im bisherigen Mangel an staatlicher Anerkennung lagen, sondern im Beruf selbst: Die Ausbildung war lang, anstrengend und durchaus anspruchsvoll. Es fanden sich zu wenig Menschen, die ihn wählten, weil es zudem schwierig war, eine gute soziale Stellung damit zu erreichen. Um eine ausreichende Bezahlung drehten sich viele Diskussionen, auch im Maidenblatt. Die enge familiäre Anbindung dieses Berufes an die Familien als Arbeitgeber brachte Unzulänglichkeiten mit sich, die von den meisten nicht erwünscht waren. Zwischen 1923 und 1929 erwarben nur 112 Haushaltspflegerinnen die staatliche Anerkennung.

Anders erging es der Lehrlingsausbildung. Diese entwickelte sich erfolgreich und sollte dazu beitragen, den Gedanken einer gründlichen, auch auf diverse Berufe orientierten Ausbildung für alle Mädchen auf dem Land zu verankern. Die Verantwortung für das Lehrlingswesen lag bei den Landwirtschaftskammern. Bis 1928 hielt sich in Preußen das Ministerium in dieser Hinsicht mit staatlichen Regelungen zurück, es förderte vielmehr die Ausbildung finanziell. Den Landwirtschaftskammern der Provinzen war gestattet, bis dahin ohne staatliche Vorschriften eigene Vorstellungen zu realisieren. Einige gingen dazu über, über die zugelassenen Lehrbetriebe hinaus, einzelnen den Titel „anerkannte Lehrwirtschaft" oder „Musterbetrieb" zu verleihen. Dies war ein Anreiz für viele Lehrfrauen, ihre Betriebe zu optimieren und ihre Ausbildungsmethoden zu verbessern. Erst ab 1928 folgte im Interesse einer einheitlichen Berufsausbildung eine lockere staatliche Regulierung. Die Statistik verwies auf den Erfolg: 1929 war die Zahl der geeigneten Lehrbetriebe, die der Landfrauenverband auflistete, auf 350 gestiegen. Es wurden zum Zeitpunkt der statistischen Erhebung mehr als 1.300 Lehrlinge ausgebildet. Die Zahl der zwischen 1920 und 1929 bereits geprüften ländlichen Wirtschaftsgehilfinnen – so nannte man die Lehrlinge nach Ablegung der Prüfung – betrug über 3.000.[233]

Und dennoch fehlte noch immer ein planmäßiger Aufbau des gesamten ländlich-hauswirtschaftlichen Schulwesens. Es fehlte hauptsächlich ein qualifizierter und für eine breitere Schicht von Mädchen attraktiver Fachschulunterricht. Ein gewisser Anteil dieses Fachunterrichtes war schon in den sogenannten Wanderhaushaltungsschulen gegeben worden. Diese wurden besucht von Töchtern von Kleinbauern, ländlichen Gewerbetreibenden oder auch landwirtschaftlichen Arbeitnehmern. Die Kurse, in denen hauswirtschaftlicher Unterricht gegeben wurde und auch die Vermittlung von landwirtschaftlichen Stoffen (Kleintierzucht, Obst-, Gemüse- und Gartenbau etc.) auf dem Unterrichtsplan stand, dauerten zwei oder drei Monate. Der Unterricht wurde von Fachlehrerinnen, in der Regel Lehrerinnen der landwirtschaftlichen Haushaltungskunde, gegeben. Träger der Schulen waren meist die Landkreise. Wanderhaushaltungsschule hieß diese Einrichtung, weil die Schulen von Ort zu Ort wanderten, um im Laufe von einigen Jahren alle zentralen Orte des Kreises erreicht zu haben. Die Anzahl dieser Schulen hatte von 90 im Jahr 1910 bis zum Beginn des Ersten Weltkrieges einen Aufschwung genommen, war dann aber im Krieg auf 43 abgesunken. Erst 1924 war die Zahl von 123 wieder erreicht – das Niveau etwa des Jahres 1911. Käthe Delius war skeptisch, ob dieser Schultyp die Basisfachbildung für eine größere Anzahl von Mädchen würde leisten könnten. Sie war der Meinung, dass das Wissen und die Entwicklungsmöglichkeiten der ländlichen Hauswirtschaft in den letzten Jahren so große Fortschritte gemacht hätten, dass die Töchter von Landwirten ohne eine gute grundlegende Fachausbildung den Anforderungen einer modernen Haushaltführung nicht mehr gewachsen sein konnten: „Diese gründliche Fachausbildung vermag die Wanderhaushaltungsschule nicht zu geben; landwirtschaftliche Haushaltungsschulen mit Internat sind nicht in genügender Zahl vorhanden. Die Einrichtung und der Betrieb derselben ist auch mit erheblichen Kosten verbunden, sodaß es notwendig wurde, für die Fachausbildung der Bauernmädchen auf andere Schularten zurückzugreifen."[234] Ihr Blick richtete sich auf die Landwirtschaftsschulen, die für die Fachbildung der männlichen Jugend zuständig waren.

---

233 Kueßner-Gerhard, Der Reichsverband, S. 37–72, hier S. 62.

234 Delius, Käthe, Ländlich-hauswirtschaftliches Schulwesen, in: Maidenblatt 13/1924, S. 191f, hier S. 191.

Diese Landwirtschaftsschulen waren lange Zeit nur Winterschulen gewesen: In zwei Winterhalbjahren wurde der Unterricht erteilt, im Sommer war frei, da die jungen angehenden Landwirte in den elterlichen Wirtschaften gebraucht wurden. Die Verantwortung für dieses sogenannte niedere landwirtschaftliche Schulwesen hatte anfangs bei den Provinzialverbänden gelegen. Erst als die Landwirtschaftskammern in den 1890er Jahren diese Aufgabe und die Trägerschaft übernommen hatten, kam Bewegung in den Ausbau dieser Schulen. Zwischen 1913 und 1928 konnten die Schulen auf 392 verdoppelt werden. Diese kräftige Entwicklung für die männliche Jugend entging Käthe Delius nicht.

Es waren dann ähnlich wie beim Lehrlingswesen zwei vereinzelt zustande gekommene Projekte, die ihr exemplarisch schienen und sie zu einem folgenschweren Entschluss brachten. Die Landwirtschaftskammer Hessen-Wiesbaden hatte auf Anregung des Landwirtschaftsrates Dr. Wagner, Schulreferent an der Landwirtschaftskammer Wiesbaden, an den bereits bestehenden Landwirtschaftsschulen, die – wie erwähnt – als Winterschulen geführt wurden, in den im Sommer leerstehenden Räumen hauswirtschaftliche Kurse für Mädchen eingerichtet. Auch in Brandenburg hatte die Referentin der Landwirtschaftskammer, Mathilde Wolff, in Neu-Ruppin ebenfalls einen solchen Lehrgang an der Landwirtschaftsschule eingerichtet. Beide Landwirtschaftskammern hatten sich an das Ministerium mit der Bitte gewandt, diese Lehrgänge zu unterstützen und auch anzuerkennen.

Käthe Delius näherte sich mit ihren Überlegungen dem „Kernpunkt des hauswirtschaftlichen Fachschulwesens"[235]. Sie überlegte, ob die fachliche Ausbildung von Mädchen nicht an die Landwirtschaftsschulen für die männliche Jugend angegliedert werden könnte, um auf diese Weise zu einem mehr geordneten und zukunftsweisenden Schulwesen für die weibliche Jugend auf dem Land zu kommen. Neue, eigene Schulen für Mädchen zu gründen, würde sie finanziell nicht durchsetzen können. Von den Landwirtschaftsschulen gab es immerhin schon 400 bestehende, deren weiterer Ausbau beschlossene Sache war – unter Umständen könnte dieser Prozess für die Mädchenausbildung ausgenutzt werden können. Der springende Punkt jedoch war, dass eine solche Maßnahme die bisherige Selbstständigkeit des hauswirtschaftlichen Schulwesens aufgeben würde, denn die Lehrerinnen könnten nicht unabhängig agieren und gestalten, sondern mindestens die Direktoren der Landwirtschaftsschulen würden mit- und hineinreden in ländlich-hauswirtschaftliche, pädagogische und schulorganisatorische Angelegenheiten. Sie sah voraus, dass die Direktoren nicht immer die Eigenart und die Besonderheit der Hauswirtschaft würden erkennen können, worunter wiederum die Lehrerinnen leiden müssten. Auch die übergeordneten Instanzen, die Schulreferenten in den Kreisen und Provinzialverwaltung, ja sogar diejenigen im Ministerium, denen das männliche Schulwesen anvertraut war, hätten Einflussmöglichkeiten.

Die Gefahr, dass Käthe Delius selbst Kompetenzen abgeben müsste, bestand ebenfalls. Darauf wiesen sie Kollegen im Ministerium hin, mit denen sie ihre Vorstellungen besprach: „Die Herren fanden es nun eine ziemlich verrückte Idee, meine Selbständigkeit aufgeben zu wollen, um mich zwangsläufig Geheimrat Oldenburg auszuliefern."[236] Dennoch war sie gewillt, ihre Überlegungen nach allen Richtungen zu prüfen. Wie dachte sie über die Rollen und Aufgaben der Geschlechter, insbesondere der Rolle der Frau? „Mann und Frau müssen auf dem Bauernhof zusammen arbeiten und sind voneinander abhängig. Die Arbeitsgebiete greifen ineinander und die Ausbildung an einer Schule konnte dem gegenseitigen Verständnis nur förderlich sein. Auch die sittlichen Bedenken, mit denen man von gewissen Seiten rechnen musste, wenn Jungen und Mädchen in einer Schule sind, konnten nicht ausschlaggebend sein. Ein freier Verkehr der Geschlechter unter den Augen der Erzieher schien mir besser als das ängstliche Absperren der Geschlechter voneinander, das im übrigen nie vollkommen gelingt."[237] Das war eine Argumentation, die davon ausging, dass die Arbeitsgebiete in einer Landwirtschaft komplex waren, zum Teil ineinander

---

235 Delius, Ein Leben, Teil IV, S. 28.
236 Ebd., S. 25.
237 Ebd.

griffen. In der Realität galt aber, dass häufig der Frauenanteil übersehen oder gering geschätzt wurde. Im Unterschied zur städtischen Hauswirtschaft war die Frauenarbeit in einem Landhaushalt in den Gesamthaushalt des Hofes oder Gutes sowohl für den Eigenbedarf wie für die landwirtschaftliche Produktion integriert. In einer koedukativen Schule konnte das Ziel gesteckt werden, Verständnis für die männlichen und weiblichen Anteile an der Arbeit zu fördern und das Bewusstsein dafür zu wecken, dass der Anteil der Frauenarbeit mit dem der Arbeit der Männer gleichzusetzen war. Käthe Delius formulierte keine antiemanzipatorischen Erklärungen. Sie gab nicht die Idee einer grundlegenden Ausbildung der Frauen auf, sie wollte sie vielmehr überhaupt ermöglichen. Es gab negative Aspekte einer Angliederung, es gab aber auch positive. Landwirtschaftliche Haushaltungsschulen neu zu gründen, würde teuer kommen. Die Gelder würde sie vom Finanzministerium sicher nicht bekommen, zumal die Hauswirtschaft generell immer noch auf geringes gesellschaftliches Interesse stieß. Sie war sich der Risiken und Ambivalenzen bewusst, wollte die Chance des Beginns einer Realisierung von Fachkursen aber wahren und die Möglichkeit, die Isoliertheit der Frauenarbeit aufzubrechen, nutzen.

Trotz der kollegialen Warnungen vor Geheimrat Gustav Oldenburg entschied sie sich, mit ihm über ihren Plan zu sprechen. Sie kannte seine Eigenwilligkeit, wusste, es würde nicht leicht sein, ihn als Vorgesetzten zu haben, ihr waren aber auch seine Qualitäten bewusst: Zum einen war er seit langem gut vertraut mit den Wirtschaftlichen Frauenschulen, hatte sie beraten und gefördert, zum anderen war er ein „Genie der Finanzierung". Ihm war es geglückt, für die Gehälter der Lehrer der männlichen Landwirtschaftsschulen einen Staatszuschuss von 75% vom Finanzminister gewährt zu bekommen. Das rief bei Käthe Delius den ambitionierten Wunsch auf den Plan, auch für die Lehrerinnen diesen Anteil zu realisieren. Bisher konnte sie als Staatszuschuss für die Lehrerinnen in Haushaltungsschulen und in Wirtschaftlichen Frauenschulen nur 50% der Gehälter übernehmen, das Gleiche bekamen die anderen Beamten im Ministerium etwa für die Tierzuchtbeamten und Gartenbeamten. Gustav Oldenburg hatte jedoch mehr aushandeln können. Ihr schien ihr Vorhaben gesichert, wenn sie den gleichen Prozentsatz wie er würde erreichen können. Eine schnelle Entwicklung der geplanten Fachschulkurse wäre denkbar, da sich auch die Landkreise an den Sachkosten und Baukosten beteiligen sollten.

Sie entschloss sich, doch mit Gustav Oldenburg ihren Plan zu erörtern und fand nicht nur Verständnis, sondern auch weitgehende Förderung. Seine grundsätzliche Überzeugung und Einstellung zur Situation der weiblichen Ausbildung formulierte er drei Jahre später noch einmal in seiner Denkschrift in Form des früher schon vorgetragenen Sprichwortes: „Nicht minder wichtig ist die berufliche Ausbildung der angehenden Bauersfrau. Das alte Sprichwort: ‚Die Frau kann mit der Schürze mehr aus dem Haus tragen, als der Mann mit einem vierspännigen Wagen in die Scheune einbringt' birgt eine tiefe Wahrheit. Die verständnisvolle Zusammenarbeit von Mann und Frau ist nirgends mehr als im bäuerlichen Betrieb eine unumgängliche Notwendigkeit. Der Fürsorge der Frau sind wichtige Betriebszweige anvertraut, auch führt sie häufig das Portemonnaie [...]. Solange also die fachliche Ausbildung sich nur auf die Bauernsöhne beschränkt, wird nur halbe Arbeit geleistet, die unter Umständen aus den angeführten Gründen jeden Erfolg auch bei dem männlichen Teil in Frage stellt."[238] Schon 1919/20 hatte er sich für Mädchenklassen an den für junge Männer eingerichteten Landwirtschaftsschulen ausgesprochen: „Schließlich sei noch angeführt, daß auch die Zulassung von Mädchen zum Unterricht an den landwirtschaftlichen Winterschulen – vielleicht mit gewissen Einschränkungen – oder die Angliederung von Parallelklassen für weibliche Schüler oder besondere Kurse während einiger Sommermonate in Erwägung zu ziehen sein wird, um die Mängel der beruflichen Ausbildung unserer Bauerntöchter und angehenden Bäuerinnen sowie der Landarbeiterfrauen zu beseitigen. Dieser Vorschlag ist bereits einmal vor Jahren gemacht, bisher aber meines Wissens nirgends verwirklicht worden."[239]

---

238 Oldenburg, Entwicklung, S. 20.
239 Oldenburg, Der Ausbau, S. 48. In einer Fußnote bemerkte er, dass er erst beim Lesen der Korrektur von einem entsprechenden wohlgelungenen Versuch an der landwirtschaftlichen Winterschule zu Lüneburg erfahren hätte.

Tatsächlich trat etwas später die Situation ein, dass nach dem allgemeinen Beamtenabbau im Rahmen der Reduzierung des Staatsetats Gustav Oldenburg auch für ihr Referat übergeordnet zuständig wurde. Dieser Zeitraum dauerte aber nicht sehr lange, da Gustav Oldenburg mit dem amtierenden Preußischen Landwirtschaftsminister Heinrich Steiger, dem Nachfolger von Hugo Wendorff, nicht einig war und sich für einige Jahre in die Türkei zum Aufbau der dortigen Landwirtschaft abordnen ließ.[240] Im Gegensatz zu den früheren Warnungen der Kollegen vor Gustav Oldenburg konnte sich Käthe Delius in dieser kurzen Phase Vieles von ihm abschauen, so dass sie zu den Fazit kam: „Diesem Lehrmeister bin ich noch heute dankbar."[241]

Bei ihren Überlegungen zur Finanzierung kam ihr zugute, dass sie schon ein erstes Mal die preußischen Haushaltsberatungen miterlebt hatte. Die Inflation hatte ihren Höhepunkt erreicht, die Referentin konnte argumentieren, dass die bestehenden Bildungseinrichtungen der Landwirtschaftskammern und der Kommunalbehörden gesichert werden mussten. Diesem Argument verschloss sich der Finanzminister nicht, denn in dieser finanzpolitisch unübersichtlichen Situation kam es offenbar nicht mehr darauf an, wenn noch etwas mehr Geld gedruckt werden musste. Der Finanzminister sagte die gewünschten Staatsunterstützungen zu. Obwohl festgelegt wurde, dass diese Beihilfen nur für die Inflationszeit gelten sollten, wurden sie schließlich auch nach der Währungsreform 1923 beibehalten.

Der schwierigste erste Teil der Präliminarien – der Beschluss, die hauswirtschaftliche Mädchenausbildung an die Landwirtschaftsschulen zu legen, war gefasst und die Finanzierung gesichert – war erfolgreich abschlossen. Käthe Delius konnte an die Ausarbeitung des Erlasses gehen. Sie stützte sich dabei

---

240 „So berief die Türkei im Jahre 1927 ausländische Spezialisten, darunter viele Deutsche oder Deutschsprachige, zur Gründung einer modernen landwirtschaftlichen Hochschule in Ankara, deren Aufgabe darin bestand, die Landwirtschaft aus der Rückständigkeit zu führen. Die landwirtschaftliche deutsche Mission unter Leitung von Geheimrat Gustav Oldenburg war mit dem Aufbau der landwirtschaftlichen Fakultät beauftragt, ihr waren auch die Saatzuchtanstalten in Adana, Adapazarı und Eskişehir unterstellt." Vgl. Pekesen, Berna, Zwischen Sympathie und Eigennutz. NS-Propaganda und die türkische Presse im Zweiten Weltkrieg, Berlin, Münster, Wien 2014, S. 63.

241 Delius, Ein Leben, Teil IV, S. 27.

*Lehrküche einer Mädchenabteilung in einer staatlichen Landwirtschaftsschule*

wieder auf zahlreiche Besprechungen mit den Referentinnen der preußischen Landwirtschaftskammern. Auf diese Weise war es möglich, im Erlass nur Grundsätzliches zu regeln, denn die Träger der Landwirtschaftsschulen, die Landwirtschaftskammern, sollten so weit wie möglich freie Hand in der Gestaltung behalten. Die intensiven Referentinnengespräche sicherten stärker als bindende Vorschriften ein möglichst einheitliches Vorgehen. Anders als bei den beiden Vorbildern im Regierungsbezirk Wiesbaden und in der Provinz Brandenburg war eine Voraussetzung, dass auch die Mädchen im Winter Unterricht erhalten mussten, denn sie wurden wie die Jungen im Sommer zu Hause gebraucht. Der Lehrgang wurde zunächst auf fünf Monate beschränkt. Eintrittsalter der Mädchen sollte 16 Jahre sein. Die Schülerinnen sollten in die beruflichen Aufgaben einer Landfrau eingeführt werden. Daher umfasste der Unterricht hauswirtschaftliche, landwirtschaftliche und allgemeinbildende Fächer.

Da die Lehrerinnen hauptamtlich eingestellt werden sollten, tauchte die Frage auf, was diese in den Sommermonaten unternehmen konnten. Zunächst sah der Erlass das Abhalten von Wanderkursen vor, d. h. die Lehrerinnen „wanderten" in Orte und führten dort kürzere Kurse durch. Damit war Käthe Delius nicht zufrieden und in Anlehnung an die Wirtschaftsberatung der Landwirtschaftslehrer entwickelte sie, trotz kritischer Nachfragen des Ministers und der männlichen Schulreferenten der Landwirtschaftskammern, eine Wirtschaftsberatung in der Hauswirtschaft durch die Lehrerinnen. Sie wusste die „verschworene Gemeinschaft der Kammerreferentinnen" hinter sich. Letztendlich konnte sie triumphieren: „Das Beste ist, wir haben Recht behalten. Heute wäre die Beratung in der Hauswirtschaft nicht mehr wegzudenken, ja, sie verlangt eigentlich dringend nach einem weiteren Ausbau."[242] Mit den Mädchenklassen an den Landwirtschaftsschulen war das Kernstück des hauswirtschaftlichen Fachschulwesens geschaffen.

Die entsprechende Verfügung des Ministers zur Einrichtung von haus- und landwirtschaftlichen Fachschulkursen und Berufs-(Fortbildungs-)schulen für die weibliche Landbevölkerung wurde am 18. Juli 1924 erlassen (Runderlass I 33502). Träger der Fachklassen für Mädchen sollten die Landwirtschaftskammern sein (Runderlass I 33525), Träger der Berufs-(Fortbildungs-)schulen die Kreise und Gemeinden. In Bezug auf die Mädchenberufs-(Fortbildungs-)schulen stützte man sich auf den Erlass vom 31. Juli 1923, der die Erweiterung der Berufs-(Fortbildungs-)schulpflicht regelte. Dieser Erlass gab zum ersten Mal die Möglichkeit, auch Mädchen zwischen 14 und 18 Jahren zum Besuch einer Fortbildungsschule zu verpflichten. Absurd war nur gewesen, dass es bisher keine dieser Schulen gab. Zumindest ist am Erlass die Absicht zu erkennen, die Pflichtfortbildungsschule auf dem Land in der Zukunft zu verwirklichen, um alle Mädchen durch eine pädagogische Einrichtung zu erfassen. Käthe Delius berichtete, dass unter den Bauern eine große Gegnerschaft gegen diese Schulen bestand.

Die Verfügung enthielt die Festlegung, dass für die Fortbildungsschulen, die zunächst in sehr bescheidener Form gedacht waren, in absehbarer Zeit aus Mangel an finanziellen Mitteln des Staates und der Gemeinden keine hauptamtlichen Lehrkräfte in Frage kämen. Diesen Aspekt hob Käthe Delius in einer Erläuterung zum Erlass nochmals hervor, um der Kritik des Reifensteiner Verbandes entgegenzutreten, der u. a. die Anstellung von Lehrerinnen der landwirtschaftlichen Haushaltungskunde in der Berufsschule gefordert hatte. Das war auch das in der Zukunft liegende Ziel von Käthe Delius. Um dennoch in einem ersten Schritt an die Realisierung eines neuen Schulzweiges zu gehen, hatte Käthe Delius vorgeschlagen, die Fortbildungsschullehrerinnen aus den Kreisen der Landfrauen und -töchtern, der Landpflegerinnen oder andere Persönlichkeiten zu gewinnen. Diese sollten über eine reiche praktische Erfahrung, natürliches Lehrgeschick und soziales Verständnis verfügen. Hier knüpfte der Erlass an die Erfahrungen mit den Landfrauen im Lehrlingswesen an, die sich zu Lehrfrauen qualifizierten. An den Ausbildungskursen für die zu gewinnenden Lehrkräfte in den Berufsschulen sollten wiederum die an den Mädchenparallelklassen hauptamtlich angestellten Lehrerinnen der landwirtschaftlichen Haushaltungskunde ausbildend mitwirken. Es war daran gedacht, zwischen den Lehrerinnen der Fachschulen und den Fortbildungsschullehrerinnen eines Kreises eine ständige Arbeitsgemeinschaft zu bilden, damit die Hilfslehrkräfte für ihre eigene fortlaufende Qualifizierung und Beratung ein professionelles Umfeld erhielten. An diesem Punkt zeigte sich erneut die Methode, Einrichtungen, Aufgaben und Verantwortungen zu verzahnen, um Mehrfachwirkungen zu erzielen.

Im Erlass wurde niedergelegt, dass die Entwicklung des beruflichen Ausbildungswesens für Landmädchen sich in zwei Richtungen vollziehen sollte: „einerseits in der Schaffung einer ausreichenden Anzahl haus- und landwirtschaftlicher Fachschulkurse [...] und zum anderen in der Begründung möglichst zahlreicher Mädchenberufs(fortbildungs-)schulen."[243] Die Mädchenberufs(fortbildungs-)schulen sollten sich an die weniger bemittelte, erwerbstätige weibliche

242 Ebd., S. 27f.
243 Verfügung des Ministers für Landwirtschaft vom 18.7.1924 – I 33502 – betreffend ländlich-hauswirtschaftliches Schulwesen, in: Maidenblatt 13/1924, S. 192–194, hier S. 192.

Jugend richten, für die eine so weitgehende theoretische Berufsausbildung, wie sie die Fachkurse in den Mädchenklassen der Landwirtschaftsschulen bieten sollten, nicht in Frage kamen. Mit den Mädchenberufs(fortbildungs-)schulen sollte eine Einrichtung geschaffen werden, „die wenigstens die notwendigen haus- und landwirtschaftlichen Kenntnisse zu vermitteln vermag, ohne die Mädchen der Berufsarbeit zu entziehen, und auf sie während der entscheidenden Entwicklungsjahre vom 14. bis 18. Lebensjahr einen möglichst nachhaltigen Einfluß ausübt."[244]

Dagegen waren die Mädchenparallelklassen an den Landwirtschaftsschulen in erster Linie für die Töchter der kleineren und mittleren Landwirte sowie der ländlichen Gewerbetreibenden gedacht. Die bisherigen sogenannten Wanderhaushaltungsschulen sollten zukünftig ein auslaufendes Modell sein. Sie waren schon vorher in Fachkreisen nur als Übergangsform und als Vorläufer für die ländliche Fortbildungsschule angesehen worden. Diese Einrichtung stand demnach etwas ungeklärt zwischen der Fachschule und der Fortbildungsschule. Dort, wo sie noch gebraucht wurde – in Gegenden mit weit auseinander liegenden Gemeinden oder wo die Einrichtung einer Mädchenberufsschule nicht möglich war – sollten die Kommunalverbände (Provinz, Kreis, Gemeinde) diese mit eigenen Mitteln erhalten. Ein Staatszuschuss konnte nur noch in dringenden Fällen in Aussicht gestellt werden. Die Begründung war, dass diese zum einen immer nur einen kleinen Kreis der Mädchen erreicht hätte und zum anderen die fachliche Ausbildung eine gründlichere in land- und hauswirtschaftlichen Belangen sein müsste.

Die Richtlinien für die Mädchenklassen sahen vor: In der Regel 20 Unterrichtswochen mit mindestens je 30 Wochenstunden, die je nach örtlichen Bedingungen im Sommer oder im Winter abzuhalten waren. Das Mindestalter der Schülerinnen sollte 16 Jahre betragen. Als theoretische Pflichtfächer waren vorgesehen: Lebens-, Berufs-, Bürgerkunde, Nahrungsmittel- und Ernährungslehre, Gesundheits-, Kinder-, Säuglings- und Krankenpflege, Tierzucht, Geflügel- und Kleintierzucht, Milchwirtschaft und Gartenbau. Praktische Pflichtfächer sollten sein: Kochen, Backen, Einmachen, Hausarbeit, Waschen, Plätten, Nadelarbeit. Als mögliche Zusatzfächer konnten gewählt werden: Heimatkunde, Geschichte, Häusliche Erziehungslehre, Gartenbau, Geflügelzucht, Molkerei, Turnen und Singspiele, Handfertigkeiten, Hausspinnerei und Weberei, Säuglingspflege. Für die Lehrerinnen der landwirtschaftlichen Haushaltungskunde waren als Tätigkeiten in den schulfreien Monaten angegeben: Wanderhaushaltungskurse, praktische Wirtschaftsberatung, Mitwirkung bei Einrichtung der Mädchenberufsschulen. Landwirtschaftliche Theorie sollte vom Direktor oder Fachlehrern der landwirtschaftlichen Schule erteilt werden.

Mühsam gestaltete sich dagegen sowohl die Entwicklung der Fortbildungsschule als auch die organisatorische Arbeit damit. Man versuchte, Volksschullehrerinnen für den Unterricht auszubilden. In vielen Fällen unterrichteten auch Frauen der Lehrer. An der Wirtschaftlichen Frauenschule Selikum[245] und im Landjugendheim Hailer in Hessen wurden einjährige Lehrgänge für junge Volksschullehrerinnen eingerichtet, die diesen die Berechtigung zur hauptamtlichen Anstellung als Berufsschullehrerinnen verlieh.

## Neuregelung der Ausbildung von Lehrerinnen der landwirtschaftlichen Haushaltungskunde

In den Mittelpunkt der Aufmerksamkeit von Käthe Delius rückte in den folgenden Jahren die Ausbildung der Lehrerinnen. Zum einen galt es die Zahl der Ausbildungen zu erhöhen, denn der intendierte beschleunigte Aufbau des ländlich-hauswirtschaftlichen Schulwesens durch die Mädchenklassen an Landwirtschaftsschulen und die Verpflichtung zu ländlich-hauswirtschaftlicher Beratung war nur mit einer erhöhten Anzahl von Lehrkräften möglich. Zum anderen war schon länger deutlich, dass dadurch, dass sich den Lehrkräften neue Aufgaben in unterschiedlichen, zum Teil neuen Schulformen stellten, sich dies verändernd auf die Unterrichtsinhalte in den Ausbildungen auswirken musste.

244 Ebd.
245 Wörner-Heil, Frauenschulen, S. 203f.

Eine sich daraus ergebende Konsequenz war etwa die Forderung nach Reduzierung der Theorie und dafür Verstärkung der praktischen Themen und Anwendungen. Zugleich kristalisierte sich heraus, dass es das Ministerium als erforderlich ansah, dass Anwärterinnen auf eine Lehrerinnenausbildung vermehrt aus der Landbevölkerung insbesondere aus landwirtschaftlichen Kreisen gewonnen werden sollten, die die klein- und mittelbäuerlichen Verhältnisse gut kannten. Hinzu kam die sogenannte Landflucht der Lehrerinnen der landwirtschaftlichen Haushaltungskunde in die Städte. Dies hatte als Hintergrund deren unbefriedigende Anstellungs- und Besoldungsverhältnisse im ländlichen Bereich. Es gab wenig Beamtinnenstellen, es fehlte die Pensionsberechtigung, die Gehälter waren niedriger als die der Gewerbelehrerinnen und die Beschäftigungsverhältnisse in der Stadt waren insgesamt weniger anstrengend.

Ein weiteres von Käthe Delius zu bearbeitendes Feld war die Gewährleistung der weitergehenden Ausbildung der Lehrerinnen, die an Lehrerinnenbildungsanstalten unterrichteten. Denn im Gegensatz zu den akademisch ausgebildeten Kolleginnen und Kollegen waren diese hierfür nur unzureichend vorbereitet. Schon in den staatlichen Ausbildungsregelungen von 1919 war die Anstellung der Lehrerin der landwirtschaftlichen Haushaltungskunde an Lehrerinnenseminaren von einer methodischen und fachlichen Weiterbildung abhängig gemacht.

An den Jahresberichten des Reifensteiner Verbandes lässt sich ablesen, dass die Wirtschaftlichen Frauenschulen selbst große Anstrengungen unternahmen, die Fortbildung ihrer Lehrkräfte zu fördern. Häufig wird in den Berichten des Verbandes und denen seiner Schulen erwähnt, dass den Lehrerinnen Gelegenheit gegeben worden war, an angebotenen Kursen teilzunehmen: „Auch für die Lehrerinnen war in diesem Jahr des öfteren Gelegenheit, sich bei anderen Organisationen und durch Veranstaltungen Anregung und Weiterbildung zu holen. [...] Dies ganze Schuljahr stand überhaupt im Zeichen der ‚Kurse' für uns Lehrerinnen"[246]. Angeboten wurden Molkereilehrgänge, diverse Kochlehrgänge, Geflügelkurse, Obstverwertungslehrgänge, Färbekurse, Fortbildungslehrgänge der Landwirtschaftskammern. Ein fünftägiger staatsbürgerlich-pädagogischer

Lehrgang fand im Dezember 1924 in Berlin unter Leitung von Käthe Herwarth von Bittenfeld mit 30 Lehrerinnen statt.

Die Ausbildung der Lehrerinnen der ländlichen Haushaltungskunde fand, wie schon erwähnt, zu dieser Zeit nur in den Seminaren der Wirtschaftlichen Frauenschulen statt. Ausbildungsberechtigt waren um 1925 fünf Schulen des Reifensteiner Verbandes: Obernkirchen, Maidburg in Posen, Bad Weilbach, Metgethen und Gnadenfrei.[247] Weitere Lehrerinnenausbildungsseminare bestanden in drei weiteren Wirtschaftlichen Schulen anderer Träger, die jedoch dem Reifensteiner Verband kooperativ angeschlossen waren. Das waren die Wirtschaftliche Frauenschule Mallinckrodthof auf Haus Borchen in Nordborchen im Kreis Paderborn im Besitz der Gesellschaft für landwirtschaftliche Frauenbildung GmbH Nordborchen, die Wirtschaftliche Frauenschule Luisenhof im Kreis Bärwalde in der Neumark im Besitz des Verwaltungsrates der Evangelischen Frauenhilfe e. V.[248] und die Wirtschaftliche Frauenschule Selikum auf Schloß Reuschenberg bei Neuß am Rhein ebenfalls im Besitz der Gesellschaft für landwirtschaftliche Frauenbildung GmbH Nordborchen. Zwischen 1909 und 1920 waren an den Reifensteiner Frauenschulseminaren insgesamt 417 und in den Schulen der anderen Träger 297 staatlich geprüfte Lehrerinnen ausgebildet worden. Der Reifensteiner Verband hatte ohne Zweifel die führende Stellung in der Lehrerinnenausbildung.

Die wichtigsten bisherigen Bestimmungen für die Lehrerinnenausbildung stammten vom 30. September 1909, vom 30. März 1914 und vom 1. Juni 1919.[249] Schon in den Bestimmungen von 1919 war von Seiten des Ministeri-

---

246 Verbandsbericht 1924/25, Jahresbericht Reifenstein und Obernkirchen, in: Maidenblatt 4/1925, S. 49-51, hier S. 51, 52.

247 Wörner-Heil, Frauenschulen, zu Obernkirchen S. 130-134, zu Maidburg S. 135f, zu Bad Weilbach S. 139-144, zu Metgethen S. 145-148, zu Gnadenfrei S. 158-160.

248 Wörner-Heil, Frauenschulen, zu Mallinckrodthof S. 193-195, zu Luisenhof S. 189-191.

249 Für 1909 u. 1919 abgedruckt in: Renner, Kurt, Quellen und Dokumente zur landwirtschaftlichen Berufsbildung von ihren Anfängen bis 1945, Köln, Weimar, Wien 1995, S. 318-337. Für 1914: Ministerialblatt der kgl. Pr. Verwaltung für Landw., Domänen und Forsten für 1914.

ums auf veränderte Bedingungen und neue Anforderungen in der Republik in sehr bestimmtem Ton aufmerksam gemacht worden: Künftig seien „vorzugsweise solche Berufsanwärterinnen zuzulassen, die ohne Rücksicht auf Familienverhältnisse und Besitz ernstlich gewillt sind, den erwählten Beruf zu ihrer Lebensaufgabe zu machen oder ihm wenigstens für eine längere Reihe von Jahren nachzugehen. Erfahrungen mit vielen Absolventinnen des Haus- und landwirtschaftlichen Seminars in den verflossenen 10 Jahren lassen es geboten erscheinen, den Töchtern der besitzenden Klassen, insofern sie nicht fest entschlossen sind, den Lehrberuf tatsächlich praktisch auszuüben, nahezulegen, die Seminarplätze nicht solchen Anwärterinnen streitig zu machen, die auf eine Berufsarbeit tatsächlich angewiesen und vor allem auch bereit sind, sich der Arbeit auf dem Lande, für die es an Lehrerinnen der landwirtschaftlichen Haushaltungskunde sehr mangelt, mit innerer Wärme zu widmen."[250] Die Prämisse, staatlicherseits die Gewährleistung einer Berufsausbildung sicherzustellen, die in eine Berufstätigkeit einmündet, wurde deutlich formuliert.

Eine detaillierte Vorankündigung des von Käthe Delius erarbeiteten neuen Erlasses war datiert auf den 7. Mai 1925 und im Maidenblatt veröffentlicht worden.[251] Der endgültige Erlass I 85032. 26.7.1925 wurde schließlich ein gutes halbes Jahr später im Ministerialblatt vom 30. Januar 1926 abgedruckt. Diese neue Verordnung reagierte auf die veränderten Anforderungen in den 1920er Jahren. Im Zentrum stand dabei, dass jetzt in größerem Umfang Lehrerinnen für die Mädchenabteilungen an den Landwirtschaftsschulen und für die Mädchenberufsschulen ausgebildet werden sollte. Es waren drei Aspekte, die wesentliche Abweichungen von früheren Bestimmungen markierten: Erstens wurde die Ausbildungsdauer verlängert, in dem zweitens die praktische Zeit im jetzt $5^{1}/_{2}$- bis 6-jährigen Ausbildungsgang auf zwei Jahre verlängert wurde.

---

250 Erlaß des Preußischen Ministeriums für Landwirtschaft, Domänen und Forsten v. 24. Juli 1919 I A II e 1731. Veröffentlicht im Amtsblatt 1919, S. 317.

251 Steiger, Heinrich (gez.), Neue Ausbildungsbestimmungen für Lehrerinnen der landwirtschaftlichen Haushaltungskunde, in: Maidenblatt 12/1925, S. 178–180.

Diese praktische Zeit sollte drittens in einem geeigneten ländlichen Hauswirtschaftsbetrieb abgeleistet werden und möglichst mit einer Prüfung vor der Landwirtschaftskammer abgeschlossen werden. Im Unterschied zu früher sollte diese zweijährige Lehrzeit nicht zwischendurch absolviert werden, sondern vor dem Beginn der zweijährigen pädagogisch-seminaristischen Ausbildung in einer Wirtschaftlichen Frauenschule liegen. Dieser Neuregelungen reagierten auf die im Ministerium angestellten sozialen Überlegungen: Viele der angehenden und schon ausgebildeten Lehrerinnen stammten tatsächlich aus der Stadt oder von größeren Höfen. Die meisten sollten jedoch perspektivisch Bauernmädchen und Mädchen aus Kleinstbetrieben unterrichten. Käthe Delius, und später verlautbart dies auch ihr „Lehrmeister" Gustav Oldenburg, war der Auffassung, die Lehrerinnen sollten insbesondere mit der Eigenart von kleineren Höfen vertraut sein. Der bäuerliche Haushalt rückte mehr als bisher in den Mittelpunkt aller bildungspolitischen Überlegungen. Die Lehrerinnenausbildung trat mit diesen Veränderungen ohne Frage in ein neues Stadium ein.

Die hohe Wertschätzung einer qualifizierten Berufsarbeit von Frauen veranlasste Käthe Delius bei der Bearbeitung des Erlasses, ein weiteres traditionelles Prinzip der Frauenschulen in Frage zu stellen: Seit Gründung der Frauenschulen wurde das erste Jahr, das Maidenjahr, sowohl von Schülerinnen, die keinen und denen, die einen Beruf ergreifen wollten, gemeinsam besucht. Die einen nannte man die „Hausmaiden", die anderen die „Berufsmaiden". Für die Hausmaiden galt ein „erleichterter Stundenplan", in dem die Anzahl der naturwissenschaftlichen Stunden reduziert war. Für letztere war dieses erste Jahr nach Ablegung einer Prüfung der Unterbau für die Lehrerinnenausbildung gewesen. Das Miteinander dieser beiden Gruppen war in den Wirtschaftlichen Frauenschulen von Anfang an ein Charakteristikum. Käthe Delius beabsichtigte – das war der Stand in 1925 –, diese beiden Ausbildungen zu trennen. Das jahrzehntelang praktizierte Maidenjahr sollte sich zum Frauenlehrjahr wandeln, das vorerst auf die 2jährige praktische Lehrzeit der zukünftigen Lehrerin und auch der angehenden Haushaltspflegerin angerechnet werden konnte. Später sollte es auch noch zusätzlich in den Ausbildungsgang der Lehrerinnen eingearbeitet werden. Für die Wirtschaftlichen Frauenschulen bedeuteten diese Veränderungen, die sich aus dem neuen Erlass ergaben, einen erheblichen Eingriff in die Schulstruktur und die Unterrichtsinhalte.

Die Auswirkungen der neuen Bestimmungen schlugen sich in den Jahresberichten der Frauenschulen 1925/26 und 1926/27 deutlich krisenhaft nieder: „Die Umgestaltung der Ausbildung und die Aufstellung der verschiedenen Lehrplanentwürfe beschäftigte die Lehrkollegien der Schulen stark und gab Anlaß zu mehreren Zusammenkünften und Beratungen, zu denen das Preußische Landwirtschaftsministerium oder der Vorstand des Reifensteiner Verbandes eingeladen hatten."[252] Die negativen Konsequenzen wurden im darauffolgenden Jahr drastisch merkbar: „Unsere Befürchtungen haben sich bewahrheitet: das Berichtsjahr war sorgenreich und schwer für den Reifensteiner Verband und die Mehrzahl der ihm zu eigen gehörenden und ihm angeschlossenen Schulen. Durch die Änderungen der Lehrpläne und Ausbildungsbestimmungen war eine Beunruhigung in die Kreise der Eltern und ihrer Töchter getragen worden, die trotz eifriger Aufklärungs- und Werbearbeit seitens der verantwortlichen Stellen wohl manche Anmeldung für die Maidenlehrgänge unserer Schulen verhindert hat. [...] Mit wenigen Ausnahmen waren die Schulen daher im Laufe des Berichtsjahres nicht voll besetzt, und die Verwaltung konnte nicht mit planmäßigen Einnahmen rechnen."[253] Die Direktorin des Maidhofes in Gnadenfrei, Mathilde Groschupf, rechnete sogar vor, dass durch Veränderungen in den Lehrplänen von den Schülerinnen fast 5.000 Arbeitsstunden weniger im Garten, beim Geflügel, in der Milchwirtschaft bei der Wäsche und im Haus geleistet wurden. Das erforderte Mehrarbeit des Kollegiums, evozierte Kosten durch die Einstellung von mehr Personal, Anschaffung von Maschinen und weitere Investitionen.

Käthe Delius wusste wohl um die großen historischen Verdienste der Wirtschaftlichen Frauenschulen insbesondere des Reifensteiner Verbandes, um ihre unverzichtbaren Leistungen auch für die Zukunft, sie fühlte sich seinem Erzie-

---

252 Verbandsbericht 1925/26, in: Maidenblatt 2/1926, S. 51.

253 Verbandsbericht 1926/27, in: Maidenblatt 2/1927, S. 18.

hungskonzept verbunden und ordnete dennoch im Hinblick auf aktuelle Erfordernisse und Entwicklungen Regelungen an, die den Reifensteiner Schulen weitgehende Veränderungen abverlangten. Trotz ihrer starken Loyalität blieb sie ihrer Auffassung treu, dass Gewohnheiten und Traditionen keine feste Mauer sein dürften, in die nichts Neues eindringen durfte. Sie sah eine solche Gefahr bei den Frauenschulen: „Ich erlebte das stark an den Wirtschaftlichen Frauenschulen, in denen die Impulse Ida von Kortzfleischs stehen blieben und sich nicht entsprechend den veränderten sozialen Verhältnissen weiterentwickelten."[254] Sie selbst war der Auffassung, dass man entweder Formen finden müsste, die eine weitere Entwicklung zulassen, „wie die Raupe schon beim Verpuppen an den künftigen Schmetterling denkt" oder „von Zeit zu Zeit die Form zerbrechen und abwerfen" müsse, wie die Schlange ihre Häute ablegt. Spätestens in diesem Zusammenhang wurden zwischen ihr und der Vorsitzenden Käthe Herwarth von Bittenfeld, die für den Status und den Bestand der Schulen verantwortlich war, die „sachlichen Kämpfe" ausgetragen, wovon Käthe Delius in ihren Lebenserinnerungen sprach. Diese stellten für ihre Freundschaft eine erhebliche Herausforderung dar, sie taten ihr aber, nach ihren Aussagen, letzten Endes keinen Abbruch.[255]

Käthe Delius war auf der einen Seite sehr bewusst, dass die Ausbildungsstätten für die Erziehung der angehenden Lehrerinnen ideal waren: „Was die Erziehung der Anwärterinnen anbetrifft, so konnten wir uns keine besseren Ausbildungsstätten als die Schulen Ida von Kortzfleischs denken."[256] Die jungen Lehrerinnen lernten Pflichttreue, waren einsatz- und arbeitswillig, hatten Idealismus und ihre Organisationsgabe wurde geschult. Schwierigkeiten erschreckten nicht, sondern spornten an. Diese Fähigkeiten konnten erwartet werden, obwohl sie nur das Gehalt von Volksschullehrerinnen erhielten, da auch für diese bis zumindest Mitte der 1920er Jahre als Voraussetzung für ihre Ausbildung kein Abitur notwendig war. Beamtenstellen gab es wiederum auch wenige.

254 Delius, Ein Leben, Teil IV, S. 21.
255 Ebd., S. 19.
256 Ebd., S. 30.

Gegenüber einem Direktor mussten sie lernen, sich durchzusetzen, für die Wirtschaftsberatung, die sie im Sommer durchzuführen hatten, gab es keine Vorbilder. Und dennoch: Käthe Delius sah, wie andere Ministerialbeamte auch, einerseits die finanziellen Grenzen einer privaten Anstalt wie es die Wirtschaftlichen Frauenschulen waren – der Staat zahlte nur Zuschüsse. Daher mussten die Schulgelder hoch bleiben, was die Ausbildung enorm verteuerte und die Bevölkerungsgruppe, die sich dies leisten konnte, naturgemäß klein war. Dies widersprach dem politischen Willen der Bildungsplanerinnen und Bildungsplaner in der jungen Demokratie, die die Bildungschancen für Mädchen auf dem Land quantitativ verbreitern wollten. Und andererseits sah Käthe Delius trotz aller Anstrengungen fachliche Grenzen der seminaristischen Abteilungen der Frauenschulen. Diese mussten damit überfordert sein, das Ausmaß des enormen Wandels der Familie, der Kultur und der Politik in eine aktuelle, qualitativ hochwertige Ausbildung einzubringen, die zudem auf dem Stand der neuesten Erkenntnisse und Forschungsarbeiten war. Die Wirtschaftlichen Frauenschulen waren immens wichtige Einrichtungen, die historisch bedeutende Meriten erworben hatte, die auch für den weiteren Bestand des ländlich-hauswirtschaftlichen Schulwesens unverzichtbar wichtig waren, aber Käthe Delius stand vor der Aufgabe, ein systematisches Schulwesen aufzubauen, das für neue Formen und Weiterentwicklungen alte Strukturen aufbrechen musste. Ganz im Sinne des jahrzehntelangen Kampfes der Frauenbewegung um die Akademisierung und Professionalisierung von Frauenberufen stand auch für sie am Horizont die wissenschaftliche Forschung und universitäre Ausbildung in der ländlichen Hauswirtschaft.

## Erste Schritte zur Konstituierung einer Wissenschaft von der Hauswirtschaft

Die Themengebiete und wissenschaftlichen Stoffe, die eine Lehrerin der landwirtschaftlichen Haushaltungskunde kennen musste und zu lehren hatte, waren umfangreich. Da waren die Forschungen und Entwicklungen zur Technik, die der Biologie, der Botanik und des Pflanzenbaus, der Chemie, der Ernährungslehre, der Hygiene und Gesundheitspflege, der Psychologie und Soziologie für Kinder- und Familienpflege, der Geschichte, Volkswirtschaft und Staatsbürgerkunde. Neben die intensive Beschäftigung mit der Gestaltung der Ausbildungsbestimmungen, rückte für Käthe Delius die Frage in den Mittelpunkt, wie wiederum die Lehrerinnen, die in den Seminaren die angehenden Lehrerinnen zu unterrichten hatten, durch wissenschaftliche Fort- und Weiterbildung qualifiziert sein mussten. Ihr war wichtig, dass diese eine vertiefte Ausbildung erhielten, die sich auf der Höhe der aktuellen wissenschaftlichen Forschungen befand. Auf diesem Gebiet war in Deutschland Pionierarbeit zu leisten, denn zwischen Hauswirtschaft und Wissenschaft bestand in Deutschland zu dieser Zeit keine Beziehung. Die Hauswirtschaft war nicht als Wissenschaft anerkannt und hatte demzufolge auch keinen Platz an den Universitäten. Es sollte noch bis Anfang der 1960er Jahre dauern, bis ein entsprechender Lehrstuhl an einer deutschen Universität eingerichtet wurde.

Folgt man den von Vertretern der Wissenschaftssoziologie angegebenen drei notwendigen Kriterien für die Entwicklung einer neuen wissenschaftlichen Disziplin, dann waren zwei davon längst erreicht. Das erste lautet: Notwendig sei „ein Satz zusammenhängender Ideen, der als Paradigma bezeichnet werden kann". Zweitens seien erforderlich „talentierte Individuen, um diese Idee zu tragen und zu erweitern" und drittens bedarf es der „Institutionalisierung grundlegender Strukturen zur Erhaltung und Erweiterung der Ideen auf dem betreffenden Gebiet".[257] „Zusammenhängende Ideen" zur Hauswirtschaft insbesondere ländlicher Hauswirtschaft gab es längst. Sie waren schon lange in diverse Ausbildungsprogramme eingeflossen. Schon seit Jahrzehnten gab es „talentierte Individuen", die auf diesem Gebiet kreativ in der Öffentlichkeit gewirkt hatten – und mit Käthe Delius gab es eine gut ausgebildete, mit Einfluss,

---

257 Clark, T. N., Die Stadien wissenschaftlicher Institutionalisierung, in: Weingart, Peter (Hg.), Wissenschaftssoziologie. 2: Determinanten wissenschaftlicher Entwicklung, Frankfurt a. M. 1974, S. 105–121, hier S. 105f.

Erfahrung und Energie ausgestattete Regierungsbeamtin, die energisch an einer Weiterentwicklung arbeitete. Der Schritt zu der Institutionalisierung einer akademischen Wissenschaft von der Hauswirtschaft war scheinbar nicht mehr weit. Und doch bedurfte es der schöpferischen als auch pragmatischen Kreativität von Käthe Delius, um die notwendigen Zwischenschritte zur endgültigen Institutionalisierung zu finden.

Die Forderung nach einer wissenschaftlichen Grundlegung der Hauswirtschaft war nicht neu, sie war schon seit vielen Jahren ein Thema in den Landfrauenverbänden und auch im 1915 gegründeten RDH gewesen. Insbesondere im Zusammenhang mit seiner Gründung wurde als Basis für alle Formen der hauswirtschaftlichen Bildung ein hauswirtschaftliches Institut gefordert. Dieses Institut sollte praktisch und theoretisch arbeiten, sollte die Fortbildung der Gewerbeschullehrerinnen leiten, ein Studium für alle hauswirtschaftlichen Fachlehrerinnen und Dozentinnen anbieten und die haushaltswissenschaftliche Forschung, auch in Bezug auf die Technik initiieren. Impulse hierfür gab wesentlich der von Hedwig Heyl und Dora Martin gegründete, rührige Verband zur „Hebung der hauswirtschaftlichen Frauenbildung". Dieser knüpfte an seine Unternehmungen aus dem Jahr 1910 an, die die Gründung einer „Hauswirtschaftlichen Zentralstelle" bezweckt hatten. Dieser Zentralstelle sollte eine Prüfstelle für hauswirtschaftliche Geräte und Gebrauchsgegenstände angeschlossen werden: „Die Hausfrauenbelehrung sollte sich auf zweckmäßige wissenschaftlich begründete Ernährung, auf Anleitung zur Herstellung von täglicher sowie von Kinder- und Krankenkost, auf Einkauf und Prüfung unverfälschter Nahrungsmittel, Wohnungspflege und Hygiene, Kinder- und Krankenpflege erstrecken und somit eine vertiefte wissenschaftliche Unterweisung auf dem gesamten Gebiete der Hauswirtschaft bieten."[258] Hedwig Heyl forderte, die Frauenverbände sollten „der Gründung einer hauswirtschaftlichen Hoch-

---

258 Weinberg, Margarete, Der Verband zur Förderung der hauswirtschaftlichen Frauenbildung in seinem Wirken 1902-1916, in: Frauenwirtschaft 7/1917, S. 97-108, hier S. 102.

schule den Weg ebnen".²⁵⁹ Innerhalb des RDH wurde eine Arbeitskommission gegründet, die die Errichtung eines hauswissenschaftlichen Institutes voranbringen sollte. Schon im September 1916 wurde ein „Plan einer hauswirtschaftlichen Anstalt in Verbindung mit der Frauenhochschule in Leipzig" vorgelegt.²⁶⁰ Intendiert war, der Hochschule für Frauen ein chemisches Untersuchungsamt und ein hauswirtschaftliches Institut anzugliedern. Ihr Direktor, Professor Boettger, signalisierte das große Interesse der Hochschule: „Schon seit mehreren Jahren besteht bei den Gewerbeschulen und den wirtschaftlichen Frauenschulen der Wunsch, ihren Lehrerinnen eine gründliche wissenschaftliche Fortbildung zu ermöglichen. [...] Die seit 1910 bestehende Frauenhochschule besitzt die zu einer Weiterbildung in Frage kommenden Einrichtungen. Ihr Leiter und verschiedene Professoren zeigen lebhaftes Interesse für die Ausarbeitung entsprechender Lehrpläne und die Angliederung der Kurse an die schon bestehenden der Hochschule. Die sogenannte hauswissenschaftliche Akademie wird die Vermittlung zwischen Wissenschaft und Praxis übernehmen, sie wird gleichzeitig eine Schule für Forscherinnen wie eine Fortbil-

---

259 Hauptversammlung des Verbandes zur Förderung hauswirtschaftlicher Frauenbildung in Berlin v. 19. bis 22. Mai 1915, in: Frauenwirtschaft 6/1916, S. 82–96, hier S. 83. Auch: Jahresbericht 1916/18, erstattet auf der Mitgliederversammlung am 13. u. 14. Mai 1918 des Verbandes der hauswirtschaftlichen Frauenbildung, in: Frauenwirtschaft 9/1919, S. 97–100, hier S. 98.

260 Götze, Marianne, Ein hauswissenschaftliches Institut der Zukunft, in: Die Deutsche Hausfrau 1/1915/16, S. 155. Die private Hochschule für Frauen zu Leipzig wurde im Oktober 1911 eröffnet. Die Frauenrechtlerin u. Sozialpädagogin Henriette Goldschmidt hatte sich dafür engagiert, die Ausbildung etwa der Kindergärtnerin, der Fürsorgerin u. der Krankenpflegerin auf einer eigens dafür gegründeten Frauenhochschule auf ein akademisches Niveau zu bringen. Zum Kuratorium der Hochschule gehörte u. a. der Pädagoge Eduard Spranger, der an der Hochschule lehrte u. die pädagogische Konzeption maßgeblich zu verantworten hatte. Die Hochschule bot Veranstaltungen in naturwissenschaftlichen, medizinischen, sozial- und geisteswissenschaftlichen sowie wirtschaftswissenschaftlichen Fächern. In der Weltwirtschaftskrise Ende der 1920er Jahre ließ sich die Hochschule aus privaten Mitteln nicht mehr finanzieren. Vgl. Spranger, Die Idee einer Hochschule für Frauen; Ries, Hildegard, Geschichte des Gedankens der Frauenhochschulbildung in Deutschland. Inaugural-Dissertation zur Erlangung der philosophischen Doktorwürde der Philosophischen und Naturwissenschaftlichen Fakultät der Westfälischen Wilhelms-Universität zu Münster in Westfalen, 10. Oktober 1927, insb. S. 69–90.

dungsanstalt für Lehrerinnen sein."²⁶¹ Die Ergebnisse sollten nicht nur in den Schulen angewandt, sondern auch durch Vorträge und Ausstellungen publik gemacht werden. Die ersten Veranstaltungen in Gestalt von Ferienkursen wurden für den September geplant. An der Versammlung, von der Margarete von Fragstein dem Maidenblatt berichtete, nahmen außer ihr auch die damalige Vorsitzende des Reifensteiner Verbandes, Anna von Heydekampf, teil. Man ging mit der Überzeugung auseinander, die Verwirklichung des hauswissenschaftlichen Institutes stehe „in naher Aussicht". Es sollte anders kommen, die Kriegsereignisse verhinderten die Realisierung der Pläne.

Aber der Verband zur Förderung der hauswirtschaftlichen Ausbildung und der RDH gaben nicht auf. Nach dem Krieg nahmen sie ihre Bemühungen um die Schaffung einer „Fachhochschule Hauswirtschaft" wieder auf. Sie argumentierten, so lange es an einer Wissenschaft der Hauswirtschaft fehle, ging eine Vergeudung von Geld und Gütern Hand in Hand. Nachdem sich der Verband zur Förderung der hauswirtschaftlichen Ausbildung 1923 auflöste, verfolgte der RDH die Pläne alleine weiter und hatte 1925 endlich teilweise Erfolg. Mit Hilfe des Rates der Stadt Leipzig gelang es dem Leipziger Hausfrauenverein, zumindest die „Praktisch-Wissenschaftliche Versuchsstelle für Hauswirtschaft" zu gründen.²⁶² In engster Verbindung mit dieser stand die „Hauswirtschaftliche Einkaufsberatung, Auskunftsdienst" des RDH in Berlin, genannt „Heibaudi".²⁶³

Käthe Delius, die mit dem Gedanken befasst war, wie eine qualitative Ausbildung der Lehrerinnen, die an Seminaren unterrichteten, bewerkstelligt werden könnte, fand in alten Akten des Ministeriums einen Plan zu genau diesem Er-

---

261 Fragstein, Margarete von, Bericht über die Tagung des Verbandes zur Förderung hauswirtschaftlicher Frauenbildung am 29. und 30. Sept., in: Maidenblatt 11/1916, S. 163-167, hier S. 167.

262 Vgl. Die Praktisch-Wissenschaftliche Versuchsstelle für Hauswirtschaft in Leipzig, in: Jahrbuch des Reichsverbandes Deutscher Hausfrauen-Vereine e. V., Berufsorganisation der deutschen Hausfrauen 1927, Berlin 1927, S. 19-27, hier S. 21. Zur Arbeit dieser Versuchsstelle u. ihrer Entwicklung: Schlegel-Matthies, „Im Haus und am Herd", S. 194-210.

263 Margis, Hildegard, Hauswirtschaftliche Beratungsstellen in der Stadt (Die Heibaudi), in: Mende u. a., Deutsches Frauenstreben, S. 165-176, hier S. 167, 169f.

# Erste Schritte zur Konstituierung einer Wissenschaft von der Hauswirtschaft · 171

*Die Hauswirtschaftliche Einkaufsberatung, Auskunftsdienst des Reichsverbandes Deutscher Hausfrauenvereine in Berlin, die sog. Heibaudi*

fordernis. Damals war daran gedacht gewesen, die Zusatzausbildung an den Landwirtschaftlichen Hochschulen in Berlin und Bonn durchzuführen. Der Unterricht sollte von den dortigen Professoren übernommen werden. Für dieses Projekt war ein beträchtlicher Geldbetrag angesetzt worden. Käthe Delius machte sich die damalige Idee zu eigen, dass eine Akademisierung der notwendige Weg war, die Ausbildung daher an Hochschulen stattfinden müsse und hierfür von Seiten des Ministeriums Mittel bereitzustellen seien. Dieser Plan war wegen des Weltkrieges nicht zur Ausführung gekommen. Für Käthe Delius war es ebenfalls ausgemacht, dass eine Landwirtschaftliche Hochschule für die landwirtschaftlichen Belange in die Ausbildung der Seminarlehrerin mit einbezogen werden musste. Aber welche Einrichtung sollte das Fach Hauswirtschaft lehren?

Wie ambitioniert und langfristig sie dachte und plante und doch in der aktuellen Situation wiederum auch realistisch, in dem sie pragmatische, kleinere Schritte akzeptierte, machte ein Artikel im Maidenblatt im Oktober 1925 deutlich, der programmatische Züge trug. Die Absicht dieses Beitrages war zunächst, den Sinn und die Möglichkeiten der vom Ministerium kürzlich neu erlassenen Regelungen für die Lehrerinnenausbildung zu erläutern. Das war offensichtlich notwendig, weil diese Unsicherheiten und Debatten hervorgerufen hatten. Darüber hinaus beabsichtigte sie, Perspektiven für die weitere Entwicklung aufzuzeigen. Zwei grundsätzliche Aufgaben skizzierte sie für Lehrerinnen: eine volkserzieherische im Hinblick auf die Erziehung „tüchtiger Landhausfrauen und Mütter" und eine fachliche: die Mitwirkung an der technischen und wissenschaftlichen Weiterentwicklung der ländlichen Hauswirtschaft. Ein wichtiges Prinzip stellte Käthe Delius heraus, dass sich durch ihr Konzept wie ein roter Faden zog: Basis sollte stets die fachliche Ausbildung der Jugend sein, an die sich die erzieherische anschloss. Damit bezog sie sich auf zeitgenössische Debatten innerhalb der Berufspädagogik, in denen das Verhältnis von Allgemein- und Fachbildung erörtert wurde und grenzte sich zugleich gegen Vorstellungen in der Gewerbelehrerinnenausbildung ab.

Zu dieser Zeit wurde intensiv über Ausbildungsfragen vieler Lehrberufe diskutiert. Häufig wurde dabei die Forderung nach einer Hochschulausbildung formuliert. Vor allem die Entwicklungen bezüglich der Ausbildung der Volksschul- und der Gewerbelehrerin wirkten sich auf die Beratungen über die Ausbildung der Lehrerin der ländlichen Haushaltungskunde aus. Kurz zuvor war verordnet worden, dass für den Ausbildungsgang der Volksschullehrerin das Abitur und der Besuch einer hochschulartigen Akademie verlangt würden. Für den Berufsweg der Gewerbelehrerin waren verschiedene Optionen vorgelegt. Als Einstieg sollte entweder der Besuch der Frauenoberschule oder der einer Werkoberschule gewählt werden. Im Anschluss sollten Praktika folgen und dann der Besuch einer gewerblich-pädagogischen Akademie oder ein dreijähriger Besuch einer entsprechenden Hochschule. Diese Akademien oder Hochschulen gab es noch gar nicht, deshalb fand Käthe Delius die Pläne auch „reichlich ungeklärt". Vor allem fand sie hierbei die Überlegungen zur Fachausbildung vernachlässigt. Diesen Fehler wollte sie für die ländliche Hauswirtschaft nicht machen. Im Gegenteil: In deren Ausbildung sollte die gründliche Fachausbildung am Anfang stehen, so wie es die aktuellen neuen Bestimmungen auch vorsahen: „In einer zweijährigen praktischen Lehrzeit sollen die künftigen Lehrerinnen mit dem Leben auf dem Lande und den praktischen Arbeiten der Landfrau bekannt gemacht werden. Nicht theoretisch sondern praktisch sollen sie die Pflichten im Haushalt kennen lernen, der wesentlich anders ist als ein Schulbetrieb. [...] Nur allein dadurch, daß auf diesen Erfahrungen, auf der Kenntnis des Landlebens, der Landbevölkerung und seiner Sitte aufgebaut werden kann, lässt sich das Ziel in der verhältnismäßig kurzen Zeit erreichen."[264] Für Käthe Delius konnte eine Lehrerin, die eine sechsjährige Ausbildung genossen hatte, auf jeden Fall den Ansprüchen genügen, die an sie in den einfachen hauswirtschaftlichen Schulen gestellt würden. Dennoch gelte generell die Verpflichtung zur ständigen Fortbildung.

Käthe Delius sorgte sich sehr um die Lehrerinnenfortbildung, die sie für notwendig hielt und arbeitete beständig an zufriedenstellenden Lösungen dafür. Sie kündigte in diesem Artikel an, dass sie die Bildung von Arbeitsgemeinschaften als Möglichkeit zur Weiterbildung veranlasst habe. Diese Arbeitsgemeinschaften seien auf Kreis- oder Provinzebene eingerichtet worden und sollten vierteljährlich zusammentreten. Die Teilnahme sei verpflichtend. Diese dezentralen Arbeitsgemeinschaften sollten durch eine Reichsarbeitsgemeinschaft wirtschaftlicher Lehrerinnen auf dem Land zentralisiert werden. Auch die Gründung dieser Reichsarbeitsgemeinschaft, die in jedem Jahr eine zentrale Veranstaltung organisieren sollte, war schon vollzogen. Die Idee, diese Arbeitsgemeinschaften mit der Herausgabe einer Fachzeitschrift zu begleiten, war zu diesem Zeitpunkt ebenso schon vorhanden und wurde mit der der Zeitschrift „Unterricht und Praxis" realisiert, die die Reichsarbeitsgemeinschaft von 1926 bis 1936 heraus-

---

264 Delius, Käthe, Aus- und Fortbildung der Lehrerinnen der Landwirtschaftlichen Haushaltungskunde, in: Maidenblatt 20/1925, S. 306–308, hier S. 307.

geben sollte. Die erste Arbeitsgemeinschaft dieser Art konstituierte sich im April 1925.[265] Käthe Delius versäumte nicht, in diesem Artikel auch die von ihr gewollte und ministeriell angeordnete Umstellung des ehemaligen Maidenjahres nochmals zu erläutern und nannte die Ausbildung, die als Unterbau für eine berufliche Ausbildung konzipiert werden sollte, Frauenlehrjahr.

Auch über ihr angepeiltes Ziel, die Akademisierung der ländlichen Hauswirtschaft, äußerte sich Käthe Delius. Sie plädierte jedoch Mitte 1925 noch dafür, „auf dem Boden der Wirklichkeit zu bleiben"[266]. Der erste Schritt auf dem Weg zu einer Akademisierung war für sie, dass ein Entwurf zu einer Wissenschaft von der Hauswirtschaft erarbeitet werden musste. Ganz entschieden plädierte sie auch für eine zentrale Stätte, wo alle Fäden zusammenlaufen sollten: „Aber wollen wir wirklich weiterkommen, so müssen wir eine Stätte haben, die sich die Vertiefung nach der fachwissenschaftlichen und nach der volkserzieherischen Seite zur Aufgabe macht. Es muß eine Stelle geschaffen werden, wo alle Bestrebungen auf ländlich hauswirtschaftlichem Gebiet und den damit zusammenhängenden volkserzieherischen Aufgaben zusammenlaufen und wo alle gemachten Erfahrungen zum Nutzen der Allgemeinheit wissenschaftlich verarbeitet werden. Die Forschungsstätte könnte sich vielleicht zu einer hauswirtschaftlichen Hochschule entwickeln, jedenfalls müsste das im Auge behalten werden und die Beziehungen zu der Landwirtschaftlichen Hochschule und anderen ähnlichen Zielen verfolgenden Einrichtungen von vornherein gestellt werden."[267]

Diese Forschungsstätte sollte nach ihren Vorstellungen zur gleichen Zeit auch Lehrstätte sein, zum einen für die Weiterbildung der Lehrerinnen, die in den Lehrerinnenseminaren tätig waren, zum anderen schloss sie nicht aus, dass diese zukünftig unter Umständen generell die Lehrerinnenausbildung würde übernehmen können. Käthe Delius scheute sich auch nicht, im Maidenblatt anzusprechen, dass die Perspektive einer hauswirtschaftlichen Hochschule

---

265 Delius, Käthe, Für die Lehrerinnen. Arbeitsgemeinschaft landwirtschaftlicher Lehrerinnen, in: Maidenblatt 1/1925, S. 7.

266 Delius, Aus- und Fortbildung, S. 306.
267 Ebd., S. 307f.
268 Ebd., S. 308.

Auswirkungen auf die Wirtschaftlichen Frauenschulen haben würde. Sie formulierte es positiv – die Frauenschulen könnten „entlastet werden" und dann die Allgemeinbildung im größeren Umfang pflegen. Sie konnte noch keine Auskunft darüber geben, ob und wie weit sich die Pläne für eine hauswirtschaftliche Hochschule verwirklichen lassen würden. Für sie stand aber fest, dass eine Hochschule die pädagogische sowie eine vertiefte fachwissenschaftliche Ausbildung der Lehrerin übernehmen müsste. Käthe Delius prognostizierte den Wirtschaftlichen Frauenschulen, dass sie dann nicht mehr die fachliche und pädagogische Ausbildung anbieten könnten, sondern etwas andere Aufgaben übernehmen würden und damit dem Charakter einer Werkoberschule näher kämen.

Der Artikel plädierte nochmals für die Eigenart des ländlich-hauswirtschaftlichen Berufs, der seine Verwurzelung in der Landarbeit habe, was maßgebend für die Lebensgestaltung sei. Deshalb müsse dieses Charakteristikum die Ausbildung der Landlehrerin leiten. Diese Eigenheit stehe im Gegensatz zur Stadtbevölkerung. Am Ende steht das Credo ihres Vorgehens: „Wir müssen jedoch langsam vorangehen und die Entwicklung nicht überstürzen und keine bewährten Schulen zerschlagen, ehe wir etwas besseres an die Stelle zu setzen vermögen. Doch sollen wir auch nicht bescheiden sein, das Ziel müssen wir uns hoch stecken, wenn es auch lange dauert bis wir es erreichen."[268]

## Gründung einer Zentrale für Hauswirtschaftswissenschaften an der Akademie für soziale und pädagogische Frauenarbeit – das spätere Institut für Hauswirtschaftswissenschaft

Die Vorstellungen von Käthe Delius waren, wie ihr Artikel aus dem Jahr 1925 zeigt, ausgereift. Sie ging jetzt daran, die Wege zur Realisierung auszuloten. Zunächst fasste sie den Plan, ein staatliches Institut für Hauswirtschaft auf den Weg zu bringen. Das konnte wegen der knappen staatlichen Finanzen nicht gelingen. Es musste erst einmal eine nichtstaatliche Lösung gefunden werden, die auf staatliche Zuschüsse rechnen durfte.

Käthe Delius kontaktierte den prominenten Pädagogen Professor Eduard Spranger (1882–1963), der an der Friedrich-Wilhelms-Universität Berlin lehrte. Sie kannte natürlich seine Schrift „Die Idee einer Hochschule für Frauen und die Frauenbewegung", die er 1916 publiziert hatte. Nicht nur in Frauenkreisen war seine wesentliche Beteiligung an der Frauenhochschule in Leipzig bekannt, auch wenn er sich mit deren Initiatorin und Leiterin, Henriette Goldschmidt (1825–1920), im Jahr 1915 überworfen hatte. Nach dem Weltkrieg erlangte er erheblichen Einfluss auf die preußische und deutsche Schulpolitik, insbesondere auf die Lehrerbildung. Seine beiden Hauptwerke „Lebensformen" (1921) und „Psychologie des Jugendalters" (1924)[269] waren erschienen und hatten seinen Ruf als Vertreter der geisteswissenschaftlichen Pädagogik gefestigt. Als ein Theoretiker der Berufspädagogik wiederum, zu der er zentrale theoretische Beiträge geliefert hatte, war er auch in den Wirtschaftlichen Frauenschulen intensiv rezipiert worden. Dort interessierte man sich hauptsächlich für seine grundsätzliche Auseinandersetzung mit dem Verhältnis von Allgemein- und Berufsbildung.[270]

Eduard Spranger verwies Käthe Delius auf die gerade entstehende Akademie für soziale und pädagogische Frauenarbeit von Alice Salomon, die er neben vielen anderen wie Marie Baum (1874–1964), Gertrud Bäumer, Hildegard von

---

269 Spranger, Eduard, Lebensformen. Ein Entwurf, in: Festschrift für Alois Riehl. Von Freunden und Schülern zu seinem 70. Geburtstage dargebracht, Halle (Saale) 1914, S. 416–522. Später erschienen unter: ders., Lebensformen. Geisteswissenschaftliche Psychologie und Ethik der Persönlichkeit, 2., völlig neu bearb. u. erw. Aufl., Halle (Saale) 1921; ders., Psychologie des Jugendalters, Leipzig 1924.

270 Ambivalent erscheint sein Verhältnis zum Nationalsozialismus. Spranger behielt seinen Lehrstuhl sowie die Leitung des Pädagogischen Seminars, unbehelligt von den Nationalsozialisten, ohne je der NSDAP beigetreten zu sein, hielt Vorlesungen bis 1945. In einem Vortrag im Jahr 1933 entwickelte er in fünf Punkten eine konstruktive Kritik am Nationalsozialismus. Konkret kritisierte er die Missachtung von Religion, Person, Rechtsgedanke, Volksgedanke u. Wissenschaft. In einem weiteren Vortrag im Jahr 1935 sprach er vom „Willen zur Wahrheit" statt vom „Willen zur Macht". Der Erziehungswissenschaftler Benjamin Ortmeyer bewertet Sprangers Haltung in der Zeit des Nationalsozialismus kritisch: Ortmeyer, Benjamin, Mythos und Pathos statt Logos und Ethos, 2. Aufl., Weinheim 2009, S. 303f; Tenorth, Heinz-Elmar, Eduard Sprangers hochschulpolitischer Konflikt 1933. Politisches Handeln eines preußischen Gelehrten, in: Zeitschrift für Pädagogik 4/1990, S. 573–596.

*Alice Salomon, Gründerin der Akademie für soziale und pädagogische Frauenarbeit in Berlin*

Gierke (1880–1966), Helene Weber, Siddy Wronsky (1883–1947) und Hans Muthesius (1885–1977) auch unterstützt hatte. Sie war als Bildungsinstitution für Frauen gedacht, die sich auf der Basis einer schon vorhandenen Berufsausbildung und -praxis auf Hochschulniveau Weiter- und Zusatzausbildungen widmen wollte. Im Zentrum stand die berufliche Weiterentwicklung der Sozialarbeit. Sie sollte Fortbildungen für Sozialarbeiterinnen, Kindergärtnerinnen, Jugendleiterinnen, Kinderpflegerinnen anbieten, Frauen für die Übernahme höherer Verwaltungsposten qualifizieren, Forschungsprojekte initiieren und Vorträge offerieren. Angegliedert wurden von Anfang an zwei Abteilungen, die sich wissenschaftlichen Forschungen widmen wollten: eine für sozialwissenschaftliche Forschungen und – auf Initiative von Käthe Delius – eine zur Erforschung der wissenschaftlichen Grundlagen der Hauswirtschaft.[271] Die Leitung der Akademie hatte Alice Salomon einer ihrer bewährten Mitarbeiterinnen, Dr. Charlotte Dietrich, übergeben. Die Frauenakademie sollte die Krönung einer ganzen Reihe von beruflichen Ausbildungsstätten für Frauen werden, die inzwischen in Berlin bestanden: das Pestalozzi-Fröbel-Haus I für Hauswirtschaft, das Pestalozzi-Fröbel-Haus II für Sozialpädagogik, das Charlottenburger Jugendheim für Kindergärtnerinnen, Hortnerinnen, Jugendleiterinnen, verschiedene Soziale Frauenschulen sowie das Lette-Haus für gewerbliche Frauenberufe. Es gab Wohnheime und Treffpunkte für Frauen: das Victoria-Studienhaus, das Ottilie-von-Hansemann-Haus für Studentinnen, Räume für ausländische Studentinnen im Schloss, den Lyzeums-Club am Lützowplatz.

Die Frauenakademiepläne reagierten auf die Entwicklung und den Ausbau von Berufen für Frauen. Ähnlich wie im ländlich-hauswirtschaftlichen Frauenbildungswesen waren auch im sozialen und sozialpädagogischen Bereich aus kleinen privaten, meist frauenbewegten pionierhaften Anfängen veritable Einrichtungen entstanden. Neue Berufe waren daraus erwachsen, deren Formen sich mit den Jahren und Erfahrungen entwickelt hatten und die nach geraumer Zeit von Seiten des Staates Vorschriften und Regeln und auch die staatliche Anerkennung erhalten hatten. Mit der sozialen und pädagogischen Akademie für Frauenarbeit war beabsichtigt, die in der bisherigen Frauenarbeit gemachten Erfahrungen mit wissenschaftlichem Studium zu verknüpfen. Ausgangspunkt bei dieser Gründung war, die „durch weibliche Art geprägte Kulturleistung" besonders im beruflichen und wissenschaftlichen Gebiet weiterzuentwickeln.[272] Die Idee für eine neue Bildungseinrichtung hatte sich aus der Kritik an der

---

271 Salomon, Alice, Die Akademie für soziale und pädagogische Frauenarbeit, in: Deutsche Mädchenbildung 23–25/1925, S. 561f, hier S. 561.

272 Vgl. Salomon, Alice, Die Frauenakademie, in: Blätter des Deutschen Roten Kreuzes, Berlin 1922, S. 23–26; dies., Die deutsche Akademie für soziale und pädagogische Frauenarbeit im Gesamtaufbau des deutschen Bildungswesens, in: Deutsche Zeitschrift für Wohlfahrtspflege 3/1929, S. 137–144; dies., Die Idee einer Hochschule für Frauen, in: Die Erziehung 2/1925, S. 125–127; auch: Ries, Geschichte des Gedankens, S. 87–90.

Veränderung der Sozialarbeit in dem Moment gegeben, in dem sie in den Öffentlichen Dienst integriert wurde. Sozialarbeiterinnen beschweren sich über die Unterstellung unter Männer, die die soziale Arbeit unter Verwaltungsgesichtspunkten betrachteten: „Diese hochgebildeten und sozial gesinnten Frauen mit ihrem Verlangen nach menschlichen Lebensbedingungen, mußten gemäß den Normen einer bürokratischen Maschinerie arbeiten; mußten arbeiten wie Ermittlungsbeamte der Polizei und ihre eigenen Vorstellungen von persönlichem Dienst verleugnen. Ähnliche Klagen kamen auch von Krankenschwestern, die unter Verwaltern in städtischen Krankenhäuser arbeiteten."[273] Alice Salomon zog daraus den Schluss: „Ich konnte nicht länger daran zweifeln, daß all die Reformen, die wir erreicht hatten, zunichte gemacht würden, wenn nicht Frauen als Leiterinnen in die verschiedenen Zweige des öffentlichen Dienstes berufen würden. Alle Leiterinnen der anderen Schulen teilten meine Ansicht und wir bereiteten uns gemeinsam darauf vor, als krönende zentrale Einrichtung eine Akademie für das Aufbaustudium in all den Berufen einzurichten, in denen Frauen vorherrschend waren – nicht nur für die soziale Arbeit, sondern auch für Krankenpflege, Hauswirtschaft und Unterricht an den Berufsschulen."[274] Alice Salomon empfand dieses Vorhaben als ein aufregendes Experiment, war es doch eine Alternative zu den konventionellen, auf vier Fakultäten beschränkten Universitäten, wo keine Vorkehrungen getroffen worden waren für die Aufnahme von Studiengängen für die neuen Berufe. An der Akademiegründung waren nicht nur Frauen beteiligt, die an verantwortlichen Stellen im Unterrichtswesen wirkten, sondern auch die großen Berufsverbände, von denen Vertreterinnen dem Akademievorstand angehörten.

Das Kursangebot der Akademie war differenziert geplant. Ein Schwergewicht sollte auf Kursen liegen, die auf ein Jahr angelegt waren. Sie waren zur Weiterqualifizierung von Sozialbeamtinnen, Jugendleiterinnen und Lehrerinnen,

---

273  Salomon, Alice, Charakter ist Schicksal. Lebenserinnerungen, hg. v. Rüdeger Baron u. Rolf Landwehr, Weinheim, Basel 1983, S. 214.

274  Ebd.

hauptsächlich Berufsschul- und Fachschullehrerinnen gedacht. Diese hatten als Voraussetzung eine abgeschlossene Berufsausbildung und eine wenigstens dreijährige Berufserfahrung, um dieses weiterbildende Studium anzuschließen. Außerdem sollte es Fortbildungskurse von drei bis vier Wochen geben und zusätzlich noch Nachmittags- und Abendkurse. Darüber hinaus sollte eine Art Umschulungskurse angeboten werden, um den wissenschaftlich geschulten Akademikerinnen den Übergang in die soziale Arbeit zu ermöglichen. Ein weiterer Schwerpunkt sollte auf der Ausbildung von Lehrkräften liegen, die in den Ausbildungsstätten wiederum den Nachwuchs ausbilden sollten, um den weiteren Ausbau des höheren Fachschulwesens zu gewährleisten. Ob Käthe Delius die Auffassung von Alice Salomon teilte, dass bestimmte „Gebiete der Wissenschaft, die vor allem die schöpferische Kraft der Frau auslösen" in einer „besonderen Form behandelt und mit besonderem Geist erfaßt" werden sollen, sei dahingestellt, aber sie sah hier Chancen zur Abhilfe von dringenden Weiterbildungsbedürfnissen im ländlichen Frauenbildungswesen. Die Idee einer „besonderen Hochschule für Frauen" war eine ganze Reihe von Jahren leidenschaftlich umstritten. Immer wieder in den folgenden Jahren rechtfertigte Alice Salomon die Existenz einer besonderen hochschulartigen Ausbildungsstätte für Frauen.

Im Mai 1925 wurde die Akademie für soziale und pädagogische Frauenarbeit gegründet. Das Maidenblatt machte in der Berichterstattung über die Akade-

---

275 Eine Akademie für soziale und pädagogische Frauenarbeit, in: Maidenblatt 19/1925, S. 297.
276 Ebd.
277 Zentrale für Hauswirtschaftswissenschaften, in: Die Volksernährung. Zeitschrift für die Gesamtinteressen der wissenschaftlichen, praktischen und technischen Fragen der Volksernährung und Hygiene, für Nahrungsmittelkunde und -technik 1/1925/26, S. 190. In diesem Artikel wird ein Rundschreiben v. Käthe Delius an die hauswirtschaftlichen Fachschulen über die Aufgabe der Zentrale zitiert; auch: Stübler, Elfriede, Dr., im Gedankenaustausch mit Dr. Aenne Sprengel, Dr. Maria Silberkuhl-Schulte und Gabriele Krüger, M. Sc., 50 Jahre Hauswirtschaftliche Jahrbücher. Reminiszenzen aus der Gründungszeit, in: Jubiläumsausgabe der Hauswirtschaftlichen Jahrbücher, Zeitschrift für Hauswirtschaftswissenschaft, hg. v. Institut für Hauswirtschaftswissenschaft an der Akademie für soziale und pädagogische Frauenarbeit, Berlin, Nachdrucke aus den Jahren 1928, 1929, 1930, hg. v. der Deutschen Gesellschaft für Hauswirtschaft e. V., Bad Godesberg, u. dem Institut für Hauswirtschaftswissenschaft der Bundesforschungsanstalt für Ernährung, Stuttgart-Hohenheim 1978, S. 5-7. Im Folgenden zitiert als Jubiläumsausgabe.

miegründung in einer Anmerkung darauf aufmerksam, dass Käthe Delius im geschäftsführenden Vorstand der Akademie sei und dort die Belange der ländlichen Schulen verträte.[275] Die erklärte Absicht der Akademie war, für einen wissenschaftlichen Beruf nicht das Universitätsstudium zu ersetzen, sie wollte jedoch sicherstellen, dass auf höheren Fachschulen ausgebildete Frauen sich im sozialen, pädagogischen und hauswirtschaftlichen Bereich wissenschaftlich weiterbilden könnten: „Die pädagogische wie die soziale Arbeit brauchen solche Frauen. Sie brauchen für höhere und leitende Posten Führer, Menschen, die über die Tagesarbeit hinaus der sozialen und sozialpädagogischen Arbeit neue Ziele stecken."[276] Ein Motiv zur Gründung der Akademie war, dass es an einer Einrichtung gefehlt hatte, an der Lehrkräfte für Frauenschulen und Wohlfahrtsschulen ausgebildet werden könnten. Der Mangel an solchen Lehrkräften, so befürchteten die Verantwortlichen, könnte sonst die Weiterentwicklung des höheren Fachschulwesens bedrohen. Die Akademie sollte zugleich zu einer wissenschaftlichen Forschungsstätte von Frauen für alle Fragen des Frauenlebens, des sozialen Lebens und der Sozialpädagogik werden. Geplant waren wissenschaftliche Kurse für Mütter, Jahreskurse für ein Vollstudium und berufsbegleitende Nachmittagskurse.

In der Akademie von Alice Salomon sollte nach einiger Zeit zum einen eine Abteilung zur Ausbildung von Krankenschwestern in leitender Stellung entstehen. Zum anderen entstand aus der anfangs genannten Abteilung zur Erforschung der wissenschaftlichen Grundlagen der Hauswirtschaft eine „Zentrale für Hauswirtschaftswissenschaften"[277]. Käthe Delius, die in einem kurzen Artikel in der „Die Volksernährung" vom November 1925 als Gründerin der Zentrale bezeichnet wird, informierte per Rundschreiben alle hauswirtschaftlichen Fachschulen vom Aufbau der Zentrale für Hauswirtschaftswissenschaften und den von ihr gebotenen Möglichkeiten. Ihr Rundschreiben ist auszugsweise zitiert. Ganz deutlich zeigt die Aufgabenstellung der neuen Zentrale die Handschrift von Käthe Delius. Es waren genau zwei Obliegenheiten, für die sie schon länger nach einer Lösung suchte: Die Schaffung einer zentralen Stelle, die erstens die Ergebnisse verschiedener wissenschaftlicher Institute und anderer Einrichtungen zusammenführt, die Zusammenarbeit koordiniert und zweitens die Grundlagen für eine hauswirtschaftliche Betriebslehre analog zur landwirtschaftlichen und industriellen Betriebslehre legt. Den hauswirtschaftlichen Fachschulen wiederum sollte die Zentrale „jederzeit über den neuesten Stand der Hauswirtschaftswissenschaft" Auskunft geben können. Und schließlich avisierte Käthe Delius den Hauswirtschaftslehrerinnen die Weiterbildungsangebote der Akademie für soziale und pädagogische Frauenarbeit.

In der Einleitung dieses Artikels erinnerte der Herausgeber daran, dass auch die Hausfrauenorganisationen darum bemüht seien, eine Arbeitsgemeinschaft auf dem Gebiet der Hauswirtschaft und der Volksernährung zu erreichen. Aber offensichtlich hatte man darüber nicht mit der Frauenakademie verhandelt. Den Schluss des Artikels bildete eine erklärte Bereitschaft, sich in den Dienst der neugegründeten Zentrale zu stellen, in Zukunft alle Themen die in das Gebiet der Nahrung und Ernährung fallen einzubringen und darüber zu berichten. Dieser Betrag unterstreicht, dass die Idee und Initiative für die Zentrale der Hauswirtschaftswissenschaft an der Frauenakademie von Käthe Delius ausging. Es findet sich auch ihre ursprüngliche Idee, ein rein wissenschaftliches Institut zu gründen, was sich ausschließlich auf Forschung und wissenschaftliche Kooperation konzentrieren sollte. Erst etwas später kam es dazu, dass diese Einrichtung auch die Weiterbildung von Hauswirtschaftslehrerinnen in die Hand nehmen sollte.

Der Zentrale für Hauswirtschaftswissenschaften gliederte Käthe Delius einen Ausschuss an, in den sie Vertreterinnen der großen Hausfrauenvereine, hauswirtschaftlicher Schulen und Einzelpersonen berief.[278] Auch der RDH war jetzt beteiligt. Das mag der Grund sein, warum die Zentrale nun allgemein die Hauswirtschaftswissenschaft im Titel führte, also sowohl für die ländliche als auch

---

278 Heyl, Hedwig, Hauswirtschaft, Dünnhaupts Studien- und Berufsführer; Band 18 C, Dessau 1927, S. 38.

279 Sowohl das Institut wie auch die Zeitschrift hätten „von Anfang an ein umfassendes Konzept (ländliche und städtische Haushalte) gehabt": Jubiläumsausgabe 1978, S. 7.

*Die Landwirtschaftliche Hochschule und das Landwirtschaftliche Museum, Invalidenstr. 42, Berlin*

die städtische Hauswirtschaft zuständig sein wollte. Dass dies so beabsichtigt war, bestätigte Aenne Sprengel in der Jubiläumsausgabe von Hauswirtschaft und Wissenschaft noch im Jahr 1978.[279]

Mit dieser Zentrale für Hauswirtschaftswissenschaften war ein Meilenstein geschafft. Damit war zum ersten Mal eine Institution errichtet, die die Voraussetzung bot, wissenschaftliche Lehre und Forschung zu bewerkstelligen. Endlich konnte dem Mangel einer wissenschaftlichen Durcharbeitung des gesamten hauswirtschaftlichen Stoffes abgeholfen werden. Die Zentrale war zugleich als Forschungs- und Lehrinstitut konzipiert. Ihre Gründung war in der damaligen Zeit unter den gegebenen Bedingungen das, was erreichbar war. Es war der erste Schritt zu einer Akademisierung erreicht. Käthe Delius verfolgte zielstrebig ihre Pläne: Bereits ein Jahr später, im Jahr 1927 wurde der Besuch von Aufbaulehrgängen für Lehrerinnen angeboten, die in den Seminaren der Wirtschaftlichen Frauenschulen unterrichteten. Diese Lehrgänge wurden zugleich von Gewerbelehrerinnen, Fürsorgerinnen und Vertreterinnen verwandter Berufsrichtungen besucht, die sich für die Belange der ländlichen Hauswirtschaft zu qualifizieren beabsichtigten. Das galt auch für Kurse, die für Diplom-Landwirtinnen eingerichtet wurden, die sich besonders in pädagogischer Hinsicht weiterbilden wollten. Diverse weitere Seminare und Lehrgänge wurden für Fachkräfte aus verwandten Berufsgruppen eingerichtet. Im Schulterschluss von Frauen, die in Ministerien, in Verbänden und in der Frauenbildung aktiv waren, war in kurzer Zeit mit relativ wenig finanziellen Mitteln ein hochschulähnliches Ausbildungsniveau erreicht.

Aus der Zentrale für Hauswirtschaftswissenschaften wurde im Jahr 1928 das Institut für Hauswirtschaftswissenschaft, das in zwei Räumen der Berliner Landwirtschaftlichen Hochschule untergebracht war. Käthe Delius sprach davon, dass das Institut „einen hochschulmäßigen Charakter"[280] habe. Hier sollte geforscht und gelehrt werden. Das Institut war in vier Abteilungen gegliedert: eine für hauswirtschaftliche Betriebslehre, eine für hauswirtschaftliches Ma-

---

280 Delius, Käthe, Das ländliche hauswirtschaftliche Bildungswesen, in: Mende, Deutsches Frauenstreben, S. 254–263, hier S. 261.

281 Silberkuhl-Schulte, Maria, Die Landfrauenfrage, in: Die Frau 6/1932/33, S. 361–365. Maria Silberkuhl-Schulte hatte bei Wilhelm Seedorf (1881–1984) an der Universität Göttingen studiert, der dort seit 1920 den Lehrstuhl für landwirtschaftliche Betriebslehre innehatte, den er bis zu seiner Emeritierung 1948 auch behielt. Sie war Diplom-Landwirtin, Landwirtschaftslehrerin, Pflanzenbau- und Tierzuchtinspektorin. Ihre Dissertation hatte den Titel: Die Wurzelentwicklung beim Wiesenschwingel, Göttingen 1925. Zeitgenossinnen berichteten, sie sei eine erklärte Gegnerin des nationalsozialistischen Regimes gewesen u. deshalb als Direktorin des Instituts für Hauswirtschaftswissenschaft entlassen wurde: Vgl. Jubiläumsausgabe 1978, S. 6. Sie habe sich für zwanzig Jahre auf einen kleinen Hof in der Eifel zurückgezogen. (Ein anderer Hinweis lautet, sie habe den elterlichen Hof nahe Essen übernommen.) Bis 1933 u. dann nach 1949 veröffentlichte sie Beiträge zur Hauswirtschaftswissenschaft. Im Wintersemester 1948/49 erhielt sie erneut einen Lehrauftrag für Hauswirtschaftliche Betriebslehre an der Landwirtschaftlichen Hochschule Bonn. Vgl. Land und Frau 11/1949, S. 122. Vgl. Silberkuhl-Schulte, Maria, Allgemeine Wirtschaftslehre des Haushalts. Versuch einer hauswirtschaftlichen Betriebslehre, Teil 1: Die Betriebsmittel, Langensalza 1933; dies., Der durchdachte Haushalt (Vortrag), hg. v. Reichskuratorium f. Wirtschaftlichkeit, Berlin 1933; dies., Die Stellung des Privathaushaltes in der Volkswirtschaft. Ein Beitr. zur Wirtschaftslehre d. Haushaltes, Hamburg 1959; dies., Käthe Delius 65 Jahre alt, in: Hauswirtschaft und Wissenschaft, Bd. 6, 1/1958, S. 3–6.

*Dr. Maria Silberkuhl-Schulte, Direktorin des Institutes für Hauswirtschaftswissenschaft in Berlin von 1926 bis 1935*

schinenwesen, für Ernährung und hauswirtschaftliche Methodik. Es besaß eine sehr gut ausgestattete Bibliothek, insbesondere war sie Spezialbibliothek für das Gebiet der Hauswirtschaft. Die Leitung der Zentrale für Hauswirtschaftswissenschaften hatte Käthe Delius schon 1926 an Dr. Maria Silberkuhl-Schulte (1896–1985)[281] übergeben. Geführt wurde das Institut von einem Kuratorium. Im Jahr 1932 entschloss sich Käthe Delius, das Institut für Hauswirtschaftswissenschaft zu verselbstständigen. Sie gründete hierfür als neuen Träger des Institutes den eingetragenen Verein „Das Institut für Hauswirtschaftswissenschaften e. V." Eine weiter geltende enge Anbindung an das Preußische

Landwirtschaftsministerium wird an der Satzung ersichtlich.[282] Sinn und Zweck der neuen organisatorischen Struktur war, das Institut als eigenständige juristische Person aufzustellen und die Trägerschaft auf eine verbreitete Mitgliederbasis zu stellen. Käthe Delius übernahm den Vorsitz des Vereins. Im Vorstand waren außer ihr die Direktorin des Institutes, Maria Silberkuhl-Schulte, und die Geschäftsführerin des neuen Vereins, Gertrude Hübinger, vertreten.

An den Veröffentlichungen von Maria Silberkuhl-Schulte lässt sich erkennen, dass sie schon in den 1920er Jahren das sehr weit entwickelte Studium der Home Economics in Amerika studiert und Anregungen aufgenommen hatte.[283] Sie berichtete, dass schon seit den 1880er Jahren in den USA im allgemeinbildenden, aber auch im höheren Schulwesen Hauswirtschaftslehre unterrichtet wurde. Das traf auf staatliche wie auch auf private Schulen zu. Es galt für Volksschulen, höhere Schulen als auch für alle Arten von Hochschulen. Der von der „American Association of Home Economics" geprägte Begriff der Home Economics – Hauswirtschaftslehre – umfasste alle Aspekte, die sich auf den Haushalt bezogen. Dazu gehörten Studien über Nahrungsmittel, Wohnung, Kleidung, Hausrat, Fragen in Bezug auf Hausfrauenpflichten, Einteilung des Einkommens, Hauseinrichtung u. Hausschmuck. Dabei wurden Dimensionen der Wissenschaft, der Wirtschaftlichkeit, Kunst und Hygiene berücksichtigt. Silberkuhl-Schulte referierte die Zielsetzungen in den einzelnen Schularten u. die möglichen Qualifizierungsabschlüsse. Auch in Hochschulen war Hauswirtschafts- oder Haushaltslehre ein Lehrfach, zum einen als allgemeinbildendes Fach, aber auch als Spezialfach. Die Absolventinnen konnten in Volks- und höheren Schulen als auch gelegentlich in Fach- und Hochschulen in Hauswirtschaftslehre unterrichten. Eine weitere Form des Hauswirtschaftsunterrichtes

---

282 Satzungen des Institutes für Hauswirtschaftswissenschaft e. V., in: Hauswirtschaftliche Jahrbücher 2/1932, S. 35–37.

283 Vgl. Silberkuhl-Schulte, Maria, Ein einfaches, überall durchführbares Verfahren zur Feststellung des Härtegrades von Waschwasser, in: Land und Frau 48/1927, S. 792; dies., Hauswirtschaftlicher Unterricht in Amerika, in: Land und Frau 16/1927, S. 267.

*Demonstrationsküche im Home Making Center, New York. Der Austausch mit den Entwicklungen der Hauswirtschaft im Ausland war Ende der 1920er noch selbstverständlich.*

bot das Rural Extension Work, das jeden Kreis auf dem Land in mehrere Stationen einteilte, die jeweils einer Hauswirtschaftslehrerin unterstellt waren, die Kurse in Grundlagen der Hauswirtschaft anbot. Diese Organisation veranstaltete auch Kurse in städtischen Tages- und Abendschulen. Finanziert wurden diese Unternehmungen vom Bureau of Agriculture in Washingten D. C., dem amerikanischen Landwirtschaftsministerium.

Zu den vier ersten Institutsmitarbeiterinnen – sie waren Angestellte bzw. Beamtinnen des Instituts – die ab 1928 auch Beiträge zur Zeitschrift lieferten, gehörten die schon genannte Direktorin Maria Silberkuhl-Schulte, Gabriele Krüger, Maria Wirtinger, Dr. Gerda Wendelmuth. Maria Silberkuhl-Schulte war für die Bereiche Betriebs- und Arbeitslehre zuständig. Sie gab auch Vorlesungen über Buchführung, Vereins- und Genossenschaftswesen, soziale Belange und Statistik. 1928 erhielt sie einen Lehrauftrag mit dem Thema „Hauswirtschaftliche Betriebslehre" von der Landwirtschaftlichen Hochschule, die damit die erste Hochschule in Deutschland war, die Hauswirtschaft als Lehrfach aufgenommen hatte. Sie übernahm auch für fast acht Jahre die Schriftleitung der „Hauswirtschaftlichen Jahrbücher". Gabriele Krüger besaß einen Master of Science, den sie an der Iowa-State-University in den USA erworben hatte. Sie hatte länger an zweiklassigen Landfrauenschulen unterrichtet. Ab 1927 war sie im Institut für die Technik des Haushalts zuständig.[284] Die Österreicherin Maria Wirtinger wurde von Käthe Delius als Ingenieur bezeichnet.[285] Sie hatte das Gebiet der der hauswirtschaftlichen Methodik übernommen. Gerda Wendelmuth war Chemikerin und war ab 1930 für das Fach Ernährungslehre verantwortlich.[286] Außerdem waren Lehraufträge vergeben, u. a. an Käthe Delius und Aenne Sprengel zu Fragen des hauswirtschaftlichen Bildungs- und Beratungswesens, für die Nationalökonomie an Käthe Herwarth von Bittenfeld. Später übernahm diesen Bereich die Volkswirtin Dr. Gertrude Hübinger, die außerdem die Bibliothek verwaltete und die Geschäftsführung übernahm.[287]

---

284 Krüger, Gabriele, Müller-Kemler, Maria, Das Landmädel. Arbeitsbuch für Schülerinnen landwirtschaftlicher Berufsschulen, Halle a. d. Saale 1940; dies., Erinnerungen an den Aufbaulehrgang für Lehrerinnen der landwirtschaftlichen Haushaltungskunde in Berlin, in: Beruf und Leben 1/1966, S. 2223.

285 Delius, Ein Leben, Teil IV, S. 31. Die Jubiläumsausgabe 1978 bezeichnet Maria Wirtinger als Diplom-Landwirtin, die ein zusätzliches Studium der Pädagogik in Wien absolviert habe, im Institut für das Fach Pädagogik zuständig gewesen sei. (S. 7) So auch Richarz, Oikos, S. 262.

286 Wendelmuth, Gerda, Sommerobst wird eingemacht, Leipzig, Berlin 1935; dies., Die Zubereitung der Gemüse, Leipzig, Berlin 1935.

287 Hübinger, Gertrude (Übersetzerin), Bernège, Paulette (Autorin), Die Organisation der Hausarbeit nach wissenschaftlichen Grundsätzen. Übersetzt im Auftr. d. Zentrale für Hauswirtschaftswissenschaft, Veröffentlichung d. Instituts für Hauswirtschaftswissenschaft an der Akademie für soziologische und pädagogische Frauenarbeit in Berlin, H. 2, Langensalza 1927; dies., Die Hauswirtschaft im Lichte d. Statistik (als rechts- u. staatswiss. Diss. zugel. in Innsbruck 1931 unter dem Titel: Die Hauswirtschaft der Nachkriegszeit in Zahlen), Veröffentlichungen d. Instituts für Hauswirtschaftswissenschaft an der Deutschen Akademie für soziale und pädagogische Frauenarbeit in Berlin, H. 10, Langensalza, Berlin, Leipzig 1933.

288 Krüger, Erinnerungen, S. 2223.

*Institut für Hauswirtschaftswissenschaft, Abteilung Maschinen*

Im §1 der Satzung von 1932 war als Zweck die Förderung der Hauswirtschaft durch Forschung und Lehre festgelegt. Die ebenfalls gestellten Ausbildungsaufgaben sollten, wie gehabt, in Zusammenarbeit mit der Akademie für soziale und pädagogische Frauenarbeit erfüllt werden. Zugleich bestand die Option, an Vorlesungen und Arbeitsgemeinschaften der Friedrich-Wilhelm-Universität teilzunehmen, an der man sich immatrikulieren konnte.[288] Dies war ein zusätzliches Lehrangebot für die Aufbaulehrgänge, die von 1926 bis 1936 an diesem Institut belegt werden konnten.

Mit der Gründung dieses Institutes wurde auch die Herausgabe der ersten hauswirtschaftlich-wissenschaftlichen Zeitschrift beschlossen: „Die Hauswirtschaftlichen Jahrbücher". Auch über eine Schriftenreihe, die im Verlag Beltz erscheinen sollte, war positiv entschieden worden. Vor allem „Die Hauswirtschaftlichen Jahrbücher" waren von großem Interesse für die sich konstituierende

Wissenschaft von der Hauswirtschaft. Sie waren Publikationsorgan und Diskussionsforum für alle diejenigen, die als Fachfrauen in Wissenschaft, Lehre und Praxis tätig waren. Im Geleitwort für die erste Ausgabe formulierte Käthe Delius als Aufgabe die Förderung der Hauswirtschaft durch die Wissenschaft. Sie sprach die wichtigsten Themen an: das Verhältnis der Hauswirtschaft sowohl zur Volkswirtschaft wie zur Naturwissenschaft, Fragen der Haushaltstechnik, privatwirtschaftliche Belange des Haushalts.[289] Käthe Delius nannte als Adressatinnen alle hauswirtschaftlich interessierten Personen wie etwa die hauswirtschaftlichen Lehrerinnen, die Hauswirtschaftsberaterinnen, an Vertiefung des Wissens interessierte Hausfrauen, Fachkräfte in öffentlichen Verwaltungen und Verbänden. Ein wichtiger Aufgabenbereich war die Transformierung der wissenschaftlichen Ergebnisse für diejenigen, die in die Praxis standen. Die Zeitschrift war in vielen inländischen aber auch ausländischen Bibliotheken vorhanden und fand Verbreitung im deutschsprachigen Ausland. Das Institut gab außerdem das „Archiv für Hauswirtschaft" heraus und hatte eine Schriftenreihe konzipiert, in der aktuelle hauswirtschaftliche Themen behandelt wurden.

Gute Beziehungen bestanden zur „Versuchsstelle für Hauswirtschaft" des Hausfrauenverbandes in Leipzig und zur „Versuchsanstalt für Landarbeitslehre Pommritz i. Sachsen", das von dem Agrarwissenschaftler und Arbeitsökonom, Professor Georg Derlitzky (1889–1958), geleitet wurde. Dieses Institut, das weltweit Beachtung fand, konzentrierte sich auf die landwirtschaftliche Betriebslehre und Landarbeitslehre. Hier untersuchte die Leiterin der Forschungsabteilung für Hauswirtschaft, die in Chemie promovierte Chemikerin Aenne von Strantz (1893–1977), ergonomische und arbeitsgestalterische Fragen im Haushalt. Enge Beziehungen gab es auch zum Reichskuratorium für Wirtschaftlichkeit in Industrie und Handwerk und zum Deutschen Hygiene-Museum in Dresden. Neben der Zeitschrift und der Schriftenreihe gab es noch das Publikationsorgan „Archiv der Hauswirtschaft", das über die einschlägige Literatur berichtete und meist vierteljährlich veröffentlicht wurde.

Anfang 1933 gehörten dem Institut für Hauswirtschaftswissenschaften e. V. 15 körperschaftliche Mitglieder, darunter der große RDH, und 11 Einzelmit-

*Institut für Hauswirtschaftswissenschaft, Bibliothek*

glieder an. 1932 war dem Institut auch noch ein Seminar für hauswirtschaftlichen Gartenbau angegliedert worden.[290] Mit der Gründung der Zentralstelle für Hauswirtschaft, aus der das Institut für Hauswirtschaftswissenschaft entstanden war, der Herausgabe der diversen Zeitschriften und im Jahr 1932 mit der Gründung des Vereins Institut für Hauswirtschaftswissenschaften e. V., war ein Konzentrationspunkt geschaffen, worauf sich Interessen, Aktivitäten, Lehre und Forschung in Bezug auf die Hauswirtschaft beziehen konnten. Es war die Voraussetzung für Weiterentwicklung von Forschung und Lehre geschaffen und die Basis für den Aufbau von Studiengängen in einer Wissenschaft

289 Delius, Käthe, Zum Geleit, in: Hauswirtschaftliche Jahrbücher 1/1928, S. 2.

290 Mitgliederversammlung des Vereins Institut für Hauswirtschaftswissenschaften e. V., 31.1.1933, in: Hauswirtschaftliche Jahrbücher 1933, S. 44.

vom Haushalt gelegt. Der angestrebten Institutionalisierung einer solchen Wissenschaft war man mit der Errichtung des Institutes für Hauswirtschaftswissenschaft wesentlich näher gekommen.

## Das landwirtschaftliche Unterrichtswesen in Preußen: Zwei Denkschriften

In den Jahren 1927 und 1929 wurden vom Preußischen Landwirtschaftsministerium zwei Denkschriften vorgelegt, die das landwirtschaftliche Bildungswesen in Preußen betreffen. Die erste verfasste Gustav Oldenburg, versehen mit seinen Titeln: Dr. Geh. Ober-Regierungsrat und vortragender Rat im Preußischen Ministerium für Landwirtschaft, Domänen und Forsten. Diese hundertseitige Denkschrift wurde veröffentlicht in den Landwirtschaftlichen Jahrbüchern, die den Untertitel trugen: Zeitschrift für wissenschaftliche Landwirtschaft. Herausgeber dieser Fachzeitschrift war er Gustav Oldenburg selbst.[291] Die zweite Denkschrift legte der amtierende Landwirtschaftsminister Heinrich Steiger selbst vor.[292] Diese hundertsiebzig Seiten starke Publikation erschien im Verlag Paul Parey in Berlin, ein Verlag, der spezialisiert war auf naturwissenschaftliche, landwirtschaftliche und jagdliche Zeitschriften und Büchern. In der ersten Denkschrift waren in den Statistiken Zahlen bis 1925 berücksichtigt, die zweite konnte Zahlen bis 1928 aufweisen. Die Bilanz zu den Bildungsangeboten für die Mädchen war in beiden Schriften in einem besonderen Kapitel dargestellt, ausgenommen die Mädchenklassen an den Landwirtschaftsschulen bei Gustav Oldenburg. Diese beiden Denkschriften erlauben einen Blick auf die Entwicklungen des ländlich-hauswirtschaftlichen Bildungswesens für Mädchen, die Käthe Delius seit drei bzw. fünf Jahren verantwortete.

---

291 Oldenburg, Entwicklung, S. 1–101.
292 Steiger, Heinrich, Das landwirtschaftliche Bildungswesen in Preußen. Denkschrift des Ministers für Landwirtschaft, Domänen und Forsten, 2. Ausgabe, Berlin 1929.
293 Oldenburg, Entwicklung, S. 4f.

Gustav Oldenburg nennt den Anlass für seine Denkschrift. Im Jahr 1926 erreichte das Preußische Landwirtschaftsministerium eine Aufforderung des sogenannten Reichs-Enquête-Ausschusses, eines parlamentarischen Ausschusses zur Untersuchung der Erzeugungs- und Absatzbedingungen der deutschen Wirtschaft, ein Gutachten über den Stand des landwirtschaftlichen Ausbildungswesens und die sich daraus ergebenden Schlussfolgerungen zu erstellen. Da Gustav Oldenburg im Ministerium schon immer für das landwirtschaftliche Bildungswesen zuständig war, landete die Aufforderung für ein Gutachten auf seinem Schreibtisch. Da er vermutete, dass „eine hinreichende Vertrautheit mit dem Stoff" nicht ohne weiteres vorausgesetzt werden könnte, wurde aus dem Gutachten statt einiger kurzer Leitsätze eine hundertseitige Denkschrift.

Beide Veröffentlichungen konstatieren die Notwendigkeit der Bildung der in der Landwirtschaft Tätigen, um Entwicklungen möglich zu machen. Gustav Oldenburg stellt nüchtern fest, ein sehr „erheblicher Teil der in der Landwirtschaft als Arbeitgeber und Arbeitnehmer tätigen Personen" würde einer planmäßigen Ausbildung entbehren, „die sie befähigt, aus eigener Überlegung zielbewusst richtig zu handeln bzw. sachgemäß zu wirtschaften. Dies ist natürlich als ein Zustand anzusehen, der im allgemeinen Interesse auf die Dauer nicht tragbar erscheint. [...] Will man die Anwendung sachgemäßer neuzeitlicher Betriebsweise verallgemeinern, so muß die Hauptsorge darauf gerichtet sein, die große Masse der Kleinwirte und Bauern bzw. ihren Nachwuchs durch Unterricht und Beratung zu erfassen." Für Gustav Oldenburg folgt daraus die Verantwortung des Staates: „Daraus folgt aber auf der anderen Seite für den Staat [...], dass jeder in der Landwirtschaft Tätige sich eine gründliche Fachausbildung anzueignen in der Lage ist."[293]

Die Argumentation des Ministers ist eine Nuance anders, kommt aber schließlich zur gleichen Aufgabe. Er verweist auf die Lage der Landwirtschaft, die in der öffentlichen Meinung nicht immer genügend berücksichtigt, eher noch unterbewertet worden sei. Die aktuelle Passivität der Handelsbilanz beruhe in der Hauptsache auf einer jährlichen Einfuhr von Agrarprodukten, die in den letzten Monaten 3 Milliarden Mark an Wert betragen hätten. Für ihn ist es folgerichtig, die Höhe dieser Einfuhr durch die Steigerung der landwirtschaftlichen Erzeugung zu mindern. Diese Steigerung zu erreichen ist seiner Meinung nach eine „Frage der Ausbildung und der Willensbeeinflussung der Landwirte." Für ihn ist der „vornehmste Hebel zur Förderung der Landwirtschaft" die landwirtschaftliche Bildung und diese erfordere einen noch stärkeren und breiteren Fortschritt."[294] Mit dem Hinweis auf die „Willensbeeinflussung" spricht der Minister das „Beharrungsvermögen" an, das in der Lage sei, Wissen und Können zu paralysieren – ein Beharrungsvermögen, dem durch Aufklärung abgeholfen werden müsse.

Beide Verfasser verweisen darauf, dass Preußen und Deutschland ausgesprochene „Bauernländer" seien. Die angegebenen Zahlen differieren etwas, je nachdem ob von der Betriebsgröße oder der bewirtschafteten Fläche ausgegangen wird. Für Gustav Oldenburg waren in Deutschland 95%, in Preußen 94,2% aller landwirtschaftlichen Betriebe Parzellen-, klein- und mittelbäuerliche Betriebe. Heinrich Steiger konstatiert, dass in Preußen 74,3%, in Deutschland 78,9% der Gesamtfläche von Bauern (Kleinbauern und bäuerliche Besitzer unter 100 ha) bewirtschaftet werden. Auf dieses Faktum war die Bildungspolitik des Preußischen Landwirtschaftsministeriums orientiert: „Will man die Anwendung sachgemäßer neuzeitlicher Betriebsweise verallgemeinern, so muß die Hauptsorge darauf gerichtet sein, die große Masse der Kleinwirte und Bauern bzw. ihren Nachwuchs durch Unterricht und Beratung zu erfassen."[295]

Zum Zeitpunkt der Erstellung der ersten Denkschrift waren es etwas mehr als drei Jahre her, dass Käthe Delius die Verantwortung für das ländlich-hauswirtschaftliche Schulwesen für Mädchen und junge Frauen übernommen hatte. Während der Minister sich verhaltener über die Versäumnisse in der Frauen- und Mädchenbildung äußert, führt Gustav Oldenburg ohne Wenn und Aber

---

294 Steiger, Das landwirtschaftliche Bildungswesen,
S. 2.
295 Oldenburg, Entwicklung, S. 5.

aus: „Im übrigen lag das Gebiet der beruflichen Ausbildung der schulentlassenen Mädchen völlig brach." Und er konstatiert erfolgreiche Entwicklungen im ländlich-hauswirtschaftlichen Schulwesen „in früher nicht geahntem Ausmaße."[296] Zugleich lautet seine These, dass trotz des Erfolgs erst eine Grundlage, ein Ausgangspunkt gewonnen worden sei.

Der Minister wiederum formuliert für die ländliche Hauswirtschaft eine hohe volkswirtschaftliche und eine konsumtive Bedeutung. Sein Zugang zur Bildung der Frau führt seiner Ansicht nach über ihre familiäre Rolle: „Durch die hauswirtschaftliche Tätigkeit wird die wirtschaftliche Grundlage geschaffen, auf der allein ein gesundes Familienleben gedeihen kann. Da die Familie wiederum als Grundlage eines geordneten Staatslebens angesehen werden muss, umfaßt also die Hauswirtschaft im weiteren Sinne auch wichtige soziale und kulturelle Aufgaben. Die Förderung der hauswirtschaftlichen Schulen ist daher als eine wichtige Staatsaufgabe anzusehen."[297] Für den Minister bestand die zukünftige Aufgabe darin, „die einzelnen Schulformen klar herauszuarbeiten und sie in ihrem Aufgabenkreis gegeneinander abzugrenzen."[298]

Die Einführung der ländlichen Mädchenfortbildungsschule war erst möglich geworden, weil das Gesetz zur Erweiterung der Berufs-(Fortbildungs)schulpflicht vom 31. Juli 1923 auch die Mädchen zwischen 14 und 18 Jahren zum Besuch der ländlichen Fortbildungsschule verpflichtet hatte. Die ersten Mädchenfortbildungsschulen wurden im Jahr 1924 eingerichtet. Hier ist der Sprung von 1926 mit nur 200 Schulen auf 885 im Jahr 1927 beachtlich. 1924 besuchten knapp 1.000 Schülerinnen die Schule, drei Jahre später waren es sch mehr als 21.000. Das Ministerium rechnete damit, dass sich diese Zahl noch um ein Vielfaches in den nächsten Jahren steigern ließe. Ein Vergleich mit den ländli-

---

296 Ebd., S. 64. Mathilde Wolff beurteilt seine Schrift als „trefflich", weil sie „Wege weist für die weitere Ausgestaltung der Unterrichtseinrichtungen für die ländlichen Töchter." Vgl. Wolff, Mathilde, Zukunftswege des ländlich-hauswirtschaftlichen Schulwesens, in: Land und Frau 17/1927, S. 283.

297 Steiger, Das landwirtschaftliche Bildungswesen, S. 93.

298 Ebd.

chen Fortbildungsschulen für die Jungen zeigt jedoch den großen Nachholbedarf der Mädchen. In 1896 gab es für die Jungen schon etwa 1.000 Einrichtungen, 1927 war deren Zahl ebenfalls rapide auf fast 12.000 gestiegen, die von mehr als 230.000 Schüler besucht wurden. Ein großes Problem für die Mädchenfortbildungsschule bestand darin, dass als Lehrkräfte ehrenamtlich geschulte und keine hauptamtlichen Lehrerinnen dort unterrichteten. Dennoch war das eingetreten, was sich Käthe Delius erhofft hatte: Es waren nicht alle Hoffnungen erfüllt worden, die sie an diese Schulform gerichtet hatte, es war aber ein Anfang gemacht, der eine Gewähr für eine vorerst gesicherte Entwicklung bot. Kritiker verwies sie ausdauernd auf die schwierige Finanzlage der Kreise und Gemeinden und zeigte sich als optimistische Realistin: „Also, wir müssen bescheiden sein und versuchen, uns das Beste herauszuholen. Auch die einfachsten Einrichtungen können uns auf dem Lande von Nutzen sein."[299] Sie warb zum einen unter den Altmaiden für einen pädagogischen Einsatz: „Wenn von den 10.000 Altmaiden vielleicht 3000 auf dem Land tätig sind und hiervon sich vielleicht 500 für die Fortbildungsschule zur Verfügung stellen, so wäre schon viel gewonnen."[300] Zum anderen versuchte sie die Frauenschulen und Haushaltungsschulen zur Einrichtung einer Mädchenberufsschule zu motivieren. Fünf Jahre später formulierte sie ihre Enttäuschung über die viel zu langsame Entwicklung: „Die Widerstände, die in finanzieller und organisatorischer Art gerade den ländlichen Mädchenfortbildungsschulen entgegenstehen, sind so mannigfach, daß die Saat nur allmählich aufgehen kann."[301]

Schon einige Jahre zuvor hatte Käthe Delius darauf aufmerksam gemacht, dass eine Schulform sich wohl überlebt hätte: Die Wanderhaushaltungsschulen. Die Statistik zeigt dies auch 1927 deutlich. Waren 1913 450 Kurse abgehalten worden,

---

299 Delius, Käthe, Die ländliche Mädchenberufsschule (Fortbildungsschule) im Anschluß an die Wirtschaftlichen Frauenschulen und landwirtschaftlichen Haushaltungsschulen, in: Maidenblatt 2/1925, S. 18f, hier S. 18.
300 Ebd.
301 Delius, Käthe, Zum Geleit, in: Herbst, Kurt (Hg.), Die ländliche Mädchenfortbildungsschule. Beiträge zu ihrer Einrichtung, äußeren u. inneren Gestaltung, mit e. Geleitwort von Käthe Delius u. einer Zusammenstellung aller amtl. Bestimmungen durch Amtsrat Danz, Berlin 1930, S. 3.

waren es 1927 nur doppelt so viele: 840. Sie wurden besucht von 14.562 Schülerinnen. Davon stammten 47% aus bäuerlichen Kreisen, je 21% aus Kreisen der Gewerbetreibenden und Arbeiterkreisen, 11% aus sonstigen Berufen. Die Schulpolitik ging davon aus, dass die Aufgaben der Wanderhaushaltungsschulen von den Mädchenfortbildungsschulen übernommen werden sollten.

Als dritte Schulform gab es die Landwirtschaftlichen Haushaltungsschulen, die die älteste Schulart für Mädchen auf dem Land war. Die ersten waren vom Landwirtschaftlichen Verein der Provinz Sachsen in Nebra eingerichtet worden. Diese Schulen hatten sich vorwiegend die Aufgabe gestellt, die Töchter aus großbäuerlichen Betrieben (20–100 ha) in einem Jahreskurs für den Beruf der Landhausfrau zu schulen und zugleich deren Allgemeinbildung zu vervollkommnen. Diese Haushaltungsschulen waren grundsätzlich mit Internaten verbunden und verfügten über Einrichtungen für Kleintierzucht, Obst- und Gartenbau zu Lehrzwecken. Im Jahr 1924 bestanden in Preußen 34 dieser Schulen, 1927 war die Zahl unwesentlich auf 45 gestiegen. Recht wenige Schülerinnen wurden davon erfasst: 1922 etwa 1.100, 1925 zählte man 1.257, im Jahr 1927 war die Zahl auf 1.600 angestiegen.

Wie entwickelte sich das, was Käthe Delius als das Kernstück des Ausbildungswesens bezeichnete: die Mädchenklassen an den Landwirtschaftsschulen? Das Ministerium war 1925 ihrem Vorschlag gefolgt und hatte beschlossen, die Mädchenklassen, die das Niveau von Fachschulen haben sollten, in größerem Umfang auszubauen. Nach wenigen Jahren lagen erste Ergebnisse vor: Ihre Entwicklung war umfangreich und schnell fortgeschritten. So waren aus den 17 Klassen im Jahr 1923 inzwischen 107 geworden, in denen bisher etwa 2.700 Mädchen ausgebildet worden waren. Da die Kosten für den Schulbesuch günstiger als bei den landwirtschaftlichen Haushaltungsschulen waren, hatten mehr Eltern diese Schulart gewählt. Auch Gustav Oldenburg maß der Mädchenklasse an den Landwirtschaftsschulen großen Wert für die Zukunft bei und forderte weitere Vermehrung an den schon vorhandenen 360 landwirtschaftlichen Schulen.

Gustav Oldenburg konnte in seiner Denkschrift auf die Entwicklung eine Eloge formulieren: „Schon in der kurzen Zeit, seitdem diese offizielle Förderung der

Mädchenklassen wirksam ist, sind derartige Einrichtungen bis heute an annähernd 100 landwirtschaftlichen Schulen geschaffen worden. Diese Einrichtung hat also außerordentlichen Anklang gefunden; sie hat sich bewährt. Es kann deshalb angenommen werden, dass nach Verlauf einiger Jahre an der Mehrzahl oder an allen landwirtschaftlichen (Winter-) Schulen der haus- und landwirtschaftliche Unterricht für Mädchen ein dankbares Wirkungsfeld gefunden haben wird. Man wird die Hoffnung hegen dürfen, dass im Interesse der Gründlichkeit der Ausbildung der Zeitpunkt nicht allzu fern ist, in dem der Unterricht auf zwei Halbjahreskurse ausgedehnt werden kann."[302] Die steigende Tendenz des Ausbaus der Mädchenklassen hielt auch in den beiden folgenden Jahren an. 1927 gab es dann 107 Klassen, die von mehr als 2.600 Schülerinnen besucht wurden.

Gustav Oldenburg formulierte klare Forderungen, dass auch für die Ausbildung der Mädchen vom Staat die erforderlichen Mittel bereitgestellt werden müssten. In Frauenkreisen hieß es, „wir [können, O.W.-H.] heute immerhin konstatieren, daß wir heute immerhin so weit sind, daß in einem grundlegenden Werk dieser Art sich die Ausbildungsbestrebungen der künftigen Landfrauen einer eingehenden Darstellung erfreuen können"[303]. Ganz besonders aufmerksam wurde registriert, dass Gustav Oldenburg ausdrücklich der „energischen, unermüdlichen Aufklärungsarbeit" des RLHV Anerkennung zollte und ihm für die Weiterentwicklung des ländlich-hauswirtschaftlichen Schulwesens in den letzten Jahrzehnten dankte.

Aus der bilanzierenden Betrachtung der Wirtschaftlichen Frauenschulen vor allem durch Minister Heinrich Steiger sollten sich für Käthe Delius herausfordernde Aufgaben ergeben. Im ländlich-hauswirtschaftlichen Schulwesen bildeten die Wirtschaftlichen Frauenschulen die höheren Fachschulen. Sie hatten das Ziel, junge Mädchen mit abgeschlossener Lyzeal- oder Mittelschulbildung eine gründliche ländlich-hauswirtschaftliche Ausbildung zu vermitteln. Es waren im Wesentlichen drei Lehrgänge, die angeboten wurden: Maidenlehrgänge von ein-

---

302 Oldenburg, Entwicklung, S. 20.
303 Wolff, Zukunftswege, S. 283.

jähriger Dauer, Lehrgänge für Haushaltspflegerinnen mit staatlicher Anerkennung, Lehrgänge für Lehrerinnen der landwirtschaftlichen Haushaltungskunde an den Wirtschaftlichen Frauenschulen, die berechtigt waren, ein Lehrerinnenbildungsseminar zu führen. Einige Schulen bildeten auch ländlich-hauswirtschaftliche Lehrlinge aus. Alle Wirtschaftlichen Frauenschulen wurden privat geführt. Im Jahr 1913 hatten 7 Frauenschulen bestanden, davon gehörten sechs dem Reifensteiner Verband. Im Jahr 1924 waren es insgesamt 15, davon 10 im Besitz des Verbandes. 1928 gab es 22, davon waren elf eigene Verbandsschulen. Von den restlichen elf waren zehn dem Reifensteiner Verband korporativ angeschlossen. Die elfte war Ostern 1928 von der Landwirtschaftskammer Hannover als Wirtschaftliche Frauenschule Trillke-Gut in Hildesheim gegründet worden. Dem Reifensteiner Verband wurde diese erst 1932 angeschlossen. Nicht alle Wirtschaftlichen Frauenschulen besaßen ein Lehrerinnenseminar. Im Ministerium war man sich grundsätzlich bewusst, dass gerade die Lehrerinnenausbildung als „ausgesprochene Staatsaufgabe" anzusehen und es doch in Zukunft anzustreben sei „daß der Staat sich dieser Aufgabe nicht weiterhin entzieht und wenigstens einige Lehrerinnenbildungsanstalten errichtet oder übernimmt."[304]

Jährlich wurden etwa 200 Lehrerinnen ausgebildet, von denen jedoch nur 75% nach Absolvierung des Lehrprobejahres auch die Anstellungsfähigkeit erlangen würden. Das waren zu wenige Lehrerinnen für den im Gang befindlichen Ausbau des Mädchenschulwesens. Schon bei Gustav Oldenburg klingen in Bezug auf die Wirtschaftlichen Frauenschulen in einigen Aspekten kritische, wenn auch noch moderate Töne an. Bei Minister Heinrich Steiger sind sie entschieden heikel und für diese im Grunde existentiell bedrohlich. Dagegen redet Gustav Oldenburg summarisch von „zahlreichen Sonderfragen, die eine nähere Betrachtung der fachlichen Bildungseinrichtung der wirtschaftlichen Frauenschulen auf dem Lande auslösen müßte."[305] Er spricht davon, dass es sich um einen „recht schwierigen Fragenkomplex" handele, in dem die „innige Ver-

---

304 Steiger, Das landwirtschaftliche Bildungswesen, S. 115.

305 Oldenburg, Entwicklung, S. 68f. Hier auch alle weiteren Zitate des Absatzes.

schmelzung von Theorie und Praxis den Kernpunkt" darstelle. Offensichtlich erschien es ihm problematisch, ohne es näher auszuführen, dass durch die Reifensteiner Schulkonzeption „nur mit angestrengtestem Fleiß und reger Hingabe bei Lehrenden und Lernenden" das notwendige Wissen und Können erreicht werden könnte. Einen anderen Punkt formuliert er präziser: Er fordert, dass die angehenden Lehrerinnen aus dem ländlichen Milieu stammen sollten. Er schließt seine Bilanz mit der Forderung, die Anzahl der Wirtschaftlichen Frauenschulen zu verdoppeln, um allen Anforderungen gerecht zu werden. Zugleich hält er es für unabdingbar, dass die „unzulänglichen" staatlichen Zuschüsse für die Wirtschaftlichen Frauenschulen um mehr als die Hälfte erhöht werden müssten, zumal es sich „zweifellos um Aufgaben handelt, deren Erfüllung mit Recht ganz vom Staat verlangt werden muß."

Die Schlüsse, die Minister Heinrich Steiger aus seiner Beurteilung zog, unterschieden sich von denen von Gustav Oldenburg entschieden. Als ersten kritischen Punkt sprach ersterer die Finanzierung der Schulen an: „Die Finanzierung dieser Anstalten bereitet Schwierigkeiten. Die Anforderungen, die an die Ausbildung der Schülerinnen gestellt werden, bedeuten eine starke finanzielle Belastung der Schulträger, der sie nicht immer gewachsen sind." Er spricht als einziges finanzielles Instrument der Schulen zur Vermehrung der Einnahmen die Erhöhung der Schulgelder an und urteilt: „Die dauernde Erhöhung des Schulgeldes an den Schulen wirkt jetzt schon recht bedenklich." Und trotz der Erhöhungen würde das Schulgeld nicht die tatsächlichen Kosten decken. Andererseits könnten die Eltern nicht mehr die geforderten Pensionsgelder aufbringen. Er folgert daraus, dass nur noch Mädchen aus bemittelten Kreisen das Maidenjahr besuchen könnten, und dies wären aus diesem Grund auch meist Städterinnen. Er stellt es einer Prüfung anheim, „ob die Wirtschaftlichen Frauenschulen nicht durch eine rationellere Gestaltung der angegliederten landwirtschaftlichen Betriebe oder durch eine einfachere Wirtschaftsführung billiger gestaltet werden könnten." Er sieht die Notwendigkeit, dass sich der Staat mit „erheblichen Zuschüssen an der Unterhaltung der Schulen beteiligen" muss, wenn die Schulen weiterhin imstande sein sollen, „die staatlichen Aufgaben recht zu erfüllen", stellt jedoch nur die Übernahme der Lehrerinnengehälter in Aussicht, die etwa 20% der Ausgaben der Schulen ausmachen. Schließlich sieht er ein Bedürfnis zur Gründung neuer Schulen nicht, da einige Schulen mit Ausnahme der Lehrerinnenbildungsanstalten nicht einmal voll besetzt sind. In seiner Zusammenfassung heißt es unmissverständlich: „Die Lehrerinnenausbildung ist als eine <u>Staatsaufgabe</u> zu betrachten. Es ist deshalb dahin zu streben, einige Wirtschaftliche Frauenschulen mit Lehrerinnenbildungsanstalten zu verstaatlichen oder staatliche Schulen einzurichten. [...] Die privaten Schulen sind so auszubauen, daß sie die staatlichen Aufgaben voll erfüllen können."[306]

An den beiden Memoranden wurde deutlich, dass trotz wesentlicher Erfolge im Ausbau des ländlich-hauswirtschaftlichen Schulwesens weiterhin eine große Uneinheitlichkeit und Zersplitterung vorhanden war. Das galt in Bezug auf die Zuständigkeit von Staat, Provinzen und Kommunen, das galt ebenso für die Schulträgerschaft und die Schulaufsicht. Die real vorhandenen Defizite im ländlich-hauswirtschaftlichen Schulwesen widersprachen den schulpolitisch formulierten Zielen. Es wuchs die Überzeugung, dass sich der Staat zu weit seiner Verantwortlichkeit für die Sicherstellung einer qualitativ guten Ausbildung entzog.

## Von Franz von Papen bis Adolf Hitler – Ein parteienübergreifendes Netzwerk von Frauen ist gefährdet

Käthe Delius schilderte in ihren Lebenserinnerungen die parteienübergreifende Zusammenarbeit mit vielen Frauen in den verschiedenen Ministerien. Prominente Frauen waren die schon erwähnte Ministerialdirektorin Else Lüders[307], seit 1920 im Reichsarbeitsministeriums tätig, Gertrud Bäumer, Ministerialrätin im Reichsinnenministerium, Ministerialrätin Helene Weber, seit 1919 im Preu-

---

306 Alle Zitate des Absatzes: Steiger, Das landwirtschaftliche Bildungswesen, S. 116f. Hervorhebungen im Original.

307 Else Lüders war seit 1930 Ministerialdirektorin.

ßischen Ministerium für Volkswohlfahrt tätig, wo sie das Dezernat „Soziale Ausbildung" leitete. Schon längst war nicht mehr zu erwarten, dass Frauen staatlicherseits wie in den Jahren 1918/19 oftmals der rote Teppich ausgerollt und ihnen viele Rechte – auch als Seiteneinsteigerinnen ohne die formalrechtlich geltenden Qualifikationen – eingeräumt wurden. Ein Beispiel dafür aus Käthe Delius' Ressort war die Erwägung gewesen, Frauen an der staatlichen Schulaufsicht der hauswirtschaftlichen Schulen zu beteiligen. Diese Möglichkeit war in einem frühen Erlass in der Weimarer Republik sogar niedergelegt. Schon 1923, als Käthe Delius in das Landwirtschaftsministerium eintrat, wollte man dort von dieser früheren Erwägung nichts mehr wissen und lehnte die Beteiligung von Frauen entschieden ab. Wie schon an anderer Stelle angeführt, hatte Käthe Delius Gertrud Bäumers Plan, den Fraueneinfluss in den Ministerien zu stärken, mit Sarkasmus kommentiert: Dieses „Problem löste sich von selbst, als im Jahr 1932 von Papen Reichskanzler wurde und als erstes die Frauen aus den Ministerien entfernte. Was ihm nicht gelang, hat Hitler ein Jahr später vollendet."[308] Sie sollte selbst sehr bald von einer solchen Maßnahme betroffen sein.

In die seit einigen Jahren gewachsene relativ stabile Lage war 1929 die Weltwirtschaftskrise hereingebrochen. Sie hatte mit dem New Yorker Börsencrash am „Schwarzen Freitag" im Oktober 1929 begonnen. Mit diesem Ereignis waren die wirtschaftliche und politische Normalisierung sowie die relative Stabilität, die sich nach der Währungsreform 1923 in Deutschland allmählich eingestellt hatte, abrupt vorbei. In sehr kurzer Zeit standen viele der gerade erst erreichten Entwicklungen grundsätzlich auf dem Prüfstand. In Käthe Delius' Bereich stagnierte der Ausbau des Schulwesens. Dadurch gerieten die Beamten des Ministeriums in diesen Jahren bis zum Machtwechsel 1933 unter einen enormen öffentlichen Druck: Sie standen zwischen der Notwendigkeit eines sparsamen Haushalts, dem Kampf um den Erhalt des erreichten Status quo

---

308 Delius, Ein Leben, Teil IV, S. 17.

und der Verfolgung reformerischer Pläne. Der Glanz der Goldenen Zwanziger Jahre wendete sich mit der beginnenden Weltwirtschaftskrise in ein Elend immer größerer Bevölkerungsschichten. Bereits Anfang 1931 waren in Deutschland fünf Millionen Menschen als arbeitslos registriert. In dieser Zeit verloren die Nationalsozialisten ihren Charakter als kleine, unbedeutende Partei – eine Randerscheinung, wie viele gemeint hatten. 1930 errangen sie ihren ersten bedeutenden Wahlsieg und erreichten 18,6 % der Sitze im Reichstag. Trotz Stimmen- und Mandatsverlusten im Jahr 1932 lagen sie doch bis 1933 immer über 30 %. Es reichte aber in diesen Jahren nie zur Mehrheit, so taten sie sich zusammen mit allen, die in Opposition zur Weimarer Republik standen und sollten es mit Druck erreichen, dass Adolf Hitler im Januar 1933 als Reichskanzler vom Reichspräsidenten ernannt wurde.

Außer den ländlich-hauswirtschaftlichen Schulen war Käthe Delius auch verantwortlich für die Kolonialschulen und die Gärtnerinnenschulen. Vor allem die bei vielen jungen Frauen sehr beliebte Ausbildung zur Gärtnerin benötigte neue systematische Regelungen. Nachdem am Anfang des Jahrhunderts viele Frauen diesen Beruf gewählt hatten, waren von einer ganzen Reihe Ausbildungsschulen nur noch drei übrig geblieben. Geregelt werden musste die Ausbildung der Lehrerinnen. Ein weiteres Problem war die Beschäftigung einer Gärtnerin im Alter oder wenn sie körperlich nicht mehr so leistungsfähig war – Käthe Delius dachte an eine Ausbildung von Gartenbauberaterinnen. Die bekannteste der Ausbildungsstätten war die Gärtnerinnenschule Düsseldorf-Kaiserswerth, die von Ilse Dieckmann geleitet wurde. In Kaiserswerth hatte man erfolgreich eine spezielle Ausbildung kreiert: die Ausbildung von Gartenbaulehrerinnen für Schulgärten. Deren Absolventinnen fanden in ganz unterschiedlichen Schularten Anstellung. Käthe Delius sollte in Kooperation mit Ilse Dieckmann einen weiteren neuen Schwerpunkt entwerfen: Ausbildung von sogenannten hauswirtschaftlichen Gärtnerinnen, denn im hauswirtschaftlichen Gartenbau fänden die meisten Gärtnerinnen ihre Beschäftigung. Diese sollten in den Gärtnerinnenschulen ausgebildet werden. Diejenigen aber, die sich für den Erwerbsgartenbau entschieden hätten, sollten auf den einfachen und höheren Gartenbauschulen, offen für Männer und Frauen, qualifiziert werden.

In einem Artikel erläuterte Käthe Delius die Pläne. Sie ging von der grundsätzlichen Frage aus, ob es für Gärtnerinnen einen weiblichen Sonderweg in der Ausbildung wegen ihrer spezifischen Aufgaben im Gartenbau geben könnte. Vielen Gärtnerinnen erscheine dies als ein Rückschritt, hätte man doch über viele Jahre versucht, eine solche Sonderstellung innerhalb des Berufes abzuschaffen und die Ausbildung immer mehr der des männlichen Gärtners angeglichen. Dieses Ansinnen sei auch von Erfolg gekrönt gewesen: Die Gärtnerin könne die Gehilfenprüfung ablegen, auch Höhere Gärtnerlehranstalten und Hochschulen ständen ihr offen. Und nun wieder ein weiblicher Sonderweg? Würde dies nicht bedeuten, die Gleichberechtigung mit dem Mann und die entsprechenden, teuer erkämpften Rechte aufzugeben. Für eine Entscheidungsfindung forderte Käthe Delius auf: „Lassen wir einmal alle Theorien beiseite und sehen wir uns das praktische Leben an."[309] Und sie schaute auf die ganz unterschiedlichen Anstellungen für Gartenbaulehrer und Gartenbaulehrerinnen und schlussfolgerte: „Es liegt also auf der Hand, dass die Ausbildung für den Lehrerberuf für den Gärtner und die Gärtnerin getrennt erfolgen muß; denn die Aufgaben in den verschiedenen Arbeitsgebieten die hier dem Mann oder der Frau zufallen, sind ebenfalls außerordentlich verschieden." Sie erörterte auch den Begriff „hauswirtschaftlicher Gartenbau", der eine Unterscheidung machen sollte in Bezug auf das Ziel des Gartenbaus: Das Absatzgebiet des hauswirtschaftlichen Gartenbaus war der Haushalt in unterschiedlichen Ausprägungen, der sich von dem „Erwerbsgartenbau" grundlegend unterschied: „Ich hoffe, dass aus den obenstehenden Ausführungen es allen Gärtnerinnen klar wird, dass der Gärtner und die Gärtnerin in Bezug auf die pädagogische

---

309 Alle Zitate des Absatzes: Delius, Käthe, Der Gartenbaulehrer und die Gartenbaulehrerin, in: Haus, Garten, Landwirtschaft 2/1931, S. 9f.

310 Einladung, in: Haus, Garten, Landwirtschaft 2/1932.

311 Haus, Garten, Landwirtschaft 10/1932, S. 65; ebd., 1/1933, S. 2.

Ausbildung getrennte Wege gehen müssen, und zwar nicht aus irgendwelchen Theorien heraus, sondern weil das praktische Leben es von uns erfordert. Es ist unnütz, die Augen vor der Wirklichkeit zu verschließen."

In diesen Prozess der Neuordnung griff Minister Heinrich Steiger ein. Er bestimmte zum einen, dass das Lehrerinnenseminar auf eine breitere Grundlage gestellt und zum anderen, dass es aus der konfessionellen Trägerschaft gelöst werden sollte. Sein Vorschlag war, es an die Domäne Dahlem in Berlin anzuschließen. Bei aller Sympathie für die Kaiserswerther Einrichtung konnte sich Käthe Delius den fachlichen Aspekten in der Argumentation des Ministers nicht entziehen. Im Herbst 1931 wurde das Seminar für Gartenbaulehrerinnen in Dahlem eröffnet. Extra für diese Zwecke war ein Holzbau errichtet worden. Träger war zunächst das Institut für Hauswirtschaftswissenschaft, nach dessen Schließung im Jahr 1935 sollte es für kurze Zeit das Deutsche Frauenwerk übernehmen bis es anschließend den Instituten für den landwirtschaftlichen Unterricht eingegliedert wurde. Der Besuch dieses Seminars wurde künftig von allen Lehrerinnen, die im Gartenbau etwa an wirtschaftlichen Frauenschulen unterrichten wollten, obligatorisch gefordert. Die hier ausgebildeten Lehrerinnen sollten Anstellung finden in landwirtschaftlichen Fachschulen und Berufsschulen und weiterhin auch im allgemeinbildenden Schulwesen als Schulgartenlehrerinnen.

Auf der Suche nach Strategien im Kampf gegen die soziale Notlage plante der RBL im Februar 1932 eine Veranstaltung über „Siedlung und Siedlerberatung in Deutschland". Veranstaltungsort sollte der Saal des Preußischen Landwirtschaftsministeriums sein. Die Veranstaltung sollte sich mit den wirtschaftlichen, sozialen und kulturellen Fragen der Siedlungsarbeit aus dem Blick sowohl der Gärtnerinnen als auch aller anderen land- und hauswirtschaftlich Tätigen beschäftigen. Käthe Delius wurde als Referentin eingeladen.[310] Auf der Hauptversammlung des Reichsverbandes im November 1932 schließlich hielt sie den Vortrag: „Die Frau in der Siedlung", in dem sie sich aus ihrer eigenen Beteiligung an einer Frauensiedlung heraus kritisch zu der aktuellen Absicht äußerte, Siedlungen für Frauen zu gründen.[311] Aus ihrer früheren Tätigkeit als Geschäftsführerin des RBL wusste sie, dass das Thema Siedlung seit vielen Jahren schon auf großes Interesse stieß. Vor dem Hintergrund der wirtschaftlichen Nöte der letzten Monate war dieses nochmals gewachsen. In ihrem Vortrag warnte Käthe Delius vor zu idealen Vorstellungen vom Siedlerinnendasein, vor Illusionen und formulierte ihre Skepsis: „Keiner stelle sich diese Arbeit als sehr leicht vor."[312] Sie war der Ansicht, dass Frauen alleine höchstens eine gärtnerische Siedlung übernehmen könnten. Eine landwirtschaftliche sei ihrer Meinung nach ausgeschlossen, da eine landwirtschaftliche ohne männliche Arbeitskraft nicht denkbar sei. Einen Knecht aber zu bezahlen, sei aus den Einkünften einer Siedlung anfangs nicht möglich. Es waren genau diese Umstände, die sie 1920 bei ihrem eigenen Siedlungsversuch intensiv erlebt hatte. Grundsätzlich beurteilte sie die Rentabilität einer Siedlung sehr skeptisch, vor allem wenn sie ohne eigenes Vermögen gewagt würde. Es fehlte ihr auch der Glauben an einen volkswirtschaftlichen Sinn einer Frauensiedlung. Trotz allem sollte man keiner Frau, „die sich gern selbständig machen möchte", die Möglichkeit zu siedeln verwehren. In diesem Fall wäre jedoch die Voraussetzung, dass sie auf jeden Fall über Geld verfügen sollte, damit ihr das Siedlerleben nicht nur Mühe und Opfer, sondern auch Freude bringe.

Am Schluss ihres Vortrages sprach sie sich noch gegen spezielle Siedlerschulen aus, vielmehr sollten ihrer Ansicht nach die ländlich-hauswirtschaftlichen Schulen die Bedeutung der Siedlung, ihre Aufgaben und Ziele behandeln. Der Preußische Minister für Landwirtschaft, Domänen und Forsten hatte bereits in diesem Sinn einen Erlass an sämtliche ländlich-hauswirtschaftliche Schulen ergehen lassen. Schließlich machte sie ihre Zuhörerinnen noch auf den Arbeitsdienst in den Siedlungen aufmerksam, dessen Beginn für das Frühjahr 1933 in Vorbereitung war. In ihrem Vortrag hatte sie ihr Thema, das oft von nationalistischen oder völkischen Tönen begleitet war, ganz unideologisch, sehr rational und kritisch behandelt.

---

312 Delius, Käthe, Frau und Siedlung, in: Haus, Garten, Landwirtschaft 2/1933, S. 10.
313 Delius, Ein Leben, Teil IV, S. 35.
314 Ebd.
315 Ebd., S. 19f.
316 Ebd., S. 36.

## Versetzung an das Kulturamt Teltow

Über die stabile und arbeitsreiche Aufbauphase von fast zehn Jahren im Ministerium zog Käthe Delius eine sehr zufriedenstellende Bilanz: „So wurde bis 1933 viel geschaffen."³¹³ Ihre Bilanz war bis dahin positiv, sie fand, dass sie das Glück gehabt hatte, „schon in den ersten Jahren eine gute organisatorische, verwaltungsmässige und finanzielle Grundlage für das ländlich-hauswirtschaftliche Schulwesen zu legen."³¹⁴ Damit war die Voraussetzung geschaffen, den Ausbau rasch voranzubringen. Dies gelang durch die Zusammenarbeit mit den Referentinnen der Landwirtschaftskammern, „die sich mit ungeheurer Energie an die Arbeit machten." Trotz der verschiedenen Verhältnisse in den Provinzen und eigenwilliger Persönlichkeiten unter den Referentinnen gelang die Weiterentwicklung des Schulwesens. Nicht nur am Ausbau, sondern auch an Unterrichtsstoffen und den Inhalten und Methoden der Wirtschaftsberatung wurde gearbeitet. In Zusammenarbeit mit dem Institut für Hauswirtschaftswissenschaft entstanden die ersten Studien in Pommern und Ostpreußen über den bäuerlichen Haushalt, an denen maßgeblich Aenne Sprengel beteiligt war.

Käthe Delius war zufrieden, fühlte sich trotz sachlicher Kämpfe „ausgefüllt": „So waren innerhalb der mitwirkenden Frauenkreise die denkbar günstigen Bedingungen für den Aufbau des Schulwesens gegeben [...]. Jeder stand an seiner Stelle und fühlte sich ausgefüllt. Dies dauerte bis 1933. Das System Hitlers verkehrte Alles in das Gegenteil."³¹⁵ Für sie waren diese zehn Jahre „in ihrer relativen Freiheit und Selbstständigkeit die schönsten meines Lebens."³¹⁶ Dieser relativen Freiheit und Selbstständigkeit setzte der sog. Preußenschlag am 20. Juli 1932 ein abruptes Ende. Reichspräsident Paul von Hindenburg hatte Reichskanzler Franz von Papen zum Reichskommissar in Preußen ernannt. Käthe Delius wurde aus dem Ministerium herausgenommen und an das Kulturamt in Teltow versetzt, einer kleinen Stadt an der Peripherie von Berlin. Angeordnet war zusätzlich, dass sie dort jedoch ihre bisherige Tätigkeit, die sie im Ministerium als Referentin geleistet hatte, weiterführen sollte. Wie tief sie davon betroffen war, verraten noch ihre Jahrzehnte später verfassten Lebenserinnerungen. Sie, die sonst stets auf das Wesentliche beschränkt und knapp formuliert, notiert diesen Vorfall der Versetzung gleich an zwei Stellen. Sie war der Ansicht, dass die „Hitlerzeit" durch die Regierung Papen ihre Schatten vorauswarf: „So wurden als erstes, so weit es möglich war, die Frauen aus den Ministerien entfernt. Auch ich wurde in etwa davon betroffen."[317]

Mit dem staatsstreichartig eingefädelten, gesetzeswidrigen „Preußenschlag"[318] unterstellte Reichskanzler Franz von Papen das Land Preußen der Reichsregierung und nahm ihm so seine Eigenständigkeit. Das Sozialsystem der Weimarer Republik war den Folgen der Wirtschaftskrise nicht gewachsen, denn die Massenarbeitslosigkeit überforderte sehr schnell die Finanzmittel der Arbeitslosenversicherung. Armut, Resignation sowie eine allgemeine Katastrophenstimmung bewirkte eine Radikalisierung der Bevölkerung, die sich bei der Reichstagswahl am 31. Juli 1932 zeigen sollte: Über 37 Prozent der Deutschen wählten die NSDAP, die offen den Sturz des parlamentarischen Systems propagierte.

Die politische Landschaft in Preußen und auch in anderen Ländern wie Bayern, Sachsen, Hessen, Württemberg und Hamburg sah ganz ähnlich aus. Schon bei den preußischen Landtagswahlen im 24. April 1932 hatten die NSDAP 36,6 % und die ebenfalls demokratiefeindliche KPD 12,8 % der Stimmen erringen können. Das bedeutete 162 Mandate für die NSDAP und 57 für die KPD, zusammen war dies eine Mehrheit von 219 von insgesamt 423 Sitzen. Alle anderen Parteien stellten zusammen erstmals nur eine Minderheit von 204 Mandaten. Der Freistaat Preußen war seit 1920 im Grunde von einer stabilen Koalition, der sog. Preußenkoalition aus SPD, Zentrum und DDP regiert worden, zeitweise erweitert um die DVP. Ohne eine der demokratiefeindlichen Parteien konnte jedoch nach den Wahlen im April 1932 keine Regierung mit parlamentarischer Mehrheit gebildet werden. Die Folge war, das die bisherige Landes-

---

317 Ebd.
318 Zum Staatsstreich, dem sog. Preußenschlag: Möller, Horst, Weimar. Die unvollendete Demokratie, München 1997, S. 57–78; Morsey, Rudolf, „Zur Geschichte des Preußenschlags", in: Vierteljahrshefte für Zeitgeschichte 9/1961, S. 430–439.

regierung, die ihre Mehrheit verloren hatte – das Kabinett Braun III – am 19. Mai 1932 formal zurücktrat, aber geschäftsführend bis zur Wahl eines neuen Ministerpräsidenten gem. Art. 59 II der Verfassung im Amt blieb, wenn auch mit eingeschränkter Handlungsfähigkeit. Diese Konstellation sollte bis zum 25. März 1933 dauern.

Als Anlass für den „Preußenschlag", in den man Adolf Hitler eingeweiht hatte und mit dem die an die Macht strebende NSDAP starken Auftrieb erhielt, wählte Reichskanzlers von Papen zynischerweise den sogenannten Altonaer Blutsonntag, den 17. Juli, bei dem es 18 Tote und 68 zum Teil schwer Verletzte gegeben hatte. Nach der Wiederzulassung von SA und SS war der nationalsozialistische Provokationsmarsch durch die kommunistischen Wohnviertel von Altona zu einem stundenlangen Feuergefecht ausgeartet. Zynisch deswegen, da Franz von Papen selbst das Verbot der paramilitärischen Organisationen der Nationalsozialisten ausgesetzt hatte. Schon der Wahlkampf im Juni und Juli 1932 war der blutigste Wahlkampf in der deutschen Geschichte gewesen. Zwischen rechten und linken Wehrverbänden war es zu Straßenkrawallen und Schießereien, Saalschlachten sowie Mordanschlägen gekommen, bei denen etwa 300 Menschen gestorben waren und über 1.100 verletzt worden waren.

Als Reichskommissar setzte Franz von Papen per Notverordnung die geschäftsführende preußische Regierung unter dem seit 1920 mit kürzeren Unterbrechungen amtierenden Preußischen Ministerpräsidenten Otto Braun (SPD) ab und bildete das Reichskommissariat Papen I. Dieses war die faktische Preußische Staatsregierung von Juli bis Oktober 1932. Staatsrechtlich dagegen war jedoch das Kabinett Braun III weiterhin im Amt. Die Konsequenz war, dass Preußen faktisch zwei Regierungen besaß: zum einen die Regierung Braun ohne Zugriff auf den Verwaltungsapparat und zum anderen das Reichskommissariat, das die eigentliche Macht in den Händen hielt. Die Regierung Braun klagte gemeinsam mit einigen süddeutschen Ländern, die den Föderalismus gefährdet sahen, vor dem Staatsgerichtshof in Leipzig gegen das Vorgehen der Reichsregierung und die Einsetzung eines Reichskommissars. Das Gericht erklärte im Oktober 1932 die Einsetzung von Kommissaren für zulässig, die Vertretung Preußens im Reichsrat durch das Reichskommissariat dagegen für verfassungswidrig. Danach blieb es daher bei der Absetzung der geschäftsführenden Regierung, die dennoch staatsrechtliche Aufgaben behielt. Die dadurch hergestellte Kontrolle des Reichs über „das rote Bollwerk" Preußen, vor allem aber über die preußische Polizei, sollte es Adolf Hitler im Jahr 1933 erheblich erleichtern, ein diktatorisches Regime zur errichten.

Am Tag der Machtübernahme, am 30. Januar 1933, berief Adolf Hitler Hermann Göring nicht nur zum Reichsminister ohne Geschäftsbereich und zum Reichskommissar für Luftfahrt, sondern auch zum Kommissar für das Preußische Innenministerium im Reichskommissariat Franz von Papens. Die neue Reichsregierung drängte auf ein endgültiges Ende der geschäftsführenden Regierung Braun. Bei der Neuwahl des preußischen Landtags am 5. März kam die NSDAP auf 44,3 %. Am 22. März 1933 konstituierte sich der neue preußische Landtag. Der Landtag bestätigte die Absetzung der Regierung Braun, die daraufhin auch offiziell zurücktrat. Auf die Wahl eines neuen Ministerpräsidenten verzichtete der Landtag. Durch die Gesetze zur Gleichschaltung der Länder vom 31. März und 7. April 1933 wurde auch Preußen dem Reich unterstellt. Am 11. April wurde Hermann Göring von Adolf Hitler zum Preußischen Ministerpräsidenten ernannt. Durch die etwa ein Jahr später, am 19. Juli 1934, folgende Erste Verordnung zur Vereinheitlichung und Verbilligung der Verwaltung wurden die Landesministerien faktisch mit den Reichsministerien vereinigt.[319]

Für das Preußische Landwirtschaftsministerium bedeutete der „Preußenschlag", dass der amtierende Minister Heinrich Steiger zusammen mit dem gesamten Staatsministerium zurücktrat. Er sollte die laufenden Geschäfte jedoch bis zum 25. März 1933, dem Tag der Gleichschaltung der Länder, weiterführen.

---

319 Literatur zu Preußen: Clark, Christopher, Preußen. Aufstieg und Niedergang 1600–1947, Bonn 2007; Bracher, Karl Dietrich, Dualismus oder Gleichschaltung. Der Faktor Preußen in der Weimarer Republik, in: Bracher, Karl Dietrich, Funke, Manfred, Jacobsen, Hans-Adolf (Hg.), Die Weimarer Republik 1918–1933. Politik, Wirtschaft, Gesellschaft, 2. Aufl., Bonn 1988, S. 535–551.

Als ersten Kommissar für die Landwirtschaft hatte Franz von Papen im Juli 1932 den parteilosen Fritz Mussehl (1885–1965) berufen. Mussehl war Verwaltungsjurist und seit 1919 im Preußischen Landwirtschaftsministerium, ab 1921 als Ministerialrat, tätig. Franz Mussehl wurde durch diese Konstruktion gewissermaßen Vorgesetzer seines früheren Ministers. Das Preußische Landwirtschaftsministerium hatte durch die Einsetzung der Kommissare für fast ein Jahr de facto zwei Leiter. Was dies im Konkreten für die Geschäfte des Ministeriums bedeutete, erwähnt Käthe Delius nicht. Mussehl wurde schon ein Vierteljahr später, im Oktober 1932, als Staatssekretär in das Reichsministerium für Ernährung und Landwirtschaft berufen.[320]

In dem Zeitraum vom „Preußenschlag" bis zur Gleichschaltung der Länder, vom Juli 1932 bis März 1933, erlebte das Preußische Landwirtschaftsministerium insgesamt drei Kommissare. Im ersten Reichskommissariat Franz von Papen I (20. Juli 1932 bis 29. Oktober 1932) war, wie schon erwähnt, Franz Mussehl Kommissar für die Landwirtschaft. Im Reichskommissariat Franz von Papen II (Oktober bis Dezember 1932) war Kommissar für die Landwirtschaft Magnus Freiherr von Braun (1878–1972) von der DNVP.[321] Er war wie Franz Mussehl Verwaltungsjurist. Reichskanzler Franz von Papen hatte ihn am 1. Juni 1932 in die von ihm geführte Regierung berufen. Er blieb auch in der von Reichskanzler Kurt von Schleicher geleiteten Folgeregierung im Amt. Am 28. Januar 1933 trat er dann mit dem gesamten Kabinett Schleicher von seinen Ämtern zurück. Im dritten Reichskommissariat Kurt von Schleicher (3. Dezember 1932 bis 28.

---

320 Im Nationalsozialismus wurde Mussehl Vizepräsident des Reichsrechnungshofes. 1942 wurde er als Mitglied im Stab des Sonderbeauftragten des Führers für Wehrmacht, NSDAP u. Staatsverwaltung, General Walter v. Unruh, ernannt. Dieser Stab sollte Personal für den Fronteinsatz rekrutieren. 1945 wurde er von der sowjetischen Armee verhaftet u. zu einer mehrjährigen Haftstrafe verurteilt.

321 Während der Weimarer Republik war Freiherr von Braun in landwirtschaftlichen Verbänden aktiv u. ab 1920 Direktor der Raiffeisengenossenschaften für Brandenburg, Schleswig-Holstein u. die Grenzmark Posen-Westpreußen gewesen. 1930 war er Vizepräsident des Reichsverbands der Landwirtschaftlichen Genossenschaften. Er war aber nicht nur Kommissar für Preußen, sondern zugleich Reichsminister für Ernährung u. Landwirtschaft sowie Reichskommissar für die Osthilfe.

Januar 1933) blieb Magnus Freiherr von Braun Kommissar für die Landwirtschaft. Im Reichskommissariat Papen III vom 30. Januar 1933 bis 7. April 1933, nach der Machtübernahme von Adolf Hitler, wurde Alfred Hugenberg (1865–1951) von der DNVP Kommissar für das Preußische Landwirtschaftsministerium, deren Parteivorsitz er seit 1928 innehatte. Er war ein Montan-, Rüstungs- und Medienunternehmer. Am 30. Januar 1933 berief Reichspräsident Paul von Hindenburg Alfred Hugenberg außerdem als Minister für Wirtschaft, Landwirtschaft und Ernährung in das von Hitler geführte Kabinett. Die Bereitschaft Alfred Hugenbergs zur politischen Zusammenarbeit mit Adolf Hitler in einem gemeinsamen Kabinett hatte diesem schließlich am 30. Januar 1933 die Ernennung zum Reichskanzler ermöglicht. Hugenberg trat dann am 29. Juni 1933 von allen Minister- und Parteiämtern zurück, als er schließlich erkennen musste, dass die Nationalsozialisten, obwohl er ihnen den Weg bereitet hatte, keineswegs gewillt waren, den Fortbestand seiner DNVP zu sichern. Sein Nachfolger im Amt des Reichsministers für Ernährung und Landwirtschaft wurde der nationalsozialistische Agrarpolitiker Walther Darré (1895–1953).

Prioritäten in Franz von Papens Politik hatte die Realisierung eines neuen, konservativen Staates, in dem die Parteien abgeschafft und die Rechte gewählter Gremien eingeschränkt sein sollten. Als erstes galt es, das republikanische System und seine Anhänger zurückzudrängen. In Preußen begann er sofort nach der Einsetzung des Reichskommissariats, führende Beamte und andere Führungskräfte, die den Parteien der Regierung Braun nahestanden, von ihren Posten zu entfernen. An ihre Stelle traten meist konservative Beamte. Nach der Machtübernahme Adolf Hitlers wurde die Ersetzung politisch nicht genehmer Beamter im Reich und in Preußen noch verstärkt. Ein weiteres Projekt von Franz von Papen war eine Verfassungs- und Wahlreform im Reich und in Preußen gegen die verschiedene Frauenorganisationen, u. a. der BDF, der Deutsche Akademikerinnenbund und die Arbeitsgemeinschaft der Berufsorganisationen in Form von Eingaben vehement protestierten. Die Frauen sahen etwa in den Vorschlägen zur Einführung eines „Pluralwahlrechtes", das eine Zusatzstimme für einen Familienernährer und auch für Kriegsteilnehmer vorsah, eine rückschrittliche Entwicklung, die Frauen schwer benachteiligen würde. Vollkommen unberücksichtigt bliebe dabei auch, so argumentierten sie, dass in erheblichem Maße unverheiratete Frauen zur Ernährung von Familienmitgliedern beitragen würden. Die Eingabe befasste sich auch ausführlich mit Konzepten, die neben dem Reichstag eine berufsständische Kammer platzieren wollten. Schwere Bedenken erhob man gegen Methoden, nach denen in Preußen auf Veranlassung des Reiches „Abbaumaßnahmen gerade in solchen Ressorts erfolgt waren, die der Pflege der kulturellen Aufgaben dienten."[322] Man verwahrte sich gegen die Zerreißung der Jugendpflege und Fürsorgearbeit durch den Fortfall des Wohlfahrtsministeriums und seine Aufteilung auf verschiedene Stellen. Die Frauen kritisierten vehement den Beamtenabbau im Preußischen Handelsministerium, und zwar insbesondere auf dem Gebiet der für Millionen weiblicher Arbeitskräfte unentbehrlichen Gewerbeaufsicht.

Die Protestnote der Frauenverbände wandte sich gleichfalls dagegen, dass Käthe Delius aus dem Ministerium herausgenommen und in das Kulturamt Teltow versetzt worden war. Dieses Vorkommnis fand Eingang in die Autobiographie von Marie-Elisabeth Lüders. Sie berichtet: „Wir lehnten auch die Auflösung des Frauenreferats im Preußischen Ministerium für Landwirtschaft, Domänen und Forsten ab, weil nach unserer Ansicht die Eigenart der Frauenarbeit nicht mehr die Bewertung fand, die ihrer Bedeutung für Volkswirtschaft und Volkserziehung zukommt."[323] Es blieb in diesem Fall nicht nur bei dieser Protestnote der Frauen. Beim Ministerium gingen unendlich viele empörte Schreiben ein. Sie waren auch verfasst von Mitgliedern des Staatsrates, von Abgeordneten und auch von Kammerpräsidenten. Da es keinen Hinweis gibt, dass der ausgesprochenen Versetzung eine politische Intention zu Grunde gelegen hatte, muss man davon ausgehen, dass sich die Absicht der Versetzung auf das Referat in der Hand einer weiblichen Referentin gerichtet hatte. An der Anweisung, sie solle ihre Verantwortung für das ländlich-hauswirtschaftli-

---

322  Lüders, Fürchte dich nicht, S. 161.
323  Ebd.

*Marie-Elisabeth Lüders, 1932*

che Schulwesen von Teltow aus weiterführen, ist zu erkennen, dass es nicht die Aufgabe, sondern die Stelle und möglicherweise das Geschlecht der Amtsträgerin war, die ins Visier der Planer im Reichskommissariat Papen geraten war. Käthe Delius selbst und, wie man an den Protestnoten der Frauenverbände nicht schwer erkennen kann, auch weitere Zeitgenossinnen, waren davon überzeugt, dass eine ganze Reihe von Überlegungen und Vorhaben der Regierung Papen eine schwere Benachteiligung der Frauen mit sich brächten.

Der Protest endete mit einem Erfolg, die Versetzung von Käthe Delius wurde aufgehoben. Die Gründe für die Rücknahme sind nicht bekannt. Ihr selbst kam diese Entwicklung wie ein „Wunder" vor, sie wurde über die Hintergründe im Dunkeln gelassen. Hatte sich die Regierung schlicht vom massiven Protest beeindrucken lassen? Oder hatte sie inzwischen einen Einblick in die Leistung und Erfahrung gewonnen, die Käthe Delius beim Aufbau eines Schulwesens in den letzten zehn Jahren vorzuweisen hatte? Wie lange ihr Intermezzo im Kulturamt Teltow gedauert hat, ist nicht bekannt. Trotz Irritation und Betroffenheit konnte Käthe Delius aus diesem Ereignis auch positive, sie stützende Erfahrungen ziehen: Der Protest hatte ihr gezeigt, „dass man meine Arbeit schätzte, und dieses Bewusstsein stärkte mich für die nun kommende schwere Hitlerzeit."[324]

## Noch im Preußischen Landwirtschaftsministerium im ersten Jahr unter dem Hakenkreuz

Rückblickend lässt Käthe Delius keinen Zweifel daran, dass sie die Zeit des Nationalsozialismus im Ministerium als äußerst belastend und schwierig empfand. Ihrem Stil gemäß, den sie für ihre Lebenserinnerungen gewählt hatte, beschäftigte sie sich in ihrer Schilderung des Zeitraums von 1933 bis 1945 nicht mit politisch-ideologischen Themen oder Differenzen, sondern beschreibt konkret die Umstände, Vorkommnisse und Entwicklungen im Ministerium. In die sich ihr stellenden Konflikte gibt sie keinen näheren Einblick. Auch eine bilanzierende sowie selbstkritische Rechenschaftslegung fehlt.

Die Beamten des Preußischen Landwirtschaftsministeriums hatten den enormen Zuwachs der zur Macht strebenden NSDAP über Jahre hinweg beobachtet. Seit Anfang der 1930er Jahre hatten die Nationalsozialisten auch in den Bauernverbänden auffällig zahlreiche Anhänger und Wählerstimmen gewonnen. Die politischen Flügelkämpfe in den politischen Parteien, insbesondere im Zentrum und der DNVP, in deren Mittelpunkt auch die Haltung zur antisemitischen wie antirepublikanischen nationalsozialistischen Bewegung stand, wa-

---

[324] Delius, Ein Leben, Teil IV, S. 37.

ren bekannt. Käthe Delius befand sich in ihrer Dienststelle in einem Umfeld, das über den Fall einer möglichen Dienstübernahme der Nationalsozialisten noch „ulkte". Ein Kollege hatte ihr im Spaß eines seiner Kinder angeboten, „denn ohne ein solches würde ich wohl kaum bei der Dienstübernahme bestehen können."[325] Man hatte die umfangreiche Entfernung oder Versetzung von Beamten schon mit Beginn der Regierung Papen erlebt, die entweder politisch unliebsame Personen ausschalten sollte oder dem Interesse geschuldet war, mit einem Stellenabbau die öffentlichen Haushalte zu entlasten.

Dann kam Anfang 1933 tatsächlich die Machtübertragung an Adolf Hitler und offenbar waren nun doch einige überrascht, welch anderer Geist in das Ministerium einzog. Käthe Delius berichtet, dass die Umwälzung schon in personeller Hinsicht größer war, als dies das Kollegium erwartet hatte. Zahlreiche Beamte wurden versetzt oder entlassen. Sie nennt keine Namen, aber sie berichtet, dass es bei vielen mindestens irritiertes Erstaunen auslöste, dass jetzt Beamte die Führung übernahmen, „die heimlich der Partei angehört hatten" und sich jetzt „Urteile über die einzelnen Persönlichkeiten" anmaßten. Sie packt die Bestürzung über die neuen Verhältnisse in den lakonischen Satz: „Alles stand auf dem Kopf."[326]

Erneut stand nun innerhalb kürzester Zeit mit dieser Dienstübernahme eine Überprüfung an, die Unsicherheit und Ungewissheit mit sich brachte. Käthe Delius scheint nicht ausgeschlossen zu haben, dass auch sie ihr Amt verlieren könnte. Sie selbst fand, dass sie gefährdet war. Einige Aspekte sprachen dafür. Der wichtigste war, dass sie nicht bereit war, der NSDAP beizutreten. Ob es von ihr verlangt oder zumindest nahegelegt worden war, ist nicht bekannt. Sie schloss einen solchen Schritt aus, obwohl sehr viele Frauen eine andere Entscheidung trafen. Ein Beitritt hätte in den Trend gepasst, den die NSDAP verzeichnete: Zwischen 1930 und 1933 triumphierte diese über eine überproportionale Zunahme weiblicher Mitglieder. Ein weiterer gegen Käthe Delius aus

---

325 Ebd., S. 38.
326 Ebd.

Sicht der neuen Machthaber sprechender Aspekt war, dass sie eine Frau im höheren Dienst eines Ministeriums war. Und dort gehörten Frauen nach nationalsozialistischer Überzeugung nicht hin. Denn um die Familie als Keimzelle der Nation zu stärken, bestand die „natürliche" Hauptaufgabe der Frauen vielmehr darin, möglichst viele Kinder zur Welt zu bringen, und somit zur Ausbreitung der „arischen Rasse" beizutragen.[327] Adolf Hitler proklamierte die nationalsozialistischen Leitlinien pointiert, nach denen die Rollen von Mann und Frau im NS-Staat bestimmt waren: „Wenn man sagt, die Welt des Mannes ist der Staat, die Welt des Mannes ist sein Ringen, die Einsatzbereitschaft für die Gemeinschaft, so könnte man vielleicht sagen, daß die Welt der Frau eine kleinere sei. Denn ihre Welt ist ihr Mann, ihre Familie, ihre Kinder und ihr Haus. [...] Wir empfinden es nicht als richtig, wenn das Weib in die Welt des Mannes eindringt, sondern wir empfinden es als natürlich, wenn diese beiden Welten geschieden bleiben."[328] Hitlers Beschimpfung der Frauenemanzipation als ein nur vom jüdischen Intellekt erfundenes Wort konnte Käthe Delius genauso wenig gefallen wie seine abfälligen Bemerkungen über Frauen in den Parlamenten. Er zeigte sich überzeugt, dass wir „auch die letzte deutsche Frau gewonnen [hätten, O.W.-H.], wenn sie nur einmal Gelegenheit gehabt hätte, das Parlament und das entwürdigende Wirken der Frauen darin zu studieren."[329] Käthe Delius stand seit vielen Jahren im öffentlichen Leben, hatte mit Abgeordneten und verschiedenen Ministerialverwaltungen zu tun, arbeitete mit preußischen und außerpreußischen Beamten und Beamtinnen in Regierungs-

---

327 Literatur zu Frauen im Nationalsozialismus: Hauch, Gabriella, Nationalsozialistische Geschlechterpolitik und bäuerliche Lebenswelten. Frauenspezifische Organisierung – Arbeitsteilung – Besitzverhältnisse, in: Gehmacher, Johanna, Hauch, Gabriella (Hg.), Frauen- und Geschlechtergeschichte des Nationalsozialismus. Fragestellungen, Perspektiven, neue Forschungen, Innsbruck, Wien, Bozen 2007, S. 70–86; Wagner, Leonie, Nationalsozialistische Frauenansichten. Weiblichkeitskonzeptionen und Politikverständnis führender Frauen im Nationalsozialismus, Frankfurt/Main 1996, 2. Aufl., Berlin 2010; Ebbinghaus, Angelika (Hg.), Opfer und Täterinnen. Frauenbiographien des Nationalsozialismus, Nördlingen 1987.

328 Adolf Hitler am 8.9.1934, im Rahmen des Reichsparteitages der NSDAP in Nürnberg vor der NS-Frauenschaft, zit. n. Benz, Ute (Hg.), Frauen im Nationalsozialismus. Dokumente und Zeugnisse, München 1993, S. 42.

329 Ebd., S. 44.

behörden zusammen, während die Nationalsozialisten der Ansicht waren, dass Frauen hier im Normalfall nichts zu suchen hätten.[330]

Parteiintern hatten sich die Nationalsozialisten schon früh darauf verständigt, Frauen weder in die Parteiführung noch in ihre leitenden Ausschüsse zu integrieren. Dennoch konstatierten Studien der jüngeren Zeit Ambivalenzen der nationalsozialistischen Frauenpolitik: Claudia Huerkamp kommt zu dem Schluss: „Abgesehen von dieser Ausnahme [den Juristinnen, O.W.H.] aber zeigte sich der nationalsozialistische ‚Antifeminismus' durchaus flexibel und anpassungsbereit gegenüber den Zwängen einer modernen Volkswirtschaft, besonders gegenüber den Erfordernissen erst der Kriegsvorbereitung, dann der tatsächlichen Kriegsökonomie, als die Frauen in immer stärkerem Maße gezwungen waren, die Männer zu ersetzen."[331] Im Blick auf den gesamten Zeitraum zwischen 1933 und 1945 stellte Claudia Huerkamp eine merkwürdig Ambivalenz zwischen einerseits Unterdrückung und andererseits Förderung der Ausbildungswünsche und beruflichen Ambitionen von Frauen fest. Dieses Phänomen will sie auch in Bezug auf die Schulpolitik erkannt haben: Zum einen bedeutete die Einrichtung und zugleich die besondere Förderung der „Oberschule für Mädchen, hauswirtschaftlicher Zweig" ein ausdrückliches Orientieren auf die zukünftigen mütterlichen und hausfraulichen Aufgaben der jungen Mädchen und damit eine Abdrängung vom wissenschaftlichen und beruflichen Aufgabenfeld, andererseits berechtigte von Ostern 1941 an dieses sog. „Puddingabitur" – im Volksmund so kreiert wegen der Betonung der Fächer des „Frauenschaffens" – genauso uneingeschränkt zum Hochschulbesuch wie das Abitur des sprachlichen Typus. 1936 und verstärkt seit Kriegsbeginn wurden speziell junge Frauen in fast allen Fächern zur Aufnahme eines Studiums ermutigt.[332]

Schon in den ersten Wochen unter Reichskanzler Hitler mussten massive Maßnahmen zur politischen Entrechtung von Frauen, Eingriffe in das Frauen-

---

330 Vgl. Huerkamp, Claudia, Bildungsbürgerinnen. Frauen im Studium und in akademischen Berufen, 1900–1945, Göttingen 1996, insb. S. 287–294.

331 Ebd., insb. S. 301–311, hier S. 309f. Vgl. auch: Winkler, Dörte, Frauenarbeit im ‚Dritten Reich', Hamburg 1977.

wahlrecht durch die Entziehung des passiven Wahlrechts und Zwangsbeurlaubung oder Entfernung von Frauen aus höheren Verwaltungsstellen konstatiert werden. Die Maßnahmen der Nationalsozialisten griffen massiv in den Arbeitsmarkt sowohl bei Studienrätinnen, Ärztinnen, Nationalökonominnen und besonders Juristinnen ein. Ganz prominent traf die Entfernung aus einer höheren Beamtinnenstelle die bekannte Frauenpolitikerin und Liberale Gertrud Bäumer (DDP), die seit 1920 als Ministerialrätin im Reichsinnenministerium für die Referate Jugendwohlfahrt und Schulwesen tätig war. Am 27. Februar 1933 erhielt sie zunächst einen Brief des Reichsministers des Inneren, mit dem ihr bis auf Weiteres Urlaub erteilt wurde.[333] Eine Protestaktion von Frauenverbänden, die in der Tagespresse dagegen Einspruch erhoben, konnte nicht verhindern, dass Gertrud Bäumer am 31. April 1933 ihr Entlassungsschreiben erhielt. Auch Einsprüche aus Fachkreisen und juristischen Kreisen halfen in diesem Fall nicht. Ihre Entlassung wurde mit dem Paragraphen 4 des Gesetzes zur Wiederherstellung des Berufsbeamtentums vom 7. April 1933 begründet: „Da Sie nach Ihrer bisherigen politischen Betätigung nicht die Gewähr dafür bieten, daß Sie jederzeit rückhaltlos für den nationalen Staat eintreten, entlasse ich Sie [...] aus dem Reichsdienst."[334] Schon vor den Wahlen am 5. März 1933, hatte der BDF davor gewarnt, Parteien zu wählen, die Frauen zu Bürgern zweiter Klasse herabdrückten. Er protestierte gegen die Verdrängung der Frau im Staatsleben und gegen den Abbau fachkundiger Frauen in der Verwaltung. Im Falle der Versetzung von Käthe Delius an das Kulturamt Teltow Mitte des Jahres 1932 hatten die Proteste geholfen, die Maßnahme wurde zurückgenommen. Einige Monate später gelang dies im Falle von Gertrud Bäumer nicht.

---

332 Vgl. Kater, Michael H., Krisis des Frauenstudiums in der Weimarer Republik, in: Vierteljahrsschrift für Sozial- und Wirtschaftsgeschichte, Jg. 59, 1972, S. 207–255; Stephenson, Jill, Women in Nazi Society, New York 1975; Steffen-Korflür, Brigitte, Studentinnen im „Dritten Reich". Bedingungen des Frauenstudiums unter der Herrschaft des Nationalsozialismus, Diss. Bielefeld 1991; Bajohr, Stefan, Rödiger-Bajohr, Kathrin, Die Diskriminierung der Juristin in Deutschland bis 1945, in: Kritische Justiz, Jg. 13, 1980, S. 39– 50; Klewitz, Marion, Lehrersein im Dritten Reich, Weinheim 1987.

333 Schaser, Frauenbewegung, S. 284–286.

334 Zit n. Schaser, Frauenbewegung, S. 284f.

Mit dem „Gesetz zur Wiederherstellung des Berufsbeamtentums" hatte sich die Reichsregierung unter Reichskanzler Hitler nun unter Federführung des nationalsozialistischen Reichsinnenministers, Wilhelm Frick (1877–1946), ein Instrument geschaffen, um den Aufbau und die Etablierung des NS-Staates zu befördern. Es erlaubte den neuen Machthabern, die Regierungsbürokratie umzukrempeln, politisch missliebige Beamte und Gegner der Nationalsozialisten aus dem Dienst zu entfernen und rassenpolitische Ziele, die in erster Linie gegen die Juden gerichtet waren, zu verwirklichen. Das bedeutete die Gleichschaltung des öffentlichen Dienstes, um diesen gemäß nationalsozialistischer Vorstellungen zu reorganisieren und um Loyalität gegenüber dem neuen Regime sicherzustellen.[335] Bis in die untersten Verwaltungsebenen der Gemeinden reichten die Auswirkungen des Gesetzes. Der Historiker Saul Friedländer nimmt an, dass die von diesem Gesetz formulierten Ausschließungsmaßnahmen für mehr als zwei Millionen staatlicher und städtischer Beschäftigte galten.[336] Die Entscheidung für eine Zwangspensionierung war für die Existenz durchaus bedrohlich, wurde doch keineswegs allen ein Ruhegehalt zugestanden.

---

335 Eine Intention des Gesetzes richtete sich gegen die politischen Gegner des Nationalsozialismus mit Hilfe des § 4 („Beamte, die nach ihrer bisherigen politischen Betätigung nicht die Gewähr dafür bieten, dass sie jederzeit rückhaltlos für den nationalen Staat eintreten"). Sie konnten in den Ruhestand versetzt oder aus dem Dienst entlassen werden. Ein zweites Motiv galt der Aussonderung der sog. „Parteibuch-Beamten". Darunter verstand man Beamte, die nach 1918 in ihren Beruf eingetreten waren, ohne die für die Laufbahn übliche Vorbildung nachweisen zu können. Diese sollten entlassen werden. Eine dritte Intention enthielt den § 3 – den „Arierparagraphen". Beamte nicht arischer Abstammung konnten entlassen oder vorzeitig in den Ruhestand versetzt werden. Eine vierte Zielsetzung war im § 6 festgeschrieben: Beamte konnten „zur Vereinfachung der Verwaltung" ohne Angabe von Gründen in den Ruhestand versetzt werden. Diese Möglichkeit wurde außerordentlich häufig angewandt: In einer Großstadt konnten Hunderte von Lehrkräften entlassen werden, um fast genauso viele wieder einzustellen. Die angebliche Einsparungsmaßnahme war eher ein Vorwand, um den Schuldienst mit nationalsozialistisch gesinnten Lehrkräften zu füllen.

336 Friedländer, Saul, Das Dritte Reich und die Juden: Bd. 1., Die Jahre der Verfolgung: 1933-1939, durchgeseh. Sonderausgabe München 2007, S. 40.

337 Personalnachweis zu den Dienstakten, Reichsministerium für Wissenschaft, Erziehung und Volksbildung, BArch, Akte A0014, Bild 2539.

338 Harter-Meyer, Der Kochlöffel, S. 249–260.

Ein weiterer, Käthe Delius gefährdender Aspekt war ihre enge Zusammenarbeit und Vernetzung mit Instituten, die eng mit der Frauenbewegung verbunden waren. Zentral zu nennen wäre das Institut für Hauswirtschaftswissenschaft, angeschlossen an die Frauenakademie von Alice Salomon. Hier arbeitete sie mit Jüdinnen zusammen. Diese Tatsache sollte ihr später auch im Ministerium als politische Unzuverlässigkeit vorgeworfen werden.

Die Basis für eine Entscheidung über Weiterbeschäftigung, Degradierung, Entlassung oder Zwangspensionierung bildete eine aufwändige, systematische sowie gründliche Fragebogenaktion. Der Fragebogen zur Durchführung des „Gesetzes zur Wiederherstellung des Berufsbeamtentums", der innerhalb von drei Tagen ausgefüllt zurückgegeben und mit einer eidesstattlichen Versicherung zur Richtigkeit der Angaben versehen werden musste, umfasste fünf Bereiche auf vier Seiten: 1. Personalien, 2. Amtsbezeichnung, 3. Beamtenrechtliche Befähigung gemäß Paragraph 2 BBG, 4. Abstammung gemäß Paragraph 3 BBG (Eltern, Großeltern usw.), 5. Mitgliedschaft in Parteien oder Verbänden gemäß Paragraph 4 BBG.

Käthe Delius hat diesen Fragebogen wie alle höheren Beamten im Ministerium ausfüllen müssen. Bisher gelang es trotz intensiver Recherchen nicht, diesen ausfindig zu machen. Dagegen liegt ein Personalnachweis vom 2. November 1938 aus dem REM vor, dem man einige Daten entnehmen kann.[337] Daraus geht hervor, was sie in ihren Lebenserinnerungen mehrfach notiert hatte: Sie war kein Mitglied der NSDAP, hatte in der Weimarer Republik nur kurz im Jahr 1924 oder 1925 der Deutschnationalen Volkspartei angehört. In die NS-Frauenschaft war sie am 1. Mai 1933 eingetreten, im gleichen Jahr wurde sie Mitglied der NSV (Mitgliedsnummer: 89126) und der Freiwilligen Feuerwehr. 1934 kam die Mitgliedschaft im Reichsbund der Deutschen Beamten (NS-Beamtenarbeitsgemeinschaft) dazu. Diese Angaben stehen im Widerspruch zu den Ausführungen, die Renate Harter-Meyer in ihrer Publikation „Der Kochlöffel ist unsere Waffe. Hausfrauen und hauswirtschaftliche Bildung im Nationalsozialismus" macht.[338] Sie behandelt hier Else Vorwerck, Käthe Delius, Irmgard Berghaus, Aenne Sprengel summarisch als „maßgebliche Nationalsozialistinnen im Bereich Volkswirtschaft – Hauswirtschaft". Für Käthe Delius gibt sie an, dass diese am 1.3.1937 mit der Mitgliedsnummer 3913463 in die NSDAP eingetreten sei. Außerdem, dass sie Mitglied im NSKV [Nationalsozialistische Kriegsopferversorgung] gewesen sei. Diese beiden Angaben ließen sich nicht bestätigen. Meine Recherchen ergaben, dass die von Renate Meyer-Harter ausgewertete Mitgliedskarte einer Frau gleichen Namens gehörte, zu der ein von Käthe Delius abweichendes Geburtsjahr (statt 1893 1889) und auch ein anderer Beruf (Wirtschafterin) angeben war: Geburtsdatum, Beruf und auch Adresse stimmen nicht überein mit den Daten der Regierungsrätin Käthe Delius. Auch die von Renate Harter-Meyer angeführte Mitgliedschaft im Reichsluftschutzbund, im Kolonialbund, im Deutschen Roten Kreuz und eine leitende Funktion in der NS-Frauenschaft bestätigt der Personalnachweis von 1938 nicht.

Von allen Organisationen, in denen Käthe Delius Mitglied war, gehörte sie am längsten der im Jahre 1913 gegründeten Anthroposophischen Gesellschaft an: von etwa 1924 bis 1935. Am 1. November 1935 wurde diese von den Nationalsozialisten verboten. Leider wissen wir nicht, welche Bedeutung die Anthroposophie für die Weltanschauung von Käthe Delius, ihre Lebensentscheidungen und ihr berufliches und gesellschaftliches Wirken hatte. Ihre Beziehung zur Anthroposophie war aber mit dem Verbot 1935 nicht für immer abgeschlossen. Käthe Delius wird in ihren letzten Lebenswochen, am 1. September

---

339 Die Meldebescheinigung d. Gemeinde Niefern-Öschelbronn weist als Datum des Zuzugs den 17.9.1977 aus: Brief der Gemeindeverwaltung v. 09.3.2016. Sie starb lt. dieser Meldebescheinigung dort am 20.11.1977. Telefonate mit dem Sekretariat des Johanneshauses am 19.8.2016 und persönliche Gespräche mit der Leitung des Hauses vor Ort am 29.8.2016 ergaben, dass im Johanneshaus keine Dokumente zu Käthe Delius aufbewahrt sind. Das Johanneshaus wurde im Oktober 1974 von dem Schweizer Anthroposophen Dr. jur. Conrad Schachenmann als Zentrum für Lebensgestaltung im Alter gegründet. Aus der „anthroposophischen Menschenerkenntnis" sollten hier Lösungen zur Altersfrage gefunden werden. Das Zentrum sollte mehr sein als eine Verwahranstalt für alte u. pflegebedürftige Menschen. Große Nachfrage machten Anbauten u. Neubauten notwendig. Es bestand enge Nachbarschaft zu einer anthroposophischen Klinik u. eine eigene Haus- u. Heimarztstelle, um Menschen auch in Krankheitssituationen Geborgenheit geben zu können. Vgl. Festschrift zum Jubiläum 40 Jahre Johanneshaus Öschelbronn. Zentrum für Lebensgestaltung im Alter 1974–2014, Niefern-Öschelbronn 2014.

1977, in das anthroposophische Johanneshaus, Zentrum für Lebensgestaltung im Alter, in Niefern-Öschelbronn, östlich von Pforzheim im Enzkreis gelegen, umziehen.[339] Auch die jüngere Schwester von Käthe Delius, Eleonore Meyer, lebte im Alter im Johanneshaus.[340] Käthe Delius starb dort am 20. November 1977.

## Ein dienendes Glied in der Kette der Beamten

Käthe Delius behielt 1933 wider Erwarten und zu ihrer eigenen Verwunderung ihr Amt als Regierungsrätin: „Dass ich durch diesen radikalen Abbau durchgeschlüpft bin, ist ein Wunder. Vielleicht war in diesem Fall meine Parteilosigkeit ein Vorteil."[341] Sie hatte wieder, wie einige Monate zuvor auch, keinen Aufschluss über die Gründe erhalten: „Ich weiß heute noch nicht, welchem Umstand ich es verdanke, dass man mich in meinem Amt beließ."[342] Es gäbe einige Aspekte auf die Waagschale zu legen, die für ihren Verbleib und die Fortsetzung ihrer Arbeit sprachen. Als erstes wäre zu nennen, dass sie unverheiratet war, so dass das Thema des Doppelverdienens nicht aufkommen konnte und sie außerdem als berufstätige „Ausnahme" von der Regel gelten konnte, zumal sie in einem nach nationalsozialistischer Sprachweise „arteigenen" Beruf, im ländlich-hauswirtschaftlichen Bereich, aktiv war. Zweitens war sie bisher nicht durch politische Parteinahme oder parteipolitisches Auftritte in öffentlichen Versammlungen aufgefallen. Drittens war sie eine erfolgreich tätige, langjährige Beamtin, die ihre Meriten im Aufbau eines ländlich-hauswirtschaftlichen Schulwesens schon reichlich verdient hatte. An eine ganze Reihe, in diesem Bereich angestoßenen Reformen, wollten die nationalsozialistischen Erziehungspolitiker anknüpfen. Viertens hatte sich anlässlich der Einsprüche gegen ihre zeitweilige Versetzung ins Kulturzentrum Teltow gezeigt, dass Käthe Delius gut vernetzt war und Rückhalt in ganz unterschiedlichen

340 Vgl. Westfälisches Geschlechterbuch, bearb. v. Uta v. Delius, S. 401.
341 Delius, Ein Leben, Teil IV, S. 17.
342 Ebd., S. 38.

Kreisen, Behörden, Institutionen und Verbänden genoss. Viertens war sie aktiv in einem Bereich, der dem NS-Regime äußerst wichtig war: in der Landwirtschaft. Hier erfolgten sehr bald weitgehende Eingriffe und Veränderungen, die auch den Handlungsspielraum von Käthe Delius beeinflussen mussten.

Nach dem Rücktritt von Alfred Hugenberg wurde ab Ende Juni 1933 Reichsbauernführer Walther Darré Reichsminister für Ernährung und Landwirtschaft. Der Agrarpolitik maßen die Nationalsozialisten einen hohen Stellenwert zu. Maßnahmen zur Produktionssteigerung und Produktionslenkung standen in ökonomischer Hinsicht im Zentrum. Das Ziel war Einsparung von Devisen im Agrarbereich, da die Rüstungsindustrie diese für Rohstoffe benötigte, sowie die Verringerung der Abhängigkeit von Einfuhren von Lebensmitteln aus dem Ausland. Deutschland sollte auf ernährungswirtschaftlichem Gebiet Autarkie erreichen, Versorgungsengpässe der Zivilbevölkerung, wie sie im Ersten Weltkrieg aufgetreten waren, sollten für den Kriegsfall ausgeschlossen sein. Im internationalen Vergleich schnitt die Landwirtschaft in Deutschland schlecht ab, sie war auch nach agrarreformerischen Maßnahmen während der Weimarer Republik wenig leistungsfähig. Eine umfassende Entschuldung der Landwirte nach der Inflation der 1920er Jahre war bis zum Jahr 1932 schon wieder aufgebraucht worden und stellte sich erneut als notwendig heraus. In ländlichen Gebieten hatte die NSDAP zwischen 1928 und 1933 sehr viel Zustimmung erhalten, was u. a. auf die wachsende Verschuldung der Bauern zurückgeführt wird.[343]

Im Jahr 1933 waren in Deutschland 28,9 % der Erwerbstätigen in der Land- und Forstwirtschaft tätig, das entspricht etwa 10 Millionen Menschen. Beachtlich war auch die Anzahl der Frauen: Von den 11,5 Millionen erwerbstätigen Frauen in Deutschland waren fast 5 Millionen in der Landwirtschaft tätig. Gemessen an allen Beschäftigten stellten die Frauen damit fast 50 Prozent. Im nationalsozialistischen Deutschen Reich sollte die Agrarwirtschaft und Agrarpolitik durch umfangreiche Veränderungen der landwirtschaftlichen Produkti-

---

343 Falter, Jürgen W., Hitlers Wähler, München 1991, insb. S. 264, 348ff., 372f.

344 Münkel, Nationalsozialistische Agrarpolitik, S. 93f.

345 Ebd., S. 94.

ons- und der zugehörigen Verbandsstrukturen sowie durch eine entsprechende Gesetzgebung geprägt werden.

Unmittelbar nach der Machtübertragung an Adolf Hitler begannen die Nationalsozialisten mit der von ihnen seit Jahren propagierten Umstrukturierung auf agrarpolitischem Gebiet. Das betraf zuerst den ständischen Umbau der Landwirtschaft durch das Reichsnährstandsgesetz, das am 13. September 1933 verabschiedet wurde. Der so geschaffene Reichsnährstand als halbstaatliche Zwangsorganisation beanspruchte, eine berufsständische, allumfassende Einheitsorganisation zu sein. Sein Aufbau realisierte die Gleichschaltung aller landwirtschaftlichen Interessensverbände, Berufsorganisationen, Bauernvereine, Landwirtschaftskammern, Genossenschaften und auch der Ländlichen Hausfrauenvereine. An der Spitze des Reichsnährstandes stand Reichsbauernführer Walther Darré, der für ein Jahrzehnt eine auch für nationalsozialistische Verhältnisse außerordentliche Ämterfülle auf sich vereinigen konnte. Bis zu seiner Entmachtung im Jahr 1942 war er auch Reichsminister für Ernährung und Landwirtschaft, hatte außerdem das Amt des Reichsleiters an der Spitze des Reichsamts für Agrarpolitik der NSDAP inne und leitete zudem das Rasse- und Siedlungsamt der SS. Die große Machtfülle war dadurch charakterisiert, dass seine Ämter auf sowohl der obersten staatlichen Ebene als auch auf halbstaatlicher sowie auf parteiamtlicher Ressortebene angesiedelt waren. Unter seiner Leitung propagierte der Reichsnährstand für den landwirtschaftlichen Bereich ökonomische, bevölkerungspolitische und rasseideologische Ziele. Aus dem Bündel dieser Zielsetzungen sollten sich divergierende Entwicklungen ergeben: „Die postulierten ideologischen Ziele, die besonders die ideelle Aufwertung und Verklärung des Bauernstandes verfolgten und für deren Umsetzung die Person Richard Walther Darré und das Reichserbhofgesetz stellvertretend stehen können, gerieten immer mehr in Widerspruch zu den produktionspolitischen-kriegsvorbereitenden Anforderungen an die Ernährungswirtschaft."[344]

Die Historikerin Daniela Münkel unterteilt die NS-Agrarpolitik in drei Phasen[345]: eine erste zwischen 1933 und 1936. Diese war durch die Einführung einer Marktordnung – eine staatliche Regulierung von Angebot, Nachfrage und

Preisbildung durch Rechtsnormen –, eine sehr weit gehende Warenlenkung für landwirtschaftliche Erzeugnisse sowie deren Verteuerung gekennzeichnet. Die sogenannte „Erzeugungsschlacht" fiel ebenfalls in diese Phase. Diese war ein Konzept, entwickelt vom damaligen Staatssekretär im RMEL, Herbert Backe (1896–1947), das die Leistungssteigerung in der Nahrungsmittelproduktion durch Erfassen aller Betriebe, Verbesserung der Böden, Vergrößerung der Anbauflächen insbesondere für Ölfrüchte, Kredite zur Anschaffung von Maschinen, Bau von Wohnheimen für Wanderarbeiter, den Ausbau der staatlichen Beratung sowie die sparsame und effektive Verwendung aller Substanzen anzielte. Die zweite Phase umfasst den Zeitraum zwischen 1936 und bis 1939. In diesen Jahren wurde die Landwirtschaft in den Vierjahresplan einbezogen. Das Spezifische dieses Abschnittes war die unbedingte Priorität der Aufrüstung. Das bedeutete, dass die Warenlenkung intensiviert wurde und weitere Maßnamen ergriffen wurden, um die Produktion zu lenken und zu steigern. Dieser Abschnitt war auch davon geprägt, dass der Einfluss des Reichsnährstandes zurückgedrängt wurde, was auch die Beschneidung von Kompetenzen des Reichsbauernführers und zugleich Reichsernährungsministers Walther Darré umfasste. Dies signalisiert eindeutig, dass die ideologischen Ziele und Absichten gedrosselt werden mussten. Die dritte Phase umfasst die Zeit des Weltkrieges von 1939 bis 1945, in der die Ernährungswirtschaft absolut in die umfassend gelenkte Kriegswirtschaft einbezogen wurde.

Wie wirkte sich die nationalsozialistische Propaganda und Agrarpolitik auf die Frauen auf dem Land aus? Im Rahmen der Ideologie, die sich aus der nationalsozialistischen Bauerntums- und Rassentheorie ergab, war den Landfrauen eine herausgehobene Stellung zugewiesen. An erster Stelle stand die Bestimmung der Frau als Mutter. Vielen „erbgesunden" und „rassereinen" Kindern sollte sie das Leben schenken: „Nach einem ewigen Naturgesetz ist und bleibt die Frau die Bewahrerin und die Hüterin, aber letzten Endes auch die Voraussetzung rassischer Zukunftsmöglichkeiten des Volkes."[346] Andererseits war der Landfrau auch eine wichtige ökonomische Rolle im Rahmen der Autarkiezielsetzung zugedacht, denn sie war als Ehefrau auch Arbeitskameradin des Mannes, sie war „werteschaffende und werterhaltende Volksgenossin, war Betriebsleiterin und Anweiserin der „Gefolgschaftsleute".[347] In der Realität wuchs die schon in den 1920er Jahren immer wieder festgestellte, stetig zunehmende Arbeitsbelastung der Frauen, auf deren Mitarbeit die klein- und mittelbäuerlichen Betriebe besonders angewiesen waren. Die sowieso schon starke Inanspruchnahme der Frauen erhöhte sich dann nochmals enorm wegen der Einberufung vieler Männer während des Krieges. Eine zügige Mechanisierung durch die Anschaffung von Maschinen hätte ihr Arbeitspensum reduzieren können. Diese Entwicklung kam jedoch nur zögerlich in Gang. Die Überlastung der Frauen und in Folge davon ihre sehr fragile Gesundheit blieb auch in der Zeit des NS-Regimes Thema und wurde auch Gegenstand von wissenschaftlichen Studien.[348]

Da auch der RLHV im Jahr 1934 in den Reichsnährstand eingegliedert worden war, wurden dort in einigen Hauptabteilungen des Reichsnährstandes spezielle Frauenabteilungen als Unterabteilungen geschaffen. Für die umfassende Erfassung, Belehrung und Anleitung der Landfrauen wurden Tausende von Lehrgängen veranstaltet, Vorträge gehalten, Ausstellungen und Lehrschauen organisiert, Wirtschaftsberaterinnen auf das Land geschickt und zahlreiche Medien, wie Rundfunksendungen, Filme und Zeitschriften produziert. Gegen diese alleinige Erfassung der Frauen durch den Reichsnährstand opponierten jedoch Parteiorganisationen wie die NS-Frauenschaft oder das Deutsche Frauenwerk, die wiederum für sich einen Alleinvertretungsanspruch der deutschen Frauen auf kulturellem, geistigem und politischem Gebiet einforderten und infolgedessen mit dem Reichsnährstand in Konkurrenz um die Landfrauen traten. Trotz Klärungsversuchen kam es immer wieder zu Kompetenzgerangel. Auch für das Gebiet der Landwirtschaft galt das von der Forschung generell

---

346 Darré, Richard Walther, Die Frau im Reichsnährstand, in: Odal 2/1933/34, S. 606–625, hier S. 608f.

347 Vgl. Brand, Marie Berta Freiin von (Hg.), Die Frau in der deutschen Landwirtschaft. Deutsche Agrarpolitik auf geschichtlicher und landeskundlicher Grundlage, Bd. 3, Berlin 1939, S. 2.

348 Vgl. Münkel, Nationalsozialistische Agrarpolitik, S 443–445.

für viele Bereiche konstatierte „Ämter- und Kompetenzchaos", das nicht zuletzt „den beträchtlichen Substanzverlust geregelter Staatsorganisation"[349] anzeigte.

Käthe Delius nahm im ersten Halbjahr 1933 die gravierenden Veränderungen im Ministerium wahr, nicht nur in personeller Hinsicht, sondern auch im Hinblick auf grundsätzliche Gepflogenheiten und Verhaltensweisen. Generell hatten in der Phase der Präsidialkabinette seit dem März 1930 die leitenden Beamten in den Ministerien an Bedeutung und Einfluss auf die Regierungsgeschäfte gewonnen. Die mit der Organisation und Ausübung der nationalsozialistischen Herrschaft einhergehenden Veränderungen bedeuteten eine Erosion dessen, was ein regelhafter und einheitlich organisierter Staat herkömmlich darstellte. Käthe Delius weist auf weitere Umstellungen hin, die die Arbeit – und sie fügt noch hinzu: „das Leben" – substantiell änderten. An erster Stelle wandelte sich der eigene Status. Von einer, für ihr Referat verantwortlichen Persönlichkeit, wurde man degradiert zu einem kleinen Glied in der Kette: „Verantwortung trug ein Anonymus, die Partei."[350] Das Verantwortungsgefühl im Beamtenapparat erodierte aus ihrer Sicht. Ein Zeichen war, dass es für sie ab diesem Zeitpunkt nie wieder die Möglichkeit gab, dem Minister Vorschläge und Erwägungen vortragen zu können. Seine Angelegenheiten trug man dem Abteilungsleiter vor, wenn diesem das Vorgeschlagene nicht gefiel, war hier schon Endstation. Die Arbeit sei nicht mehr nach Qualität, sondern nach Quantität beurteilt worden. Früher sei der Referent der Angesehenste gewesen, dessen Arbeitsgebiet im Land reibungslos funktionierte und sich darüber hinaus weiterentwickelte. Jetzt wurde der Referent nach der Anzahl seiner Eingänge beurteilt. Diese Entwicklung bedauerte sie. Die Tüchtigkeit eines Beamten wurde danach bemessen, wie lange er sich im Ministerium aufhielt und Überstunden schindete, nicht nach dem Ergebnis seines Tuns. Statt Selbstverantwortlichkeit kehrte Kontrolle ein. Das war Käthe Delius „im tiefsten Herzen zuwider".[351]

---

349 Benz, Wolfgang, Ämter- und Kompetenzchaos, in: Studt, Christoph (Hg.), Das Dritte Reich. Ein Lesebuch zur deutschen Geschichte 1933–1945, München 1997, S. 112–115, hier S. 112.
350 Delius, Ein Leben, Teil IV, S. 38.
351 Ebd., S. 39.

Noch bedenklicher fand sie, dass das Vertrauen schwand. Das Gespenst der Denunziation zog in die Flure und Räume ein: „Es war kaum noch möglich, sich frei zu äußern."[352] Sie selbst war ebenfalls von Denunziation und Beschwerden betroffen. Wegen einer lächerlichen Unterstellung – sie hätte in einem Vortrag behauptet, die alten Germanen hätten in Höhlen gelebt – wurden Verhöre angestellt. Gefährlicher war der Vorwurf, in den Frauenschulen, für die sie zuständig war, würden christliche Choräle gesungen. Anfang der vierziger Jahre wurde Käthe Delius zum Vorwurf gemacht, dass die christlich eingestellte Schulleiterin von der dann schon Landfrauenschule genannten früheren Wirtschaftlichen Frauenschule in Obernkirchen, Agnes von Dincklage, eine „gottgläubige" Schülerin nicht aufgenommen habe.[353] Weitere Vorhaltungen betrafen ihre frühere Zusammenarbeit mit Jüdinnen. Ein Ministerialdirektor habe „auf Grund dieser schweren Verbrechen" geäußert, sie sei wohl als Referentin ungeeignet. Käthe Delius berichtet, sie habe sich da noch mit Erfolg wehren können, „aber lange wäre dies wohl nicht mehr gut gegangen."[354]

„Nun tauchen wieder die von 1918/19 gewohnten Probleme auf: Kann man da eigentlich mitmachen?" Diese Frage stellte der deutsche Gesandte in Oslo, Ernst von Weizsäcker, in einem Privatbrief im Februar 1933.[355] Diese Frage stellten sich große Teile der höheren Reichsbürokratie nach der Bestellung Hitlers zum Reichskanzler. Die Stellung der leitenden Beamten war in den letzten Jahren der Weimarer Republik immer stärker geworden, je schwächer das parlamentarische System wurde. Die Geschichtsschreibung hielt fest, dass man aus ihren Reihen bei dieser Frage weit weniger den Skrupel, den nagenden Zweifel oder den Appell an das Gewissen hörte. Eine andere, häufig gestellte und für eine große Gruppe der leitenden Beamten symptomatische Frage war: „Wie sichert man dem noch intakten Teil der Bürokratie den nötigen Einfluß?"[356] An dieser Frage ist zu erkennen, dass man sich einerseits selbstbewusst als Beam-

---

352 Ebd.
353 Vgl. Wörner-Heil, Adelige Frauen, S. 383–410.
354 Delius, Ein Leben, Teil IV, S. 39.

355 Zit. n. Krüger, Peter, Mitmachen?, in: Studt, Das Dritte Reich, S. 47.
356 Ebd.

tenschaft stabil und erfahren genug fühlte, weiterhin traditionell Verantwortung für den Staat zu tragen. Andererseits steckt darin auch die Überzeugung, dass man dazu fähig wäre, die etwas chaotische Anfangsphase der neuen Regierung in eine wieder solide und überlegte Regierungsarbeit zu lenken.

Für Käthe Delius' Stehvermögen im Rahmen der gravierend veränderten politischen Bedingungen und ihr daraus resultierendes Agieren wäre auf einen weiteren Aspekt hinzuweisen. Sie war im Jahr 1923 ohne eine entsprechende Qualifikation und ohne bisherige Erfahrung im behördlichen Verwaltungsdienst als Beamtin zur Regierungstätigkeit in den höheren Dienst des Landwirtschaftsministeriums berufen worden. Ganz fremd war ihr dieser Bereich sicher nicht, hatte sie doch ihren Vater als ein vom Staat ausgezeichneten Beamten im höheren Dienst, vor Augen. Sie hatte dann auch im Ministerium Gelegenheit gehabt, preußisches Beamtentum kennenzulernen und – für sie galt – schätzen zu lernen: „Ich bin jedenfalls dankbar, dass ich den preußischen Geist noch kennen gelernt habe."[357] Einer der Grundsätze des Berufsbeamtentums war in Preußen Ende des 18. und Anfang des 19. Jahrhunderts verankert worden: Das Verständnis vom Beamten als Diener des Staates. Der Fürsorgepflicht des Dienstherrn entsprach die Dienst- und Treuepflicht des Beamten gegenüber dem Dienstherrn. Hinzu kam die als Grundpflicht gebotene Zurückhaltung in politischen Fragen: „Danach haben Staatsbeamte sich bei ihrer politischen Betätigung nach außen hin, [...] eine durch die Natur ihres Amtes gegebene Zurückhaltung aufzuerlegen."[358] Darüber hinaus ging man vor allem in Preußen davon aus, dass die Beamten verpflichtet seien, aktiv die Staatsautorität zu stützen und zu stärken.

Ganz in diesem Sinne stellte sich die vierzigjährige Käthe Delius auf die sie belastenden Verhältnisse in ihrem Amt ein und kam ihrer Verantwortung als Referentin für das ländlich-hauswirtschaftliche Schulwesen nach. Das Opfer dafür bestand im Fallenlassen eigener Ambitionen: „So gab ich denn allen per-

---

357 Delius, Ein Leben, Teil IV, S. 13.
358 Verfügung des Preußischen Staatsministeriums vom 21. Oktober 1918, zit. n. Schmahl, Hermann-josef, Disziplinarrecht und politische Betätigung der Beamten in der Weimarer Republik, Berlin 1977, S. 203.

sönlichen Ehrgeiz, den ich ja sowieso nicht viel besaß, auf und stellte mich als dienendes Glied in die Kette der Beamten."[359] Die beamtenrechtlichen Grundpflichten kamen der zurückhaltenden, sicher hartnäckigen, aber doch nicht lautstark kämpferischen Mentalität Käthe Delius' entgegen. Sie wog das Opfer des Dienstes auf gegen positive Dimensionen, die sie darin sah, dass „der Umschwung" auch viele weitere Entwicklungsmöglichkeiten für ihre Arbeit bot, die man nutzen konnte. Sie sah zudem einen Sinn darin, dass sie gelegentlich „als Prellbock dienen" könne, „wenn die Umänderungen zu gewaltig werden wollten."[360] Sie hatte sich entschlossen, dem häufig verspürten Wunsch, „diesem schrecklichen System zu entrinnen"[361] zu widerstehen und ihrer Arbeit als Beamtin nachzugehen.

Ihr wurde dieser Schritt erleichtert, weil viele der von den Nationalsozialisten ergriffenen Maßnahmen denen ähnelte, die man aus vielen Jahren davor schon kannte: ein weitreichendes Interventionsinstrumentarium des Staates etwa durch eine staatliche Kreditpolitik sowie arbeitsmarktpolitische Eingriffe, um die Abwanderung der ländlichen Bevölkerung zu verhindern. Das galt auch für einen immer wieder propagierten Strukturwandel, der das Ziel vorgab, ein höheres wirtschaftliches Niveau erreichen zu wollen. Impulse hierzu sollten aus der Wissenschaft kommen wie etwa die Bekämpfung von Tier- und Pflanzenkrankheiten oder der Einsatz von neuen Fütterungstechniken. Grundsätzlich hatte man auch auf den Ausbau des landwirtschaftlichen Schulwesens gesetzt. Alle Maßnahmen hatten jedoch nicht verhindern können, dass die internationalen Agrarmärkte Ende der 1920er Jahre in eine Krise in Beziehung auf Preise und Absatz geraten war. Die Folge waren weitere umfangreiche staatliche Eingriffe gewesen: „Zum Schluss blieb kein Teilbereich des landwirtschaftlichen Produktions- und Verwertungsprozesses frei von staatlicher Intervention: Aussaat, Pflege, Ernte und Vermarktung verliefen unter staatlicher Zwangsaufsicht bei massivem Einsatz außerordentlicher Finanzmittel."[362] Dennoch

---

359 Delius, Ein Leben, Teil IV, S. 39.
360 Ebd.
361 Ebd.
362 Kluge, Agrarwirtschaft, S. 25.

war die Krise eskaliert, was die Radikalisierung bäuerlicher Kreise provoziert und Massenproteste hervorgerufen hatte. Jetzt, nach dem Januar 1933, bedienten sich die Nationalsozialisten dem Kriseninstrumentarium des Weimarer Staates, versahen es jedoch mit den dem Regime eigenen Zielen: Produktionssteigerungen war als Ziel die Autarkie gesetzt. Maßnahmen für einen Strukturwandel auf dem Land wurden zu einer vollständigen Lenkung und Kontrolle ausgebaut.

Auch die ideologischen Vorstellungen von einem „gesunden Bauerntum" im Rahmen einer völkischen Wiedergeburt Deutschlands und auch die Ideologie von „Blut und Boden" waren keine Erfindungen der Nationalsozialisten. Diese knüpften an modernismuskritische, agrarromantische Ideen aus der Volkskunde des 19. Jahrhunderts an, insbesondere an die des Kulturhistorikers Wilhelm Heinrich Riehl (1823–1897). In der nationalsozialistischen Ideologie wurde das Bauerntum nun „Lebensquell der nordischen Rasse", der den „Neuadel aus Blut und Boden"[363] bilden sollte. Die hoch ideologisierte Agrarpolitik, in der der Bauer, die Bäuerin und die bäuerlichen Lebensformen mit rassistischen und antisemitischen Ideen verknüpft wurden, die als germanisch-nordische Rasse das Bauerntum und die Führungselite des Volkes bilden sollten, forderte im Grunde eine umfassende Neustrukturierung der ländlichen Gesellschaft mit hauptsächlich rassepolitischen neben wirtschaftlichen Zielsetzungen.

Als ein Instrument wurden privilegierte „Reichserbhöfe" geschaffen. Schon am 29. September 1933 wurde das Reichserbhofgesetz von der nationalsozialistischen Regierung erlassen. Dabei konzentrierte man sich auf eine Betriebsgröße von 7,5 bis 125 Hektar. Den Privilegien und staatlichen Schutzmaßnahmen für die Erbhöfe auf der einen Seite standen Staatskontrolle und staatliche Forderungen nach politischem Engagement der Reichserbhofbauern und wirtschaftliche Effizienz der Höfe auf der anderen Seite gegenüber. Letztendlich entstand mit dieser Neustrukturierung eine Zwei-Klassen-Landwirtschaft: auf der einen Seite die politisch-ideologisch anerkannten „Erbhöfe", auf der anderen Seite die eher geduldeten Gutsbetriebe. Ins Abseits gerieten auch die kleineren

Familien- und Nebenerwerbsbetriebe bis 7,5 Hektar.[364] Auf das Ausbleiben durchschlagender landwirtschaftlicher Erfolge, verstärkt durch Missernten und Versorgungsengpässe in den Jahren 1934 und 1935, sollten die Nationalsozialisten mit einer Kampagne zur Steigerung der Produktionsleistung reagieren, die sie „Erzeugungsschlacht" nannten. Danach folgte von 1936 bis 1939 die Einbeziehung der Landwirtschaft in den Vierjahresplan, der von Hermann Göring gelenkt wurde, der nochmals den Druck mit der Absicht von Leistungssteigerung erhöhte.

Die Vehemenz, mit der die Nationalsozialisten vorgingen, zeigte sich auch in Käthe Delius Arbeitsbereich sehr schnell. Bereits Ende März 1933, zwei Monate nach der Machtübertragung, griff die nationalsozialistische Ideologie auf ihr Wirken zu. Der „1. Reichslehrgang für bäuerliche Wirtschaftsberatung, Betriebsforschung und Frauenarbeit" wurde in der noch bestehenden Landwirtschaftskammer Pommern in Stettin durchgeführt und eröffnet mit dem Hinweis auf „ein neues Deutschland"[365]. Dieser Lehrgang wurde damals noch mit der Unterstützung des Reichsministeriums Ernährung und Landwirtschaft durchgeführt, verantwortlich war Regierungsrätin Käthe Delius. Die Kammerreferentin der Landwirtschaftskammer Pommern war Aenne Sprengel. Deutlich wurde die zu diesem Zeitpunkt gleichwohl bestehende Unsicherheit über die Zukunft des „neuen Deutschland" ausgesprochen, denn „wir wissen nicht, welche Form einmal unser ländlich-hauswirtschaftliches Schulwesen annehmen wird."[366]

Es sollte nicht sehr lange dauern bis im Laufe des Jahres 1933 immer häufiger gravierende Konsequenzen der neuen Politik sichtbar wurden. Noch immer

---

363 Darré, Walther, Das Bauerntum als Lebensquell der nordischen Rasse, München 1929; ders., Neuadel aus Blut und Boden, München 1930.

364 Zur nationalsozialistischen Agrarpolitik und ihr Scheitern zwischen 1933 und 1938 siehe Kluge, Agrarwirtschaft, S. 27–32.

365 Zit. n. Sprengel, Aenne, Vorwort, in: Wirtschaftslehre des Landhaushalts. Vorträge der Arbeitsgemeinschaft „Wirtschaftslehre des Landhaushaltes", veranstaltet in der Landfrauenschule Wittgenstein zu Birkelbach-Westfalen v. 13.–15. Juli 1938 unter Leitung des Deutschen Frauenwerkes, Reichsstelle für hauswirtschaftliche Forschungs- und Versuchsarbeit, hg. v. d. Reichsfrauenführung als Sonderdruck der Hauswirtschaftlichen Jahrbücher, verantw. für d. Inhalt: Kaethe von Herwarth, Stuttgart 1939, S. 3.

366 Ebd.

war die sogenannte Gleichschaltung in vollem Gang. Juden und politisch missliebige Personen wurden zu Tausenden aus Ämtern und Funktionen in Vereinen und Verbänden wie auch dem Staatsdienst entlassen. Auch Käthe Delius' Partnerin im Zusammenhang mit dem Institut für Hauswirtschaftswissenschaft, Alice Salomon, erreichte eine Warnung, die sie bewog, über Nacht die von ihr gegründete Deutsche Akademie für soziale und pädagogische Frauenarbeit aufzulösen: „Eines Tages kam eine Beamtin des Erziehungsministeriums und legte mir dringend nahe, die Direktorin der Akademie[367], die Jüdin war, zu entlassen. Sie sagte: ,Der neue Erziehungsminister wird mit Briefen bombardiert, die sich darüber beklagen, die Frauenakademie sei eine Brutstätte des Kommunismus.' Das war natürlich absurd; wenn überhaupt, dann tendierten Studenten und Lehrkräfte zum Konservatismus [...]. Die Beamtin, die eine persönliche Freundin von mir war, wußte dies sehr genau, sagte jedoch, daß sie dem Minister die Briefe nicht länger vorenthalten könnte. Ihre eigene Stellung war auch nicht sehr sicher; jeder Beamte kämpfte um diese Zeit. Sie machte ihre Bitte sehr dringend, aber ich lehnte ab."[368] Alice Salomon erklärte der Freundin aus dem Ministerium, dass Hilde Lion deshalb als Direktorin ernannt worden war, weil sie die Beste für diese Stelle und eine der begabtesten Frauen ihrer Generation sei. Sie, Alice Salomon, würde eher die Akademie, die ihr „liebstes Kind" war, zerstören, als jemanden aus rassischen oder religiösen Gründen zu entlassen. Der schon am nächsten Tag zusammengerufene Vorstand der Akademie folgte ihrer Argumentation – die Akademie als höhere Bildungseinrichtung, die Frauen auf leitende Funktionen vorbereite, habe keine Zukunftsaussicht, da das nationalsozialistische Regime den Einfluss der Frauen im öffentlichen Leben ausschalte und unterdrücke – und befürwortete ihren Antrag auf

367 Es handelte sich um Hilde Lion (1893–1970). 1928 war diese Studienleiterin u. 1929 die erste u. einzige Direktorin der Akademie geworden. Noch 1933 emigrierte sie nach England.
368 Salomon, Charakter, S. 249.
369 Delius, Käthe, Einordnung der Lehrerin für hauswirtschaftlichen Gartenbau und der Geflügelzuchtgehilfin in das ländlich-hauswirtschaftliche Schul- und Beratungswesen, in: Haus, Garten, Landwirtschaft 12/1933, S. 99f, hier S. 99. (Abgedruckt in „Unterricht und Praxis", Nr. 17).

Auflösung der Akademie. Mit diesem Beschluss, der am 5. Mai 1933 gefasst wurde, hatte das von Käthe Delius gegründete Institut für Hauswirtschaftswissenschaft kein Partnerinstitut mehr. Eine bedeutende Einrichtung für die weiterführende Ausbildung von Frauen war damit zerstört. Es sei an dieser Stelle vorweggenommen, dass auch Käthe Delius das Institut für Hauswirtschaftswissenschaft nur noch zwei weitere Jahre halten konnte, bis es Ende 1935 ebenfalls aufgegeben werden musste.

Auch ein weiterer Erlass des Landwirtschaftsministers vom 21. Oktober 1933, den Käthe Delius ausgearbeitet hatte und für dessen Umsetzung sie diverse erklärende Artikel schrieb, zeigte deutlich die Umsetzung nationalsozialistischer Vorgaben. Einerseits verfolgte der Erlass das Ziel, Mädchen aus bäuerlichen Betrieben in den Landwirtschaftsschulen effektiver für eine Produktionssteigerung in der Geflügelhaltung und im Gartenbau auszubilden. Zur Erreichung dieses Ziels sollten neben den Lehrerinnen der landwirtschaftlichen Haushaltungskunde in Zukunft auch staatlich geprüfte Geflügelzuchtgehilfinnen und Lehrerinnen für hauswirtschaftlichen Gartenbau als Hilfslehrkräfte eingestellt werden. Andererseits folgte die neue Regelung dem nationalsozialistischen Ziel von Konzentration und Vereinheitlichung im bäuerlich-hauswirtschaftlichen Bereich, wurde doch in Zukunft die Verantwortung für die bäuerliche Wirtschaftsberatung vollständig auf die Landwirtschaftsschulen konzentriert. Die bisherige Zersplitterung der Anstellung der Geflügelzucht- und Gartenberaterinnen bei der Landwirtschaftskammer, beim Ländlichen Hausfrauenverein oder auch bei den Kreisen sollte abgeschafft werden.[369]

An den Schluss ihres Beitrages platzierte Käthe Delius einen ermahnenden Hinweis für die Wirtschaftlichen Frauenschulen. Sie erinnerte diese eindringlich an neue Anforderungen, die das Dritte Reich an sie stelle und verknüpfte ihre Ausführungen mit kritischen Bemerkungen zur Entwicklung der Frauenschulen: „Es ist interessant zu beobachten, wie auch in den Wirtschaftlichen Frauenschulen der Gedanke der Hauswirtschaft bei der Ausgestaltung der einzelnen Betriebe vollkommen verlassen worden ist. Die Betriebe haben eine Verfeinerung erfahren, die für Schulen, die Bauernfrauen und Lehrerinnen für die bäuerliche Jugend ausbilden wollen, nicht mehr zu rechtfertigen ist. Auch hier muß eine Zurückführung zum bäuerlichen Haushalt stattfinden, überhaupt muß eine ganze Umstellung der Lebenshaltung in den Schulen Platz greifen, wenn die Wirtschaftlichen Frauenschulen den Aufgaben gerecht werden sollen, die das Dritte Reich an sie stellt."[370] In dem sie ihre beratende und betreuende Verantwortung gegenüber den Wirtschaftlichen Frauenschulen wahrnimmt, setzt sie zugleich die vom NS-Regime gesetzten Prämissen, neuen Prioritäten und die damit in Verbindung stehenden Anforderungen um.

---

370 Ebd., S. 99f.

# V. IM REICHSMINISTERIUM FÜR WISSENSCHAFT, ERZIEHUNG UND VOLKSBILDUNG (1934–1945)

## Versetzung in das Reichsministerium für Wissenschaft, Erziehung und Volksbildung

Im Herbst 1932 erfolgte eine Reorganisation der preußischen Ministerien, die nach dem „Preußenschlag" in der finanziellen und politischen Krise durch den Reichskommissar für das Land Preußen, Franz von Papen, eingeleitet worden war. Das Preußische Kultusministerium erhielt von den Fachministerien das Fachschul- und das Fachhochschulwesen, das Lichtspielwesen und die Aufsicht über die Damenstifte vom Ministerium des Innern sowie alle Zuständigkeiten des aufgelösten Ministeriums für Volkswohlfahrt auf dem Gebiet der Jugendpflege und der Sozialerziehung.[371]

Die Entwicklung einer Abteilung für Unterricht und Erziehung, die eine Unterabteilung „Ländliches Bildungswesen" plante, die später „Bäuerliches Schulwesen (ohne Hochschulen)" hieß, verlief im Preußischen Kultusministerium in den Jahren 1932 bis 1934 äußerst wechselhaft. Zunächst verzögerten sowohl das Handels- als auch das Landwirtschaftsministerium die Abgabe des berufsausbildenden Schulwesens. Erst im Sommer 1934 wurde die Übergabe durch ein Gesetz offiziell.[372] Intern war Ende 1933 durchgesetzt, dass die landwirtschaftlichen Schulen Preußens, die bisher vom Landwirtschaftsministerium betreut worden waren, dem Preußischen Kultusministerium unterstellt werden sollten. Käthe Delius als Referentin für das hauswirtschaftlich-ländliche Schulwesen, ihre Mitarbeiterin

---

[371] Verordnung v. 29. Oktober 1932: Preußische Gesetzsammlung (GS) S. 333.

[372] Gesetz v. 29. Juni 1934, GS S. 327.

Fräulein Berger und einige Amtsräte wurden dorthin versetzt. Mit Trauer verabschiedeten sie sich vom Landwirtschaftsministerium. Laut Personalnachweis war die Bestallung von Käthe Delius auf den 2. November 1933 mit Wirkung zum 1. Dezember 1933 datiert.[373] Ihr Mentor im Preußischen Landwirtschaftsministerium und bisheriger Verantwortlicher für das landwirtschaftliche Schulwesen, Geheimrat Dr. Gustav Oldenburg, hatte diese Umorganisation nicht mitmachen wollen und es vorgezogen, sich mit 61 Jahren in den Ruhestand versetzen zu lassen.

Käthe Delius' neuer Dienstherr war der überzeugte und altgediente Nationalsozialist Reichsminister Bernhard Rust (1883–1945). Nach der Machtübernahme der Nationalsozialisten war dieser von Adolf Hitler am 3. Februar 1933 im Rahmen des letzten Reichskommissariats kommissarisch zum Preußischen Kultusminister ernannt worden. Rust war ab 1928 Gauleiter von Süd-Hannover-Braunschweig der NSDAP und bis 1930 Studienrat am Ratsgymnasium in Hannover. Von 1934 bis 1945 stand er dem Reichsministerium für Wissenschaft, Erziehung und Volksbildung vor.[374] Er galt als ein Hauptvertreter der sogenannten nationalsozialistischen Erziehung, womit Theorie und Praxis einer „totalen Erziehung" im nationalsozialistischen Deutschland gemeint war. Sie umfasste in Bezug auf die Kinder und Jugendlichen sowohl die Vorschul-, die schulische, außerschulische und berufsschulische Erziehung sowie die Hochschulbildung, um insbesondere die „arische" Jugend zu überzeugten Nationalsozialisten zu erziehen. Bernhard Rust war überzeugter Antisemit, wandte die nationalsozialistischen Rassegesetze in seinem Ministerium dementsprechend an und vertrat den konsequenten Ausschluss von Juden aus dem gesellschaftlichen Leben Deutschlands. Er verfolgte wie andere die neue zeitgenössische Maxime: „[...] weniger Bildung, dafür mehr Auslese und Erziehung, Erziehung zu völkischem Denken, Erziehung zu Leistung und persönlicher Zähigkeit, zu preußischer Gewissenhaftigkeit und Strenge."[375]

---

373 Personalnachweis zu den Dienstakten, Reichsministerium für Wissenschaft, Erziehung und Volksbildung, BArch, Akte A0014, Bild 2539.

374 Vgl. Nagel, Hitlers Bildungsreformer, insb. S. 40–49.

375 Ebd., S. 49.

Die Anwendung des Berufsbeamtengesetzes auf das Personal im Preußischen Kultusministerium führte bis zum Herbst 1933 zur Versetzung beziehungsweise Entlassung von etwa 40 Personen. Bei zehn davon kam der sogenannte Arierparagraph zur Anwendung, die dreißig anderen wurden als politisch missliebig eingestuft. Bis zum Auslaufen des Gesetzes im Jahr 1937 kamen nach Feststellung von Anne C. Nagel noch weitere vier Personen hinzu. Sie konstatiert, das Preußische Kultusministerium habe sich unter Bernhard Rust rasch auf den nationalsozialistischen Staat eingestellt. Zugleich habe er zur Durchsetzung seiner Bildungs- und Wissenschaftspolitik nicht nur auf die hohe Kompetenz und Routine der preußischen Beamten, sondern „gezielt auf den Einsatz von Experten" setzen müssen.[376]

Nur einige Monate später, am 1. Mai 1934, entstand durch einen Erlass des Reichspräsidenten Paul von Hindenburg das Reichsministerium für Wissenschaft, Erziehung und Volksbildung (RMWEV), häufig auch Reichswissenschaftsministerium, Reichserziehungsministerium, Reichskultusministerium oder auch wegen des prominenten Sitzes kurz „Unter den Linden" genannt.[377] Das Preußische Kultusministerium wurde mit dem neu geschaffenen Reichsministerium zusammengeführt. Die preußischen Beamten erledigten zugleich die Geschäfte des Reiches. Anfang 1935 wurde die Bezeichnung des Reichsministeriums angepasst und die Behörde nannte sich nun Reichs- und Preußisches Ministerium für Wissenschaft, Erziehung und Volksbildung. Für das Ministerium wurde 1936 die Kurzbezeichnung Reichserziehungsministerium (REM) eingeführt. Zum 1. Oktober 1938 wurde der Verweis auf Preußen entfernt und das Ministerium endgültig zum Reichsministerium für Wissenschaft, Erziehung und Volksbildung umbenannt. Käthe Delius und ihre Mitarbeiter und Mitar-

---

376  Ebd., S. 53f, 63, 100.
377  Am 3. März 1883 war das neuerrichtete Gebäude des seit 1817 bestehenden Preußischen Ministeriums der geistlichen, Unterrichts- und Medizinalangelegenheiten in Berlin, Unter den Linden 4, eingeweiht worden. Um- u. Ergänzungsbauten kamen 1889 u. 1891 auf den rückwärtig angrenzenden Grundstücken Wilhelmstr. 60 u. Behrenstr. 71–72 hinzu. 1903 entstand auf diesen u. benachbarten Grundstücken ein weiterer Neubau. 1928 wurde noch ein Gebäude in der Wilhelmstr. 69 erworben. Vgl. ebd., insb. S. 9–16.

*Reichsministerium für Wissenschaft, Erziehung und Volksbildung, Unter den Linden, Berlin*

beiterinnen waren nun Beamte und Angestellte des Reichserziehungsministeriums.³⁷⁸

Die Entwicklung auf ein Reichserziehungsministerium hin, hatte sich schon in der Weimarer Republik abgezeichnet. Auch wenn die staatliche Kulturpolitik in Deutschland immer schon den Ländern vorbehalten gewesen war, so hatte sich doch im Laufe der Zeit gezeigt, dass das Reich zunehmend mehr in bil-

---

378 Seit Januar 2015 liegt eine v. Bundesministerium für Bildung und Forschung (BMBF) in Auftrag gegebene Machbarkeitsstudie vor: Raithel, Thomas, Machbarkeitsstudie: Vorgeschichte des Bundesministeriums für Bildung und Forschung bzw. seiner Vorgängerinstitutionen, München 2015. Darin verweist Raithel auf die in nur beschränktem Umfang vorliegende Literatur zu den in der NS-Zeit bestehenden „Vorläuferinstitutionen" des BMBF u. hebt zugleich die Studie v. Anne C. Nagel hervor.

dungspolitischen Angelegenheiten gefordert war, etwa in Hinsicht reichseinheitlicher kulturpolitischer Regelungen oder kostspieliger Forschungsprojekte. Die Weimarer Reichsverfassung von 1919 hatte dann dem Reich schon die Grundsatzgesetzgebung vor allem auf schulischem Gebiet zugesprochen. Schon kurz nach der „Machtübernahme" griff das nationalsozialistische Regime in die kulturpolitischen Kompetenzen der Länder ein und setzte das postulierte Ziel der „Vereinheitlichung" und „Verreichlichung" um. Diese Maßnahme diente nicht zuletzt dem Ziel, die ideologische Oberhoheit im kulturellen Leben durchzusetzen.

Das neue RMWEV, das 1934 mit großen Ambitionen eingerichtet wurde, wurde von Hitler mit einer enormen Machtfülle ausgestattet. Ihm wurde die gesamte bildungspolitische Zuständigkeit des Reiches übertragen, es wurde die zentrale staatliche Behörde für die Schul- und Wissenschaftspolitik des nationalsozialistischen Regimes. Bernard Rust avancierte zum Leiter einer Behörde, die für Schulen, Universitäten, Forschungseinrichtungen und Museen zuständig war. Insgesamt unterstanden ihm auf diese Weise an die 250.000 Personen, darunter Professoren, Studienräte, Lehrer, Kuratoren und Kustoden. Trotz seiner Machtfülle ergaben sich vielfältige Konflikte um die Kompetenz mit anderen oberen Reichsbehörden sowie mit Dienststellen der NSDAP.

Um die gewollte Erziehung und Ertüchtigung der deutschen Volksgemeinschaft zu realisieren, legte das neu geschaffene Reichsministerium unter der Führung von Bernhard Rust ein umfangreiches Strukturprogramm vor. Das Schulwesen sollte insgesamt gestrafft und verbessert werden, Forschung sollte zentralisiert und stärker vernetzt werden. Das Programm reichte von der Schulgeldbefreiung über die Verbesserung der Ausbildung von Grundschullehrern über die Reform des höheren Schulwesens bis zur zentralisierten Forschungsförderung im Dienste von Wirtschaft und Rüstung. Das Berufs- und Fachschulwesen, das bisher in der Hand der Länder gelegen hatte, das entsprechend differenziert und landesrechtlich zersplittert und dessen Reformierung durch Systematisierung, Ausbau und weitere Entwicklung in der Wirtschaftskrise 1929 steckengeblieben war, sollte vereinheitlicht werden. Das bedeutete reichseinheitliche Reduzierung von Schultypen: „In dem Bestreben eine Vereinheitlichung des bäuerlichen Schulwesens herbeizuführen, ist es notwendig, die Vielheit der Schularten, die sich in dem vergangenen liberalistischen Zeitalter entwickelt haben, zu vermindern. Das gesamte bäuerliche Schulwesen muß organisch gestaltet werden, d. h. eine Schulart muß in die andere überführen können."[379]. Zentrale Bedeutung hatte in den ersten Jahren die weltanschauliche Umgestaltung und Vereinheitlichung von Lehrplänen, dazu kamen die Vereinheitlichung und Kontrolle über das Lehrerbildungs- und Lehrerprüfungswesen. Die Historikerin Anne C. Nagel resümiert jedoch: „Unter ständigen Auseinandersetzungen mit konkurrierenden Behörden und Ämtern wurde nur ein Teil der Pläne verwirklicht. Zu intrigant, zu mächtig waren die Kräfte, denen die Reformvorstellungen des Ministers und seiner Beamten zu weit gingen."[380] Darüber hinaus war in den seit 1938 besetzten und eroberten Gebieten zum Teil nicht das REM, sondern Besatzungsverwaltungen für die bildungspolitischen Angelegenheiten zuständig.

Die Gründung des REM war Ergebnis des Vorhabens, einen nationalen Einheitsstaat zu gestalten. Es war der erste Versuch, in der deutschen Bildungslandschaft föderale Strukturen und Eigenständigkeiten der Länder zugunsten einer Zentralisierung abzuschaffen. Da diese Maxime politisches Ziel der Nationalsozialisten war, stand die Gründung des REM im Zentrum nationalsozialistischer Politik im Kultus- und Wissenschaftsbereich. Am 30. Januar 1934 schon war das „Gesetz über den Neuaufbau des Reiches" in Kraft getreten. Dieses, auch Reichsneuaufbaugesetz genannte Gesetz, hob die Souveränität der Länder des Deutschen Reichs auf, unterstellte sie der Reichsregierung. Dieser Prozess der Umwandlung des Deutschen Reiches von einem Bundesstaat in einen Zentralstaat hob die Länderparlamente auf, entzog den Ländern Hoheitsrechte und stärkte die diktatorischen Rechte der NSDAP. An dem besagten 1. Mai 1934 wurde nicht nur das REM mit dem Preußischen Kultusministerium

---

379 Schreiben v. 12. Dez. 1934, BArch, R 4901/15279.   381 Vgl. ebd., insb. S. 19, 40–49.
380 Nagel, Hitlers Bildungsreformer, S. 2.

zusammengeführt, sondern auch das Preußische Innenministerium mit dem Reichsinnenministerium. Die Nationalsozialisten folgten ihrem erklärten Ziel der Gleichschaltung, der Vereinheitlichung des gesamten gesellschaftlichen und politischen Lebens. Darüber hinaus bestand die Absicht, bessere Planbarkeit und Effizienz der Verwaltung zu erreichen. Mit Beginn des Zweiten Weltkrieges endete die Phase, in der die Ämter des Ministeriums vergleichsweise viel planten. Fortan hatte es bis 1945 immer stärker auf kriegsbedingte Gegebenheiten zu reagieren. In ihrer Studie kommt Anne C. Nagel dennoch zu dem Ergebnis, an den Arbeiten des REM im Bereich der Schulgesetzgebung, der Prüfungsordnungen und des Beruflichen Ausbildungswesens könne man viele angeordnete Maßnahmen und deren Umsetzungen erkennen, von denen viele das Ende des Nationalsozialismus überdauert und bis in die 1970er Jahre Gültigkeit behalten hätten.[381]

Das REM erhielt bei seiner Gründung und Zusammenführung mit dem Preußischen Kultusministerium im Mai 1934 eine Struktur aus Ämtern und Abteilungen. Es wurden sechs Ämter gebildet, die jeweils aus mehreren Abteilungen bestanden. Zwei selbstständige Abteilungen standen zudem gleichberechtigt neben den Ämtern. Das Amt Erziehung (Amt E) besaß fünf Abteilungen: Volkshochschulen, Volksschulen, höhere Schulen, Berufs- und Fachschulen sowie das Landwirtschaftliche Berufs- und Fachschulwesen.

## Die Abteilung „Landwirtschaftliches Berufs- und Fachschulwesen"

Das Berufs- und Fachschulwesen im Deutschen Reich hatte sich seit dem Kaiserreich sehr langsam, zersplittert und uneinheitlich entwickelt. In der Weimarer Verfassung war dann mit der Festschreibung der allgemeinen Berufsschulpflicht eine Stringenz formal verabschiedet worden, die jedoch wegen fehlender Schulen nicht konsequent umgesetzt werden konnte. Zudem gab es im Berufs- und Fachschulbereich unterschiedlichste Schulträger: Länder, Gemeinden, Landwirtschaftskammern, Provinzialverbände, wirtschaftlich agierende Vereine und

Verbände, private Unternehmer, Kirchen und kirchlich orientierte Einrichtungen. Hinzu kam, dass, wie in Preußen, die Zuständigkeiten und Aufsichten nicht immer in den Kultusministerien lagen, sondern außerdem noch auf verschiedene Fachministerien aufgeteilt waren. Schon in der Weimarer Republik war über die vorhandene Zersplitterung und Uneinheitlichkeit, die die Entwicklung des Schulwesens hemmte, debattiert und Abhilfe gefordert worden.

Bernhard Rust hatte schon früh zielbewusst Initiativen ergriffen, das Berufs- und Fachschulwesen zwecks Vereinheitlichung seinem Ministerium zu unterstellen, womit er Widerstand der bisher zuständigen Fachministerien hervorrief. Dieser Prozess war erst im Jahr 1937 abgeschlossen.[382] Zu den Plänen gehörte auch die Reduzierung der Vielfalt der Schultypen auf dem Gebiet der Berufsausbildung. Ein Erlass des Reichsministeriums vom 20. Dezember 1937 sah dann nur noch drei Typen vor: die Berufsschule, die Berufsfachschule und die Fachschule. An der Überstellung des Referates von Käthe Delius in das Preußische Kultusministerium schon Ende 1933 ist zu erkennen, dass das Landwirtschaftsministerium bezüglich des Ressorts des landwirtschaftlichen und ländlich-hauswirtschaftlichen Berufs- und Fachschulwesens seinen Widerstand schon im Jahr der Machtergreifung hatte aufgeben müssen.

Im REM wurde für das „Landwirtschaftliche Berufs- und Fachschulwesen" eine besondere Abteilung gegründet. Es war die Abteilung V im Amt Erziehung (Amt E). Der Leiter der Abteilung V und damit direkter Vorgesetzter von Käthe Delius wurde Dr. Valentin Döring, wie sie im Jahr 1893 geboren. Käthe Delius bezeichnet ihn als „Fachmann", der früher als Landwirtschaftslehrer tätig gewesen war und seit 1934 im Reichsnährstand das Schulwesen betreut hatte. Das Amt E wurde von Helmut Bojunga (1898–1958) von August 1934 bis 1938 geleitet. Er war Jurist, Verwaltungsbeamter und bis 1932 Mitglied der Deutschen Volkspartei, ein ambitionierter Kommunalbeamter aus Hannover. Trotz seiner Erfolge in der reichsweiten Neuausrichtung des Erziehungswesens, die gegen mannigfachen Widerstand zu erzielen waren, war Bojunga, obwohl er inzwischen NSDAP-Mitglied geworden war, den Strategen in der Parteikanzlei nicht nationalsozialistisch genug und musste daher 1938 abgelöst werden. Die Amtsleitung übernahm von 1938 bis 1945 Albert Holfelder (1903–1968). Im März 1934 war dieser zum Professor an die Hochschule für Lehrerbildung Kiel berufen worden. Diesem Ruf folgte er aber nicht, da er gleichzeitig von Minister Bernhard Rust in das Reichs- und Preußische Ministerium für Wissenschaft, Erziehung und Volksbildung als Sachbearbeiter für die Hochschulen für Lehrerbildung geholt wurde. Als Ministerialrat leitete er das Ministerbüro des Reichserziehungsministeriums von 1936 bis 1938. Dem Amt für Erziehung und Ausbildung stand er als Ministerialdirektor seit 1. April 1938 vor. An seinem Fall lässt sich zweierlei exemplarisch erkennen: Zum einen, dass es an der Spitze der höheren Beamtenschaft im REM, die sich auf etwa rund hundert Personen belief,[383] häufig Personalwechsel gab. Zurückzuführen war dies oft auf weltanschauliche Kontrolle und infolge davon Eingriffe durch die Partei. Zum anderen waren es hauptsächlich junge Beamte, die zu dieser Gruppe gehörten. Zu deren Altersdurchschnitt von rund 40 Jahren passte Käthe Delius, die bei Dienstantritt im Jahr 1934 einundvierzig Jahre alt war. Die in ihrem Umfeld sich abspielenden Personalien zeigen, dass die NSDAP erwartete, dass „nationalsozialistische Überzeugung durch kontinuierliches Engagement" bewiesen werden musste. Eine reine Mitgliedschaft auf dem Papier reichte dafür keineswegs aus, vielmehr war Vernetzung in den Gliederungen der Partei von Bedeutung. Insbesondere reine Fachbeamte standen in Gefahr, diese Erwartung zu unterschätzen. Auch Käthe Delius hatte mit dieser politischen Prüfung und Überwachung zu rechnen.

Die Abteilung V „Landwirtschaftliches Berufs- und Fachschulwesen" arbeitete eng mit der Abteilung IV „Berufs- und Fachschulwesen" zusammen, deren Leiter Wilhelm Heering (geb. 1877) war. Dieser war seit 1929 Professor für Staatsbürgerkunde am Berufspädagogischen Institut in Berlin gewesen und wurde vom Nationalsozialistischen Lehrerbund (NSLB) gestützt. Der Reichswalter des NSLB und Bayerische Kultusminister Hans Schemm (1891–1935),

---

382 Vgl. ebd., S. 40–49, 208.
383 Ebd., S. 122.

hatte Heering zum Reichsreferenten für das berufliche Bildungswesen und gleichzeitig zum Abteilungsleiter in der Reichsleitung des NSLB bestellt. Er sollte den Aufbau des Berufsschulwesens im Reich steuern.[384] Dieses Referat leitete Heering im Rang eines Ministerialdirigenten bis 1945. Diese Doppelstellung – Reichsreferent der Partei und Referatsleiter im Kultusministerium – garantierte die Verflechtung zwischen Staats- und Parteiinteressen: „Er besaß eine kämpferische Natur und war vom Sinn einer zeitgemäßen Gestaltung des Berufs- und Fachschulwesens zutiefst überzeugt. Den nach 1933 erweiterten Spielraum nutze er nach Kräften. Um das gesteckte Ziel zu erreichen, wich er keiner Auseinandersetzung aus, so daß Konflikte mit dem Chef der Deutschen Arbeitsfront, Robert Ley, dessen eigene ambitionierte Pläne Heering wiederholt durchkreuzte, unausweichlich waren."[385] Sowohl Minister Rust als auch der Amtsleiter Holfelder sollen sich stets hinter Heering gestellt und damit die kontinuierliche Weiterarbeit der Abteilung garantiert haben. Der Studie von Anne C. Nagel kann entnommen werden, dass sich die Zusammenarbeit mit den Ministern für Wirtschaft, Arbeit und Landwirtschaft häufig konfliktreich gestaltete, während die Kooperation zwischen Reich und Ländern erfolgreicher verlief. Das war auch der Grund dafür, dass das Berufs- und Fachschulwesen im Reich bis 1939 stark ausgebaut werden konnte.[386] Die Abteilung „Landwirtschaftliches Berufs- und Fachschulwesen" stand bei der Wahrnehmung ihrer Aufgaben von Anfang an in Konkurrenz mit dem Reichsnährstand, der 1933 von den aufgelösten landwirtschaftlichen Organisationen, Landwirtschaftskammern und Berufsverbänden die Trägerschaft zahlreicher landwirtschaftlicher Schuleinrichtungen übernommen hatte und in Preußen auch die Schulaufsicht ausübte. Die Trägerschaft der landwirtschaftlichen Haushaltungs- und Frauenschulen lag zu 52% in Privathand, zu 43% beim Reichsnährstand, zu 5% beim Staat und den Provinzen.

---

384 Vgl. ebd., insb. S. 209–213.
385 Ebd., S. 210.
386 Ebd., S. 210f. Im Bereich des Berufs- und Fachschulwesens war im Hinblick auf die Hauptlinien der ministeriellen Reform – Vereinfachung und Vereinheitlichung – sehr viel zu tun.

Mit Verve waren die neuen Machthaber im REM an die Umsetzung der Neuausrichtung des Ministeriums im Hinblick auf eine effiziente Verwaltung, auf Vereinheitlichung und Vereinfachung der Schultypen und auf neue Erziehungsvorstellungen zur Schmiedung einer leistungsstarken exklusiven Volksgemeinschaft gegangen. Anne C. Nagel geht nur auf zwei Seiten auf die Abteilung V „Landwirtschaftliches Berufs- und Fachschulwesen" ein. Das ländlich-hauswirtschaftliche Frauenschulwesen wird nicht erwähnt. Dessen ungeachtet vermerkt sie, dass es im Landwirtschaftlichen Berufs- und Fachschulwesen „zu den vielleicht durchgreifendsten Umgestaltungen"[387] gekommen sei und stellt heraus, dass Reformen bereits in den Weimarer Jahren zur Neuordnung dieses Schulwesens angestoßen worden seien, die von den Nationalsozialisten aufgegriffen wurden.

Mit ihrem neuen Abteilungsleiter Valentin Döring kam Käthe Delius nach eigenen Aussagen wider Erwarten gut aus, obwohl er ihr im ersten Gespräch eröffnet hatte, dass er „für Frauen in der Verwaltung nicht sei". Sie wiederum zeigte sich dankbar für diese Offenheit, waren die Karten auf diese Weise doch offengelegt. Sie schätzte an ihm, dass er „innerlich beweglich" war und „sich die Meinung anderer Menschen oft und gern"[388] anhörte, wie sie in ihren, nach dem Krieg verfassten Lebenserinnerungen schreibt. Wenn er einen Beschluss gefasst habe, dann habe er diesen mit Zähigkeit verfolgt und habe auf diese Art viel durchsetzen können. Ihm sei der „tüchtige Fachmann vor dem Parteigenossen" gegangen. In seinen Veröffentlichungen konstatierte Valentin Döring Mitte der 1930er Jahre für das weibliche Berufs- und Fachschulwesen auf dem Land ein historisch entstandener „unübersehbarer Wirrwarr" und zollte den Wirtschaftlichen Frauenschulen und deren Gründerin Ida von Kortzfleisch seinen Respekt, denn sie habe „einen ganz bedeutenden Einfluß auf die Entwicklung des ländlichen Berufs- und Fachschulwesens ausgeübt." Sie hätten „wertvolle Pionierarbeit" geleistet. Zugleich sah er sie unter dem neuen Regime als

---

387 Vgl. ebd., S. 40–49, 213.
388 Delius, Ein Leben, Teil IV, S. 40.

„hervorragende nationalsozialistische Erziehungsanstalten" an, wenn sie ihre Aufgabe „richtig auffassen und durchführen" und „besonders nachhaltig auf die jungen Mädchen einwirken."[389] Auch er sprach sich für Umwandlung der Trägerschaft der Landfrauenschulen in öffentlich-rechtliche Körperschaften oder in eine andere öffentliche Struktur aus. Er sah außerdem die konfessionelle Gebundenheit der Schulen kritisch: „Außerdem muß heute die Frage ganz ernstlich geprüft werden, ob es zweckmäßig ist, die Ausbildung eines Teiles der weiblichen Landjugend konfessionell gebundenen Schulen zu überlassen. Diese Frage wird sehr eingehend geprüft werden müssen, sie kann aber nur im Gesamtrahmen der Reform des deutschen Schulwesens gesehen werden."[390] Für Käthes Delius Vorgesetzen war erwünscht, dass mit dem NS-Staat „hoffentlich ein neuer Geist in die Landfrauenschulen einziehen" wird und sie ihren bisherigen Charakter gravierend zu ändern hätten, denn „sie sollen weder wirtschaftlich eingestellte Haushaltungsschulen sein, noch sollen sie den Typ der bisherigen Wirtschaftlichen Frauenschulen darstellen. Sie werden den Charakter einer grundsätzlich neuen Zeit tragen und dem Lande und dem Bauerntum dienen."[391] Döring nimmt die Bedeutung der Schulen gegenüber den anderen „Erziehungsmächten", der Hitlerjugend, der SA, der SS und dem Arbeitsdienst zurück, denn aus den Schulen sei die nationalsozialistische Bewegung weder hervorgerufen noch getragen worden: „Nur gemeinsam mit diesen Erziehungsmächten neben Elternhaus und Beruf können die Berufs- und Fachschulen die vom Nationalsozialismus gestellten Aufgaben lösen."[392] Die politisch akzentuierten Äußerungen traten in den Publikationen der Abteilung V in den folgenden Jahren zurück.[393] Auch in Käthe Delius' öffentlichen Verlautbarungen

389 Döring, Valentin, Das ländliche Schulwesen im Dienste der Berufsausbildung, Langensalza 1937, S. 58f, 65.
390 Ebd., S. 65ff.
391 Ebd., S. 70.
392 Ebd., S. 95.
393 Vgl. Reichsministerium für Wissenschaft, Erziehung und Volksbildung (Hg.), Das landwirtschaftliche Berufs- und Fachschulwesen im Aufbau, Langensalza, Berlin, Leipzig 1938; dass., Erziehung und Unterricht in den landwirtschaftlichen Berufs- und Fachschulen, Langensalza, Berlin, Leipzig 1940; dass., Das landwirtschaftliche Berufs- und Fachschulwesen im Aufbau, Bd. 2, Langensalza, Berlin, Leipzig 1943.

in Gestalt von Vorträgen oder Artikeln in den späten 1930er Jahren fehlen politische Bezugnahmen auf geschweige denn Huldigungen für den Nationalsozialismus. Ohne Frage konnten in den ministeriellen Richtlinien für den Lehrplan der Oberklasse an Landfrauenschulen, für die sie verantwortlich zeichnete, die Kapitel nationalsozialistische Gesundheits- und Vererbungslehre, die Maßnahmen des nationalsozialistischen Staats, der NSDAP und der Parteiorganisationen nicht fehlen, genauso wenig wie im Kapitel Staatskunde und Volkswirtschaft der Aufbau des „Dritten Reiches" und seine Wirtschaftspolitik. In Käthe Delius Erläuterungen für diese Richtlinien unterblieben jedoch diese Bezüge. An deren Stelle trat die „deutsche Landwirtschaft" und das „deutsche Volk": Ich wünsche und hoffe, daß dieser neue Lehrplan dazu helfen wird, uns auf dem Gebiete der ländlichen Hauswirtschaft wieder ein Stück voranzubringen und daß der Lehrplan deshalb seinen Teil dazu beitragen wird, der deutschen Landwirtschaft und dem deutschen Volk zu dienen."[394] In den Publikationen des RMWEV zum landwirtschaftlichen Berufs- und Fachschulwesen aus den Jahren 1940 und 1943 wird Käthe Delius nicht mehr namentlich genannt.

Etwa zum gleichen Zeitpunkt, zu dem das REM offiziell seine Arbeit aufnahm, im Mai 1934, erschien das Heft 2 der Hauswirtschaftlichen Jahrbücher des Jahrgangs 1934. Noch immer wurden diese vom noch weitergeführten Institut für Hauswirtschaftswissenschaft[395] herausgegeben. Schriftleiterin war die Direktorin des Institutes, Dr. Maria Silberkuhl-Schulte. In diesem Heft veröffentlichte Käthe Delius einen Aufsatz, der den Titel trug: „Die Bedeutung der Menschenkenntnis im ländlich-hauswirtschaftlichen Beratungswesen."[396] Es war dieser Aufsatz, aus dem die Erziehungswissenschaftlerin Renate Harter-Meyer zitierte und den sie als Grundlage dafür nahm, Käthe Delius als „maßgebliche"

---

394 Delius, Käthe, Erläuterungen zum Lehrplan der Oberklasse der Landfrauenschulen auf der Tagung in Berlin am 18./19. November 1937, in: Reichsministerium für Wissenschaft, Erziehung und Volksbildung, Das landwirtschaftliche Berufs- und Fachschulwesen, S. 60–69, hier S. 64.

395 Es befand sich noch immer in der Landwirtschaftlichen Hochschule in der Invalidenstr. 42 in Berlin.

396 Delius, Käthe, Die Bedeutung der Menschenkenntnis im ländlich-hauswirtschaftlichen Beratungswesen, in: Hauswirtschaftliche Jahrbücher 2/1934, S. 55–59.

Nationalsozialistin zu bezeichnen.[397] Schon in der Einleitung wurde darauf hingewiesen, dass Renate Harter-Meyer fälschlicherweise angibt, dass diese im Jahr 1937 Mitglied der NSDAP geworden sei. Auch wenn unter der Annahme, dass eine reine Parteimitgliedschaft nur einen begrenzten Erklärungswert besitzt, sie nicht ausreicht, um auf eine nationalsozialistische Überzeugung zu schließen, so ist es doch als starkes Zeichen zu werten, dass sich Käthe Delius in den 12 Jahren des Nationalsozialismus zu keiner Zeit zu einem Beitritt entschloss. Dies gilt, obwohl das Spektrum von nationalsozialistischer Überzeugung, von Opportunismus und Gleichgültigkeit bis hin zu stillem Widerstehen an Mitgliedschaften alleine nicht abzulesen ist.

Dennoch enthält der Artikel kurz nach der Machtergreifung, aus dem Renate Harter-Meyer zitiert, in dem sich Käthe Delius mit einer Verbesserung der Wirtschaftsberatung beschäftigte, eine deutliche Huldigung an Adolf Hitler: „Besonders eingehend hat unser Führer Hitler die Wirkung der Massenversammlung und das Gewinnen der Masse für eine große Idee studiert und praktisch verwirklicht. [...] Besonders ist aber eins hervorzuheben. Hitler ist getragen von einer großen Idee, er ringt um das Verständnis und die Liebe seines Volkes. Er versteht das Volk und weiß es deshalb zu packen. Von der Wirtschaftsberaterin ist ein gleiches zu fordern."[398] Zugleich empfiehlt sie jeder Lehrerin, „die in der Wirtschaftsberatung insbesondere in der Massenberatung tätig ist", Hitlers „Mein Kampf" „als unerschöpfliches Lehrbuch"[399]. Ihre Ausführungen zu einer Optimierung der Wirtschaftsberatung enthielten im Grunde nicht nur eine neue Akzentuierung, sondern bedeuteten vielmehr eine gänzlich neue Ausrichtung der Beratung. Nicht mehr die Interessen des einzelnen Bauern oder das Wohlergehen der einzelnen Bäuerin sollten im Mittelpunkt der Beratung stehen, sondern das „Allgemeinwohl". Erklärtermaßen rückte nun die Erziehung des Bauern und der Bäuerin zur Verantwortung für die Volksgemeinschaft in das Zentrum – eine neue Prioritätensetzung: „Die Wirtschaftsberaterinnen werden eingestellt, um alle Pläne der

---

397 Harter-Meyer, Der Kochlöffel, S. 249–260, hier S. 249.

398 Delius, Die Bedeutung, S. 56.

399 Ebd.

Regierung für die künftige Wirtschaftsgestaltung und für das Wohlergehen des gesamten Volkes in die Praxis umzusetzen. Die Wirtschaftsberatung ist also Erziehung der Bauernschaft zur Verantwortlichkeit dem Volk gegenüber."[400]

Wenige Monate, nachdem Käthe Delius in das REM versetzt worden war, fand vom 21. bis 26. August 1934 in Berlin im Preußenhaus in der Prinz-Albrecht-Straße 5 der Fünfte Internationale Kongress für Hauswirtschaftsunterricht statt.[401] Veranstalter war das Internationale Amt für Hauswirtschaftsunterricht, das seinen Sitz in Freiburg in der Schweiz hatte. Die Organisation in Deutschland hatte die Deutsche Pädagogische Auslandsstelle, eine Pädagogische Abteilung des Deutschen Akademischen Auslandsdienstes e. V., übernommen. Der Kongress stand unter der Schirmherrschaft des deutschen Reichsministers für Wissenschaft, Erziehung und Volksbildung, Bernhard Rust. Käthe Delius' neues Ministerium war mit mehr Mitarbeitern und Mitarbeiterinnen an diesem internationalen Kongress als andere Ministerien beteiligt. Dem Ehrenausschuss stand nicht nur Reichsminister Rust vor, sondern ihm gehörte auch Hedwig Förster, eine Referentin des Preußischen Ministeriums für Wissenschaft, Kunst und Volksbildung an, das inzwischen mit dem REM zusammengeführt war. Hedwig Förster gehörte auch dem Kongressbüro an. Als einer der Vizepräsidenten des Kongresses fungierte Ministerialrat Dr. Schaefer, den Kongress eröffnete der damalige Reichsstaatssekretär Dr. Wilhelm Stuckart, beide ebenfalls aus dem REM. Der Kongress sollte dem NS-Regime eine sehr willkommene internationale Bühne bieten, die es forsch nutzte, um die Ideen und Fortschritte der neuen „nationalen Revolution" ins Rampenlicht zu rücken.

Der Kongress begann mit einem Generalbericht[402] über die Fortschritte des Hauswirtschaftsunterrichts seit 1927, dem Jahr, in dem der IV. Internationale

---

400 Ebd., S. 55.
401 Deutsche Pädagogische Auslandsstelle (Pädagogische Abteilung des Deutschen Akademischen Austauschdienstes e. V., Berlin) (Hg.), Fünfter Internationaler Kongress für Hauswirtschaftsunterricht, Berlin 21.–26. August 1934, Gesamtbericht, Berlin 1934.

402 Der Generalbericht stützte sich auf Auskünfte aus 17 Ländern: Belgien, Canada, Dänemark, Deutschland, England, Finnland, Frankreich, Holland, Irland, Italien, Lettland, Norwegen, Palästina, Rumänien, Schweden, Schweiz, Tschechoslowakei, United States of America.

Kongress für Hauswirtschaftsunterricht in Rom stattgefunden hatte.[403] Außer den Eröffnungsrednern und der Ansprache der Reichsleiterin der NS-Frauenschaft und Führerin des Deutschen Frauenwerks, Gertrud Scholtz-Klink, berichtete Käthe Delius als eine von nur zwei offiziell Vortragenden aus Deutschland über die Entwicklung des ländlich-hauswirtschaftlichen Schulwesens in Deutschland.[404] Die zweite deutsche Referentin war Clara Mende aus dem Reichswirtschaftsministerium, die eine Bilanz über die Entwicklung des städtischen hauswirtschaftlichen Unterrichtes vorlegte.[405] Die an die sechshundert Teilnehmer und Teilnehmerinnen des Kongresses kamen aus 23 Ländern.[406] Das größte Kontingent stellte naturgemäß Deutschland mit etwa vierhundert Personen. Darunter waren zahlreiche Vertreterinnen der Reifensteiner Schulen.

Wenn Käthe Delius in ihrem Bericht deutlich bemüht war, als loyale Beamtin sachlich die veränderten Sichtweisen und Zielsetzungen seit der „Machtübernahme" der Nationalsozialisten in ihrer Wirkung auf das Schulwesen darzustellen, so führte sie in ihrem Report doch mit der Darlegung wesentlicher ideologischer Positionen nationalsozialistischer Agrarpolitik ein. Ihre Ausführungen changierten zwischen einer sachlichen Berichterstattung über die Veränderungen und einer zustimmenden Beschreibung der neuen Überzeugungen und Verhältnisse, die sich seit der „nationalsozialistischen Revolution" ergeben hatten: „Der bisher wenig beachtete Bauer hat im Dritten Reich wesentliche Aufgaben zu erfüllen. Er hat nicht nur die Ernährung des Volkes sicherzustellen, sondern der Bauer und vor allem die Bäuerin ist darüber hinaus Träger und Be-

---

403 Der dritte Kongress hatte im Jahr 1922 in Paris stattgefunden.

404 Delius, Käthe, Die Entwicklung des ländlich-hauswirtschaftlichen Unterrichts in Deutschland, in: Deutsche Pädagogische Auslandsstelle, S. 32–34. Käthe Delius wurde im Verzeichnis der Einzelberichterstatter fälschlich noch als Regierungsrätin im Preußischen Landwirtschaftsministerium bezeichnet.

405 Mende, Clara, Die Entwicklung des städtischen hauswirtschaftlichen Unterrichts in Deutschland, in: Deutsche Pädagogische Auslandsstelle, S. 34f.

406 Algier 3 Teilnehmer, Belgien 7, Canada 1, Dänemark 15, Deutschland: etwa 400 (Vertreterinnen von Schulen, Vereinen und Verbänden, Ministerien, Verwaltungen), Estland 6, Finnland 8, Frankreich 10, Großbritannien 6, Holland 8, Italien 19, Jugoslawien 1, Lettland 9, Norwegen 11 (dabei der Staatskonsulent für Hauswirtschaftsschulen in Norwegen), Polen 16, Rumänien 4, Schweden 4, Schweiz 7, Siam 1, Spanien 7, Tschechoslowakei 18, Ungarn 2, USA 5.

wahrer des Erbgutes unseres Volkes. Das Bauerntum ist der Lebensquell des deutschen Volkes."[407] Die Bäuerin habe eine vollkommen andere Stellung als früher: Von einer Dienerin des Betriebes sei sie nun als Mutter des neuen Geschlechtes anerkannt. Auf diesen Rollenwechsel habe sich der Unterricht in den ländlich-hauswirtschaftlichen Schulen eingestellt. In seinem Zentrum stünden nun außerdem Rasse- und Erbfragen sowie Gesundheitspflege. Die Entwicklung der einzelnen Schultypen seit dem Jahr 1933 wurde von ihr als „bemerkenswert" und „günstig" geschildert: „Deutschland ist stolz darauf, ein so gut ausgebautes ländlich-hauswirtschaftliches Schulwesen zu besitzen; wir haben die berechtigte Hoffnung, daß die Entwicklung in den nächsten Jahren eine noch günstigere sein wird."[408] Ob Käthe Delius vor dem großen Publikum und unter den Augen und Ohren hochrangiger deutscher Politiker und Ministerialbeamter das sagte, was man von ihr als Verantwortung tragender Beamtin erwartete oder ob ihre Ausführungen nahe legen, dass sie in der Anfangsphase der NS-Herrschaft – wenn auch mit verhaltenem Gestus – bereit war, sich für die „nationale Erneuerung" aufgeschlossen zu zeigen, lässt sich nicht abschließend beurteilen.

Dabei durfte sie zu Recht annehmen, dass sich die Erfolge bei der Entwicklung des ländlich-hauswirtschaftlichen Schulwesens im Wesentlichen auf ihr Wirken seit dem Jahr 1920 im Reichsverband und anschließend im Preußischen Landwirtschaftsministerium stützen konnten. Es war nicht zu übersehen, dass das NS-Regime, das an diesen Arbeiten und Entwicklungen anknüpfte, diese in seine politischen und gesellschaftspolitischen Zielsetzungen einbaute und sie zugleich forcierte. Ob Käthe Delius angesichts der neuen und aussichtsreichen Perspektiven eines Bedeutungszuwachses der Frauenarbeit auf dem Land für die Volkswirtschaft und dem Ziel eines Ausbaus der ländlichen Frauenbildung Sympathien für den Nationalsozialismus – zumindest in seiner frühen Phase – entwickelt hatte, lässt sich mit Bestimmtheit nicht beurteilen. Unentschieden

---

407 Delius, Die Entwicklung, S. 32.
408 Ebd., S. 34.

muss bleiben, ob ihre zum Teil neutralen Beschreibungen, zum Teil frühen zustimmenden Äußerungen zu den Maßnahmen des neuen Regimes eine Anpassung an das System darstellten, die ihren Verbleib im Ministerium und damit ihre Existenz sicherten oder ob sie aus einer, zumindest teilweisen Überzeugung ob der Richtigkeit der in Angriff genommenen neuen Strukturreformen erwuchsen. Eine „maßgebliche" Nationalsozialistin ist sie zu keinem Zeitpunkt gewesen.

## Sicherstellung des ideologischen Führungsanspruches

Seit der „Machtergreifung" war Käthe Delius mit der Zielsetzung des NS-Staates, alle Bereiche des öffentlichen und privaten Lebens mit nationalsozialistischer Ideologie zu durchdringen, konfrontiert. Um den größtmöglichen Einfluss auf gesellschaftliche Gruppen zu erringen, die sowohl im Beruf als auch in der Freizeit kontrolliert und ideologisch beeinflusst werden sollten, rivalisierten Parteigliederungen und Parteiorganisationen untereinander. Am 8. Juni 1935 erreichte Käthe Delius ein Schreiben von der Zentrale für Ordensschulen, die unter dem Protektorat der Fuldaer Bischofskonferenz standen. Leiter der Zentrale war der Bischof von Osnabrück, Dr. Wilhelm Berning (1877–1955). Im Schreiben wurde berichtet, dass die Schulen durch örtliche und bezirkliche Stellen wegen der Frage ihrer Zugehörigkeit zur Deutschen Fachschulschaft fortgesetzt unter Druck gesetzt würden. Diese wiederum würden die Ungeklärtheit der Lage äußerst drückend empfinden. Die Ungeklärtheit bestand darin, dass die Schulen nicht genau informiert waren, welcher Organisation sie, ihre Mitarbeiter und ebenso die Schülerinnen angehören sollten. Dennoch wurden sie von Seiten der Kreisreferentin der Deutschen Fachschulschaft aufgefordert, die Namen der Schülerinnen anzugeben, da es deren Pflicht sei, Mitglied der Deutschen Fachschulschaft zu werden. Diese Aufforderung sei mit dem drohenden Hinweis verbunden worden, keine Seminaristin würde ohne ein genügend ausgefülltes Leistungsheft der Deutschen Fachschulschaft zur Prüfung zugelassen.

Käthe Delius wurde in diesem Schreiben gebeten, sich dringend für eine klärende Entscheidung hauptsächlich in Bezug auf die Vermeidung von Doppelmitgliedschaften – Fachschulschaft, BDM, NS-Frauenschaft – einzusetzen.[409] In einem Erlass vom 6. Oktober 1934 hatte der Reichsminister für Wissenschaft, Erziehung und Volksbildung angeordnet, dass die Höheren Lehranstalten für praktische Landwirte, die Kulturbauschulen und die Wirtschaftlichen Frauenschulen auf dem Lande, soweit sie Lehrerinnen und Haushaltspflegerinnen ausbildeten, der Deutschen Fachschulschaft beizutreten hatten.[410] Dagegen gehörten bäuerliche Werkschulen, die entsprechenden gärtnerischen Berufs- und Fachschulen, die Ackerbauschulen und die landwirtschaftlichen Haushaltungsschulen nach diesem Erlass nicht in die Deutsche Fachschulschaft.

Die aufgetretene Problematik war keine Marginalie, ging es doch um die erzieherische Erfassung der Schulen, Lehrerinnen und Schülerinnen zur Ausbildung für den „Frauendienst" und die Mitarbeit am „Volkstum". Die Diskussion über die Mitgliedschaft in dieser oder jener Organisation hatte schon im Vorfeld der Veröffentlichung des Erlasses begonnen. Sie sollte auch danach noch Monate fortgeführt werden. Eine Besprechung am 14. Februar 1935 im RMWEV hatte keine Klärung gebracht. Schreiben zwischen Ministeriumsabteilungen, der Referentin für Frauenfragen im RMWEV, der Deutschen Fachschulschaft in der Reichsschaft der Studierenden, der Reichsleitung der NSDAP, der Reichsreferentin des BDM, des Reichsnährstandes, der Verbandsvorsitzenden des Reifensteiner Verbandes, Vertretern der katholischen Ordensanstalten und der Zentrale für Ordensschulen wurden gewechselt. Ein sehr vorsichtiges Zurückweisen des nationalsozialistischen Totalitätsanspruches und gleichzeitiges Beschreiben der eigenen Wertegemeinschaft lässt sich jedoch nur in den Schreiben der Zentrale der Ordensschulen erkennen. Die anderen Kritiker,

---

409 Schreiben v. 8.6.1935, BArch, R 4901/10483, Reichsministerium für Wissenschaft, Erziehung und Volksbildung, Fachschulen und Landwirtschaftliche Frauenschulen.

410 Erlass v. 6. Oktober 1934, REV Nr. 694, E IV, BArch, R 4901/10483, Reichsministerium für Wissenschaft, Erziehung und Volksbildung, Fachschulen und Landwirtschaftliche Frauenschulen.

wozu auch die Reifensteiner Schulen gehörten, klagten ausschließlich über die Überlastung an außerschulischen Beanspruchungen durch weitere Treffen, Schulungsabende und Verantwortlichkeiten. Ein grundsätzliches Infragestellen des neuen Regimes war nicht mehr opportun: Seit Ende Januar 1933 hatte die NSDAP durch rücksichtslose Brutalität und Propaganda innerhalb weniger Monate ihren uneingeschränkten Führungsanspruch etabliert.

Die antichristliche Weltanschauung des Nationalsozialismus evozierte im Bereich der Bildungspolitik immer wieder Maßnahmen zur Eindämmung, mehr noch zur Verhinderung des gesellschaftlichen Einflusses der Kirchen, die auch Ministerialbeamte anordneten. Ein Beispiel ist die Schließung der Oberklassen der Landfrauenschulen Geldern und Gut Hange, die Ende 1938 angeordnet wurde. Beide Schulen hatten einen konfessionellen Träger. Die Landfrauenschule Geldern gehörte der Kongregation der Schwestern Unserer Lieben Frau, einer weltweiten Ordensgemeinschaft in der katholischen Kirche. Das Gut Hange wiederum wurde geführt von den Thuiner Schwestern, einer Kongregation der Franziskanerinnen vom hl. Märtyrer Georg zu Thuine. Beiden Einrichtungen untersagte Ministerialdirektor Siegmund Kunisch, der im Ministerium das Amt Volksbildung leitete, die weitere Aufrechterhaltung des Unterrichtes in Oberklassen.[411]

## Verstaatlichung der Lehrerinnenausbildung und Ausbau des ländlich-hauswirtschaftlichen Schulwesens

Die Kraft, als dienendes Glied in der Kette der Beamten zu wirken, nahm Käthe Delius aus ihrer Leidenschaft für ihre Arbeit zur Entwicklung der Frauenbildung. Sie war inzwischen zu einer versierten, erfahrenen und erfolgreichen Bildungsplanerin geworden – eine kundige und unverzichtbare Fachfrau. Ein für sie herausfordernder Aspekt war, dass sich ihr Aufgabenbereich ab 1934 über Preußen hinaus auf das ganze Reich erweiterte. Ab 1938 sollten das Sudetenland und Österreich hinzukommen. Auf der anderen Seite fielen einige ihrer bisherigen Verantwortlichkeiten weg, da sie anders zugeteilt wurden: Für das Lehrlingswesen wurde der Reichsnährstand und für die Wirtschaftsberatung das Reichsernährungsministerium zuständig.

Käthe Delius war bewusst, dass sie sich in den veränderten Verhältnissen rasch zurechtfinden und schnell mit einer Initiative in die Offensive kommen musste. Eine ihrer wichtigen und effektiven Stützen aus der Weimarer Republik existierte nicht mehr: der Kreis der Referentinnen bei den Landwirtschaftskammern. Durch deren Umorganisation war ein Teil der Stellen abgebaut oder die Referentinnen versetzt worden. In den jetzt gebildeten Landesbauernschaften gab es zwei Frauenabteilungen, von denen sie wusste, dass diese um ihre Zuständigkeiten für die Frauen kämpften. Darüber hinaus waren die in den neuen Abteilungen tätigen Referentinnen abhängig von der Meinung der Landesbauernschaften. Käthe Delius war gewiss, dass man sich nicht mehr wie früher auf die Referentinnen stützen konnte. Ihr Plan, rasch ein neues Vorhaben zu initiieren, schien ihr wichtig, „um vielleicht das Interesse von anderen Einrichtungen abzulenken und diese dadurch zu schützen."[412] Welche Einrichtungen sie konkret meinte, benannte sie nicht.

Für das noch bestehende Institut für Hauswirtschaftswissenschaft sah sie dagegen keine Perspektive mehr. Die Akademie für soziale und pädagogische Frauenarbeit, der das Institut seit 1926 angeschlossen war, war – wie schon dargestellt wurde – seit Mai 1933 geschlossen. Der Lehrauftrag „Hauswirtschaftliche Betriebslehre" an der Landwirtschaftlichen Hochschule in Berlin, den die Leiterin des Institutes, Dr. Maria Silberkuhl-Schulte, innegehabt hatte, war mit einem Ministerialerlass vom 21. August 1934 aufgehoben worden.[413] Das geschah, obwohl einige Monate zuvor, Ende 1933, noch deren Publikation „Wirtschaftslehre des Haushaltes" erschienen war. Zudem hatte Maria Silberkuhl-Schulte außerdem in der Zwischenzeit Arbeiten für die Verleihung einer

---

411 Schreiben v. Siegmund Kunisch v. 31.12.1938, BArch, R 4901, 15280, Reichsministerium für Wissenschaft, Erziehung und Volksbildung, Fachschulen und Landwirtschaftliche Frauenschulen.

412 Delius, Ein Leben, Teil IV, S. 40.

413 Vgl. Sawahn, Anke, Wir Frauen vom Land. Wie couragierte Landfrauen den Aufbruch wagten, Frankfurt am Main 2010, S. 189.

Privatdozentur eingereicht und ein zweites Buch „Die Organisation des Haushaltes" begonnen. Es war ihre Opposition zum neuen Regime, die die Aufhebung des Lehrauftrages in erster Linie begründete.[414] Mit dem Erlass wurden ihre bisherigen Arbeiten zu einer Theorie der Hauswirtschaft abrupt unterbrochen, eine vielversprechende produktive wissenschaftliche Weiterentwicklung für zwanzig Jahre verhindert. Silberkuhl-Schulte zog sich ins Privatleben zurück und sollte zwei Jahrzehnte einen kleinen Hof in der Eifel bewirtschaften. Ihr Lebensweg zeigt, dass im Prozess der Zerschlagung der unabhängigen Frauenbewegung sich Entwicklungen ereigneten, die Alice Salomon für die ersten Jahre im NS-Regime so beschrieb: „Ein Abgrund hatte sich aufgetan zwischen jenen, die aus dem Rennen waren, und jenen, die weitermachen zu können hofften. [...] Diejenigen, die finanziell unabhängig waren, zogen sich zurück. Wir alle schrieben – Erinnerungen, Romane, Biographien. Die anderen sahen sich nach einer Arbeit um, in der sie nicht verpflichtet waren, ‚falsches Zeugnis abzulegen', so z. B. Privatunterricht, häusliche oder gemeindliche Dienste, oder die Führung kleiner Läden."[415]

Erst in den fünfziger Jahren kehrte Maria Silberkuhl-Schulte in die Wissenschaft zurück. Käthe Delius verlor 1934 mit ihr nicht nur eine fähige Institutsleiterin, sondern auch eine begabte Mitstreiterin bei der Erarbeitung einer Wissenschaft vom Haushalt. Da sie sich auch keine adäquate Nachfolgerin vorstellen konnte und möglicherweise keinen politischen und wissenschaftspolitischen Rückhalt für eine Wissenschaft vom Haushalt erkennen konnte, entschloss sich Käthe Delius, dem Ministerium die Schließung des Institutes für Hauswirtschaftswissenschaft vorzuschlagen.

Sowohl am jetzt geschlossenen Institut und auch an den vielen Weiterbildungsangeboten, die in den vergangenen Jahren ins Leben gerufen worden waren, kann man erkennen, wie interessiert Käthe Delius schon seit Jahren an der Gestaltung einer qualitativ guten Lehrerinnenausbildung war. Hinzu kam, dass

---

414 Vgl. Jubiläumsausgabe 1928, S. 6.
415 Salomon, Alice, Charakter, S. 266f.

aktuell das ländlich-hauswirtschaftliche Schulwesen weiter ausgebaut werden sollte, was sehr viele Lehrkräfte erforderte. Sie sah in dieser Situation gute Voraussetzungen für Strukturreformen und erkor sich die Neuregelung der Lehrerinnenbildung als Initiative für ihren Start im RMWEV. Bisher wurden sowohl die fachliche wie auch die pädagogische Ausbildung für Lehrerinnen in den staatlich anerkannten Seminaren einiger Wirtschaftlicher Frauenschulen geleistet. Käthe Delius' grundlegende Ambition war, die fachliche Ausbildung zu verbessern und die pädagogisch-methodische akademisch zu intensivieren.

Das Konzept, dass sie entwickelte, griff tief in die Strukturen des vorhandenen Schulwesens ein, sah es doch die Verteilung von fachlicher und pädagogischer Ausbildung auf verschiedene Einrichtungen vor. Die fachliche sollte wie bisher bei den Wirtschaftlichen Frauenschulen bleiben, für die pädagogische sollten staatliche Institutionen verantwortlich werden, die noch geschaffen werden mussten. Dieser Plan zog einen gravierenden Umbau der Wirtschaftlichen Frauenschulen nach sich, der insbesondere für den Reifensteiner Verband einschneidende Konsequenzen nach sich zog. Die Wirtschaftschaftlichen Frauenschulen sollten zu reinen Fachschulen mit einjährigen Lehrgängen für die künftigen Landfrauen und zweijährigen für die angehenden Lehrerinnen umgebaut werden. Mit diesem Schritt kam man auch ein Stück weiter auf dem Weg der Vereinheitlichung von Schulformen, stellte man nun doch die bisherigen landwirtschaftlichen Haushaltungsschulen und Wirtschaftlichen Frauenschulen auf eine Stufe, gab ihnen die gleichen Ausbildungsbestimmungen und auch die gleiche Bezeichnung: zunächst „Bäuerliche Frauenschulen", ein Jahr später „Landfrauenschulen". Für die pädagogische Ausbildung, die in der Hand des Staates liegen sollte, dachte man zunächst an die Neugründung von Lehrerinnenbildungsanstalten. Dieser Gedanke wurde zugunsten einer Entwicklung von entsprechenden Studiengängen an den schon bestehenden Hochschulen für Lehrerbildung aufgegeben.

Für ihr Konzept konnte Käthe Delius nicht nur ihren Abteilungsleiter Valentin Döring, sondern auch weitere höhere Ministerialbeamte gewinnen. Auch das Reichsfinanzministerium stimmte zu. Schon im März 1935 lagen eine Denkschrift und ein Entwurf für neue Ausbildungsbestimmungen für Lehrerinnen der landwirtschaftlichen Haushaltungskunde vor.[416] Für die Notwendigkeit einer Neuregelung wurden in der Denkschrift drei Gründe angegeben. Der erste lautete, dass die Ausbildung der Lehrerin bisher in privaten Schulen (Reifensteiner Verband, Gesellschaft für landwirtschaftliche Frauenbildung, Verwaltungsrat der evangelischen Frauenhilfe) stattfände, was angesichts der Bedeutung, die das bäuerliche Schulwesen inzwischen erreicht habe, unhaltbar sei. Dagegen sei es notwendig, dass die Ausbildung der Lehrerin vom Staat übernommen werden müsste. Als zweiter Grund wurde die Notwendigkeit einer Regelung angegeben, die für das ganze Reich einheitlich gelten müsste, denn in fast allen deutschen Ländern sei der Reichsnährstand Rechtsträger des bäuerlichen Fachschulwesens. Die Lehrerinnen seien daher auch hauptsächlich vom Reichsnährstand angestellt. Der dritte Grund lautete, die Lehrerinnen müssten in Zukunft stärker auf ihre Aufgaben für die Erziehung der deutschen Bauernjugend vorbereitet werden. Zugleich sollten mehr Möglichkeiten geschaffen werden, dass mehr Mädchen vom Land die Lehrerinnenlaufbahn einschlügen.

Die Denkschrift zeigt, dass die komplikationslose, schnelle Zustimmung auf politisch-ideologischen Interessen beruhte: an der Verstaatlichung der Lehrerinnenausbildung, der Sicherung des Einflusses des Reichsnährstandes, der Vereinheitlichung von Schultypen sowie die Ausschaltung privater, kirchlicher Träger. Zu letzteren war in der Denkschrift formuliert: „Damit würde auch den Klosterschulen, denen wie in Bayern, bisher die Ausbildung von Lehrerinnen zugebilligt worden war, die Möglichkeit genommen, weiterhin Lehrerinnen auszubilden."[417] Der Bericht von einer Besprechung im Ministerium bestätigte diese Absicht, die von Ministerialdirektor Helmut Bojunga vorgetragen wurde. Er führte aus, „daß die heutige Ausbildung der Lehrerinnen der landw. Haus-

---

416 BArch, R 2/12867 Bestand Reichsfinanzministerium, Abt. I.
417 Denkschrift zur Neuregelung der Ausbildungsbestimmungen für Lehrerinnen der landwirtschaftlichen Haushaltungskunde, BArch, R 2/12867, Reichsfinanzministerium, Abt. I.

haltungskunde an privaten Schulen im neuen Staat nicht mehr haltbar sei, da der Staat den notwendigen Einfluß auf die Ausbildung jetzt nicht habe, den Schulen fehle die bäuerliche Einstellung, die Ausbildung auf rein konfessionellen Schulen [...] sei nicht mehr vertretbar."[418]

Der Erlass zur Neuregelung der Lehrerinnenausbildung konnte erstaunlicherweise schon am 10. Mai 1935 veröffentlicht werden.[419] Käthe Delius hatte im Vorfeld und auch nach seiner Publizierung eine ganze Reihe grundlegender Dokumente auszuarbeiten und diese in zahlreichen Zusammenkünften zu vertreten: die Verabschiedung von Prüfungsordnungen, Erarbeitung von Richtlinien für die fachliche Vorbereitung der Lehrerinnen in den neu aufgestellten Landfrauenschulen sowie Bestimmungen für die Einrichtung neu zu gründender Landfrauenschulen und nicht zuletzt die Ausarbeitung von Entwürfen neuer Lehrpläne sowohl für die fachliche wie auch die pädagogische Ausbildung. Die pädagogischen Lehrgänge wurden zunächst an der Hochschule für Lehrerinnen in Hannover, provisorisch in Berlin und später in Koblenz und Schneidemühl eingerichtet. Da 1941 die Hochschulen für Lehrerbildung aufgelöst wurden, erfolgte von da an die pädagogische Ausbildung aller landwirtschaftlichen, ländlich-hauswirtschaftlichen und gärtnerischen Lehrerinnen und Lehrer an den sogenannten Staats- und Reichsinstituten für den landwirtschaftlichen Unterricht. Diese Staatsinstitute entstanden in Koblenz, Danzig, Braunschweig, Dresden und München.[420]

Mit der Verlegung der pädagogischen Ausbildung an die staatlichen Hochschulen für Lehrerinnenbildung hatte Käthe Delius die Akademisierung der Lehrerinnenausbildung in der ländlichen Hauswirtschaft erreicht. Damit war jedoch gleichzeitig eine Strukturreform realisiert, die dem nationalsozialistischen Staat den erzieherischen Einfluss bis in die bäuerliche Familie hinein sichern sollte. Der Zugriff des Staates auf die privat geführten Landfrauenschulen

---

418 Abschrift über die Verstaatlichung der Lehrerinnenbildungsanstalten, BArch, R 2/12867 Bestand Reichsfinanzministerium, Abt. I.

419 E V 1204/35 II M. Ergänzende Erlasse: v. 29.1.1936 EV 2790/35, W, L, W I M; v. 29.12.1937 E V 5045.

420 Vgl. Wörner-Heil, Frauenschulen, S. 87–100.

gestaltete sich in den folgenden Jahren immer intensiver. Ein Schreiben des Abteilungsleiters Döring an den Reichsminister der Finanzen vom 2. Februar 1939 belegt die Absicht, die privaten Schulen abzuschaffen: „Ich würde die Umschuldung begrüssen, da beabsichtigt ist, die Schulen des Reifensteiner Verbandes früher oder später auf einen öffentlichen Schulträger zu überführen und diese Überführung wesentlich erleichtert würde, wenn die Schulden des Verbandes herabgesetzt würden könnten."[421] Ein weiteres Instrumentarium, die privat geführten Schulen in die Enge zu treiben, war ihre nicht gleichberechtigte Behandlung, was ein Schreiben des Abteilungsleiters Valentin Döring deutlich machte. Im November 1941 wehrte sich der Reifensteiner Verband dagegen, dass bei der Berechnung der freien Station für die Lehrkräfte die Mitarbeiterinnen in den Reifensteiner Schulen schlechter gestellt seien als diejenigen in den Landfrauenschulen der Landesbauernschaften. Abteilungsleiter Valentin Döring akzeptierte den Einspruch, wies aber den Verband darauf hin, dass entstehende Mehrkosten von ihm getragen werden müssten und „auf eine Erhöhung des Zuschusses in keiner Weise gerechnet werden"[422] könnte. Auch Käthe Delius bestätigte in ihren Lebenserinnerungen diesen Prozess der „Überführung". In der Rheinprovinz und in Westfalen wurden die Schulen von den Provinzialverwaltungen übernommen, in Bayern vom Staat.

Die Reifensteiner Schulen konnten jedoch bestehen bleiben, waren aber schon ab Januar 1934 dem Reichsnährstand angegliedert worden. Zudem war zweieinhalb Jahre später, im Juni 1936, der langjährigen Vorsitzenden Käthe von Herwarth der Vorsitz entzogen worden. An ihre Stelle war vom Reichsnährstand Erica Gräfin von Roedern, Landesabteilungsleiterin I C der Landesbauernschaft Schlesien gesetzt worden. Neuer Geschäftsführer wurde Karl-Heinrich Friedrich, bisheriger Sachbearbeiter im Verwaltungsamt des Reichsbauernführers. Käthe Delius hatte auf diese Entwicklung weder Einfluss, noch konnte sie diese abwenden. Die Absetzung ihrer Freundin und vertrauten Kollegin Käthe von Herwarth als Vorsitzende des Reifensteiner Verbandes bezeichnete sie als den „schwärzeste[n] Tag in unserer gemeinsamen Arbeit [...]. Obwohl dazu natürlich jede Rechtsgrundlage fehlte, schlugen alle Bemühungen, den Entschluß rückgängig zu machen, fehl."⁴²³ Diese Anordnung war völlig unerwartet, „aus heiterem Himmel" gekommen, „bitter für uns beide und unendlich schwer für Käthe v. Herwarth." Diese habe „sich wohl mit sehr gemischten Gefühlen bereit erklärt, eine Arbeit im deutschen Frauenwerk zu übernehmen." Es habe sich damals gut gefügt, dass sie die Schriftleitung der „Hauswirtschaftlichen Jahrbücher" hat übernehmen können, denn die Herausgabe der Jahrbücher und die Bibliothek des Institutes für Hauswirtschaft seien nach dessen Auflösung an das Frauenwerk übergegangen. Am 20. April 1936 wurde Käthe Delius zur Oberregierungsrätin mit Wirkung zum 1. April 1936 befördert.

Die im Bereich des ländlich-hauswirtschaftlichen Schulwesens seit 1933 eingeleiteten Strukturveränderungen zogen im Laufe der nächsten Jahre einen Aufschwung nach sich, der sich unter anderem in der zunehmenden Zahl von neuen Landfrauenschulen niederschlug, die jetzt entweder von den Landesbauernschaften oder vom Staat eingerichtet wurden. Das galt insbesondere auch für die, die in den annektierten und angeschlossenen Gebieten (Ostmark/Österreich, Sudetenland) sowie für die, die während des Krieges in den besetzten Ostgebieten eingerichtet wurden. Außerdem stellte sich darüber hinaus für Käthe Delius die Aufgabe, für alle deutschen Länder wie auch für die letztgenannten Gebiete, die allmähliche Angleichung und Vereinheitlichung der Schulformen, ausgehend von den preußischen Erfahrungen, vorzunehmen. Da für diese Maßnahmen finanzielle Mittel gebraucht wurden, sind vor allem im Aktenbestand des Reichsfinanzministeriums, Abt. I, hierzu zahlreiche Schriftstücke archiviert.⁴²⁴

Eine weitere anspruchsvolle bildungsplanerische Herausforderung stellte sich auf dem Gebiet der ländlichen Fortbildungsschulen. Diese wurden endgültig in landwirtschaftliche Berufsschulen umgewandelt. Deren starker Ausbau und besondere Förderung bis 1945 wurden durch ein schon in der Weimarer

---

421 BArch, R 2/12867, Reichsfinanzministerium, Abt. I.
422 Schreiben v. Valentin Döring v. 26.11.1941, BArch, R 4901, 15280.
423 Alle Zitate dieses Absatzes: Delius, Käthe, Käthe von Herwarth zum Gedenken, in: Blatt der Altmaiden 126/1960, S. 2f, hier S. 3.
424 BArch, R 2/12867, Reichsfinanzministerium, Abt. I.

Zeit gefordertes, aber nicht realisiertes Reichsgesetz bewerkstelligt. Auch in diesem Bereich stieg die Anzahl der dringend benötigten Lehrkräfte, was pragmatische Lösungen für deren Ausbildung erforderte. Im Jahr 1941 wurde die Berufsschullehrerinnenausbildung an die Staatsinstitute für den landwirtschaftlichen Unterricht gelegt. Ein weiteres Gebiet, womit sich Käthe Delius' Abteilung in den nächsten Jahren beschäftigte, war die Schulaufsicht. Es wurde erreicht, dass bei einigen Regierungen Regierungs- und Landwirtschaftsschulräte angestellt wurden, die die Schulaufsicht über alle landwirtschaftlichen, hauswirtschaftlichen und gärtnerischen Schulen übernahmen. Diese Maßnahme wirkte sich ebenfalls auf den weiteren Ausbau des gesamten hauswirtschaftlichen Schulbereiches aus.

## Frauen im Zentrum von Wirtschaftsberatung und Betriebsforschung im Vierjahresplan

Neben den umfangreichen bildungsplanerischen Aufgaben hielt Käthe Delius immer wieder auch Vorträge auf bedeutenden Veranstaltungen. Vom 13. bis 15. Juli 1938 tagte in der Landfrauenschule Wittgenstein zu Birkelbach in Westfalen die Arbeitsgemeinschaft „Wirtschaftslehre des Landhaushaltes". Veranstalterin war die Reichsstelle für hauswirtschaftliche Forschungs- und Versuchsarbeit in „engster" Zusammenarbeit mit dem Reichsnährstand und dem Reifensteiner Verband. An diesem Lehrgang nahmen Dozentinnen der Hochschule für Lehrerinnenbildung teil, die im landwirtschaftlichen Fachbereich ausbildeten. Außerdem richtete sich der Lehrgang an Fachberaterinnen für das ländlich-hauswirtschaftliche Schulwesen und an Lehrerinnen, die an den Oberklassen der Landfrauenschulen für den Unterricht in der Wirtschaftslehre des Landhaushaltes zuständig waren. Drei Frauen waren an der Durchführung des Lehrgangs wesentlich beteiligt: Aenne Sprengel, zu dieser Zeit Abteilungsleiterin „Ländliche Hauswirtschaft" im Reichsnährstand und Leiterin der „Reichsstelle für hauswirtschaftliche Forschung und Versuchsarbeit" der Abteilung Volkswirtschaft – Hauswirtschaft im Deutschen Frauenwerk, Käthe Delius,

Oberregierungsrätin im RMWEV, und Käthe von Herwarth, Schriftleiterin der Hauswirtschaftlichen Jahrbücher. Aenne Sprengel verfasste das Vorwort und hielt den Vortrag „Die Notwendigkeit eines Ausgleichs zwischen den volkswirtschaftlichen und den volksgesundheitlichen Forderungen auf dem Bauernhof", Käthe Delius sprach über „Die praktische Gestaltung des Unterrichts in der Wirtschaftslehre des Haushalts" und Käthe von Herwarth stellte „Bücher, Zeitschriften und Lehrmittel für Beratung und Unterricht"[425] vor.

Die Tagung fand im letzten Jahr des sogenannten Vierjahresplans statt, der 1936 von Hitler auf dem Reichsparteitag in Nürnberg angekündigt worden war. Zwei Ziele hatte der Vierjahresplan gesteckt: Die deutsche Armee sollte in vier Jahren einsatzfähig und die deutsche Wirtschaft im gleichen Zeitraum kriegsfähig sein. Der Vierjahresplan war somit ein Instrument zur Herstellung sowohl der Wehrfähigkeit als auch der Sicherstellung der wirtschaftlichen Versorgung des deutschen Volkes. Die Fähigkeit zur Kriegsführung setzte nach Meinung der Machthaber voraus, dass Deutschland autark war und zudem seine landwirtschaftliche Produktion erheblich steigerte. Da die Landwirtschaft auf der einen Seite auch 1938 noch immer stark die Devisenbilanz durch Agrarimporte belastete und auf der anderen Seite die Vorbereitungen auf den Krieg Devisen für den Import rüstungswichtiger Rohstoffe immer dringender notwendig machte, war eine Optimierung der staatlichen Lenkungs- und Kontrollmaßnahmen im landwirtschaftlichen Bereich unerlässlich. Zu dem großen Arsenal von fördernden Verordnungen, staatlichen Eingriffen in die Agrarproduktion, Preiserhöhungen für landwirtschaftliche Produkte, Preissenkungen

---

425 Sprengel, Aenne, Die Notwendigkeit eines Ausgleichs zwischen den volkswirtschaftlichen und den volksgesundheitlichen Forderungen auf dem Bauernhof, in: Wirtschaftslehre des Landhaushalts. Vorträge der Arbeitsgemeinschaft „Wirtschaftslehre des Landhaushaltes", veranstaltet in der Landfrauenschule Wittgenstein zu Birkelbach-Westfalen vom 13.–15. Juli 1938 unter Leitung des Deutschen Frauenwerkes, Reichsstelle für hauswirtschaftliche Forschungs- und Versuchsarbeit, hg. v. d. Reichsfrauenführung als Sonderdruck der Hauswirtschaftlichen Jahrbücher, verantw. f. d. Inhalt: Kaethe von Herwarth, Stuttgart 1939, S. 36–43; Delius, Käthe, Die praktische Gestaltung des Unterrichts in der Wirtschaftslehre des Haushalts in: ebd., S. 44–48; Herwarth, Käthe von, Bücher, Zeitschriften und Lehrmittel für Beratung und Unterricht, in: ebd., S. 48–59.

für Düngemittel, Maßnahmen zur Verstärkung von Meliorationen und zur Flurbereinigung, Vergabe von Betriebskrediten und Reichsbeihilfen zur Anschaffung von Maschinen sowie zur Förderung des Landarbeiterwohnungsbaus gehörte auch die staatlich gelenkte Wirtschaftsberatung der bäuerlichen Wirtschaften und der bäuerlichen Familien.

Der Wirtschafts- und Sozialhistoriker Ulrich Kluge beurteilte den Ausbau des landwirtschaftlichen Beratungssystems im nationalsozialistischen Staat als verschleierte Kontrolle durch Kreis- und Ortshofberater. Zu dem Instrumentarium, das die landwirtschaftliche Produktion durch Fremd- und Selbstüberwachung plan-, berechen- und lenkbarer machen sollte, gehörte auch die Einführung der sogenannten Hofkarte – eine Art bäuerlicher Buchführung.[426] Sie wurde im Jahr 1937 in Deutschland, dann im Jahr 1939 auch in der Ostmark und im Sudetenland, für Betriebe von fünf Hektar in Nord- und Ostdeutschland, ab zwei Hektar in Süd- und Westdeutschland eingeführt. Diese Hofkarte sollte vom Ortsbauernführer gemeinsam mit dem Betriebsinhaber angelegt, dann der Kreisbauernschaft zur Prüfung und anschließend Bestandteil einer Kartei werden. Die Bauern sollten ihren Mitteleinsatz, etwa die Aufwendungen für Saatgut, Dünger sowie Maschinen- und Personalkosten, in ein Verhältnis zu ihren Betriebsergebnissen setzen. Die Hofkarte sollte dann regelmäßig fortgeführt und entweder halbjährlich oder jährlich aktualisiert werden. Unter Berufung auf die Historiker Gustavo Corni und Horst Gies beurteilte Ulrich Kluge die Einführung der Hofkarte als einen weiteren gravierenden Eingriff in die Privatwirtschaft und als erneute Verstärkung der staatlichen Kontrolle.[427]

Der Lehrgang, der im Juli 1938 in der Frauenschule Wittgenstein abgehalten wurde, hatte sich explizit das Ziel gesteckt, der Wirtschaftsberatung und der

---

426 Zur Hofkarte vgl. Langenthaler, Ernst, Schlachtfelder. Alltägliches Wirtschaften in der nationalsozialistischen Agrargesellschaft 1938–1945, Wien, Köln, Weimar 2016, S. 27f, 42–44, 68–102.

427 Kluge, Agrarwirtschaft, S. 31, 33, 95; Corni, Gustavo, Gies, Horst, „Blut und Boden". Rassenideologie und Agrarpolitik im Staat Hitlers, Idstein 1994; Corni, Gustavo, Gies, Horst, Brot – Butter – Kanonen. Die Ernährungswirtschaft in Deutschland unter der Diktatur Hitlers, Berlin 1997.

dazugehörigen Betriebsforschung mehr Erfolg zu verschaffen. 1938 war auch das Jahr, in dem das obligatorische „Pflichtjahr" zwischen dem Ende der Schulzeit und dem Eintritt in die Lehre oder in das Berufsleben für alle Frauen unter 25 Jahren eingeführt worden war. Der NS-Staat hatte es mit der „Anordnung zur Durchführung des Vierjahresplans über den verstärkten Einsatz weiblicher Arbeitskräfte in der Land- und Hauswirtschaft" verordnet. Die „Pflichtjahrmädel" wurden zu einem Jahr Arbeit in der Land- und Hauswirtschaft verpflichtet. Das „Pflichtjahr" stand in Konkurrenz zum ebenfalls eingerichteten „Landjahr" sowie ab 1939 zum Reichsarbeitsdienst, der durch das Reichsjugenddienstpflichtgesetz eingeführt wurde. Diese Verpflichtungen von Mädchen und jungen Frauen zur Arbeit auf den Bauernhöfen waren eine Reaktion auf den Arbeitskräftemangel in der Landwirtschaft.

Aufgrund des Arbeitskräftemangels seit Mitte der dreißiger Jahre waren frühere Behinderungen und Beschränkungen einer Berufstätigkeit von Frauen durch die NSDAP zunehmend aufgegeben worden. In der Landwirtschaft waren im Jahr 1939 35% der erwerbstätigen Frauen beschäftigt, also ein deutlich höherer Anteil als bei den Männern mit ungefähr 27%. Kenntnis hatte man auch davon, dass der Arbeitstag einer Bäuerin häufig 16 bis 19 Stunden lang war und es folgerichtig mit deren Gesundheit nicht zum Besten stand. Da die Tagungsveranstalterinnen einen Konflikt zwischen den vom Staat von den Landfrauen erwarteten Leistungen im Betrieb und der ebenfalls von ihr erwarteten Rolle, Mutter vieler „erbgesunder" und „rassenreiner" Kinder zu sein, erkannt hatten, rückten sie die Lage der Bäuerin, die gründlicher und detaillierter erforscht werden sollte, ins Zentrum der Weiterbildung zur Wirtschaftsberatung.

Dem Lehrgang war zum einen konkret das Ziel gesteckt, die Lehrerinnen und Fachberaterinnen über die bäuerliche Betriebsforschung aufzuklären, ihnen Materialien an die Hand zu geben und sie für eine Umsetzung der Betriebsforschung zu gewinnen, um eine sinnvolle Beratung und Schulung zu gewährleisten. Betriebsforschung erforderte die Kenntnis der Region, insbesondere auch der gegebenen natürlichen, klimatischen, bodenkundlichen sowie wirtschaftlichen Verhältnisse, in der Landwirtschaft betrieben wurde. Diese Kenntnisse stellten wiederum die Basis für die Analyse ihrer regionalen Stärken, ihrer Schwächen, eventueller Verlustquellen sowie der Marktbedingungen. Für die Untersuchung der Betriebsorganisation und Wirtschaftsweise eines landwirtschaftlichen Betriebes war außerdem seine Größe von Bedeutung. Zum anderen galt es, in der Wirtschaftsberatung den Zielkonflikt zu erkennen, denen die Frauen ausgesetzt waren und dazu beizutragen, dass den Bäuerinnen eine Balance zwischen den divergierenden Anforderungen möglich war.

Die Vorträge von Aenne Sprengel, Käthe Delius und Käthe von Herwarth in Wittgenstein-Birkelbach zeichneten sich daher insbesondere durch zwei Charakteristika aus: Zum einen orientierten sie die Betriebsforschung hauptsächlich auf die Frauenarbeit in der Landwirtschaft, insbesondere auf die schwierige, belastete Situation der Bäuerinnen, die dringend verbessert werden müsste. Zum anderen verwiesen sie darauf, dass Betriebsforschung und Wirtschaftsberatung als Förder- und Lenkungsinstrumente aus der Weimarer Republik stammten. Käthe Delius machte noch weitergehender darauf aufmerksam, dass die Wirtschaftsberatung der Landfrauen durch Lehrerinnen und Fachberaterinnen ihre eigene Erfindung in den Jahren 1924/25 gewesen war.

Im Vorwort der Publikation der Vorträge konstatierte Aenne Sprengel für den Zeitraum zwischen 1933 und 1938 enorme Veränderungen im ländlich-hauswirtschaftlichen Schul-, Beratungs- und Lehrlingswesen seit 1933. In diesem Zeitraum, in dem der Bauernhof und die Bauernfamilie in den Mittelpunkt gerückt seien, hätten sich die Grundbestimmungen für die ländliche Hauswirtschaftslehre, die Lehrpläne für die Mädchenabteilungen an den Landwirtschaftsschulen, die Landfrauenschulen selbst und die Ausbildungsbestimmungen für die verschiedenen ländlichen Frauenberufe ganz wesentlich geändert. Aenne Sprengel stellte fest, dass alle Veränderungen, alle neuen Pläne und Zielsetzungen aber wenig nützen würden, wenn die beruflich in diesem Bereich Tätigen, die bäuerliche Wirtschaft und die bäuerliche Familie nicht genau kennen und vor allem die anfallende Hausarbeit und die Frauenarbeit im Hof und im landwirtschaftlichen Betrieb nicht berücksichtigen würden. Sie ging noch weiter, in dem sie sich in ihrem Referat davon überzeugt zeigte, dass die Fragen der Hauswirtschaft und die Arbeitsleistung der Frau auf dem Bauernhof in der Wirtschaftslehre des Landbaus noch immer kaum Berücksichtigung gefunden hätten. Sie konstatierte, dass die „volkswirtschaftlichen und volksgesundheitlichen Forderungen, die an den Bauernhof gestellt werden oftmals im Kampf miteinander liegen, und daß dieser Kampf in erster Linie auf dem Rücken der Frau ausgetragen wird."[428] Einen Abschnitt ihrer Ausführungen widmete Aenne Sprengel außerdem der problematischen gesundheitlichen Lage der weiblichen Landbevölkerung. Sie stellte jedoch stets nur den dadurch entstehenden großen Verlust für die Volksgesundheit und Volkswirtschaft heraus. Ihre Argumentation bezog sich ausschließlich auf einen „Ausgleich" zwischen Volkswirtschaft und Volksgesundheit. Damit entsprach ihr Vokabular ganz dem der nationalsozialistischen Medizin, die als oberstes Ziel medizinischer Bemühungen nicht mehr die Behandlung einzelner Patienten, sondern die Gesunderhaltung des „deutschen Volkskörpers" bestimmt hatte. Aenne Sprengel referierte Erhebungen über die gesundheitliche Lage der weiblichen Landbevölkerung: „Es ist fernerhin festgestellt, daß die zur Fortpflanzung kommenden Frauen in diesen Bezirken eine gesundheitliche Auslese darstellen. Diese Feststellung ist biologisch besonders beachtenswert, denn wenn diese Auslese frühzeitig überarbeitet ist und nicht so viel Kinder hat, wie sie unter normalen Verhältnissen haben könnte, so bedeutet das einen überdurchschnittlichen Ausfall für die Volksgesundheit."[429] Die hohe Kindersterblichkeit auf dem Land bis zum fünften Lebensjahr kommentierte sie mit: „Welch ein Ausfall für Volksgesundheit und Volkswirtschaft!"

Erste Arbeiten zur Erforschung der Arbeit der Frau und die Stellung der Hauswirtschaft im bäuerlichen Betrieb waren 1931 in Pommern durch die Landwirtschaftskammer in Stettin vorgenommen und auch publiziert worden: „Es wird hier einwandfrei festgestellt, daß die Arbeitskurve der Frau ständig

---

428 Sprengel, Die Notwendigkeit, S. 36.
429 Ebd., S. 43.

über der des Mannes liegt, daß sie auch im Winter mehr Arbeit hat, während der Mann hier längere Arbeitspausen machen kann. So ist der Arbeitstag der Frau durchschnittlich 2½ Stunden länger als der des Mannes."[430] Wertvolle Ergänzungen zu den Ergebnissen aus Pommern lieferten die Untersuchungen, die Adolf Münzinger (1876–1962), deutscher Agrarökonom und langjähriger Rektor der Landwirtschaftlichen Hochschule Hohenheim, in Württemberg vorgenommen hatte, die ebenfalls veröffentlicht wurden. Die Quintessenz von Aenne Sprengels Ausführungen hieß: „Die bäuerliche Wirtschaft kann die Frau als vollwertige Arbeitskraft nicht entbehren. Unser Volk kann gerade auf sie als gesunde Frau und Mutter nicht verzichten. Beide Forderungen sind nur schwer vereinbar, darum ist es dringend notwendig, einen gewissen Ausgleich auf dem Bauernhof zu schaffen."[431]

Auch Käthe Delius definierte die Aufgaben, die besonders der Bäuerin gestellt seien, als richtunggebend für den Unterricht an den Landwirtschaftsschulen. Wie schon erwähnt, geht auch sie auf die Entwicklung des ländlich-hauswirtschaftlichen Schulwesens in den 1920er Jahren und den Ausbau der Wirtschaftsberatung Anfang 1930 ein. Das Wiederanknüpfen der Referentinnen an Entwicklungen vor 1933 erscheint hier zum einen als selbstbewusster Hinweis auf die Kompetenzen und langjährigen Erfahrungen und zugleich für sich selbst als Legitimation für die Kontinuität und Weiterverfolgung solcher Maßnahmen auch am Ende der 1930er Jahre. Dabei sah Käthe Delius sich Ende der 1930er Jahre im Rückblick auf die Ereignisse in der Weimarer Republik damals von den Zeitgenossen nicht unterstützt, ganz im Gegensatz zur aktuellen Situation: „Die Arbeit vor 1933 entwickelte sich entgegen den Bestrebungen der damaligen Zeit, während wir heute die Unterstützung des nationalsozialistischen Staates und aller Stellen der Partei finden und so auf eine günstige Entwicklung hoffen können."[432]

430 Ebd., S. 41.
431 Ebd., S. 43.

432 Delius, Die praktische Gestaltung, S. 45.

# Bildungsadministration in den angeschlossenen, eingegliederten und annektierten Gebieten

Käthe Delius' Abteilung war in den Jahren 1938 und 1939 mit der Errichtung von Landfrauenschulen in den angeschlossenen, eingegliederten und annektierten Gebieten (Österreich/Ostmark, Sudetenland, Protektorat Böhmen und Mähren), dem Aufbau eines vergleichbaren landwirtschaftlich-hauswirtschaftlichen Schulwesens und der Vereinheitlichung von Ausbildungsbedingungen und -gängen beschäftigt.[433] Dies entsprach der bildungspolitischen Vorgabe der „Gleichschaltung", was die zügige Angleichung der österreichischen Verhältnisse an die des „Altreiches" erforderte. Die Kompetenzen, die in diesen Gebieten die Reichsstatthalter oder auch Reichskommissare erhielten, erschwerte die auf diese Weise eingeschränkte ministerielle Arbeit von Berlin aus. Die Verhandlungen, wie die Kultur-, Schul- und Hochschulobliegenheiten der neuen Ostmark ihre „Verreichlichung" im Großdeutschen Reich finden könnten, waren langwierig. Die Debatten drehten sich neben organisatorischen und inhaltlichen auch zentral um finanzielle Fragen, wie etwa die Übernahme der Einrichtungen in den Reichsetat oder der in Österreich durch Auflösung von Abteilungen freigesetzten Beamten in das Reichsministerium.[434] Durch die Einbeziehung der Ostmark und des Sudentenlandes und durch die Neuerrichtung von Schulen in den Gauen Danzig-Westpr. und Wartheland erhöhte sich die Gesamtzahl der Landwirtschaftsschulen um 134 auf insgesamt 844.[435] Sie wurden von an die 51.000 Schüler und Schülerinnen besucht. Die Zahl der Landfrauenschulen stieg auf 82, wovon sich etwa 35 % in der Trägerschaft des Reichsnährstandes befand.

---

433 Schreiben v. Käthe Delius v. 1.12.1938, BArch, R 4901, 15280.
434 Vgl. Nagel, Hitlers Bildungsreformer, insb. S. 296–367.
435 Döring, Valentin, Die landwirtschaftlichen Berufs- und Fachschulen nach 2 Jahren Krieg, in: Reichsministerium für Wissenschaft, Erziehung und Volksbildung (Hg.), Das landwirtschaftliche Berufs- und Fachschulwesen im Aufbau, Bd. 2, S. 287–300, hier, S. 288.

In den Akten des Reichsfinanzministeriums liegen zahlreiche Anträge von Käthe Delius vor, die die Einrichtung und Ausstattung von Landfrauenschulen sowie die Einstellung von Lehrkräften und Schulleiterinnen betreffen. Sie meldete sich zu Wort bei Fragen, wo Schülerinnen einer umstrukturierten oder aufgelösten Haushaltungsschule, etwa in Kaaden in Böhmen, berechtigt aufgenommen werden könnten. Eine übergangslose Aufnahme in die Oberklassen des „Altreiches" lehnte sie mit dem Hinweis auf die anders geartete bzw. zu niedrige schulische Vorbildung ab.[436] Käthe Delius' Abteilung konzipierte eine ganze Reihe alternativer Wege zur Erreichung der notwendigen Zugangsbedingungen. Die Prozesse der Bestandsaufnahme der bestehenden Schulen mit ihren Voraussetzungen, die allmähliche Angleichung und Vereinheitlichung wurden dennoch von ihr kritisch beurteilt: „Dies hätte durch ein gegenseitiges Geben und Nehmen geschehen müssen, es wurde aber im 3. Reich der preussische Geist allen Ländern mehr oder weniger aufoktroyiert und das führte zum Widerstand und hat die Zusammenarbeit oft erschwert."[437] Sie selbst war froh, zu einigen Ländern schon früher Beziehungen geknüpft zu haben. Ob dies eine Chance war, das „Aufoktroyieren" etwas abzumildern, ist nicht aktenkundig. Es war ihr im Rückblick aber wichtig festzuhalten, dass sie viel aus den andersartigen Verhältnissen gelernt und auch die erheblichen Leistungen der Länder auf dem Gebiet des hauswirtschaftlichen Schulwesens gern anerkannt hatte.

Grundsätzlich waren die okkupierten Gebiete für die Versorgung der deutschen Bevölkerung im „Altreich" von entscheidender Bedeutung. Ohne deren Vorräte war die inländische Ernährung nicht zu gewährleisten: „Die Ausbeutung agrarischer Ressourcen in den besetzten Regionen diente zur Versorgung der deutschen Bevölkerung, um weitere Rationenkürzungen zu vermeiden. Ungefähr 45% des deutschen Bedarfs an Brotgetreide und rund 42% des Fett- und Fleischbedarfs wurden außerhalb des Reichsgebietes und mehrheitlich von Zwangsarbeitern erwirtschaftet."[438]

---

436 Schreiben v. Käthe Delius v. 8.7.1939, BArch, R 4091, 15280.

437 Delius, Ein Leben, Teil IV, S. 45.

438 Kluge, Agrarwirtschaft, S. 34.

Schon am 2. September 1939, nur einen Tag nach dem Beginn des Zweiten Weltkrieges, lag auf Käthe Delius' Schreibtisch in der Abteilung E V Landwirtschaftliches Berufs- und Fachschulwesen ein Erlass des Reichserziehungsministers, der das weitere Schicksal der Landfrauen- und ländlichen Berufsschulen betraf. Am selben Tag ging dieser Erlass auch an die Unterrichtsverwaltungen der Länder und die Regierungspräsidenten.[439] Dieser Erlass ordnete die Aufrechterhaltung der Landfrauenschulen an. Die Abteilungen des Ministeriums waren offensichtlich gut vorbereitet auf den Kriegsbeginn und keineswegs überrascht. Dennoch war die Zäsur für das gesamte landwirtschaftliche Schulwesen groß, wurden doch die meisten der männlichen Regierungs- und Landwirtschaftsschulräte und die Lehrkräfte in den landwirtschaftlichen Berufs- und Fachschulen zum Heeresdienst eingezogen. Hinzu kam die Beschlagnahmung von Teilen der Schulen zu Lazarett- oder anderen militärischen Zwecken. In Käthe Delius Abteilung E V war die Parole ausgegeben, dass „alles das, was in den 6 Friedensjahren des nationalsozialistischen Aufbaues auf unserem Schulsektor erreicht worden war, zu halten sei; denn mit Recht befürchteten wir starke Einbrüche in das Schulwesen."[440]

Zwei Gründe für die Anordnung der Aufrechterhaltung des Unterrichts der Landfrauenschulen wurden angeführt: Erstens müssten die den Schulen angeschlossenen landwirtschaftlichen Betriebe weitergeführt werden und zweitens müsste der Nachwuchs an Lehrerinnen der landwirtschaftlichen Haushaltungskunde sichergestellt werden. Auch für den Fall, dass die Schulen aus irgendwelchen Gründen geschlossen werden müssten, war schon eine Anordnung enthalten: In diesem Fall sollten die Lehrkräfte den Ernährungsämtern zur Verfügung stehen. Das galt nicht nur für die Lehrkräfte der Landfrauenschulen, sondern auch für die der ländlichen Berufsschulen.[441] Dieser Erlass antizipierte schulische Routine unter Kriegsverhältnissen.

---

439 Erlaß des Reichsministers für Wissenschaft, Erziehung und Volksbildung v. 2. September 1939 – E V 6701/9. BArch, R 3601/2364 Reichsministerium für Ernährung und Landwirtschaft.

440 Döring, Die landwirtschaftlichen Berufs- und Fachschulen, S. 287.

441 BArch, R 2/12858 Reichsfinanzministerium, Abt. I, Gruppe Erziehung, Landfrauenschulen.

Die eindeutige Entscheidung für die Aufrechterhaltung des Unterrichtes und damit zur Sicherstellung der ländlich-hauswirtschaftlichen und landwirtschaftlichen Ausbildung hatte nicht zum wenigsten mit den kriegsbedingten Anforderungen an die Landwirtschaft zu tun. Der Beginn des Krieges hatte in dieser Hinsicht absolute Prioritäten evoziert: Die Landwirtschaft hatte die Versorgung des Militärs und der einheimischen Bevölkerung sicherzustellen. Das hatte zu gelten, obwohl zunehmend mehr Arbeitskräfte fehlten, da Männer zum Dienst im Militär eingezogen wurden. Die Konsequenz für Mädchen und Frauen war abzusehen: Die Anforderungen, die Arbeitslast und zugleich die Verantwortung, die auf den Schultern der Bäuerinnen und Landfrauen lagen, wuchsen beständig. Unterstützung von qualifizierten Facharbeiterinnen und Hilfskräften zeichnete sich als Notwendigkeit ab. Des Weiteren musste das Ministerium grundsätzlich daran interessiert sein, einen Verlust an Bildung und Ausbildung zu verhindern.

Die Aktenlage ab 1939 unterstreicht den Eindruck, als ob das RMWEV in den ersten Kriegsjahren routinemäßig und intensiv an Verwaltungsvorgängen gearbeitet hat: Im Bundesarchiv ist von Käthe Delius' Abteilung E V eine Sammlung von Runderlassen für das Landwirtschaftliche Schul- und Ausbildungswesen aufbewahrt.[442] Diese können als Fixierung von administrativen Vorgängen am laufenden Band erkannt werden, obwohl die Arbeitsumstände in den 1940er Jahre immer problematischer wurden. Zusätzlich wuchsen die Belastungen stetig durch den sich verändernden Personalbestand im Ministerium selbst wegen zahlreicher Einberufungen zum Wehrdienst. Nur zum Teil konnte dies durch die Schaffung neuer Stellen und die Einstellung von Hilfsreferenten ausgeglichen werden. Zu den immer häufiger zu bearbeitenden Angelegenheiten gehörte die Schließung von Schulen, die durch die Wehrmacht beschlagnahmt wurden. Als Beispiel darf die Beschlagnahmung der Landfrauenschule in Wartha in Schlesien gesehen werden, die den Leiter des Amtes für Erziehung und Ausbildung, Albert Holfelder, auf den Plan rief. Holfelder monierte in einem Schrei-

---

442 Reichsministerium für Wissenschaft, Erziehung und Volksbildung, Fachschulen und Landwirtschaftliche Frauenschulen, BArch, R 4901/15279.

ben vom 16. Oktober 1941, dass die Unterklasse der Landfrauenschule Wartha in der hauswirtschaftlichen Schule der Ursulinen in Breslau weitergeführt wurde. Er bezeichnete dies als Notmaßnahme und wies an, dass ein neuer Lehrgang nicht gestattet sei und eine Wiedereröffnung der Landfrauenschule seiner Genehmigung bedürfe.[443] Der Kernpunkt dieses Schreibens zielte weniger auf die Schließung einer Schule als auf die Delegitimierung eines konfessionellen Schulträgers. Käthe Delius wiederum bearbeitete etwas später die Beschlagnahme der Reifensteiner Landfrauenschule Maidhof in Gnadenfrei in Schlesien. Diese war durch ihre Größe und Lage ein begehrtes Objekt für Kriegszwecke. Käthe Delius bezog sich in einem Schreiben vom 17. Februar 1943 an das Wehrkreiskommando VIII, Sanitäts-Inspektion in Breslau, auf die Konfiskation der Schule mit allem Inventar für ein Genesungsheim. Sie widersprach diesem Vorhaben nicht grundsätzlich, wies aber darauf hin, dass die Landfrauenschule weitergeführt werden müsse, denn Lehrerinnen der landwirtschaftlichen Haushaltungskunde würden dringend gebraucht. Daher bat sie zum einen um die Zuweisung alternativer Räumlichkeiten und die Freigabe von Inventar für die Weiterführung der Schule, etwa die Kücheneinrichtungen, die ihres Erachtens doch für Lazarettzwecke nicht verwendbar wären. Zum anderen forderte sie, dass einige Lehrkräfte zur Versorgung von Vieh und Garten in der Schule bleiben müssten. Diesen müssten hierfür Räume zur Verfügung gestellt werden.[444] Es sollte nicht bei der Einquartierung eines Genesungsheimes bleiben. Wenig später interessierten sich rüstungswichtige Betriebe für die Gebäude. 1943 zogen in eine Hälfte des großen Hauses die Atlas-Werke und ein Maschinen- und Schiffbauunternehmen aus Bremen ein. Die Landfrauenschule wurde schließlich in das nahe gelegene Schloss Petersdorf am Zobten verlegt.[445]

Das Verhältnis des Ministeriums zu den Gliederungen der Partei blieb wegen deren ständiger Versuche der Einflussnahme gespannt.[446] Dabei beargwöhnte

---

443 Schreiben v. Albert Holfelder v. 16.10.1941, BArch, R 4901/15280.
444 BArch, R4901/15280.
445 Wörner-Heil, Frauenschulen, S. 158–160.
446 Nagel, Hitlers Bildungsreformer, insb. S. 268–274.

die Parteikanzlei nicht nur die Ausdehnung der Befugnisse des Ministeriums, sondern Kritiker waren der Meinung, dass das RMWEV nicht entschieden genug im nationalsozialistischen Sinne handeln würde.[447] Dies zeigte sich u. a. an der strittigen Debatte um die Neuordnung eines Landschulgesetzes. Als zentraler Konfliktpunkt stellte sich die Frage der Dienstaufsicht über die Beamten heraus, über die der Reichsnährstand mit dem Reichsernährungsministerium und dem RMWEV jahrelang heftig streiten sollte, so dass es zu keiner Einigung kam.[448] Ein ähnliches Schicksal hatte die Erarbeitung eines Reichsgesetzes für die landwirtschaftlichen Schulen, das bis zum Ende des Zweiten Weltkrieges nicht zustande kam.[449]

Auch wenn Untersuchungen zeigen, dass das RMWEV mit Routine die Umstellung des Schulwesens in den das Deutsche Reich erweiterten Gebieten in Angriff nahm, war auch im „Altreich" genug Regulierungs- und Handlungsbedarf. Im Jahr 1939 reagierte Käthe Delius auf das zunehmende Abwandern von Mädchen vom Land. Sie veröffentliche zusammen mit der Schriftleiterin der Wochenschrift „Land und Frau", Susanna Michael, einen Ratgeber zu den ländlichen Frauenberufen.[450] Susanna Michael hatte zuvor schon eine Broschüre zur Ausbildung des ländlichen Hauswirtschaftslehrlings publiziert.[451] Das Vorwort der gemeinsamen Schrift mit Käthe Delius beginnt mit einer politisch-ideologischen Parole: „Landflucht ist Fahnenflucht!" „Dieses Büchlein soll dazu dienen, die Fahnenflucht des Landmädchens zu verhüten und die Stadtmädchen zu den Fahnen des Landes zurückzuführen. Es enthält die wesentlichsten Bestimmungen über die ländlichen Frauenberufe und gibt einen Überblick über die Berufstätigkeit und Aufstiegsmöglichkeiten. Es ist für alle Mädel bestimmt,

---

447 Ebd., S. 359.
448 BArch, R 4901/12718, Bd. 5 1942–1943.
449 BArch, R 4901/12721, Bd. 4 1940–1943, Abteilung E V Akten betr. Entwurf eines Reichsgesetzes über die landwirtschaftlichen Fachschulen.
450 Delius, Käthe, Michael, Susanna, Wegweiser durch die ländlichen Frauenberufe. Ratgeber für den ländlichen Nachwuchs, für Eltern, Lehrer und Berufsberater, Berlin 1939.
451 Michael, Susanna, Der ländliche Hauswirtschaftslehrling. Leitfaden für Ausbildung und Prüfung nach den Bestimmungen des Reichsnährstandes, Berlin o. J. [etwa 1939].
452 Zit. n. Nagel, Hitlers Bildungsreformer, S. 315.

die einen ländlichen Beruf ergreifen wollen, es soll aber auch den Eltern, Lehrern und Berufsberatern helfen, der weiblichen Jugend die richtigen Wege zu weisen." Als Berufe waren angegeben: die ländliche Hauswirtschaftsgehilfin, die geprüfte Wirtschafterin, die ländliche Haushaltpflegerin, die Lehrerin der Landwirtschaftlichen Haushaltungskunde, die staatlich geprüfte Gärtnerin, die Lehrerin für hauswirtschaftlichen Gartenbau, die Geflügelzüchterin, die Imkerin sowie die landwirtschaftliche Rechnungsführerin. Ergänzt wurde die Broschüre mit den Bestimmungen des Reichsnährstandes für die Ausbildung zur ländlichen Hauswirtschaftsgehilfin und zur ländlichen Wirtschafterin. Im Anhang waren Erlasse und Verordnungen des Reichserziehungsministeriums für die Ausbildung von Lehrerinnen der Landwirtschaftlichen Haushaltungskunde, für die ländlichen Haushaltspflegerinnen und das Seminar für hauswirtschaftlichen Gartenbau aufgeführt.

## Luftkrieg um Berlin

Am Morgen des 1. September 1939 erfuhren die Berliner und Berlinerinnen über den Rundfunk vom Beginn des Krieges gegen Polen. Am Nachmittag kündigte das Heulen der Sirenen das erste Mal Fliegeralarm an. Nach dem Verstreichen eines Ultimatums an Deutschland, seine Truppen aus Polen abzuziehen, traf zwei Tage später die Kriegserklärung Großbritanniens und Frankreichs an das Deutsche Reich ein. Es sollte nur einige Monate dauern bis nahezu ganz Europa in den Kriegszustand versetzt war. Zu Beginn des Krieges verbreitete Minister Rust Siegesgewissheit: „Den Blick auf den Führer gerichtet, gehen wir, seine Befehle erwartend, in das Neue Jahr mit der unbedingten Zuversicht und dem unbeirrbaren Glauben, daß am Ende dieses Kampfes der Sieg steht, und wir ein noch schöneres und herrlicheres Vaterland unser eigen nennen werden."[452] Die Verwaltung hatte sich schnellstens auf Kriegsbedingungen einzustellen: gesteigerte Sparsamkeit bei allen Ausgaben, bei Büromaterial, Licht und Heizung, Gewährleistung der Verdunkelung. An die Vorbereitung von Auslagerungen von Akten oder die Schaffung von Ersatzunterkünften war zunächst nicht gedacht. Anfang 1942 erweiterte man die Grundfläche des Ministeriums um rund 1.300 qm.[453] Ab dem Jahr 1943 verstärkten die Alliierten die Luftangriffe und Bombenabwürfe: Berlin sollte die deutsche Stadt mit den meisten Luftangriffen werden.

Die Luftangriffe der Alliierten auf Berlin begannen im Juni 1940 durch einen ersten, vereinzelten Angriff durch die französische Armée de l'air. Im August 1940 startete dann erstmals die Royal Air Force mit kleineren und mittelschweren Angriffen. Diese waren die Reaktion auf die Bombardierung von London durch die deutsche Luftwaffe. Großangriffe auf die Stadt begannen dann mit dem sogenannten „Battle of Berlin" von November 1943 bis März 1944. Die drei schwersten Großangriffe sollte die Air force der USA in den letzten Monaten vor Kriegsende am 3. und 26. Februar sowie am 18. März 1945 fliegen. Unter den insgesamt 310 Luftangriffen auf Berlin, in denen etwa 50.000 Tonnen Bomben abgeworfen wurden, waren 40 schwere und 29 Großangriffe. Die Stadt erlebte im Zweiten Weltkrieg insgesamt 421 „Vollalarme"[454].

Im Sommer 1943 hatte das Ministerium mit der Vorbereitung von Ersatzunterkünften begonnen. Zugleich war angeordnet worden, wichtige Akten jeden Abend in den Luftschutzkeller zu bringen. Verheerend sollte dann der Bombenangriff in der Nacht vom 23. zum 24. November 1943 sein. Er zerstörte ganze Stadtteile, traf auch das Regierungsviertel und das Ministerium Unter den Linden 69. Das Ministeriumsgebäude wurde bis auf den 1903 von Paul Kieschke an der Ecke Wilhelm-/Behrenstraße errichteten Erweiterungsbau zerstört. Akten verbrannten, Bürotrakte lagen in Trümmern. In den nächsten Tagen wurden die meisten Ämter und Abteilungen in Notunterkünfte im Berliner Stadtzentrum, das Amt Wissenschaft nach Berlin-Dahlem verlegt. Noch mehrere Male im Laufe des Krieges sollte der Gebäudekomplex des RMWEV getroffen werden. Nachdem im Frühjahr 1944 ein Teil der Schäden beseitigt war, konnten einzelne Abteilungen zurückkommen – bis Wochen später wieder Gebäudeteile in Schutt und Asche gelegt wurden und ausgelagert werden mussten. Am 6. März 1944 wurde Berlin zum ersten Mal am Tag angegriffen. Der Lebensalltag der Bürger der Stadt war zunehmend geprägt von Zerstörung,

Kälte wegen Kohlemangel, Lebensmittelrationierung, Fliegeralarm und Tod. Die Verwaltungsarbeit des Ministeriums war außerordentlich erschwert, und dennoch versuchten Beamte und Angestellte trotz aller Beschwernisse krampfhaft, einen geregelten Ablauf zustande zu bringen.

Wiederholt wurden zahlreiche Gebäudeteile des Ministeriums durch Bombentreffer gravierend zerstört. Ein Bereich war schließlich gar nicht mehr nutzbar, andere konnten nur provisorisch funktionsfähig gemacht werden. Das Hauptgebäude lag in Trümmern, Dächer von Nebengebäuden waren undicht und vom Aufwand her und wegen fehlender Baumaterialien kaum zu reparieren. Zudem galt seit 1943 für die preußische Baufinanzdirektion eine Verfügung von Joseph Goebbels, in der festgelegt worden war, Behördenräume dürften nicht mehr instand gesetzt werden.[455] Die Beschäftigten litten unter der großen Kälte und der Zugluft in den hohen Altbauten. Dazu kam noch das Fehlen von Büromaterialien, außerdem fielen Strom und Telefon häufig aus. Die Arbeitsbelastung war schon länger durch enorme Personalausweitung und häufigen Personalwechsel gestiegen. Die Gesamtheit der Umstände verschlechterten die Arbeitsbedingungen extrem und ließen den Krankenstand steigen. Und dennoch hielten viele diszipliniert an ihrem beschwerlichen Arbeitsplatz aus. An Appellen zum Durchhalten fehlte es nicht: „Unerschütterlich im Willen zum Durchhalten in eiserner Pflichterfüllung und Einsatzbereitschaft und im festen Glauben an den Führer und unseren Endsieg schart sich die Gefolgschaft des Reichserziehungsministeriums angesichts der Trümmer des Hauptdienstgebäudes in treuer Ergebenheit und Anhänglichkeit um ihren Minister".[456] Das waren die Worte des Staatssekretärs Werner Zschintzsch, ein überzeugter Nationalsozialist, beim Jahreswechsel 1943/44.

---

453 Ebd., S. 296–376.
454 Vgl. Demps, Laurenz (Hg.), Luftangriffe auf Berlin. Die Berichte der Hauptluftschutzstelle 1940–1945, Schriftenreihe des Landesarchivs Berlin, Bd. 16, Berlin 2012; Girbig, Werner, Im Anflug auf die Reichshauptstadt. Die Dokumentation der Bombenangriffe auf Berlin, Stuttgart 2001.
455 Nagel, Hitlers Bildungsreformer, S. 360.
456 Zit. n. Nagel, Hitlers Bildungsreformer, S. 360.

Im Grunde war der Zweite Weltkrieg schon seit Herbst 1944 entschieden: Sehr viele Gebiete des ehemaligen Deutschen Reichs waren zu diesem Zeitpunkt von alliierten Truppen besetzt worden. Im März 1945, in der Endphase des Zweiten Weltkrieges, war das deutsche Heer auf dem Rückzug, während die Amerikaner auf der linken Seite des Rheins standen. Pioniere der Wehrmacht sprengten die Rheinbrücken – eine nach der anderen. Das sollte auch mit der Ludendorff-Brücke bei Remagen passieren, jedoch verzögerte sich die Sprengung. Am 7. März 1945 konnte eine amerikanische Panzerdivision die noch intakte Brücke einnehmen, so dass 8.000 Soldaten der Alliierten erstmals den Rhein überqueren konnten. Die US-Armee konnte rechtsrheinisch einen Brückenkopf einrichten. Diese Aktion verkürzte den Zweiten Weltkrieg um Wochen. Nur wenige Tage später, am 19. März 1945, befahl Hitler die Zerstörung aller Verkehrsmittel, des rollenden Materials, der Lastkraftwagen, der Brücken und Dämme, der Fabriken und Versorgungsanlagen jener Gebiete, in die der Gegner vordrang. Große Teile der deutschen Armee hörten schließlich nach den Selbstmorden von Adolf Hitler und Joseph Goebbels am 30. April am 1. Mai 1945 zu kämpfen auf und unterzeichneten Kapitulationen für ihre Gebiete. Kämpfe gab es nur noch in Berlin und einigen Gebieten im Zentrum des Landes.

Auf Berlin fand am 18. März 1945 der schwerste Luftangriff statt. An diesem Sonntagvormittag flogen 1.200 amerikanische Bomber über Berlin, und es fielen erneut Brandbomben auf das Gebäude Unter den Linden 69, die zur Folge hatten, dass auch der große Sitzungssaal ausbrannte. Einige Tage später erfolgte der Befehl an die Obersten Reichsbehörden, Berlin zu verlassen. Der Abtransport der einzelnen Ämter in Richtung Thüringen basierte auf einem Erlass vom 28. März 1945: „Mehrere Lastkraftwagen wurden mit der beweglichen Büroeinrichtung und dem laufenden Aktenverkehr beladen [...].[457] Staatssekretär Zschintzsch informierte Ministerialrat Gentz: „Wir gehen mit einem

---

[457] Dies und das folgende Zitat: ebd., S. 362. Zerstörung der Dienststelle der Abt. E V: BArch, R 4901/12717.

größeren Arbeitsstab in den Thüringer Raum, ein kleinerer Arbeitsstab bleibt unter Führung des Ministers in Berlin."

Das Leben in Berlin war gefährlich, es herrschte große Angst. Aber trotz Spreng- und Brandbomben, trotz herabstürzender Balken, trotz zusammenbrechender Mauern, trotz des verheerenden Luftdrucks der Explosionen, trotz der Erstickungs- und Verbrennungsgefahr im Luftschutzkeller verhielten sich viele Menschen diszipliniert. Manchmal half den Berlinern ihr herber Galgenhumor mit bitterem Unterton. Der Abschiedsgruß „Bleib übrig!" machte die Runde. Die Stimmung verschlechterte sich jedoch zusehends. Der tägliche Kampf um das Essen mit stundenlangem Schlangestehen verschärfte sich ab 1944. Die häufig unterbrochene Gaszufuhr machte Kochen unmöglich. Am 20. April wurde angesichts der herannahenden Front die Evakuierung aller Berliner Gebäude und Gebiete, in denen Regierungs-, Wehrmachts- und SS-Dienststellen untergebracht waren, sowie die Zerstörung amtlicher Akten, Urkunden und Schriftstücke angeordnet. In den Ämtern wurden nun in großem Umfang Akten vernichtet. Zugleich verließen große Kolonnen von Lastkraftwagen mit Personal und Wertgegenständen Berlin in Richtung Westen.

Ende März 1945 konnte die Verwaltungsarbeit nur noch mühsam aufrecht erhalten werden. Der letzte große Tagesangriff der US Army Air Forces dauerte am frühen Nachmittag des 10. April 1945 etwa 30 Minuten. Der Luftraum über Berlin war mit mehr als 1.200 Flugzeugen ausgefüllt – es war dies die größte Anzahl jemals zugleich über Berlin eingesetzter Maschinen. Die Royal Air Force flog fünf Tage später, am 19. April 1945, ihren letzten Angriff. Der seit dem Sommer 1940 andauernde Luftkrieg über Berlin hatte für die Zivilbevölkerung desaströse Folgen. Das „Morale Bombing" auf Berlin mit dem Ziel der Zerrüttung und Demoralisierung der Bevölkerung hatte zunächst die Royal Air Force übernommen. Ab März 1944 begann die amerikanische Luftwaffe tagsüber Angriffe auf die Hauptstadt zu fliegen, in der Nacht kamen dann die Briten. Alleine während der 19 Großangriffe vom August 1943 bis zum März 1944 starben fast zehntausend Zivilisten. Auf Berlin sollten im Zweiten Weltkrieg mehr Bomben fallen als auf jede andere deutsche Stadt.

Dann begann Ende März, Anfang April 1945 der allgemeine Auflösungsprozess des Ministeriums. Minister Rust folgte der allgemeinen Fluchtrichtung nach Schleswig-Holstein und setzte am 8. Mai 1945, dem Tag der deutschen Kapitulation, zwischen Berend und Nübel – 4 km nördlich von Schleswig – seinem Leben ein Ende. Hitler hatte in den letzten Tagen seines Regimes am 29. April 1945 den Reichsdozentenführer Dr. Gustav Scheel testamentarisch als Reichskultusminister eingesetzt. Am 5. Mai beauftragte der von Hitler als sein Nachfolger ernannte Karl Dönitz als Reichspräsident in der „geschäftsführenden Reichsregierung" Dr. Wilhelm Stuckart mit der Wahrnehmung der Geschäfte des Reichsinnen- und Reichskultusministers. Auch Zschintzsch, der Staatssekretär des RMWEV, hielt sich in Flensburg-Mürwik in Dönitz' Umgebung auf. Er wurde Ende Mai 1945 von den Amerikanern gefangen genommen.[458]

Die Schlacht um Berlin sollte die letzte große Schlacht des Zweiten Weltkrieges in Europa sein. Sie dauerte vom 16. April bis zum 2. Mai. Danach folgte die Besetzung Berlins durch die Rote Armee der Sowjetunion unter Beteiligung einiger polnischer Einheiten. Die endgültige Niederlage Deutschlands stand unmittelbar bevor. Bekannt war der Befehl des Befehlshabers in Berlin, Generalleutnant Hellmuth Reymanns, vom 9. März 1945, in dem dieser auf Veranlassung Adolf Hitlers angeordnet hatte, Berlin „bis zum letzten Mann und zur letzten Patrone" zu verteidigen.[459] Die Kämpfe sollten Schätzungen zufolge über 170.000 Gefallene und 500.000 verwundeter Soldaten sowie den Tod mehrerer zehntausend Zivilisten fordern. Berlin kapitulierte am 2. Mai 1945. Am Ende des Krieges lagen 28,5 km$^2$ der bebauten Stadtfläche in Trümmern.[460] Hunderttausende hatten kein Dach mehr über dem Kopf, waren obdachlos. Von mehr als eineinhalb Millionen Wohnungen wurden über 500.000 vollständig zerstört, rund 100.000 schwer beschädigt und 380.000 leicht beschädigt. Nur etwa 370.000 Wohnungen blieben unbeschädigt. Die Bezirke Berlin-Mitte

---

458 Lüdde-Neurath, Walter, Regierung Dönitz. Die letzten Tage des Dritten Reiches, 2. Aufl., Göttingen 1953, S. 82, 121.

459 Von zur Mühlen, Bengt (Hg.), Der Todeskampf der Reichshauptstadt, Berlin/Kleinmachnow 1994, S. 21.

460 Girbig, Im Anflug, S. 229.

und Tiergarten mussten über 50 Prozent der Wohnungen als vollständig oder schwer zerstört registrieren. Am 8. Mai 1945 war der Zweite Weltkrieg offiziell zu Ende: Deutschland hatte kapituliert. Am 3. und 4. Juli erreichten die Amerikaner und Engländer Berlin.

## Eine ernsthafte Erkrankung und die Genehmigung eines Krankheitsurlaubs

Als Akten und Möbel von Ämtern und Abteilungen des Ministeriums auf Lastkraftwagen geladen wurden, war Käthe Delius nicht im Dienst. Sie hatte sich Ende Februar 1945 krank gemeldet. In einem Schreiben an ihre Dienststelle, das sie in Kleinmachnow am 21. Februar 1945 formuliert hatte, teilte sie handschriftlich mit: „Ich bin seit Montag, den 19.2., an einer Grippe mit starkem Fieber erkrankt. Es war mir bisher wegen der schlechten Verkehrsverbindung und der Störungen im Telefon nicht möglich, einen Arzt zu bekommen. Ich werde jedoch das Attest so bald wie möglich einreichen. Heil Hitler. Delius Oberregierungsrätin."[461] Ein Stempel des Reichsministeriums für Wissenschaft, Erziehung und Volksbildung weist den Eingang ihres Schreibens erst für acht Tage später aus: am 27. Februar 1945. Käthe Delius wohnte schon seit Januar 1932 in Kleinmachnow im Kiefernweg 3. Kleinmachnow war eine eigenständige kleine Gemeinde, die direkt an den im Südwesten liegenden Berliner Stadtteil Zehlendorf grenzte. Sie lag im Ballungsraum Berlin, 16 Kilometer von Potsdam und 17 Kilometer von Berlin-Mitte entfernt – weit genug im Berliner Umland, aber mit guten Verbindungen in das Zentrum der Hauptstadt. Zwischen dem Beginn ihrer Grippe und dem Eingang ihrer Meldung im Ministerium lagen der 300. bis 311. Fliegeralarm vor Kampfflugzeugen mit Luftminen- und Sprengbombenabwürfen.[462]

---

461 Diese und die weiteren, im Folgenden zitierten Krankmeldungen in: BArch, A 0014.

462 Felsmann, Barbara, Gröschner, Annett, Meyer, Grischa, Backfisch im Bombenkrieg. Notizen in Steno von Brigitte Eicke, Berlin 2013, S. 242–245.

Eine Wochen später erreichte ihre Dienststelle ein Attest der Fachärztin für innere und Nervenkrankheiten, Dr. med. Anne Marie von Werthern, Berlin, Landshuter Straße, die Käthe Delius schon mehrere Jahre medizinisch betreute. Dieses Schreiben war datiert auf den 22. Februar, der Eingangsstempel des Ministeriums wies den 5. März 1945 auf. Das Attest bescheinigte: „Fräulein Delius ist an fiebriger Grippe erkrankt u. voraussichtlich 14 Tage dienstunfähig." Den Eingang quittierte Ministerialrat Wilhelm Bergholter. Der Amtschef der Abteilung E und der Abteilungsleiter E V wurden unterrichtet. Das Schriftstück enthielt noch die Anmerkungen, dass ein Vermerk in die Krankenliste vorzunehmen war und der Vorgang nach einer Woche zur Wiedervorlage kommen solle. Diese akribische Verwaltungsarbeit belegt, dass man beharrlich an den gewohnheitsgemäßen Vorgängen festhalten wollte, als könne man damit der drohenden Katastrophe die Stirn bieten.

Am 12. März erhielt das Ministerium von Käthe Delius ein weiteres Attest, erneut von der Ärztin Dr. Anne Marie von Werthern ausgestellt. Diese bescheinigte am 9. März 1945, dass diese wegen Herzinsuffizienz im Anschluss an die Grippe noch rund drei Wochen dienstunfähig wäre. Dieses Attest erreichte die Verwaltung in der Auflösungsphase. In dieser Situation schlug man ihr vor, sich weiterhin krank zu melden oder sich pensionieren zu lassen. Da auch in dieser turbulenten Situation alles seinen bürokratischen Gang gehen sollte, stellte Käthe Delius am 26. März schriftlich den Antrag, ihr einen längeren Krankheitsurlaub bis zum 1. Juli 1945 zu gewähren. Sie kündigte zugleich an, falls sich ihr Gesundheitszustand nicht bessern werde, würde sie ihre Versetzung in den Ruhestand beantragen. In der Anlage fügte sie ein weiteres Attest ihrer Ärztin Dr. Anne Marie von Werthern bei. Dieses wurde am 22. März 1945 ausgestellt und testierte, dass Käthe Delius schon mehrere Jahre in ihrer Behandlung sei. Sie leide an einer Gallensteinerkrankung, die zeitweise erhebliche Beschwerden mache und an einer „relativen Herzinsuffizienz". Sehr häufig seien in den letzten Monaten lang anhaltende grippöse Erkältungskrankheiten aufgetreten, die eine Schwächung ihrer Kräfte zur Folge gehabt hätten. Zur Hebung der Widerstandskräfte befürworte sie einen mehrmonatlichen Krankheitsurlaub, den Käthe Delius am besten außerhalb Berlins verbringen sollte.

Tatsächlich folgte das Ministerium dem Attest der Ärztin und genehmigte Käthe Delius am 14. April 1945 einen Urlaub zur Wiederherstellung ihrer Gesundheit bis zum 1. Juli 1945. Man war auch damit einverstanden, dass sie diesen Krankheitsurlaub außerhalb Berlins verbringe. In den sieben Wochen, die sie inzwischen krankgeschrieben war, wurde die Bevölkerung Berlins durch intensive Bombardierung weiter zermürbt. Am 14. April wurden Ziele in Mitte, Neukölln und Kreuzberg getroffen. Angesichts dieser Umstände, die sich nochmals in der kommenden großen Schlacht um Berlin verschlechtern sollten, ist auch diese Freistellung zu einem Krankenurlaub ein Beispiel dafür, dass man trotz der prekären Kriegsumstände, eine völlig funktionierende Verwaltungsnormalität simulieren wollte. Käthe Delius war erleichtert, ja sogar glücklich über diese Entwicklung: „Als sich die Herren des Ministeriums in eine vermeintliche Sicherheit brachten und ich veranlaßt wurde, mich krank zu melden oder mich pensionieren zu lassen, war ich glücklich, diesem Druck entronnen zu sein."[463] In den Jahren und Monaten zuvor hatten sich nach ihren Aufzeichnungen die politisch-ideologischen Vorbehalte ihr gegenüber so massiv, dass sie davon ausging, dass es nicht mehr lange „gegangen" wäre, „aber dann kam auch schon der Zusammenbruch."

Im Gegensatz zum politischen Sachverhalt legte Käthe Delius in Hinsicht auf den Ausbau des von ihr verantworteten Schulwesens für die 1930er Jahre bis zum Ende des Weltkrieges eine positive Bilanz vor: „So darf man sagen, dass die Fortschritte auf dem Gebiet des ländlich hauswirtschaftlichen Schulwesens recht bedeutend waren. In den letzten Jahren des Krieges bröckelte so allerhand ab. Die Schulgebäude wurden anderweitig gebraucht und der Bombenkrieg verhinderte auch die ruhige Durchführung des Unterrichtes. Es war der Anfang der Auflösung, die wir dann 1945 erlebten."[464] Käthe Delius blieb bis zum Zu-

---

463 Dieses und das nächste Zitat: Delius, Ein Leben, Teil IV, S. 39.
464 Ebd., S. 45.

sammenbruch des NS-Regimes eine pflichtbewusste Beamtin in der Ministerialverwaltung, auch wenn ihr der Dienst im Laufe der Jahre immer unerträglicher wurde, ihr immer schwerer fiel. Im Rückblick resümierte sie: „Persönlich war es für mich eine unendlich schwere Zeit."[465] Trotz des Hinweises auf persönlich belastende Arbeitsbedingungen kann nicht darüber hinweggesehen werden, dass die Nationalsozialisten ihre in der Weimarer Republik begründete Lebensleistung für die ländliche Hauswirtschaft adaptierten, diese jedoch voll und ganz mit ihrer Ideologie überformten und vereinnahmten.

---

[465] Ebd., S. 39.

# VI. INTERNIERUNG IM SPEZIALLAGER NR. 7/NR. 1 SACHSENHAUSEN/ ORANIENBURG (1945–1950)

## Beschäftigung in der Deutschen Zentralverwaltung für Land- und Forstwirtschaft der sowjetisch besetzten Zone

Die Verhältnisse in Berlin waren im April 1945 so desaströs, dass man davon ausgehen muss, dass Käthe Delius die Genehmigung, ihren Krankheitsurlaub außerhalb Berlins verbringen zu können, nicht in Anspruch hat nehmen können. Es ging ganz existentiell darum, das Inferno der letzten Wochen vor Kriegsende zu überleben und in der Zeit des Zusammenbruchs einige Wochen später den Glauben an einen Neubeginn nicht fahren zu lassen. Käthe Delius konnte im April keine Ahnung davon haben, dass vorsichtig aufkeimende Hoffnungsschimmer für die Zukunft durch eine Wiederaufnahme ihrer beruflichen Arbeit im Herbst durch ihre Verhaftung im November gründlich zunichte gemacht werden sollten.

Drastisch beschreibt die in Berlin lebende und von 1933 bis 1945 zum Ensemble der Staatsoper Unter den Linden gehörende, international bekannte Opern- und Konzertsängerin Erna Berger (1900–1990) ihre Eindrücke unter dem Tageseintrag vom 21. April 1945: „Den ganzen Tag ziehen Flüchtlingsströme aus dem Osten am Reichskanzlerpalais vorüber, denen einzeln und in Gruppen nun schon Fliehende aus dem Westen entgegenkommen. Karren, Leiterwagen mit abgetriebenen Pferden, trottende Herden. Die Menschen zusammengepfercht im nassen Stroh, denn es regnet, regnet […]. Von fern Geschützdonner. Die wildesten Gerüchte kursieren, da ja kein Radio mehr geht, keine Zeitungen kommen, alle Nachrichten mündlich überliefert werden. Man hört, dass der Osten der Stadt bereits von den Russen besetzt, das Zentrum unter Feindbeschuss sei, hört, dass Zehlendorf geräumt, dass Weißensee beschossen würde. […] Immer kreist das

Gespräch um die gleichen Dinge: überleben wir? Und wie lange wird dies noch alles dauern?"[466] Zwei Tage zuvor hatte sie knapp notiert: „Täglich Alarme, seit gestern kein Strom."[467] Ihre Aufzeichnungen vom 23. und 27. April machen deutlich, dass Berlin und mit ihm die Menschen am Ende waren: „Schlangen von unvorstellbaren Ausmaßen vor den Geschäften. Es gibt Erregung, Geschrei, Zank. Schupos defilieren drohend. Es ist kalt, es ist trostlos, immer neue Gerüchte ängstigen die Gemüter. Währenddessen rast an uns vorüber, was die letzten Tage aus Berlin gemacht haben: Flüchtlinge, Soldaten, Mädchen in Uniform, Knaben, zwölf- und dreizehnjährige, die mit ernsten Gesichtern marschieren, den viel zu schweren Stahlhelm über schmalen, übernächtigten Kindergesichtern, Maschinengewehrmunition umgehängt. Über uns kurven Tiefflieger, Artillerie schießt fast pausenlos mit ungeheurem Dröhnen. [...] Überall Leute, die ihre Hitlerbilder, Fahnen, Waffen, Parteiabzeichen und ähnliches in Häuserruinen werfen. Geri sah an einer Barrikade haufenweise Achselstücke liegen."[468]

Viele Menschen empfanden, dass die Vergangenheit brutal versank, das Kommende aber im tiefen Dunkeln lag. Die Stimmung war gekennzeichnet von Todesangst, Verzweiflung und Hunger. Am Abend des 7. Mai war wildes Schießen wahrzunehmen. Russische Soldaten feierten den Sieg über Berlin: „Beim abendlichen Wasserholen am Funkhaus begegnen wir den Siegern, die in seliger Stimmung umhertorkeln, wie auf einer Opernbühne. Gerüchte: die Russen zögen ab, in fünf Tagen kämen die Amerikaner. Der Krieg soll in ganz Deutschland beendet sein. Es soll Ende der Woche bereits Strom für Radio und U-Bahn geben. Wasser am Funkhaus: dort stehen hunderte von Menschen Schlange, darunter viele mit Handwagen und großen Bottichen aus Lazaretten und Krankenhäusern."[469] Verschärft wurden die massiven Probleme der ersten Nachkriegswochen dadurch, dass die Größe der Bevölkerung durch ein stetes Kommen und Gehen Hunderttausender von Flüchtlingen und Vertriebenen permanent anstieg. Sie wurden

---

466 Erna Berger, zit. n. Höcker, Karla, Die letzten und die ersten Tage. Berliner Aufzeichnungen 1945, Berlin 1966, S. 12.
467 Ebd., S. 11.
468 Ebd., S. 14f., 18.
469 Ebd., S. 31.

meist notdürftig untergebracht und dann weitergeschickt. Rund 1,3 Millionen Menschen sollen zwischen Mai und November 1945 durch die Stadt gezogen sein.

Das Einrichten der Menschen in den Trümmern war darauf ausgerichtet, elementare Bedürfnisse nach Wohnung, Kleidung und Nahrung zu erfüllen. Bald prägten die Straßen Schlangen von Menschen, die wegen Lebensmittelkarten anstanden. Zum Teil entwickelte sich daraus eine Art öffentliches Lagerleben, denn ein großer Teil wartete auf mitgebrachten Stühlen, Frauen strickten oder stopften, Töpfe mit Kaffee wurden herumgereicht. Mitte Mai erschien die erste Ausgabe „Die Tägliche Rundschau", die 20 Pfennige kostete und den Zusatztitel trug: „Frontzeitung für die deutsche Bevölkerung". Auf dem Titelblatt war eine Botschaft Josef Stalins abgedruckt. Die erste westlich lizenzierte, in deutscher Verantwortung herausgegebene Zeitung, war später „Der Tagesspiegel", der am 27. September mit vier Seiten und in einer Auflage von 200.000 Exemplaren erscheinen sollte. Erst allmählich kam wieder Wasser aus den Wasserhähnen. Es sollte noch bis Mitte Juni dauern, bis wieder mit Strom Licht gemacht werden konnte. Etwa zur gleichen Zeit – Anfang Juni 1945 – wurden nach Angaben der Schriftstellerin und Journalistin Karla Höcker erstmals alle Frauen zwischen 15 und 50 verpflichtet, Trümmerhaufen zu beseitigen, soweit sie nicht in der Gesundheitspflege, dem öffentlichen Dienst oder im Lebensmittelgewerbe tätig waren.[470]

Der Alltag in den Wochen nach dem Kriegsende war ein Alltag, den die Besatzer prägten. Die Schlacht um Berlin hatte die Rote Armee der Sowjetunion unter Beteiligung einiger polnischer Einheiten gewonnen.[471] Nicht nur die deutsche Bevölkerung, auch Teile der Führung der Sowjetarmee befürchtete, dass sich die Rachsucht, die Abstumpfung und die Verrohung der Soldaten in Plünderungen und Vergewaltigungen niederschlagen könnten. Sehr früh begann die Rote Armee mit der Demontage: „Später wieder die wilde Kulisse neben der Straße: Wald mit zerschossenen Baumkronen, gestrandete Tanks, hier

---

470 Ebd., S. 40; auch: Felsmann u. a., Backfisch im Bombenkrieg, S. 272–275.
471 Ryan, Cornelius (Hg.), Der letzte Kampf, Neuaufl. mit aktuellem Vorwort von Johannes Hürter, Stuttgart 2015; auch: Wildt, Michael, Kreutzmüller, Christoph (Hg.), Berlin 1933–1945, München 2013.

und da tote Soldaten. Merkwürdig, das alles bleibt so unwirklich. [...] Rotarmisten, die Telegrafenmasten abnehmen. Unterwegs sehen wir endlose Schleppzüge auf der Havel – Richtung Osten. Wie soll das werden in Berlin, ohne Beförderungsmittel, Maschinen, Rohstoffe –?"[472] Seit Ende April 1945 war in der Stadt kein Bus mehr gefahren. Als erste Buslinie wurde am 16. Mai 1945 die Linie 5 [Schöneberg – Rathaus, O.W.-H.] wieder eröffnet. Scharen von Fußgängern, die häufig stundenlang warten mussten, standen an den wenigen Haltestellen, an denen bereits Autobusse verkehrten. Am 4. Juli marschierten dann amerikanische und britische Verbände in Berlin ein. Karla Höcker berichtete von „lauter Tanks mit weißen Sternen", die vorüberrasselten: „Wir waren selig [...]. Und nun riecht es in der ganzen Gegend nach Virginiatabak."[473]

Mit der Berliner Erklärung vom 5. Juni 1945 übernahmen die vier Siegermächte des Zweiten Weltkriegs, Großbritannien, die USA, die Sowjetunion und später auch Frankreich, durch ihre Oberbefehlshaber offiziell die oberste Regierungsgewalt auf dem Gebiet des Deutschen Reiches. Sie bildeten den Alliierten Kontrollrat. Für Deutschland legten sie vier Besatzungszonen beziehungsweise für Berlin vier Sektoren fest, die je einer Besatzungsmacht unterstanden. Das gemeinsame Verwaltungsorgan in Berlin war die Alliierte Hohe Kommandantur, deren Entscheidungen einstimmig erfolgen mussten. Schon in der Endphase des Zweiten Weltkriegs hatten die Alliierten Abmachungen getroffen, nach denen die jeweilige Besatzungsmacht innerhalb ihrer Besatzungszone eine autonome Militärregierung einzurichten hatte.

Für die Sowjetische Besatzungszone (SBZ) war dies die Sowjetische Militäradministration in Deutschland (SMAD) mit Sitz in Berlin-Karlshorst.[474] Die SMAD entstand auf der Grundlage des Befehls Nr. 1 des Obersten Befehlshabers der sowjetischen Besatzungstruppen in Deutschland vom 9. Juni 1945. An demselben Tag wurden eine ganze Reihe sogenannter Proklamationen erlassen. Die

---

472 Höcker, Die letzten und die ersten Tage, S. 41.
473 Ebd., S. 41f.

474 Vgl. Foitzik, Jan, Sowjetische Militäradministration in Deutschland (SMAD) 1945–1949. Struktur und Funktion, Berlin 1999.

SMAD war somit von Juni 1945 bis zur Übertragung der Verwaltungshoheit an die Regierung der DDR am 10. Oktober 1949 die oberste sowjetische Besatzungsbehörde und somit die Regierung der SBZ. Sie war dem Rat der Volkskommissare der Sowjetunion und damit Josef Stalin direkt unterstellt. Ab dem Jahr 1946 sollte sich der Rat dann „Ministerrat der UdSSR" nennen. An der Spitze der SMAD stand von Juni 1945 bis März 1946 Marschall Georgi K. Schukow, von März 1946 bis März 1949 Marschall Wassili D. Sokolowski und schließlich bis 1953 als Chef der Sowjetischen Kontrollkommission Marschall Wassili I. Tschuikow.

Die sowjetischen Besatzungsbehörden entschieden sich, parallel zu den Dienststellen ihrer Militärverwaltung zentrale deutsche Behörden aufzubauen, die direkt mit der SMAD zusammenarbeiten sollten.[475] Den Deutschen Zentralverwaltungen waren Beratungs-, Informations- und „differenzierte Vollzugsfunktionen"[476] zugedacht. Mit dem SMAD-Befehl Nr. 17 vom 27.7.1945 wurde die Gründung von elf Deutschen Zentralverwaltungen zum 10. August 1945 angeordnet: Verkehrswesen, Post- und Fernmeldewesen, Brennstoff und Energie, Handel und Versorgung, Industrie, Land- und Forstwirtschaft, Finanzen, Arbeit und Sozialfürsorge, Gesundheitswesen, Volksbildung, Justiz.[477] Um diese Verwaltungen möglichst rasch aufzubauen, wurden auch zahlreiche Nichtkom-

---

[475] Merker, Wolfgang, Die Deutschen Zentralverwaltungen in der sowjetischen Besatzungszone Deutschlands 1945–1947. Dissertation zur Erlangung des akademischen Grades, Doktor eines Wissenschaftszweiges. Eingereicht bei der Akademie der Wissenschaften der DDR, Forschungsbereich: Gesellschaftswissenschaften, Berlin 1980, insb. S. 22–41. Zur Kritik der westlichen Alliierten an dem Vorgehen der Sowjetunion vgl. Balfour, Michael, Vier-Mächte-Kontrolle in Deutschland 1945–1949, Düsseldorf 1959, S. 107, 300, 304. Auch: Nettl, John Peter, Die deutsche Sowjetzone bis heute. Politik–Wirtschaft–Gesellschaft, Frankfurt am Main 1953.

[476] Merker, Die Deutschen Zentralverwaltungen, S. 23.

[477] Niedbalski, Bernd, Deutsche Zentralverwaltungen und Deutsche Wirtschaftskommission (DWK). Ansätze zur zentralen Wirtschaftsplanung in der SBZ 1945–1948, in: Vierteljahrshefte für Zeitgeschichte, Bd. 33/1985, S. 456–477; Schöneburg, Karl-Heinz und Autorenkollektiv, Errichtung des Arbeiter- und Bauernstaates der DDR 1945–1949, Berlin/DDR 1983, insb. der Abschnitt 2. 3. über die Zentralverwaltungen (S. 57–80) von Wolfgang Merker. Der Befehl Nr. 17 wurde u. a. veröffentlicht in: Um ein antifaschistisch-demokratisches Deutschland. Dokumente aus den Jahren 1945–1949, Redaktion G. A. Belov, Ministerium für Auswärtige Angelegenheiten der DDR, Ministerium für Auswärtige Angelegenheiten der UdSSR, Berlin/DDR 1968, S. 100ff.

munisten eingestellt. Nach John Peter Nettl wurden Personalfragen nach zwei einfachen Gesichtspunkten entschieden: Handelt es sich um eine nützliche Person und ist sie oder er Nationalsozialist gewesen. Das zukünftige Schicksal hing von der Nützlichkeit ab, die man ihm oder ihr beimaß: „Das Ergebnis solcher Beurteilungen war oft seltsam."[478] Mit der Gründung der Deutschen Demokratischen Republik im Oktober 1949 gingen die Deutschen Zentralverwaltungen in dem neu aufgebauten Staatsapparat auf.

Die Deutsche Zentralverwaltung für Land- und Forstwirtschaft wurde im Sommer 1945 im sowjetischen Sektor von Berlin untergebracht.[479] Als ihr Präsident wurde ab September 1945 das langjährige Mitglied der Kommunistischen Partei, Edwin Hoernle (1883–1952)[480] eingesetzt. Auf diesem Posten verantwortete er die Durchführung der Bodenreform.[481] Hoernle galt sowohl als Experte für Bildung als auch für Landwirtschaft und überdies als Kenner der deutschen Geschichte. Bereits im Exil hatte Edwin Hoernle, der in der Weimarer Republik einer der wichtigsten Agrarpolitiker der KPD war, über die NS-Agrarpolitik publiziert.[482] Im Mai 1945 war er aus Moskau in die SBZ zurückgekehrt und hatte zunächst das Amt des ersten Stellvertreters des Leiters der Abteilung Ernährung des Senats von Groß-Berlin übernommen. Danach hatte er das Amt des zweiten Vizepräsidenten der Provinzialverwaltung des Landes Brandenburg inne, in dem er für Ernährung, Landwirtschaft und Forsten zuständig war, bis

---

[478] Nettl, Die deutsche Sowjetzone, S. 24.
[479] Merker, Die Deutschen Zentralverwaltungen, S. 32.
[480] Von Dezember 1924 bis 1933 hatte Hoernle für die KPD dem Deutschen Reichstag angehört. Nach der Machtübernahme der NSDAP war er im April 1933 zunächst in die Schweiz geflohen u. Ende Dezember nach Moskau emigriert. Hier hatte er für verschiedene wirtschafts- und agrarwissenschaftliche Einrichtungen gearbeitet. Ab 1943 war er für das Nationalkomitee Freies Deutschland tätig.
[481] Erler, Peter, Müller-Enbergs, Helmut, Hoernle, Edwin, in: Wer war wer in der DDR?, 5. Ausgabe, Bd. 1, Berlin 2010. Auch: Schumann, Frank, Edwin Hoernle (1883–1952) – Vater der Bodenreform, in: Modrow, Hans, Watzek, Hans (Hg.), Junkerland in Bauernhand. Die deutsche Bodenreform und ihre Folgen, Berlin 2005, S. 59–81.
[482] Vgl. Dornheim, Andreas, Rasse, Raum und Autarkie. Sachverständigengutachten zur Rolle des Reichsministeriums für Ernährung und Landwirtschaft in der NS-Zeit. Erarbeitet für das Bundesministerium für Ernährung, Landwirtschaft und Verbraucherschutz, Bamberg 2011, (http://www.bmel.de/SharedDocs/Downloads/Ministerium/RolleReichsministeriumNSZeit.pdf?_b blob=publicationFile), S. 29.

er als Präsident der Deutschen Zentralverwaltung für Land- und Forstwirtschaft eingesetzt wurde. Käthe Delius trat im Oktober 1945 in die Zentralverwaltung ein: Ihr langjähriger, früherer Chef aus dem Preußischen Landwirtschaftsministerium, Gustav Oldenburg, hatte ihre Einstellung betrieben. Er selbst hatte die Bearbeitung des landwirtschaftlichen Schulwesens übernommen. Sein Wunsch, sie einzustellen, macht deutlich, dass Gustav Oldenburg auf die erfolgreiche personelle Konstellation der Weimarer Republik setzte.

## Überleben im GPU-Keller, in den Speziallagern Nr. 3 Berlin-Hohenschönhausen und Nr. 7/Nr. 1 Sachsenhausen/Oranienburg

Die 52-jährige Käthe Delius war etwas über einen Monat in der Deutschen Zentralverwaltung für Land- und Forstwirtschaft tätig, als sie am Mittwoch, 21. November 1945, von der sowjetischen Besatzungsarmee verhaftet wurde.[483] Man kann annehmen, dass sie in ihrer Wohnung in Kleinmachnow[484] festgenommen wurde, was nicht nur der Lagerregistratur, sondern auch einer Suchkarte vom 13. Februar 1959, Käthe Delius betreffend, zu entnehmen ist, die in den Archivbeständen des Suchdienstes des Deutschen Roten Kreuzes (DRK) in München aufbewahrt wird.[485] Die Verhaftung nahm die Operativgruppe Nr. 12

---

483 Schriftliche Auskunft v. Enrico Heitzer, Wissenschaftlicher Mitarbeiter der Gedenkstätte u. Museum Sachsenhausen v. 18.2.2014. Das Datum der Verhaftung u. einige weitere, in russischer Sprache abgefasste Informationen u. Bemerkungen sind den knappen Beständen der russischen Lagerregistratur entnommen. Während eines mehrtägigen Aufenthalts im Archiv der Gedenkstätte konnte die Autorin die Dokumente mit freundlicher Unterstützung von Enrico Heitzer, der auch aus dem Russischen übersetzte, einsehen.

484 Die Lagerregistratur in Sachsenhausen führt als Wohnung von Käthe Delius zum Zeitpunkt ihrer Verhaftung Kleinmachnow, Wismanstr. 13, an.

485 Schreiben des DRK-Suchdienstes v. 6.2.2017. Die Notationen auf der Karteikarte v. 13.2.1959 wurden nach den Angaben v. Käthe Delius vorgenommen. Noch zwei weitere Suchkarten aus dem Jahr 1947 befinden sich im Archiv des Suchdienstes des DRK. Das Archiv besitzt außer den Such- und Karteikarten auf Grund von Suchanfragen weitere Akten deutscher Kriegsgefangener u. Internierter, die ihm aus den Archivbeständen der Russischen Föderation überlassen wurden. In diesen Akten findet sich eine in russisch abgefasste Gefangenenkarte von Käthe Delius. Deren Eintragungen entsprechen den Angaben, die sich den Unterlagen im Archiv der Gedenkstätte Sachsenhausen entnehmen ließen.

des sowjetischen Geheimdienstes NKWD[486] vor, die bis August 1945 in Berlin-Steglitz und danach in Teltow residierte. Im Lagerjournal des Archivs der Gedenkstätte und Museum Sachsenhausen sind als Gründe für die Internierung angegeben, Käthe Delius, die über eine akademische Bildung verfügt habe, habe seit 1933 der NSDAP und der NS-Frauenschaft angehört, sei „Propagandist der Kreisorganisation der NS-Frauenschaft" und „Oberregierungsrat" des Reichsministerium für Bildung gewesen.[487] Diese Angaben bedeuten eine Zusammenführung von Angaben, die die Oberregierungsrätin Käthe Delius, und solchen die die namensgleiche Wirtschafterin Käthe Delius betreffen.[488]

Den Angaben der schon genannten Suchkarte beim Suchdienst der DRK vom 13. Februar 1959 ist zu entnehmen, dass sie zunächst eine Woche, bis zum 28. November, von der „GPU Lichterfelde"[489] inhaftiert worden war. Sie wurde am Standort der Operativgruppe in Teltow, Ortsteil Seehof, arretiert und hier auch verhört. Der Standardvermerk für eine Lagereinweisung lautete:

---

486 Die Abkürzung NKWD steht für die russischen Worte Narodnyj Kommissariat Wnutrennych Del. Es war ab 1934 die gebräuchliche Abkürzung für das Innenministerium der Sowjetunion, auch Volkskommissariat für innere Angelegenheiten der Sowjetunion genannt, das als sowjetisches Unionsministeriums 1934 gegründet worden war. Als wichtigstes Ressort war ihm die Geheimpolizei der Sowjetunion eingegliedert. Ab 1934 unterstand dem NKWD auch die Hauptverwaltung Lager (GULag). Seit 1946 wurde das NKDW umbenannt in Ministerium für innere Angelegenheiten: Ministerstwo Wnutrennych Del (MWD) und mit der Spionageorganisation SMERSch zum Ministerium für Staatssicherheit (MGB) zusammengefasst. Daraus entstand 1954 das Komitee für Staatssicherheit, der Sowjetische In- u. Auslandsgeheimdienst (KGB).

487 Archiv Gedenkstätte und Museum Sachsenhausen (AS), Akte Lagerjournal: GARF F. 9409, op. 1, d. 352, Blatt 80.

488 Vgl. Einleitung u. das Kap. „Noch im Preußischen Landwirtschaftsministerium im ersten Jahr unter dem Hakenkreuz".

489 GPU steht für die Geheimpolizei der Sowjetunion.

490 Vgl. Kilian, Achim, Die Häftlinge in den sowjetischen Speziallagern der Jahre 1945–1950. Zusammenfassung des derzeitigen Kenntnisstandes hinsichtlich Zahl, Verbleib und Zusammensetzung nach Internierungsgründen, in: Materialien der Enquete-Kommission „Überwindung der Folgen der SED-Diktatur im Prozeß der deutschen Einheit", S. 373–439, hier S. 374, 378. Für die zahlreichen Sicherheitsaufgaben standen dem NKDW sogenannte „Operative Organe" zur Verfügung. Diese waren in Operativsektoren und Operativgruppen gegliedert. Mitte September 1945 belief sich die Personalstärke der NKDW-Truppen auf 907.000 Personen.

491 Schreiben v. 9.2.2017 v. Peter Erler, Wissenschaftlicher Mitarbeiter der Gedenkstätte Hohenschönhausen.

492 Archiv Gedenkstätte und Museum Sachsenhausen (AS), GARF F. 9409, op. 1, d. 157, Blatt 82.

*Speziallager Nr. 7/Nr. 1 Sachsenhausen/Oranienburg*

„Der Verhaftete wurde hinsichtlich seiner verbrecherischen Tätigkeit ausreichend entlarvt [...] und wird auf Befehl des NKDW der UdSSR [...] in das Lager des NKDW der UdSSR eingewiesen."[490]

Von Teltow folgte Käthe Delius' Überstellung in das sowjetische Speziallager Nr. 3 Berlin-Hohenschönhausen, in dem sie mehr als drei Monate bis zum 3. März 1946 festgehalten wurde. Am 4. März 1946 wurde sie dann vom Speziallager Hohenschönhausen mit weiteren 240 Männern und 60 Frauen in das Speziallager Nr. 7 Sachsenhausen/Oranienburg (ab 1948 wurde es zum Speziallager Nr. 1 bestimmt) transportiert.[491] Dort blieb sie fast vier Jahre interniert, bis sie am 19. Januar 1950[492] anlässlich der Auflösung des Speziallagers entlassen wurde.

Außer den Angaben auf der Karteikarte vom 13. Februar 1959 sind von Käthe Delius selbst keinerlei Aufzeichnungen über ihre Inhaftierung bekannt. Auch die Archive der früheren Speziallager Hohenschönhausen und Sachsenhausen, die in den heutigen Gedenkstätten untergebracht sind, verfügen nur über knappe Unterlagen ihre Person betreffend. Obwohl Anfang der 1990er Jahre die Aktenbestände in Moskau teilweise geöffnet wurden, was weitere historische Forschungen ermöglichte, gehörte das Speziallager Nr. 7 Sachsenhausen jedoch nicht zu den Lagern, die im Mittelpunkt der Bearbeitung standen. Leider stehen bis heute auch nicht die Personalakten der Internierten in den Speziallagern zur Verfügung. Diese sind unter Verschluss ebenfalls in Moskau gelagert. Diese würden Einsicht geben in Verhaftungsgründe, erpresste Geständnisse, würden Aufschluss geben über Personen der inneren deutschen Lagerführung, über deutsche Zuträger von Informationen und Spitzel der operativen sowjetischen Gruppen. Auch die Sanitätsakten sind leider nicht einsehbar. Hier wäre eine intensivere Forschungsarbeit von enormer Bedeutung.

Im Archiv in der Gedenkstätte und Museum Sachsenhausen befindet sich eine in russischer Sprache erstellte Lagerregistratur, in die die eingehenden und ausgehenden Gefangenen eingetragen wurden. Käthe Delius hat in dieser Registratur die Nummer 66664, der Haftgrund ist nicht entzifferbar.[493] Außerdem ist eine sogenannte Überstellungsliste vom Speziallager Hohenschönhausen nach dem Speziallager Sachsenhausen vom 4. März 1946 vorhanden. Auf dieser Liste stehen 240 Personen und deren Zuordnung zu spezifischen Gruppen. Auf dem Blatt 84 ist Käthe Delius als Angehörige einer administrativen Organisation gemeinsam mit ehemaligen Angehörigen der Gestapo aufgeführt.[494]

Nach der Niederlage des NS-Regimes wurden auf deutschem Boden Internierungslager der Westalliierten und sowjetische Speziallager eingerichtet.[495] Überlegungen dazu stammten aus der Besatzungs- und Entnazifizierungsplanung, die von den Amerikanern schon im Jahr 1944 entworfen wurde. Seit 1942 hatten die Alliierten darüber beraten, wie man mit den Hauptkriegsverbrechern und deren ausführenden Organen umgehen sollte. Die Einrichtung dieser Lager stützte sich dann auf das Potsdamer Abkommen, auf das Gesetz Nr. 10 des Alliierten Kontrollrates sowie die Alliierte Kontrollratsdirektive Nr. 38. Die Zielsetzung dieser Lager war zunächst, Verantwortliche und Mitverantwortliche für die nationalsozialistischen Verbrechen festzuhalten, sie zu isolieren und damit präventiv Widerstand gegen die Besatzungsmächte und den Umbau der Gesellschaft auszuschalten. Nationalsozialisten, Systemträger und Personen, die als Sicherheitsrisiko eingestuft wurden, sollten in den Lagern inhaftiert werden. Eine gerichtliche Feststellung von individueller Schuld und ihre Bestrafung sollten im zweiten Schritt erfolgen.[496] Eine Vereinheitlichung der Vorgehensweise der Alliierten wurde jedoch nicht erreicht. Die Sowjetische Besatzungsmacht inhaftierte in den Speziallagern einen wesentlich umfangreicheren Personenkreis als die westlichen Besatzungsmächte in den von ihnen eingerichteten Internierungslagern, und sie ließen sie länger bestehen: Schon 1946 übergaben die Amerikaner ihre Internierungslager deutschen Einrichtungen und ordneten Spruchkammern zwecks Urteilsfindung über die Verstrickung der einzelnen Inhaftierten in den Nationalsozialismus an.

Auf dem Boden der SBZ richtete die sowjetische Militäradministration insgesamt zehn Speziallager ein. Die drei letzten Lager bestanden bis zum Jahr

---

493 AS, Akte Lagerjournal: GARF F. 9409, op. 1, d. 352, Blatt 80.

494 AS, Überstellungsliste v. 4.3.46, GARF F. 9409, op. 1, d. 357, Blatt 80–84.

495 Der Begriff Speziallager, der sich im Sprachgebrauch eingebürgert hat, ist eine Übersetzung aus der russischen Bezeichnung für Lager. Vgl. Leo, Annette, Überlegungen zu einem Vergleich des nationalsozialistischen Konzentrationslagers Sachsenhausen 1937 bis 1945 mit dem sowjetischen Speziallager Sachsenhausen 1945 bis 1950, in: Materialien der Enquete-Kommission „Überwindung der Folgen der SED-Diktatur im Prozeß der deutschen Einheit", S. 441–489, insb. S. 475–478. Annette Leo listet einen Katalog von Defiziten für die Erforschung des Speziallagers auf: S. 473. Auch: Agde, Günter, Sachsenhausen bei Berlin. Speziallager Nr. 7, 1945–1950. Kassiber, Dokumente, Studien, Berlin 1994; Birkenfeld, Günther, Der NKDW-Staat. Aus den Berichten entlassener KZ-Insassen, in: Der Monat 18/1950, S. 628–632; Finn, Gerhard, Sachsenhausen 1936–1950, Geschichte eines Lagers, Bad Münstereifel 1988, 3. Aufl. 1991; ders., Die politischen Häftlinge der Sowjetzone, 1945–1950, Pfaffenhofen 1960, Köln 1991; ders., Die Speziallager der Sowjetischen Besatzungsmacht 1945 bis 1950, in: Materialien der Enquete-Kommission „Aufarbeitung von Geschichte und Folgen der SED-Diktatur in Deutschland", S. 337ff; Just, Herrmann, Die sowjetischen Konzentrationslager auf deutschem Boden 1945–1959, hg. v. d. Kampfgruppe gegen Unmenschlichkeit, o. O. [Berlin] 1952; Fricke, Karl-Wilhelm, Politik und Justiz in der DDR. Zur Geschichte der politischen Verfolgung 1945–1968. Bericht und Dokumentation, Köln 1978.

496 Eine Darstellung der Alliierten Internierungslager: Niethammer, Lutz, Alliierte Internierungslager in Deutschland 1945: Ein Vergleich und offene Fragen, in: Reif-Spirek, Peter, Ritscher, Bodo (Hg.), Speziallager in der SBZ. Gedenkstätten mit „doppelter Vergangenheit", Berlin 1999, S. 100–123.

1950 und wurden dann aufgelöst. Häftlinge und Internierte, die zum Zeitpunkt der Auflösung nicht freigelassen wurden, wurden der inzwischen gegründeten DDR übergeben. Die Einrichtung der sowjetischen Speziallager basierte auf dem NKWD-Befehl 00315 vom 18. April 1945, der von Lawrenti Berija, dem Chef der Geheimdienste der Sowjetunion, formuliert worden war. Dieser Befehl listete sechs Kriterien auf, die bei einer Person zur Internierung und Verhaftung führen konnten. Insbesondere der sechste Punkt könnte als Grund für eine Verhaftung von Käthe Delius verantwortlich sein: „6. Angehörige der Gestapo, des SD und anderer deutscher Terrororgane; Leiter ‚administrativer Organe' bis herunter zur Lokalebene sowie Zeitungs- und Zeitschriftenredakteure und ‚Autoren antisowjetischer Veröffentlichungen'."[497] Käthe Delius hatte zum höheren Dienst eines Ministeriums gehört und war aus russischer Sicht als Leiter eines administrativen Organs anzusehen. Die beiden Verhaftungsgründe, die in der Lagerliste aufgeführt sind – NSDAP-Mitglied, Mitglied und Funktionärin der NS-Frauenschaft –, können wie schon erwähnt nicht der Oberregierungsrätin Käthe Delius zugewiesen werden. Die fälschliche Zuordnung in ihren Verhaftungsunterlagen, die sich daraus ergibt, dass biographische Angaben von zwei verschiedenen Frauen mit Namen Käthe Delius zusammengeführt wurden, zeigt, dass die Ministerialbeamtin Käthe Delius direkt nach Kriegsende ein erstes Mal damit belastet wurde. Da bisher kein Einblick in die Personalakten der Inhaftierten möglich war, lässt sich der Entstehung dieser Unterstellung zu diesem Zeitpunkt nicht detaillierter nachgehen.

Die zehn Speziallager waren: in Mühlberg, Buchenwald bei Weimar, Berlin-Hohenschönhausen, Bautzen, Ketschendorf, Jamlitz (zuvor in Frankfurt Oder), Sachsenhausen (Oranienburg), Weesow (Werneuchen), Torgau und Fünfeichen (Neubrandenburg).[498] In die Speziallager in Bautzen, Sachsenhausen und Torgau wurden auch Häftlinge aufgenommen, die durch das Sowjetische Militärtribunal (SMT)[499] verurteilt waren. Die weitaus größere Personenzahl stellten aber auch in diesen Lagern die internierten Spezialllagerhäftlinge, die weder eine Anklageschrift noch ein Verfahren, noch ein Urteil kannten. Sie blieben von Angehörigen, juristischen Vertretern und von der Außenwelt abgeschnitten. Sie blieben ohne

Zeitangabe über die Dauer ihrer Inhaftierung, ohne ein Verfahren der Entnazifierung. Käthe Delius gehörte zu diesem „Spezialkontingent".

Wie die Westmächte, so nutzten auch die Russen ehemalige Konzentrationslager als Internierungslager. Das trifft auch auf das Speziallager Nr. 7/Nr. 1 Sachsenhausen zu, das von 1936 bis 1945 ein nationalsozialistisches Konzentrationslager war. Die sowjetischen Besatzungsorgane suchten nach Kriegsende durch Massenverhaftungen sowohl belastete Funktionsträger des NS-Regimes als auch jugendlich verblendete Volkssturmteilnehmer zu internieren. Im Jahr 1946 erreichten die Speziallager schon eine Belegungsstärke von über 80.000 Insassen. Davon zählten etwa 40.000 zu den sogenannten NS-Aktivisten. Viele der Inhaftierten waren NSDAP-Mitglieder, Mitglieder anderer Parteigliederungen oder geringere Funktionsträger (wie Block- und Zellenleiter). Unter den internierten Frauen waren häufige Haftgründe Tätigkeiten in Regierung und Verwaltung. Im Laufe der Jahre verschob sich jedoch die Priorität. Es wurden nun immer mehr Gegner oder vermeintliche Gegner der Besatzungspolitik oder Gegner der SED in Gewahrsam genommen. Darunter waren etwa Zeitungs- und Zeitschriftenredakteure und „Autoren antisowjetischer Veröffentlichungen"[500]. In der Auflistung der Verdächtigen, die in die sowjetischen Speziallager gebracht werden sollten, fehlten aber die SS-Angehörigen, das KZ-Personal, die Wachmannschaften und das Führungskorps der Waffen-SS und SA. Diese Personengruppen wurden in Kriegsgefangenenlager gebracht und anschließend zur Zwangsarbeit in die Sowjetunion deportiert. Somit befanden sich in den sowjetischen Speziallagern prozentual viel mehr gering oder nicht Belastete.

Die Verhaftungspraxis und der Umgang mit den Gefangenen in der sowjetischen Besatzungszone entsprachen keineswegs den Vorgaben der Abkommen

---

497 Ebd., S. 103.
498 In den Ostgebieten des Deutschen Reiches befanden sich eine Reihe weiterer Speziallager.
499 In der SBZ erfolgten die Verurteilungen politischer Häftlinge durch das Sowjetische Militär-Tribunal (SMT). Abgeurteilt wurde nach dem Strafgesetzbuch der Russischen Föderativen Sowjet-Republik, Art. 58.
500 Leo, Überlegungen, S. 445, Fußnote 4.

und Direktiven der Alliierten. Die Inhaftierung in den Speziallagern folgte einem Rechtsverständnis und „Methoden, die im wesentlichen durch die Erfahrung des sowjetischen GULag geprägt worden waren. Sie wurden jetzt zwar durch gewisse alliierte Absprachen modifiziert, aber das spielte für die Praxis der Festnahme, Verhöre, Internierung und Haft nur eine geringe Rolle."[501]

Mit den Speziallagern sollte die völlige Isolation der Häftlinge sichergestellt werden. Eine Vorgabe lautete, um die Lager eine etwa 50 Meter breite „Verbotszone" mit Zaun zu bauen, um Möglichkeiten der Annäherung der Bevölkerung vollständig zu verhindern. Deutsche, die in der Umgebung der Lager wohnten, sollten umgesiedelt werden: „Noch im Juni 1949 mahnte die ‚Berliner Abteilung' eine Verschärfung der Isolation an. Existenz und Realität der Lager sollten verstärkter Geheimhaltung unterliegen, zu der sich auch das Personal nochmals verpflichtete. Eingerissene nähere Kontakte mit Häftlingen, die mitunter den Familien des Personals Musikunterricht erteilten oder in den Personalräumen aufputzten, waren zu unterlassen, da dadurch Geheimnisse verraten werden könnten. Alle Lagerpläne, die Gefangenen womöglich während des Putzdienstes ins Auge fallen könnten, mussten von den Wänden entfernt werden. Gardinen schützten nun die Arbeitsräume der Registraturabteilung vor den Blicken der Häftlinge. Verschärfte Lagerfilzungen nahmen ihnen mühsam gefertigte spitze und schneidende Gegenstände aber auch Spielkarten ab."[502]

Post zu erhalten und selbst Briefe zu schreiben war im Speziallager nicht erlaubt. Sehr lange war auch das Lesen von Zeitungen verboten. Zudem war es strenger Zensur unterzogen. Die ärztliche Versorgung war dürftig. Erst im Jahr 1949 wurden die Kranken, die an Tuberkulose – meist Lungentuberkulose in

---

501 Bonwetsch, Bernd, Der GULag – das Vorbild für die Speziallager in der SBZ, in: Reif-Spirek u. a., Speziallager in der SBZ, S. 62–80, hier S. 62. GULag ist die in der Sowjetunion gebräuchliche Abkürzung für „Hauptverwaltung der Besserungslager und -kolonien des NKDW", andererseits ist sie zur Chiffre geworden für das stalinistische System von Willkür und Terror von Ende 1920 bis 1953. Vgl. Solschenizyn, Alexander, Der Archipel GULAG, 3 Bände, Bern 1974.

502 Lipinsky, Jan, Gefängnisse und Lager in der SBZ/DDR, in: Materialien der Enquete-Kommission „Überwindung der Folgen der SED-Diktatur im Prozeß der deutschen Einheit", S. 490–566, hier S. 505.

offener und geschlossener Form – und an Dystrophie erkrankt waren, besser versorgt. Unter Dystrophie werden physische und psychische Probleme verstanden, die durch Entwicklungsstörungen einzelner Gewebe, Zellen, Körperteile, Organe oder auch des gesamten Organismus entstehen. Häufig wird dafür eine Mangel- oder Fehlernährung verantwortlich gemacht. In den Lagerjournalen der Speziallager wurde die Dystrophie als zweithäufigste Krankheit und als wesentliche Todesursache der Zehntausenden von Todesopfern aufgeführt. Medizinische Berichte aus den Speziallagern verwiesen auf vier Gründe für den schlechten Gesundheitszustand: die unzureichende Ernährung, die verordnete Untätigkeit, die oft langjährige Ungewissheit und der nicht gestattete Briefwechsel mit Angehörigen.

Die Verzweiflung von Familienangehörigen, Freunden und Bekannten, die ahnungslos waren über den Verbleib der verschwundenen Verhafteten, war immens. Die Archivbestände der Kirchen, der Parteien und der Landesministerien werfen ein Licht darauf: „Deren Angehörige baten Pfarrer, Superintendenten, Konsistorien, Landesbischöfe aber auch führende Vertreter der verschiedenen Parteien bzw. scheinbar maßgeblicher Politiker, wie die Innen- und Justizminister, den Minister- oder Landtagspräsidenten um Hilfe."[503] Historiker und Historikerinnen betonen, dass die Verhaftungspraxis und die Verschleppung in ein Speziallager ein brennendes, aktuelles Thema in der Nachkriegszeit in Ost und West war.[504]

Auch die Familie von Käthe Delius bemühte sich darum, ihr spurloses Verschwinden aufzuklären. Beim Suchdienst des DRK in der DDR wurden im Januar und im November 1947 je eine Suchkarte für Käthe Delius angelegt: Die Suchende war in einem Fall ihre Mutter Eleonore und im anderen Fall die Schwester ihrer Mutter, Bertha Niemann, wohnhaft in Bielefeld, Wertherstr. 7.[505] Es war nicht feststellbar, ob die Familie in den fünf Jahren der Haftzeit je Hinweise über ihren Verbleib erhalten hatte und Kontakt aufnehmen konnte.

---

503 Ebd., S. 499.
504 Ebd.
505 Schreiben v. 6.2.2017, DRK-Suchdienst München.

Währenddessen ging es für Käthe Delius buchstäblich ums Überleben. Ein Blick auf die Statistik macht deutlich, dass eine Internierung lebensgefährlich war: Insgesamt waren in den sowjetischen Speziallagern in Deutschland von 1945 bis zur Auflösung 1950 etwa 190.000 Personen inhaftiert, wovon etwa 43.000 ums Leben kamen. Fünf Prozent aller Internierten waren Frauen. Der Forschungsstand besagt, dass von 1945 bis 1950 im Speziallager Nr. 7/Nr. 1 Sachsenhausen etwa 59.900 Häftlinge untergebracht waren, wovon mindestens 12.000 starben.[506] Während die Sterblichkeit der Insassen in den westlichen Lagern der der Bevölkerung entsprach, starb in den sowjetischen Speziallagern etwa ein Drittel der Häftlinge an Unterernährung und Krankheiten. Die Historikerin Annette Leo geht davon aus, dass die „menschenverachtenden Methoden, die paranoische Feindbestimmung wie auch die Maßstäbe für Ernährung, Bekleidung und Hygiene, die für den Alltag des Lagersystems der Sowjetunion galten, auf die Speziallager in der SBZ übertragen wurden."[507] Die langjährige psychische und physische Belastung begann mit dem Tag der Verhaftung. In den Gefängnissen und Verhörkabinetten der Operativen Organe entschied sich das weitere Schicksal der Arretierten: „Agenten, Denunzianten, Provokateure waren für dieses Vorgehen unerlässlich [...]. Diese Methoden führten zu Ergebnissen, die oft so widersinnig waren, dass die Vorstellungskraft des Berichterstatters versagt."[508]

Von Käthe Delius' Inhaftierung durch die GPU Lichterfelde in Teltow liegen keine Kenntnisse vor. Man muss davon ausgehen, dass sie quälende Erfahrung hat machen müssen, da Verhöre durchweg von Folterungen, Misshandlungen und Rohheiten begleitet waren. Die GPU-Keller, die der Untersuchungshaft dienten, waren berüchtigt. Es herrschten katastrophale Haftbedingungen. Die meist nächtlichen Verhöre dauerten mehrere Stunden, physische und psy-

---

506 Kühle, Barbara, Titz, Wolfgang, Speziallager Nr. 7, 1945–1950, hg. im Auftrag der Nationalen Mahn- und Gedenkstätte Sachsenhausen, Berlin 1990.

507 Leo, Überlegungen, S. 447.

508 Kilian, Die Häftlinge, in: Enquete-Kommission „Überwindung der Folgen der SED-Diktatur im Prozeß der deutschen Einheit", S. 429.

chische Gewalt wurden häufig angewendet. Frauen mussten ebenfalls Misshandlungen, aber auch sexuelle Übergriffe und Vergewaltigungen erfahren. Der Umstand, dass sie nach acht Tagen zum Speziallager Nr. 3 Berlin-Hohenschönhausen transportiert wurde, zeigt, dass der NKDW nicht zwischen Belasteten, Minderbelasteten, Mitläufern und Entlasteten unterschied. Außerdem taten sich die „Operativen Organe mit Entlassungen schwer – wer einmal in ihrer ‚Obhut' war, blieb für seine Angehörigen verschwunden und hatte kaum Chancen für eine Überprüfung oder gar Entlassung. Die Isolierung hatte Vorrang."[509] Eine Ahnung von den Vorgängen vermittelt der Bericht einer Betroffenen vom Transport: „Die Verlegung in den NKDW-Keller nach Berlin-Hohenschönhausen glich einem Alptraum. [...] Wir warteten Stunde um Stunde in unserer Zelle auf den Abtransport. In den Kellergängen wurde es immer ruhiger. Endlich wurde auch unsere Zelle geöffnet, und die Russen trieben uns vor sich her. Da ich die letzte in der Reihe war, stieß mir ein Russe seine Pistole in den Rücken und schrie: ‚Dawei, dawei!' Als wir den Gefangenenwagen betraten, mussten wir vier Frauen auf einer Bank Platz nehmen, umrahmt von russischen Bewachern. Auf der uns gegenüberliegenden Bank saßen vier Männer, über deren Kopf je ein großer heller Sack ohne Augenschlitze gestülpt war, der fast bis zur Gürtellinie reichte. Ich kam mir vor wie beim Geheimbund Ku-Klux-Klan, als ich die vermummten Gestalten sah. Dem Mann, der mir gegenübersaß, fiel sein kleines Bündel herunter. Ich hob es auf und legte es ihm mit freundlichen Worten auf seine geschlossenen Knie, die furchtbar zitterten, zurück. Einer der Russen brüllte gleich los: ‚Du nix sprechen. Du sonst tot. Ihr alle tot. Verstehst du! Poni maiju?' Atemlose Stille im Wagen."[510]

Das Speziallager Nr. 3 Berlin-Hohenschönhausen bestand von Mai 1945 bis Oktober 1946. Es war in der ehemaligen Großküche der Nationalsozialistischen Volkswohlfahrt in Berlin-Hohenschönhausen, Freienwalder Straße, eingerichtet worden. Dieses Lager fungierte als Sammelstelle für diejenigen, die in Groß-

---

509 Ebd., S. 408.

510 Schendzielorz, Gerda, Garten der Einsamkeit, Hameln 1995, S. 71.

Berlin festgenommen worden waren. Die Durchschnittsbelegung betrug 1.800 bei insgesamt etwa 20.000 Inhaftierten, die von hier auf andere Speziallager weitergeleitet wurden.[511] In dieser kurzen Bestandszeit hatte das Lager 1.000 Tote aufzulisten. Bis März 1946 wurden aus dem Speziallager Hohenschönhausen mehrere Transporte mit jeweils 400 Häftlingen nach Sachsenhausen überstellt. Wie schon erwähnt, wurde Käthe Delius am 4. März 1946 zum Speziallager Nr. 3 Sachsenhausen verlegt. Nur wenige Wochen nach der Befreiung des Konzentrationslagers Sachsenhausen hatte die Geschichte des sowjetischen Speziallagers Sachsenhausen Nr. 7 begonnen. Im August 1945 hatte ein Vorkommando von 150 Häftlingen aus dem Speziallager Weesow bei Werneuchen (Mark) das ehemalige Konzentrationslager zur weiteren Benutzung als Speziallager wieder hergerichtet. Sachsenhausen sollte das größte der Speziallager werden.[512]

Die Lagerunterkünfte waren Massenquartiere mit ungenügender Ausstattung, schlechter Belüftung, notdürftiger Beheizung, unhygienischer Bedingungen sowie mit Ungezieferbefall. Der beständige Hunger rief schlimme gesundheitliche Folgen hervor. Bei der schlechten Ausstattung mit ausreichender Kleidung hatten die Frauen Vorteile durch hauswirtschaftliche Kenntnisse und Fähigkeiten: Sie konnten zerrissene Kleider ausbessern, aus Stoffresten Neues nähen, kamen in traditionell weiblichen Bereichen – in der Küche, im Lazarett, in der Schneiderei, in der Waschküche, bei Reinigungsarbeiten – eher zum Einsatz, was mentale sowie materielle Vorzüge bot.[513] Der Winter 1946/47 war der sogenannte Hungerwinter, der von November 1946 bis März 1947 als einer der kältesten Winter in Deutschland im 20. Jahrhundert andauerte. Die Ernährungslage

---

511 Finn, Die politischen Häftlinge, S. 43.
512 Das Speziallager Sachsenhausen hatte keine Außenlager und nur wenige Außenkommandos. Zu letzteren gehörte das Beerdigungskommando. Das Lager- und Kasernengelände wurde noch bis 1954 von der sowjetischen Besatzungsmacht genutzt und anschließend der Kasernierten Volkspolizei übergeben.

513 Vgl. Mühe, Kathrin, Frauen in den sowjetischen Speziallagern in Deutschland 1945 bis 1950. Häftlingsalltag und geschlechtsspezifische Aspekte, in: Deutschland Archiv 37, 4/2004, hg. v. d. Bundeszentrale für politische Bildung, Bonn, Bielefeld 2004, S. 629–639.

der Bevölkerung war katastrophal. In Deutschland starben mehrere Hunderttausend Menschen.[514] Im November 1946 wurde im Speziallager Sachsenhausen der Verpflegungssatz halbiert. Gerhard Finn gibt an: Reduktion auf 300g Brot, ein Liter Wassersuppe, 15g Zucker und vermerkt ein „steiles Ansteigen der Sterblichkeit" unter den Gefangenen[515], was auch Jan Lipinsky bestätigt: „Die auch zuvor unzureichende ärztliche Versorgung war ab März 1947 angesichts der durch Hunger immer schwächer werdenden Gefangenen völlig nutzlos."[516] Erst im Januar 1947 wurde die Suppenverpflegung verbessert, im März 1947 dann die Brotrationen wieder erhöht.[517] Käthe Delius überlebte.

Einige Monate später, im August 1947, wurden an die 90 Internierte entlassen – Käthe Delius war nicht dabei. Im September 1947 wurden erstmals gewisse Zeitungen erlaubt, jedoch war weiterhin ein Schriftverkehr mit den Angehörigen nicht gestattet. Ende des Jahres erhielten die Internierten zu Weihnachten Liederhefte und Losungen der Brüdergemeinde. Im März 1948 wurden besondere Abteilungen für Häftlinge eingerichtet, die zur Entlassung vorgesehen waren. Für sie war eine bessere Verpflegung angeordnet. Am 10. Juli 1948 begann eine acht Wochen dauernde erste große Entlassungsaktion aus dem Spezialkontingent: Etwa 28.000 Frauen, Männer und Jugendliche wurden freigelassen. Die Anzahl der Frauen betrug 2.500. Die verbliebenen Internierten wurden in den Lagern Buchenwald und Sachsenhausen zusammengeführt. Auch in Sachsenhausen startete von Juli bis September 1948 eine Entlassungsaktion für 5.000 bis 6.000 Internierte. Auch dieses Mal war Käthe Delius nicht darunter. Vom Herbst 1948 bis zur Auflösung der letzten Speziallager 1950 gab es keine nennenswerten weiteren Entlassungen. Anfang 1950 wurden dann 14.937 Personen entlassen. 9.664 kamen aus den Spezialkontingenten und 5.273 waren Verurteilte. Bei der entsprechenden Entlassungsaktion in Sachsenhausen, die

---

514 Rohrbach, Justus (Autor), Schlange-Schöningen, Hans (Hg.), Im Schatten des Hungers. Dokumentarisches zur Ernährungspolitik und Ernährungswirtschaft in den Jahren 1945–1949, Hamburg, Berlin 1955. Häusser, Alexander, Maugg, Gordian, Hungerwinter. Deutschlands humanitäre Katastrophe 1946/47, Berlin 2010.
515 Finn, Sachsenhausen, S. 30.
516 Lipinsky, Gefängnisse, S. 500.
517 Finn, Sachsenhausen, S. 32.

am 16. Januar begann und laut Gerhard Finn bis zum 10. März 1950 mit der Entlassung der letzten Häftlinge dauerte, wurden insgesamt etwa 1.900 Internierte entlassen. Dieses Mal konnte Käthe Delius das Lager verlassen. Bei der Auflösung der Speziallager im Jahr 1950 wurden an das Innenministerium der DDR noch 10.736 Verurteilte und 3.466 Nichtverurteilte, insgesamt 14.202 Deutsche übergeben.[518]

Bei vielen ehemaligen Speziallagerinsassen zeigten sich nach der Freilassung physische und psychische Folgeschäden.[519] Tausende von Betroffenen thematisierten nach ihrer Entlassung, trotzdem die Inhaftierung tiefe Spuren hinterlassen hatte, ihre Erfahrungen nicht. Es ist auch nicht bekannt, wann Käthe Delius erfuhr, dass ihr jüngerer Bruder Hans Conrad (1897–1947) ebenfalls in einem Speziallager inhaftiert gewesen war, aber nicht überlebt hatte. Er war im Jahr 1947 im Speziallager Nr. 6 Jamlitz, das etwa zwei Jahre, von September 1945 bis April 1947, bestand, umgekommen.[520] Das Geschlechterbuch der Familie Delius vermerkt, Hans Conrad Delius sei am 24. Februar 1947 „im Konzentrationslager nach Verschleppung (1945)" umgekommen. Hans Conrad Delius war als promovierter Jurist bei der Preußischen Seehandlung zu Berlin tätig gewesen. Er hinterließ seine Frau Martha geb. Ellinghaus (1894–1962) und vier Töchter. Das Speziallager war in der Gemeinde Jamlitz im Osten von Brandenburg gelegen. Das NKDW hatte hier insgesamt über 10.000 Deutsche ohne Urteil festgehalten, darunter viele Jugendliche und willkürlich Verhaftete. Nach russischen Angaben waren 3.400 namentlich bekannte Häftlinge an Hunger und den Folgeerkrankungen der Lagerhaft gestorben. Sie waren südlich des Lagers in einer Schonung in Massengräbern verscharrt worden.[521]

Käthe Delius erhielt am Tag ihrer Entlassung, am 19. Januar 1950, eine Bescheinigung, aus der hervorging, dass sie aus dem Internierungslager entlassen

---

518 Kilian, Die Häftlinge, S. 406.
519 Schenck, Ernst-Günther, Vom Massenelend der Frauen Europas in den Wirrnissen des XX. Jahrhunderts, Bonn-Bad Godesberg 1988, S. 150; auch: Mühe, Frauen, S. 638f.
520 Westfälisches Geschlechterbuch, bearb. v. Uta v. Delius, S. 402.
521 Reif-Spirek, Ritscher, Speziallager, S. 298.
522 Schreiben v. 24.3.2016 v. Bundesamt für Migration und Flüchtlinge, Gießen.

*Hans Conrad Delius, der jüngere Bruder von Käthe Delius, der im Jahr 1947 im Speziallager Nr. 6 Jamlitz in Brandenburg starb.*

wurde. Dieser Schein berechtigte sie, die Eisenbahn zu nutzen.⁵²² Als „Reiseziel" war Kleinmachnow, Kreis Teltow, ihr letzter Wohnsitz im Jahr 1945, vorgegeben. Kleinmachnow befand sich inzwischen auf dem Gebiet der DDR. Über ihre Haftzeit hat Käthe Delius – soweit bis jetzt bekannt ist – keine detaillierten schriftlichen Zeugnisse hinterlassen. Ganz gewiss bildeten die traumatischen Erfahrungen der Internierung ein einschneidendes Erlebnis in ihrem Lebensweg. Nach jahrelanger Isolation von der Außenwelt, eingesperrt hinter Zaun und Stacheldraht, konnte es nur eine schemenhafte Vorstellung davon geben, wie grundlegend sich das Leben und die Gesellschaft in den beiden deutschen Staaten mit den unterschiedlichen politischen Systemen verändert hatten.

Mit ehemaligen Kolleginnen hat sie offensichtlich über ihre Internierung gesprochen. Einen Dank für deren Zuwendung veröffentlichte sie im Maidenblatt im April 1950. In diesem singulären Dokument beschrieb sie knapp ihre Haftzeit, wie sie diese für ihre Lebenserfahrungen einschätzte und welche Folgerungen sie für ihre Zukunft daraus ableitete. Auch wenn nicht ausgeschlossen werden kann, dass Gefühle von Unsicherheit, Ängstlichkeit und Irritation ihre Gedanken begleiteten, die sich um die eigene Zukunft drehten, so strahlt ihre öffentliche Stellungnahme Gefasstheit und Zuversicht aus: „Bei meiner Rückkehr aus dem Lager Sachsenhausen sind mir von allen Seiten viele Grüße und Glückwünsche zugegangen, dass ich noch gar nicht in der Lage war, allen persönlich zu antworten und zu danken. Das kann erst nach und nach geschehen. Ich möchte aber allen denen, die es auf diesem Weg erreicht, sagen, wie wohltuend ich es empfinde – nach der 4jährigen Isolierung, die mich von allem trennte, was mir lieb war – nicht nur in die Familiengemeinschaft, sondern auch in die Berufsgemeinschaft wieder aufgenommen zu sein."[523]

Ihre Freude war groß, dass die Landfrauenschulen wieder arbeiteten. Für sie war dies ein Beweis, „daß diese Schulen auch für die soziale Gesundung Deutschlands und der Welt Aufgaben zu lösen haben." Sie selbst war bereit, die Erfahrungen der Haft für ihr Leben akzeptierend anzunehmen: „Die Lagerzeit war schwer, aber ich möchte die Zeit in meinem Leben nicht missen, da ja wohl alle in Deutschlands Notzeit die Erfahrung machen, daß schwere Erlebnisse zu Erkenntnissen führen, die einem Ruhe und Sicherheit im Leben geben. Es kommt aber hinzu, daß man im Lager im wahrsten Sinne des Wortes arm und bloß war. Ein kleines Unkraut am Rande der Quelle konnte einem die Welt bedeuten. Jetzt in der Freiheit genießt man alles doppelt und dreifach und ist für alles aufgeschlossen, auch für die großen Aufgaben. Das gibt einem einen inneren Frieden, den man leider so selten findet und hoffentlich auch die Kraft für die Menschenwürde zu kämpfen und sich gegen all das, was in unserer Zeit „menschenunwürdig" ist, zu stellen."[524]

---

523 Delius, Käthe, Worte des Dankes, in: Blatt der Altmaiden 9/1950, o. S. [4].
524 Ebd.

# VII. BUNDESFORSCHUNGSANSTALT FÜR HAUSWIRTSCHAFT (1950–1955)

## Rückkehr in die berufliche Verantwortung

Käthe Delius kehrte nach der fünfjährigen Haft und entgegen dem offiziell vorgegebenen „Reiseziel" nicht nach Kleinmachnow, sondern zu ihrer Familie nach West-Berlin zurück und meldete ihren Wohnsitz in Berlin – Zehlendorf, Am Lappjagen 43, an. Dort wohnte ihre Schwägerin Martha mit ihren Kindern und seit September 1946 auch ihre Mutter. Dass ihr den Prozess des Zurechtfindens in der gänzlich entfremdeten Welt frühere Mitarbeiter und Mitarbeiterinnen erleichterten, bestätigte Käthe Delius später abermals: Als sie aus „der russischen Gefangenschaft zurückkehrte, da wurde mir von meinen früheren Mitarbeitern so viel Liebe und so wirksame Hilfe entgegengebracht"[525], dass sie beschloss, die berufliche Arbeit noch einmal aufzunehmen. Sie war siebenundfünfzig Jahre alt, hatte eine belastende Erfahrung hinter sich, die Auswirkung auf ihre körperliche und seelische Konstitution gehabt hatte und noch weiter haben würde, und sah eine Halt gebende Sicherheit in einer herausfordernden Gestaltungstätigkeit in einer beruflichen Aufgabe. Als Basis wäre ein gut kommunizierendes und kooperierendes Mitarbeiterteam wünschenswert – eine solche erfreuliche Erfahrung hatte sie vor allem in der Weimarer Republik mit den Referentinnen für Frauenarbeit und Frauenbildung in den Landwirtschaftskammern gemacht. Ein solches kollegiales Team zeichnete sich für sie Anfang 1950 ab.

---

525 Delius, Käthe, Ansprache, in: Nutzen und Ordnung 1,2/1955, S. 3–5, hier S. 3. Käthe Delius gebraucht zeittypisch die männliche Sprachform, die Frauen und Männer meint.

In dem Augenblick, als die Entscheidung für eine Wiederaufnahme einer Berufstätigkeit allmählich reifte, nahm ihre frühere langjährige Kollegin Aenne Sprengel mit ihr Kontakt auf und bot ihr die Arbeit an einer Bundesforschungsanstalt für Hauswirtschaft (BFA) an, für die sie gerade selbst im Bundesministerium Ernährung, Landwirtschaft und Forsten (BMELF) vorbereitende Arbeiten machte. Käthe Delius war sichtlich bewegt von diesen Begegnungen und Erfahrungen, dass sie ganz gegen ihre Gewohntheit emotional reagierte und Aenne Sprengel als „gütige Fee"[526] titulierte. Deren Angebot konnte Käthe Delius nicht ausschlagen, bot es doch die Chance, ihre in der Weimarer Republik mit der Etablierung eines Institutes für Hauswirtschaftswissenschaft schon umgesetzte Ambition von der wissenschaftlichen Institutionalisierung der Hauswirtschaft, deren Weiterführung im Nationalsozialismus unmöglich gewesen war, erneut zu betreiben, eventuell zu fördern und möglicherweise sogar weiterzuentwickeln. Aenne Sprengel bot ihr mit dieser Berufung nichts weniger als die Vollendung ihres Lebenswerkes an. Auch wenn das vorgeschlagene Institut jetzt den Vorteil hätte, bundesweit zu agieren, so bliebe doch der Wermutstropfen, dass es doch wieder nur den Status einer außeruniversitären Forschungsstätte innehaben würde. Auf der anderen Seite bot es die Chance, durch ein entsprechendes Konzept mit spezifischen Aufgabenstellungen – etwa die Ausarbeitung eines universitären Studiengangs – erneut die Basis für einen Einstieg in die Institutionalisierung der hauswirtschaftlichen Wissenschaft zu legen. Das BMEL benötigte dringend eine kompetente, erfahrene Fachfrau und Führungspersönlichkeit für den Aufbau eines wissenschaftlichen Institutes für die Hauswirtschaft, die außerdem umfangreiche Verwaltungserfahrungen mitbringen musste. Es sollte die erste länderübergreifende BFA entstehen, die kein Vorbild besaß. Die einzigen Erfahrungen, auf die Bezug genommen werden konnte, waren die mit dem staatlich geförderten, aber grundsätzlich privat geführten Institut für Hauswirtschaftswissenschaft in Preußen in den 1920er Jahren, das Käthe Delius alleine zu verantworten hatte.[527]

Für die geplante Bundesinstitution musste nun die fachliche Aufgabenstellung sowie der personelle und organisatorische Aufbau einer Verwaltung eigenständig erarbeitet werden. Sicherlich gab es nicht viele, die Käthe Delius' Qualifikation vorweisen konnten. Für sie war diese Aufgabe im Vergleich mit dem ehemaligen Institut für Hauswirtschaftswissenschaft wieder ein Schritt auf die Erreichung des schon lange gesteckten Ziels zu, erschien jetzt doch am Horizont die Möglichkeit, zumindest eine staatliche Einrichtung aufzubauen. Sie erhoffte sich, dass die geplante BFA „zu einer wirklichen geistigen Zentrale werden" sollte und zwar für alle diejenigen, „denen die Sorgen und Nöte und die Lösung der unzähligen Probleme, deren die deutsche Hausfrau so dringend bedürfe, am Herzen lägen."[528]

Aenne Sprengels Vorschlag, Käthe Delius die Leitung einer noch zu konzipierenden BFA zu überantworten, wurde vom damaligen Ministerialdirektor im BMELF, Professor Friedrich Wilhelm Maier-Bode (1900–1953), begrüßt. Käthe Delius selbst überlieferte, dass er sich für sie persönlich eingesetzt habe. Mit der Perspektive einer Übernahme in das BMELF entschied sie sich, West-Berlin zu verlassen und reiste ein halbes Jahr nach ihrer Freilassung, am 14. Juni 1950, über den Grenzpunkt Helmstedt in die Bundesrepublik ein.[529] Fünf Tage später meldete sie sich nach Angabe des Bundesamtes für Migration und Flüchtlinge in Gießen im Durchgangslager Gießen an.[530] Von einer Prüfungskommission wurde sie am 20. Juni in das Bundesland NRW eingewiesen. Im August 1950 war sie in Bad Godesberg in der Beethovenstr. 38 gemeldet. Am 2. April 1951 zog sie von dort in die Friedrich-Ebert-Allee 51 um.[531]

Im Herbst 1950 übernahm sie im BMEL den Auftrag, den Aufbau einer BFA voranzubringen. Mit einem ersten Artikel nach ihrer Freilassung zum Thema

---

526 Delius, Ansprache, S. 3.
527 Ähnliche Einrichtungen mit Vorläufercharakter: die Versuchs- und Prüfungsstellen für Hauswirtschaft in Leipzig, gegründet durch Hausfrauenverbände, und das Institut für Hauswirtschaftslehre in Pommritz/Sachsen.
528 Delius, Käthe, zit. n. Rudloff, Karin, Sitzung des Verbraucherausschusses des Bundes-Wirtschaftsministeriums, in: Nutzen und Ordnung 1/1952, S. 25f, hier S. 25.
529 Schreiben v. 24.3.2016 v. Bundesamt für Migration und Flüchtlinge, Gießen.
530 Ein Schreiben d. Stadtarchivs Bonn v. 23.6.2016 gibt an, Käthe Delius sei über das Flüchtlingslager Wipperfürth nach Westdeutschland eingereist. Diese Angabe ist vermutlich nicht zutreffend.
531 Landesarchiv Berlin, Schreiben v. 19.2.2016; Schreiben des Stadtarchivs Bonn v. 23.6.2016.

Wirtschaftsberatung in der ländlichen Hauswirtschaft stellte sie sich im Oktober 1950 in der Zeitschrift „Nutzen und Ordnung. Gegenwartsfragen der Forschung, Lehre und Beratung für Wirtschaft, Haushalt und Familie", die Anfang 1950 unter der Leitung von Aenne Sprengel erstmalig herausgegeben wurde, den Leserinnen und Lesern der Zeitschrift und den Fachleuten programmatisch mit einem „ihrer" langjährigen Themen vor. Wirtschaftsberatung durch die Lehrerinnen der Mädchenabteilungen an den Landwirtschaftsschulen und den ländlichen Mädchenberufsschulen war Mitte der 1920er Jahren ihre Erfindung gewesen. Mit ihrem Beitrag signalisierte sie, dass sie in den Verhältnissen in der jungen Bundesrepublik angekommen war. Auch wenn sie keine grundlegende Auseinandersetzung mit und Bewertung der Wirtschaftsberatung in der nationalsozialistischen Zeit vornimmt, so finden sich doch in ihren einführenden Zeilen distanzierende Bemerkungen zur Vergangenheit, die in nach vorne schauende Leitlinien eingebettet waren: „Denn das ist der Sinn der Freiheit, daß wir uns nicht führen und bevormunden lassen, sondern daß wir selbst mithelfen durch Idee und Tat, den sozialen Frieden zu erringen und die Landwirtschaft zu einem rentablen Unternehmen zu machen."[532] Ein halbes Jahr nach ihrer Freilassung war sie in einer gänzlich veränderten, in einer demokratischen Gesellschaft angekommen. Sie fand insbesondere die menschlichen, wirtschaftlichen und sozialen Verhältnisse auf dem Land gegenüber früher stark verändert und zeigte sich überzeugt, dass die Wirtschaftsberaterinnen aktuell über keine ausreichenden Kenntnisse verfügen würden, um auf diese veränderten Verhältnisse adäquat eingehen zu können: „Es fehlt an allen Ecken und Kanten, weil auch die Grundprinzipien im Wirtschaftsleben und im Gemeinschaftsleben andere geworden sind. [...] Schlimmer sieht es noch beinahe mit unseren volks- und weltwirtschaftlichen Kenntnissen aus, da fehlen uns

---

532 Delius, Käthe, Was gehört zu einer erfolgreichen Wirtschaftsberatung? (I.), in: Nutzen und Ordnung 11,12/1950, S. 171–176, hier S. 171.
533 Ebd., S. 173.
534 Vgl. zur Situation der westdeutschen Landwirtschaft Sprengel, Aenne, Grundsätzliches zur landwirtschaftlichen Situation, in: Nutzen und Ordnung 2/1951, S. 102–104.

die Grundbegriffe, die uns erst das richtige Verständnis für die verworrenen Verhältnisse eröffnen."[533]

Bei der Frage nach dem notwendigen Rüstzeug für eine zeitgemäße Wirtschaftsberatung knüpfte sie an altbewährte Instrumentarien aus der Weimarer Republik an: Zeitschrift, Hochschulkurse und Arbeitsgemeinschaften. Nicht zuletzt verwies sie auf die Rückständigkeit in Deutschland in Bezug auf die wissenschaftliche Forschungsarbeit auf dem Gebiet der ländlichen Hauswirtschaft: Es fehlte nicht der Hinweise, dass aus ihrer Sicht hierfür hauswirtschaftliche Institute fehlten.

In Käthe Delius' Artikel ist mehrfach die Rede davon, dass der Mensch wieder Selbstbewusstsein und Freude, Selbstvertrauen und Mut gewinnen solle. Als ganz besonders wichtig erachtete sie die Herstellung des sozialen Friedens und eines Gemeinschaftslebens und erinnerte in diesem Zusammenhang an die nachhaltig wirkungsvolle Pionierleistung der Gründerin der Reifensteiner Schulen, Ida von Kortzfleisch: Aus deren anfangs einzelner Schulinitiative sei ein großes gemeinschaftsbildendes Werk geworden.

## Initiativen von Frauenverbänden und Vertreterinnen der bizonalen Militärregierung für eine Wissenschaft der Hauswirtschaft

Seit Ende 1949, Anfang 1950 war Aenne Sprengel im Bundeslandwirtschaftsministerium als Referentin für ländliche Frauenarbeit auch verantwortlich für den Wiederaufbau des Beratungs- und Ausbildungswesens für Frauen auf dem Land und darum bemüht, es den neuen gesellschaftspolitischen Verhältnissen adäquat zu gestalten. Die Landwirtschaft Westdeutschlands war von Klein- und Kleinstbetrieben gekennzeichnet.[534] Achtzig Prozent aller Betriebe lagen unter 10 Hektar, davon hatten etwa vierzig Prozent die Betriebsgröße von 0,5 bis drei Hektar. In der westdeutschen Landwirtschaft waren mehr Frauen als Männer ständig beschäftigt: 3,2 Millionen Frauen gegenüber 2,5 Millionen Männern. Die Leistung der Frau sowohl als Betriebsleiterin wie als Mitverantwortliche in der landwirtschaftlichen Produktion und dem Gesamterfolg des Betriebes war offensichtlich. In ihren Aufgabenbereich fielen neben der Führung der Hauswirtschaft die Melkarbeit, die Aufzucht und Fütterung der Ferkel und Kälber sowie die Hühnerhaltung. Betriebswirtschaftlich nahm die Hauswirtschaft eine Schlüsselstellung ein. Die verantwortlichen Frauen im Landwirtschaftsministerium forderten angesichts dieser Zusammenhänge und Zahlen, einen agrarpolitischen Fokus auf die klein- und kleinstbäuerlichen Familienwirtschaften zu legen und hierbei die Land- und Hauswirtschaftsarbeit der Frauen zunächst überhaupt erst einmal zu berücksichtigen und dann auch effektiver zu fördern. Die gravierende Missachtung der Frauenarbeit zu beheben, Forschung und Lehre auf eine zeitgemäße Basis zu stellen und entsprechende wissenschaftliche Unterlagen zu erarbeiten, das sollte die Aufgabenstellung für eine geplante BFA werden. Die Planung einer BFA geschah vor dem Hintergrund, dass der totale politische und gesellschaftliche Zusammenbruch Deutschlands im Jahr 1945 mit einem völligen Darniederliegen der deutschen Wirtschaft und Forschung verbunden war. Bis zur Währungsreform im Jahre 1948 waren im Wesentlichen staatliche und auch private Initiativen zur Einleitung von Wiederaufbaumaßnahmen so gut wie gelähmt.

Dennoch lässt sich feststellen, dass schon in der unmittelbaren Nachkriegszeit die Diskussion über die Notwendigkeit von wissenschaftlichen Instituten für Hauswirtschaft begonnen hatte – eine alte Forderung der Hausfrauen- und Landfrauenverbände, die diese schon vor vierzig Jahren formuliert hatten. Jetzt, nach dem Krieg, hatten die Frauenverbände erneut dieses Anliegen formuliert und sahen sich unterstützt von entsprechenden Initiativen von amerikanischen und britischen Vertretern und Vertreterinnen der jeweiligen Besatzungszone und dann auch der bizonalen Militärregierung. Am 2. Dezember 1946 hatten der britische Außenminister Ernest Bevin und sein amerikanischer Kollege James F. Byrnes einen Vertrag zur Schaffung der Bizone zum 1. Januar 1947 unterzeichnet. Frankreich sollte ihr erst im April 1949 beitreten. In der Bizone wurden die beiden ursprünglich strikt getrennten Besatzungszonen der USA und Großbritanniens zum Vereinigten Wirtschaftsgebiet zusammengeschlossen, da man sich davon angesichts der katastrophalen Ernährungs- und Wirtschaftslage nach Kriegsende wirtschaftliche Vorteile für den Aufbau Deutschlands versprach. Mit der Bizone organisierten die USA und Großbritannien eine gemeinsame Verwaltung von Wirtschaft, Verkehr, Landwirtschaft, Postwesen und Finanzen. Das Gebiet umfasste die Länder Hamburg, Schleswig-Holstein, Niedersachsen, Bremen, NRW, Bayern, Hessen und den Norden Baden-Württembergs. Es wurden bizonale Verwaltungsräte für Wirtschaft (Minden), Verkehr (Frankfurt am Main), Ernährung und Landwirtschaft (Stuttgart), Post- und Fernmeldewesen (Frankfurt am Main) sowie ein gemeinsamer Deutscher Finanzrat (Stuttgart) geschaffen. Erste bizonale Verwaltungsstellen hatten schon 1946 ihre Tätigkeit aufgenommen.

Die wichtigste Kontaktperson für die Frauenverbände zur bizonalen Verwaltung war Professor Dr. Katherine Holtzclaw. Sie war seit dem Jahr 1947 zum dritten Mal für mehrere Monate als Beraterin der amerikanisch-britischen Bizone tätig. Als Spezialistin für Hauswirtschaft war sie für die Förderung von Frauenangelegenheiten verantwortlich und hatte sich, orientiert an den amerikanischen „Home Economics Studies", für entsprechende Ausbildungsstätten sowie weitere Förder- und Beratungsmaßnahmen in Deutschland eingesetzt. Nach der Gründung der Alliierten Hohen Kommission für Deutschland am 21. September 1949, gehörte sie dann der Abteilung Food and Agriculture (Ernährung und Landwirtschaft) der amerikanischen Hohen Kommission an, abgekürzt HICOG (U.S. High Commissioner for Germany) genannt.

Es sollte sich zeigen, dass vor allem die US-Amerikaner sich intensiv für die Sache der Frauen und insbesondere die ländliche und städtische Hauswirtschaft engagierten. Dies sollte in Gestalt von Beratungen, Ermöglichung von Studienreisen, gemeinsamen Tagungen, Veranstaltung von Ausstellungen, Beschaffung von Finanzmitteln und ebenso auch Unterstützung in der Form von Anträgen geschehen. Studienreisen ins Ausland leiteten einen Erfahrungsaustausch von Wissenschaftlern und Technikern ein. Deutschen Wissenschaftlern und Forschern wurde damit seit mehr als einem Jahrzehnt wieder die Möglichkeit gegeben, sich über den Stand der Wissenschaft und Forschung im

Ausland, insbesondere in den USA und den Staaten Westeuropas zu unterrichten.[535]

Hans-Georg Littman, Abteilungsleiter bei der bizonalen Verwaltung für Ernährung, Landwirtschaft und Forsten des Vereinigten Wirtschaftsgebietes (VELF), schrieb im August 1948 an die Ministerien für Ernährung, Landwirtschaft und Forsten in München, Stuttgart, Wiesbaden, Kiel, Düsseldorf, Hannover sowie die Senatoren für Ernährung und Landwirtschaft in Hamburg und Bremen wegen der Zuschussmittel zur Förderung der landwirtschaftlichen Erzeugung. Eine Durchschrift dieses Briefes erhielt auch sein damaliger Chef Wilhelm Niklas (1887–1957), der von 1948 bis 1949 Stellvertretender Direktor der Verwaltung für Ernährung, Landwirtschaft und Forsten des Vereinigten Wirtschaftsgebietes war und ab 29. September 1949 der erste Bundesminister für Ernährung, Landwirtschaft und Forsten werden sollte.[536] Littmann teilte in seinem Schreiben mit, dass aus sogenannten ERP-Mitteln – damit waren Mittel aus dem European Recovery Program zum Wiederaufbau Europas (ERP), bekannt unter dem Namen Marshallplan, gemeint – für die Förderung der deutschen Landwirtschaft 75 Millionen DM Zuschüsse vorgesehen seien.[537]

Dieser Betrag sei auf solche Vorhaben beschränkt, die innerhalb kürzester Frist eine Steigerung der landwirtschaftlichen Erzeugung herbeiführen könnten. Durch die Vernichtung der Landwirtschaft im Krieg war es zu einem Nahrungsmittelmangel gekommen und große Teile der Bevölkerung hungerten. Dies wurde noch durch die besonders harten Winter 1946 und 1947 verstärkt. Ein Teil der Fördergelder des Marshallplans für die Landwirtschaft sollte für den Bereich Forschung, Lehre, Beratung und Einrichtung von Beispielbetrieben

---

535 Stübler, Elfriede, Home Economics in Amerika und die Frage der Errichtung hauswirtschaftlicher Institute in Deutschland, in: Havermann, u. a., Amerikanische Landwirtschaft, S. 302–321.

536 Schreiben v. 24.8.1949, BArch, B 116 36262 Abt. II. Hans-Georg Littmann sollte im ersten BMELF Leiter des Grundsatzreferates in der Abteilung Erzeugung werden. In seinem Nachruf attestierte ihm die Schriftleitung von „Nutzen und Ordnung", die Frauenarbeit habe einen ihrer verständnisvollsten Freunde verloren. Vgl. Dr. Hans-Georg Littmann, in: Nutzen und Ordnung 3,4/1951, S. 169.

537 Vermerk v. 24. Juli 1968, BArch, B 102/245431.

bereitgestellt werden. Eine schon erstellte Liste, die auch schon mögliche Institute für Hauswirtschaft aufführte, sah zu diesem Zeitpunkt einen Betrag von mehr als 30 Millionen DM vor, wofür Anträge gestellt werden konnten. Diesem Bereich waren nachweisbar die weitaus größten Zuschussbeträge zugewiesen:

a) Einrichtung eines Zentralinstitutes für angewandte landwirtschaftliche und hauswirtschaftliche Wirtschaftslehre, verbunden mit einer Schule für Wirtschaftsberater und einer Fortbildungsstätte für in der Wirtschaftsberatung tätige Kräfte: 1 Million DM

b) Einrichtung von sechs Instituten für Hauswirtschaftswissenschaften an den landwirtschaftlichen Hochschulen bzw. an den Landwirtschaftlichen Fakultäten der sechs Bundesländer des Vereinigten Wirtschaftsgebietes: 1,5 Millionen DM

c) Zuschüsse für die Errichtung von 50 neuen Landwirtschaftsschulen: 10 Millionen DM

d) Ausbau von Mädchenklassen an 200 Landwirtschaftsschulen: 3 Millionen DM

e) Zuschüsse für 50 fahrbare Hauswirtschaftseinrichtungen: 1 Millionen DM

f) Ausbildung bäuerlicher Führer: 1 Million DM

g) Förderung des wissenschaftlichen Nachwuchses: 0,3 Millionen DM

h) Zuschüsse für die Ausrüstung von 1.500 Beratern und Beraterinnen mit Motorrädern, Filmvorführgeräten, Fotoapparaten und Büchern: 2,1 Millionen DM

i) Herstellung von Lichtbildmaterial für die Beratung: 1 Million DM

k) Beratungsblätter und Druckschriften für die Beratung: 1 Millionen DM

l) Einfuhr, Vorführung und Prüfung moderner Landmaschinen einschließlich sechs vollmechanisierter Kleinbetriebe: 2 Millionen DM

m) Einrichtung von zwei hauswirtschaftlichen Beispielsbetrieben je Kreis (bis 2.000 DM Zuschuss): 1,6 Millionen DM

n) Einrichtung von vier landwirtschaftlichen Beispielsbetrieben je Kreis (bis 5.000 DM Zuschuss): 8 Millionen DM

Die geplanten Gelder beliefen sich für den gesamten Bereich auf eine Gesamtsumme von 33,5 Millionen DM.

Zusätzlich waren für die Förderung von Grünlandwirtschaft und Futterbau 26 Millionen DM, für die Förderung der Tierhaltung und Fütterung sowie der Tierseuchenbekämpfung 10 Millionen DM und für die Übernahme von Zinsen für die Beschaffung produktionsfördernder, menschliche oder tierische Arbeit sparender Landmaschinen sowie für die Entwicklung eines Kleinstschleppers insgesamt 5 Millionen DM vorgesehen.

## Hauswirtschaft und Marshallplan

Am 5. Juni 1947 hatte der amerikanische Außenminister George C. Marshall (1880–1959) den Marshallplan präsentiert, der im April 1948 anlief: Zwischen 1948 und 1952 sollten insgesamt rund 13 Milliarden Dollar für sechzehn europäische Staaten, davon etwa 1,5 Milliarden Dollar für Westdeutschland, bereitgestellt werden. Zur Koordinierung der Finanzhilfen gründeten am 16. April 1948 zunächst 16 europäische Länder den Ausschuss für europäische wirtschaftliche Zusammenarbeit (OEEC), den Vorläufer der heutigen Organisation for Economic Co-operation and Development (OECD): Organisation für wirtschaftliche Zusammenarbeit und Entwicklung. Zur Verwaltung der Hilfsgelder wurde 1948 die Economic Cooperation Administration (ECA) gegründet, die ab 1951 durch die Mutual Security Agency (MSA) ersetzt wurde. Am 30. Oktober 1949 trat auch die Bundesrepublik Deutschland der OEEC bei.

Erhebliche Mittel des Marshallplans flossen in den Wiederaufbau von Wissenschaft und Forschung. Zahlreichen Wissenschaftlern und Technikern wurden Studienreisen ins Ausland ermöglicht.[538] Die USA wollten mit dem Mar-

---

538 Zum Marshallplan: Henning, Friedrich-Wilhelm, Wirtschafts- und Sozialgeschichte, Bd. 3: Das industrialisierte Deutschland 1914 bis 1992, 8. Aufl., Paderborn 1993, S. 207f; Abelshauser, Werner, Deutsche Wirtschaftsgeschichte. Von 1945 bis zur Gegenwart, 2. überarb. u. erw. Aufl., München 2011, S. 129–152.

539 Bericht v. 15. September 1949, BArch, B 116/36262 Abt. II.

shallplan den Wiederaufbau Europas durch Lieferungen von Lebensmitteln, Rohstoffen und Sachgütern in Milliardenhöhe kräftig stimulieren. Die Lieferungen stellten jedoch keine Geschenke dar, sondern mussten bezahlt werden. Die Zahlungen für diese Importe wurden als sogenannte „Gegenwertmittel" in einem ERP-Sondervermögen für Investitionen und andere Förderungen gesammelt. Zunächst dauerte es noch einige Zeit, bis die ersten Gegenwertmittel angesammelt waren, so dass erst Ende 1949 die ersten Mittel fließen konnten.

Auch auf einer Sitzung der Working Party on Agricultural Technology vom 12. bis 14. September 1949 in Paris, an der als Vertreter der Bizone auch Hans-Georg Littmann beteiligt war, wurde von amerikanischer Seite auf die Bedeutung der Landwirtschaft hingewiesen. Nach Bonn wurde berichtet, dass der Chairman of the Food and Agriculture Committee, Mr. O'Connell, auseinandergesetzt habe, dass die vielseitigen und schwierigen Aufgaben vor denen die landwirtschaftliche Erzeugung in Europa stehe, die Einsetzung einer besonderen Arbeitsgruppe erfordert hätten.[539] Es habe auf die ECA-Mission einen außerordentlichen Eindruck gemacht, dass einige hochindustrialisierte Staaten mit einer sehr dichten Bevölkerung scheinbar kein Gefühl für die Bedeutung der Landwirtschaft ihres eigenen Landes hätten, und dass die Gelder, die sowohl für Investitionszwecke, als auch für Kredite und als unmittelbare Zuschüsse für die Landwirtschaft viel zu niedrig im Vergleich zu denjenigen Mitteln angesetzt seien, die für die Industrie ausgeworfen würden. Die ECA-Mission würde Überlegungen anstellen, in welcher Weise diesen Ländern klar zu machen sei, dass industrieller Aufbau abhängig von einer gut funktionierenden und in wirtschaftlicher Weise mit Krediten ausgestatteten Landwirtschaft sei. Es müsse der erste Grundsatz sein, dass die reichlich vorhandenen und für die Praxis reifen Forschungsergebnisse nunmehr endlich in einer einfachen, verständlichen Form zugänglich gemacht würden. Für das nächste Jahr habe die ECA für technischen Beistand 5 Millionen Dollar beantragt, von denen 4 Millionen Dollar für landwirtschaftliche Zwecke ausgegeben werden sollten.

Im Vorwort eines Projektentwurfes für ein hauswirtschaftliches Institut erläuterten amerikanische Vertreter ihre Unterstützung für ein solches Institut und unterstrichen zugleich die Notwendigkeit der Verbesserung der Lebensbedingungen der deutschen Frauen im Rahmen eines demokratischen Landes: „The idea to create a Home Economics Institute rests on an suggestion by US Military Government, as well as the urgent desire of the Homemakers and Farm Womens' Associations, for a central institution to further the developments in Home Economics. The number of working women increases continually, and the presentday conditions under which part of the women live are not in accord with the aims of a democratic country."[540] Erfahrungen und Impulse brachten die amerikanischen Experten und Expertinnen von zu Hause mit. In Amerika gab es schon bereits am Ende des 19. Jahrhunderts ein Studium der Haushaltslehre an Universitäten. Zur wissenschaftlichen Institutionalisierung der Home Economics hatten dort auch die sogenannten Land Grant Colleges beigetragen, deren Schwerpunkte die Ausbildung in Agrarwirtschaft sowie in Ingenieurs- und Militärwissenschaften sein sollten. Zur Agrarwirtschaft gehörten als Fachgebiet ganz selbstverständlich die Home Economics. Die Land Grant Colleges hatten außerdem einen spezifischen Bildungsauftrag: Sie sollten die akademische Bildung über die klassischen Natur- und Geisteswissenschaften hinaus auf Fächer mit Praxisbezug erweitern sowie den Zugang großer Bevölkerungsschichten zu höherer Bildung gewährleisten. Diese Colleges, aus denen staatliche Universitäten hervorgingen, zeichneten sich zusätzlich dadurch aus, dass sie neben Forschung und Lehre einen dritten Auftrag erhielten, den Extension Service, worunter Beratungsdienste verstanden wurden. Dies bedeutete, dass diese Institutionen dazu beitragen sollten, die aus der Wissenschaft der Landwirtschaft und der Hauswirtschaft gewonnenen Erkenntnisse durch besondere Ausbilder im ganzen Land populär zu verbreiten. Betont wurde stets

---

540 Zit. n. Stübler, Elfriede, Bundesforschungsanstalt Hauswirtschaft Retrospektive, in: Hauswirtschaft und Wissenschaft 3/1985, S. 380–396, hier S. 381. Die spätere Direktorin der Bundesforschungsanstalt, Elfriede Stübler, gibt an, dass Experten und Referenten der bizonalen Zivilverwaltung in Frankfurt (HICOG) „in der patriarchalen Verfassung der deutschen Familie" u. „damit verbunden in der Stellung der deutschen Frau" einen der Gründe für den Zusammenbruch Deutschlands sahen.

die praktische Anwendung des Wissens für das alltägliche Leben. Auf diese Weise trug diese Art von direkter Beratung dazu bei, dass die Landbevölkerung in den USA einen relativ hohen Bildungsstand und eine Verbesserung des Lebensstandards erreichen konnte.

Katherine Holtzclaw war davon überzeugt, dass eine „Hauswirtschaft auf breiter Grundlage [...] von großer Wichtigkeit für Deutschland sei."[541] Sie erläuterte die breite Palette von Berufen, die eine Hauswirtschafterin in den USA ergreifen konnte: „Es gibt viele Möglichkeiten. Leute mit College oder Universitätsstudium in Hauswirtschaft arbeiten [...] meistens als Erzieher, Lehrer, leitende Angestellte oder im Beratungsdienst. Diät- und Ernährungsexperten sind auch sehr begehrt, besonders für Krankenhäuser, Hotels und alle Stätten, wo eine größere Anzahl Menschen verpflegt werden. Firmen aller Art beschäftigen Frauen, die hauswirtschaftlich ausgebildet sind. [...] Ebenfalls wird die Hauswirtschaftlerin als Beraterin für die Herstellung arbeiten oder wird Forschungsarbeiten für die Herstellung leisten." In den Vereinigten Staaten beschäftigten Architekten Frauen beim Entwurf von Häusern. Banken waren an Hauswirtschafterinnen interessiert, die Investitionen von Frauen und die damit verbundene Kreditvergabe beurteilen sollten. Hauswirtschaftlich ausgebildete Frauen wurden Designerinnen für Stoffe, Möbel und Wohnungseinrichtungen. Katherine Holtzclaw verwies darauf, dass sehr viele in der Forschung beschäftigt seien. Auch in sozialen Berufssparten seien sie erforderlich, etwa in Kindergärten oder in der Sozialfürsorge. Besonders das vierjährige College- oder Universitätsstudium mit dem Abschluss einer Diplom-Hauswirtschaftlerin bot eine lukrative Basis für eine gute Anstellung. Katherine Holtzclaw erhoffte sich von der Errichtung der BFA mit den Instituten in Bad Godesberg und Stuttgart nicht nur mehr hauswirtschaftliche Berufe, sondern auch, dass diese Gelegenheiten schaffen würden, „sich auf einer höheren Ebene fortzubilden, als es bisher möglich war."[542]

---

[541] Holtzclaw, Katharine, Die Hauswirtschaft als Forschungsgebiet und Grundlage für Frauenberufe, in: Nutzen und Ordnung 6/1951, S. 280–283, hier S. 282.

[542] Ebd., S. 283.

Im Jahr 1949 reisten deutsche Fachleute der verschiedensten Disziplinen in ausgedehnten Studienreisen nach den USA, um die dortigen Forschungseinrichtungen in der Landwirtschaft und Hauswirtschaft kennenzulernen.[543] Nicht nur Ministerialdirektor Friedrich Wilhelm Maier-Bode hatte sich eine Zeit in den USA aufgehalten[544], sondern auch die spätere Leiterin des Institutes für Ernährung und Technik der BFA in Stuttgart und die Nachfolgerin von Käthe Delius als Direktorin, Elfriede Stübler (1916–2012)[545], hatte sich ebenfalls für fünf Monate für eine Studienreise in die USA beurlauben lassen. Dieser Aufenthalt war Teil des Projektes, in der jungen Bundesrepublik Deutschland ein „Institut für hauswirtschaftliche Wissenschaft" zu gründen.

Auf dem Weg zu einer Institutionalisierung einer Wissenschaft von der Hauswirtschaft waren in Deutschland schon seit Ende 1948 einige kleinere, erfolgreiche Schritte realisiert worden: Im Wintersemester 1948/49 war ein erster

---

543 Tornow, Werner, Die Entwicklungslinien der landwirtschaftlichen Forschung in Deutschland, hg. v. Bundesministerium für Ernährung, Landwirtschaft und Forsten in Zusammenarbeit mit dem Land- und Hauswirtschaftlichen Auswertungs- und Informationsdienst e. V., Bonn-Duisdorf 1958, S. 76–83.

544 Vgl. Havermann, Prof. Dr., Bonn, Maier-Bode, Ministerialdirektor, Bonn, Schule, Prof. Dr., Hannover (Hg.), Amerikanische Landwirtschaft. Erlebnisse und Erfahrungen deutscher Landwirtschaftsexperten mit Farmern, Professoren und Beraterin in den USA, bearb. von Röhm, Helmut, Dr., Hiltrup bei Münster (Westf.) 1951.

545 Stübler, Home Economics. Zu Elfriede Stübler: Am 5. April 1916 in Stuttgart geboren. Tochter des Oberregierungsrates Dr. Gotthilf Stübler. Ihre Mutter: Elisabeth Stübler geb. Kurtz. Reifeprüfung im Frühjahr 1935 auf der Oberrealschule Königin-Katharina-Stift in Stuttgart. Anschließend: neunmonatiges Praktikum auf dem Hofgut Hammetweil über Reutlingen/Württemberg. Studium a. d. Landwirtschaftlichen Hochschule Hohenheim. Wintersemester 1938/39: Praktikum auf einem großbäuerlichen Betrieb in Sandhagen bei Friedland in Mecklenburg. Danach Landwirtschaftsprüfung. Sommersemester 1939 a. d. Technischen Hochschule Danzig. Frühjahr 1940: Diplomprüfung a. d. Technischen Hochschule München. 1940–1945 Wissenschaftliche Assistentin am Chemischen Institut der Hochschule Hohenheim, 1946–1948 Gymnasiallehrerin in Stuttgart, 1948–1949 Kursusleiterin am Berufspädagogischen Institut Stuttgart, 1949 Lehrerin a. d. Landfrauenschule Blaubeuren. 1950–1951 Wissenschaftliche Angestellte beim Landwirtschaftsministerium des Landes Württemberg-Baden, 1951–1955 Leiterin des Instituts für Ernährung u. Technik in Stuttgart der BFA, 1955–1960 kommissarische Leiterin, 1960–1981 Leiterin (seit 1965 Direktorin u. Professorin, seit 1968 Leitende Direktorin u. Professorin) der BFA in Stuttgart-Hohenheim (seit 1974 als Institut für Hauswirtschaft eingegliedert in die neu errichtete Bundesforschungsanstalt für Ernährung), zugleich Lehrbeauftragte an der Universität Hohenheim.

Lehrauftrag für hauswirtschaftliche Betriebslehre an der landwirtschaftlichen Abteilung der Universität Bonn verabschiedet worden. Er war der früheren Leiterin des Institutes für Hauswirtschaftswissenschaft (von 1926 bis zur Schließung 1935), Maria Silberkuhl-Schulte, übergeben worden.[546] Als nächste plante auch die Hochschule in Gießen einen solchen Lehrauftrag.

Der Vorschlag der Landfrauenverbände, im Rahmen der Landwirtschaftlichen Hochschule Stuttgart-Hohenheim ein Institut für ländliche Hauswirtschaft zu errichten, war dagegen zunächst abgelehnt worden. Die Frauen hatten aber nicht aufgegeben und intendierten mit einer weiteren öffentlichkeitswirksamen Tagung, einer positiven Entscheidung den Weg zu ebnen. Im August 1949 erschien in der Zeitschrift „Land und Frau" ein Artikel mit der Überschrift „Die Wissenschaft geht in den Haushalt".[547] Dieser berichtet von einer Tagung, zu der Frauenverbände Württemberg-Badens und Vertreterinnen der Militärregierung gemeinsam für Ende Juli 1949 nach Stuttgart eingeladen hatten. Das Thema der Tagung hatte sich der Einrichtung von Instituten gewidmet, die Frauen, ob privat als Hausfrauen oder beruflich in der Hauswirtschaft tätig, die Möglichkeiten bieten würden, „mit Hilfe von Forschung, Lehre und Beratung den Anschluss an eine wieder recht entwicklungsfreudig gewordene Gegenwart und Zukunft zu finden." Für die Einrichtung solcher Institute hatte nach Ansicht der Veranstalterinnen auch der Blick auf die Industrie gesprochen, die gleichermaßen darauf angewiesen wäre, dass wissenschaftlicher und technischer Fortschritt, praktische Kenntnisse und realer Bedarf in Einklang gebracht werden müssten. Grundsätzlich vereinte die Veranstalterinnen der Tagung die Überzeugung, dass Hauswirtschaft in Stadt und Land eines der wichtigsten Gebiete der gesamten Volkswirtschaft sei.

Das Motiv der deutschen und amerikanischen Frauenkooperation für diese Tagung zielte darauf, zum einen die Notwendigkeit der Gründung geeigneter Institute erneut öffentlich zu unterstreichen und zum anderen konkret die bis-

---

546 Herfeld, Thea, Lehrstühle für hauswirtschaftliche Betriebslehre, in: Land und Frau 11/1949, S. 122.

547 Sch., M., Die Wissenschaft geht in den Haushalt, in: Land und Frau 33/1949, S. 409.

herigen Initiativen für die Einrichtung eines Haushaltwissenschaftlichen Institutes in Stuttgart-Hohenheim effektiv zu bündeln und Schritte für eine Realisierung zu erreichen. In der Veranstaltung manifestierte sich aus Sicht der Veranstalterinnen die erfolgreiche Kooperation mit den weiblichen und männlichen Verantwortlichen der bizonalen Militärregierung.

Die Leitung der Tagung hatte die 2. Vorsitzende des Deutschen Hausfrauenbundes, Maria Hamann, übernommen. Das Einführungsreferat hielt die erste Vorsitzende des Westdeutschen Landfrauenverbandes, Gräfin Marie-Luise Leutrum zu Ertingen (1905–1980)[548], den sie mit anderen Frauen 1948 gegründet hatte. Schon ein Jahr zuvor war sie Mitgründerin und erste Vorsitzende des Landfrauenverbandes Württemberg-Baden geworden. Darüber hinaus besaß sie schon seit einigen Jahren Kontakte zu Katherine Holtzclaw, von der sie und auch von weiteren Landwirtschaftsfachleuten und Vertretern der amerikanischen Militärregierung kurz nach Kriegsende gebeten worden war, im Südwesten Deutschlands wieder Landfrauenvereine zu gründen.

Der Direktor der Militär-Regierung für Württemberg-Baden, Generalmajor C. P. Gross, beantwortete auf der Veranstaltung die Frage: „Warum tritt die Militärregierung für die Errichtung eines Institutes für Hauswirtschaftliche Wissenschaft ein?" Ein weiterer Vertreter der bizonalen Verwaltung, Dr. Conrad C. Hammar, bestätigte die ausdrückliche amerikanische Finanzhilfe zunächst in Höhe von 40.000 DM. Als weiterer Referent war Dr. Hans-Georg Littman (VELF) geladen. Er überbrachte im Rahmen seines Vortrages über „Die bizonalen Gelder für das Frauenschulungsprogramm" eine segensreiche Botschaft mit: Er stellte einen Betrag von 500.000 DM in Aussicht, der neben amerikanischen Beihilfen aus dem nächstjährigen Etat verfügbar gemacht werden sollte. Da in der Planung der Tagung Wert darauf gelegt wurde, dass auch auf höchster politischer Ebene Verantwortliche auf deutscher Seite für ein Institut für Haus-

---

548 Zu Gräfin Leutrum: Wörner-Heil, Frauenelite, S. 369, 380, 418-447; Sawahn, Wir Frauen, S. 324–345.

wirtschaft gewonnen werden sollten, war der erste Ministerpräsident des Landes Württemberg-Baden, Dr. Reinhold Otto Maier (1889–1971), als Redner eingeladen worden. Dieser bekundete dann auch in ausführlichen Darlegungen das große Interesse des Landes Württemberg-Baden an einem solchen Institut und sagte dessen „wohlwollendste Förderung" zu.

Im Rückblick kann diese öffentliche Zusammenkunft im Juli 1949 als ein wesentlicher Schritt auf dem Weg zur Realisierung eines württembergisch-badischen Institutes und schließlich auch einer BFA angesehen werden. Tatsächlich konnte am 1. Januar 1950 ein „Institut für Hauswirtschaft" in Stuttgart gegründet werden. Nach zahlreichen Sitzungen und Tagungen, so berichtet eine Broschüre zur Geschichte der Einrichtung, habe sich das Landwirtschaftsministerium Württemberg-Baden bereit erklärt, aus den ihm zur Verfügung gestellten ERP-Mitteln einen Betrag für die Förderung der Frauenarbeit „abzuzweigen".[549] Dieser Betrag sei auf der Basis eines Versprechens der bizonalen Verwaltung für Ernährung, Landwirtschaft und Forsten in Frankfurt am M. als „Stiftung" für die Errichtung eines hauswirtschaftlichen Institutes deklariert worden. Das Versprechen bezog sich darauf, dass späterhin die Bundesverwaltung als Träger an Stelle der Landesregierung eintreten würde. Der zur Verfügung gestellte Betrag wurde vom Präsidenten des Verbandes Landwirtschaftlicher Zentralgenossenschaften, Eugen Grimminger, treuhänderisch verwaltet. In der Erklärung zu der „Stiftung" war vermerkt, dass das zu gründende Institut für Hauswirtschaft der Forschung sowie der Lehre und Beratung dienen sollte. Ein Beirat wurde gegründet, dessen Mitglieder Vertreterinnen aus städtischen und ländlichen Frauenverbänden, des Kultusministeriums und des Landwirtschaftsministeriums waren. Hinzu kamen noch einzelne Persönlichkeiten aus Kreisen der Stadt- und Landfrauen. Dieser Beirat hatte auch die

---

549 Bundesforschungsanstalt für Hauswirtschaft Stuttgart-Hohenheim, Garbestrasse 11, Institut für Ernährung und Technik, o. O., o. J., S. 5. Diese Broschüre wurde mir freundlicherweise v. Max Rubner-Institut, Bundesforschungsinstitut für Ernährung und Lebensmittel, Karlsruhe, zur Verfügung gestellt.

326 · VII. Bundesforschungsanstalt für Hauswirtschaft (1950–1955)

*Eröffnung des Institutes für Hauswirtschaft Stuttgart, Stöckacherstr. 53, am 23. August 1950. Von Links: Miss Doermann (US Home Economics Consultant), Dr. Elfriede Stübler (Institutsleiterin), Frl. Schemp (Sekretärin), Mister Taggart (Food & Agric. Br. OLC W/B), Frl. Batzilla (wissenschaftl. Mitarbeiterin), Herr Geisser (Ingenieur)*

Sachgebiete festgelegt, in denen das Institut vorrangig arbeiten sollte: Hauswirtschaftliche Geräte (Haushaltstechnik), Ernährung, Bauen und Wohnen (innere Einrichtung und Haustechnik).

Fünf Mitarbeiter richteten ab 1. Juni 1950 Räumlichkeiten in der Stöckacherstraße 53 in Stuttgart ein, die am 23. August 1950 bezogen wurden. Man begann mit der Prüfung kleinerer hauswirtschaftlicher Geräte. Auf dem Fachgebiet der Ernährung wurde mit einer ein- und zum Teil zweijährigen Erhebung in 85 württembergischen Landhaushalten begonnen. Auf dem Fachgebiet Bauen und Wohnen wurde gemeinsam mit dem Landesgewerbeamt Stuttgart eine Dauerausstellung und Beratungsstelle aufgebaut, ein sogenannter Musterdienst Wohnen und Haushalten. Nachdem am 1. Mai 1951 die letzte Zuwendung aus den ERP-Mitteln für die „Stiftung Institut" erfolgt war, sollte es vom BMELF übernommen und in die geplante BFA integriert werden. Im Institut waren zu dieser Zeit sieben Mitarbeiter und einige Stipendiatinnen beschäftigt. Da die Räumlichkeiten in der Stöckacherstraße für die Zukunft nicht ausreichend waren, wurde für das Institut Ernährung und Technik der BFA in Stuttgart ein Neubau geplant, der am 1. November 1953 bezogen werden konnte.

## Aufbau einer Bundesforschungsanstalt für Hauswirtschaft – Wissenschaft, Forschung, Lehre, Beratung

Am 1. April 1951 gab Käthe Delius schließlich den Beginn des Aufbaus einer BFA offiziell bekannt, die dem BMELF unterstehen sollte.[550] Das Institut sollte zwei Abteilungen bekommen: eine in Stuttgart, wozu das schon vorhandene dortige Institut für Hauswirtschaft Vorarbeiten geleistet hatte, und eine in Bad Godesberg, wo auch die Verwaltung und Leitung der BFA angesiedelt sein sollte. Diese Entscheidung war möglich geworden, da aus Mitteln des Marshallplans Geldbeträge für den Ankauf und den Neubau der Gebäude und im Bundeshaushalt Mittel für den laufenden Betrieb im März 1951 zur Verfügung gestellt worden waren.

Anfang November 1950 war ein Antrag auf ERP-Mittel für die Errichtung von zwei Bundesanstalten für Hauswirtschaft eingereicht worden.[551] Dieser Antrag enthielt das sehr umfangreiche Aufgabenspektrum, was ein Kennzeichen der Aufbau- und Entwicklungsphase der BFA bleiben sollte. Im Antrag trug die zu errichtende Einrichtung noch den Namen „Bundesanstalt für Hauswirtschaft", mit der die Vorbereitung auf ein Studium der Hauswirtschaft ge-

---

550 Delius, Käthe, Die Bundesforschungsanstalt für Hauswirtschaft in Bad Godesberg, in: Nutzen und Ordnung 3,4/1951, S. 161–164.

551 E.R.P. Sondervermögen A II und III B1, BArch, B 116/29941. Die drei folgenden Zitate sind ebenfalls dieser Akte entnommen. Das ERP-Sondervermögen ist ein Sondervermögen aus dem ERP, das von der Bundesregierung verwaltet wurde. Ursprünglich wurde es 1948 auf der Grundlage des Marshallplans bereitgestellt, um den Wiederaufbau der deutschen Wirtschaft zu fördern. Um dieses ERP-Kapital zuzuteilen, das bis 2007 auf etwa 12 Milliarden Euro angewachsen war, wurde 1948 die Kreditanstalt für Wiederaufbau (KfW) gegründet.

währleistet werden sollte: „Der Zweck dieser Projekte ist es, in erster Linie die Hauswirtschaft und das Familienleben in Westdeutschland zu heben. Die Frauen, besonders die Frauen auf dem Lande sind mit Haus- und Feldarbeit so überlastet, dass sie wenig Zeit für die Familie und die Gemeindetätigkeit haben. Die einzige Lösung dieses Problems besteht in einer neuzeitlichen Ausbildung in der Hauswirtschaft. Um aber den Landfrauen u. Mädchen zu helfen, in ihrer Arbeit leistungsfähiger zu werden und sie für die sozialen Aufgaben aufzuschließen, ist es zunächst notwendig, Lehrer, Berater und Führer auf einer breiten wissenschaftlichen Grundlage auszubilden. Zur Zeit sind die Möglichkeiten hierfür in Deutschland nicht gegeben, da es keine Einrichtungen gibt, die die Hauswirtschaftswissenschaften u. die Sozialwissenschaften auf einer hochschulmäßigen Basis lehren. Es wird deshalb vorgeschlagen, dass die Bundesanstalt für Hauswirtschaft diese Aufgabe übernimmt. Sie soll die bereits in der Hauswirtschaft ausgebildeten Kräfte weiterbilden und außerdem ein Studium der Hauswirtschaft in Zusammenarbeit mit den landw. Fakultäten der Universitäten mit abschließendem Diplom vorbereiten."

Neben der Lehre war als zentrale Aufgabe die Forschung benannt: „Diese Lehrtätigkeit setzt eine Forschungsarbeit voraus. Eine Stelle, von der aus diese Forschungsarbeit betrieben wird, ist in Deutschland nicht vorhanden. Die geplante Bundesanstalt muß diese Forschung auf hauswirtschaftlichem Gebiet, einschließlich der Erarbeitung von Erziehungsmethoden für Lehrer, Berater und Führer übernehmen. Sie soll die Forschungsergebnisse anderer Länder und Deutschlands sammeln und durch neue Studien ergänzen." Argumentiert wurde schließlich auch mit der Schaffung neuer Berufe: „Die Bundesanstalt für Hauswirtschaft wird den Frauen Westdeutschlands voraussichtlich neue befriedigende Berufe erschließen, z. B. Haushaltsingenieur, Beratungs- und Werbetätigkeit in der Industrie (Lebensmittel und Ausstattung), wissenschaftliche Assistentin." Da die schnelle Umsetzung der Forschungsergebnisse in die Beratungspraxis gewünscht war, war es erforderlich, dass unterschiedlichste Medien wie Bücher, Schriften, Flugblätter und Plakate in Zusammenarbeit mit dem Land- und hauswirtschaftlichen Auswertungs- und Informationsdienst (AID) gestaltet und publiziert werden sollten. Auch ein Ausstellungsprogramm der Bundesanstalt in Zusammenarbeit mit der Industrie war vorgeschlagen. Im Antrag waren schon die beiden Orte genannt, wo Institute der Bundesanstalt angesiedelt sein sollten: Bonn und Stuttgart. Im Projektantrag wurden die Gesamtkosten auf DM 1,9 Millionen DM geschätzt: 1,5 Millionen DM sollten aus ERP-Mitteln und 400.000 DM aus Bundesmitteln bestritten werden. Zugleich wurde bekannt gegeben, dass ein weiterer Antrag um Freigabe von Mitteln gestellt sei, um zwei qualifizierte Hauswirtschaftlerinnen aus den Vereinigten Staaten auf Grund des Technical-Assistance-Programms nach Deutschland zu holen, die bei der Entwicklung dieser Bundesanstalten und ihrer Programme mitarbeiten und einige Lehrgänge geben sollten. Unterschrieben war der Projektantrag von Sam. J. Williams, Dep. Chief Food and Agriculture Division, ECA Special Mission to Germany. Von deutscher Seite unterzeichneten Bundesminister Wilhelm Niklas und Friedrich Wilhelm Maier-Bode als Leiter der Abt. II im BMELF. Ein interner Vermerk vom 29. November 1950 notierte, es sei eine Rate von 2 Millionen DM für die Errichtung von zwei Bundesanstalten für Hauswirtschaft genehmigt worden.

Aber noch war es nicht möglich, unbeschwert an den Aufbau zu gehen. Zunächst musste ein gravierender Einspruch von bayerischer Seite pariert werden. Am 10. Mai 1951 erreichte das Bundesministerium ein Brief des bayerischen Bundestagsabgeordneten Ludwig Volkholz (1919–1994), in dem dieser gegen „die Absicht" opponierte, in Bad Godesberg und Hohenheim hauswirtschaftliche Institute zu errichten. Er verwies darauf, dass sich der Bayerische Bauernverband schon seit langem für die Errichtung eines hauswirtschaftlichen Institutes in der Weihenstephaner Akademie für Landwirtschaft und Brauereien – eine Einrichtung der Technischen Hochschule München – eingesetzt habe und entsprechende bindende Zusicherungen erhalten hätte. Er forderte nun „dringendst", dass alle vorhandenen Mittel ausschließlich für Weihenstephan zur Verfügung gestellt würden.[552]

---

552 Schreiben v. 22.5.1951, BArch, B 116/28248 (IA4-323/56).

Ludwig Volkholz irrte sich in einem zentralen Punkt. Eine BFA mit zwei Instituten, das eine in Bad Godesberg, das andere in Stuttgart-Hohenheim, einzurichten, war keine „Absicht" mehr, sondern ein Plan, der schon längst in die Phase der Realisierung getreten war, wie aus Käthe Delius' Veröffentlichung entnommen werden konnte. Dennoch musste Ludwig Volkholz eine Antwort des Ministeriums erhalten. Zunächst informierte die zuständige Aenne Sprengel in einem innerministeriellen Schreiben im Mai 1951 Ministerialdirektor Friedrich Wilhelm Maier-Bode (1900–1953)[553] über den Stand der bisherigen Verhandlungen.[554] Sie zeigte sich irritiert, dass solche Eingaben immer wieder aus Bayern kämen, da Vertreter Bayerns, sowohl vom Kultus- wie auch vom Landwirtschaftsministerium, an den Verhandlungen der Länder seit 1948 über die Einrichtung von hauswirtschaftlichen Instituten in zahlreichen Gesprächen teilgenommen hätten.

Sie erläuterte, dass man anfangs beschlossen hatte, sechs kleinere Institute zu errichten. Gegen diese Entscheidung hatten aber anschließend einige Bundesländer wie NRW und Niedersachsen, aber auch der Deutsche Landfrauenverband in Stuttgart Widerspruch eingelegt und statt mehrerer kleinerer, nur einige größere Institute, und zwar höchstens zwei, gefordert: „Daraufhin sind die Vertreter der Länderministerien wiederum zusammen gekommen, und es ist mit Zustimmung aller Länder beschlossen worden, 2 Institute einzurichten, eins in Bonn und das Institut für den süddeutschen Raum in Stuttgart. Bayern hat dem Plan Stuttgart auch zugestimmt, weil Stuttgart sehr viel günstiger liegt und vor allem Einzugsgebiet der französischen Zone ist."[555]

Aenne Sprengel konnte allerdings auf eine für Bayern positive Aussicht verweisen. Sie hatte am Tag zuvor eine Besprechung mit Katherine Holtzclaw, die

---

553 Der ehemalige Landwirtschaftslehrer, Phytopathologe und Autor zahlreicher Fachbücher war 1947 zunächst als Ministerialrat bzw. Ministerialdirigent in das Ministerium für Ernährung, Landwirtschaft u. Forsten des Landes NRW in Düsseldorf eingetreten und dann 1950 als Ministerialdirektor in das Bundesministerium für Ernährung, Landwirtschaft u. Forsten in Bonn berufen worden. Im Jahr 1952 verlieh ihm die Universität Bonn den Titel des Honorarprofessors.

554 Schreiben v. 22.5.1951, BArch, B 116/28248 (IA4-323/56).

nochmals zusätzliche ERP-Mittel für den Ausbau der hauswirtschaftlichen Forschungsarbeit und auch die Errichtung eines weiteren Lehrstuhls für Hauswirtschaftslehre in Aussicht gestellt hatte: „Ich halte es allerdings noch nicht für möglich, über die von Frau Dr. Holtzclaw hier in Aussicht gestellten Mittel etwas zu sagen, dagegen kann darauf hingewiesen werden, dass Weihenstephan für Forschungsaufträge 16.000,– DM (Forschungsauftrag Dr. v. Stranz) bekommt."[556] Der Bundestagsabgeordnete Volkholz erhielt mit einem Schreiben vom 6. Juni 1951 vom BMELF eine entsprechende Antwort.[557]

Käthe Delius hatte nun die Verantwortung, die schon geleisteten Vorüberlegungen und Vorarbeiten mit ihren Teilergebnissen in einem Konzept für den Aufbau einer Bundesforschungsanstalt zusammenzuführen und die daraus resultierenden Entscheidungen und Arbeiten zu beaufsichtigen. In Bad Godesberg wurde das Gebäude der ehemaligen Gartenbauschule angekauft, das umgebaut und renoviert werden musste. Nach Abschluss dieser Arbeiten im Sommer sollte die Bundesforschungsanstalt Bad Godesberg im Herbst 1951 ihre Arbeit aufnehmen. In Stuttgart war dagegen ein Neubau geplant. Das dort schon seit eineinhalb Jahre arbeitende württembergisch-badische Institut für Hauswirtschaft sollte in die BFA Stuttgart integriert werden. Im Groben lagen die Forschungsbereiche, denen sich die beiden Institute spezifisch widmen und in denen sie ein eigenes Profil entwickeln sollten, fest: Der Einrichtung in Stuttgart waren als Forschungsgebiete die Ernährung, Maschinen und Geräte zugewiesen: Es entstand das Institut für Ernährung und Technik, das die drei Abteilungen Ernährung, Maschinen und Geräte sowie Bauen und Wohnen erhielt. Die Einrichtung in Bad Godesberg wiederum sollte sich auf die Betriebswirtschaft des Haushalts und soziologische Arbeiten als Grundlagenarbeit konzentrieren: Es entstand das Institut für Wirtschaftslehre und Soziologie mit den vier Abteilungen Wirtschaftslehre des Haushalts, Familien- und Dorfsoziologie, Kleidung und

---

555 Ebd.
556 Schreiben v. 22.5.1951, BArch, B 116/28248 (IA4-323/56).
557 Schreiben v. 6.6.1951, BArch, B 116/28248 (IA4-323/56).

Textilien, Organisation und Verwaltung. Nach einem Jahr vorbereitender, intensiver Tätigkeit wurde am 4. April 1952 die BFA durch einen Erlass des Bundesministers für Ernährung, Landwirtschaft und Forsten gegründet.

An einem Entwurf für eine Dienstanweisung[558] und dem Ersten Bericht aus dem Jahre 1951/52[559] wird nicht nur die Handschrift Käthe Delius' bei der Ausarbeitung der Konzeption, sondern auch der große Umfang der zu entwerfenden und abzustimmenden Unterlagen sowie die Erledigung erster umfangreicher Arbeiten deutlich. Sie formulierte und verhandelte über Verträge für ein Abkommen zwischen dem BMELF und der Landwirtschaftlichen Fakultät der Universität Bonn sowie der Landwirtschaftlichen Hochschule Hohenheim. Erste Stellenbesetzungen im Laufe des Jahres 1951 mussten vorgenommen werden. Umbau- und Renovierungsarbeiten bedurften der Aufsicht. Käthe Delius erarbeitete einen detaillierten Plan zu den Aufgaben und Forschungsgebieten der BFA. Es wurde ein Archiv und eine Bibliothek eingerichtet. Noch vor der offiziellen Eröffnung im April 1952 starteten teilweise die inhaltlichen Arbeiten. Erste Forschungsaufträge wurden den beiden Instituten der BFA erteilt. Zehn weitere waren in Kooperation mit anderen Einrichtungen – etwa den Universitäten Bonn, Kiel, Göttingen, Freiburg, München, der Bundesforschungsanstalt für Lebensmittelfrischhaltung Karlsruhe, dem Institut für Bauforschung Hannover – begonnen worden. Vier Forschungsaufträge waren für das Jahr 1952 beantragt. Sieben Forschungsstipendien waren vergeben. Für einzelne Fachgebiete waren Arbeitskreise aus Wissenschaft und Praxis gebildet worden.

Von April 1951 bis Februar 1952 hatte zur Ausbildung von Diplomlandwirtinnen in der Hauswirtschaft ein erster Lehrgang stattgefunden, der auch dazu verhalf, wissenschaftliche Mitarbeiterinnen für die BFA zu gewinnen. Da die BFA auch verantwortlich für die Weiterbildung von Spezialistinnen für spezifische hauswirtschaftliche Themen war, war auch in diesem Bereich ein erster

---

558 Entwurf Dienstanweisung der Bundesforschungsanstalt für Hauswirtschaft, Bad Godesberg, BArch, B 116/14467.

559 Bundesforschungsanstalt für Hauswirtschaft. Erster Bericht aus dem Jahre 1951/52, BArch, B 116/28254.

*Bundesforschungsanstalt für Hauswirtschaft Bad Godesberg*

Einführungslehrgang veranstaltet worden. Ein Treffen in Göttingen mit Professoren verschiedener Landwirtschaftlicher Fakultäten hatte der Aussprache über Fragen der Hauswirtschaftswissenschaft gedient. Im Institut in Bad Godesberg war mit der Präsentation einer amerikanischen Küche das Ausstellungsprogramm begonnen worden, die vom Amerikahaus in Essen zur Verfügung gestellt wurde und als besondere Attraktion einen großen Koch- und Backherd mit einer Reihe diverser Schaltmöglichkeiten zeigte. Die Arbeitsgemeinschaft Haushalt hatte eine Tagung über Wärmewirtschaft im Haushalt organisiert.

In Erinnerung an die produktive Zusammenarbeit der Referentinnen der Landwirtschaftskammern in der Weimarer Republik hatte Käthe Delius im Februar 1952 die Referentinnen der Landwirtschaftsministerien und Landwirtschaftskammern zu einer gemeinsamen Tagung eingeladen. Teilergebnisse aus einem Forschungsauftrag wurden für die Erarbeitung einer DIA-Serien zur Verfügung gestellt, eine neu begründete Schriftenreihe hatte schon zwei Publikationen aufzuweisen. An der schon herausgegebenen Zeitschrift „Nutzen und Ordnung" beschloss man mitzuarbeiten, geplant war jedoch die zusätzliche Herausgabe der wissenschaftlichen Zeitschrift „Hauswirtschaft und Wissenschaft", die das Nachfolgeorgan der „Hauswirtschaftlichen Jahrbücher", die Käthe Delius im Jahr 1928 begründet hatte, darstellte. Die Liste der Institutionen und Verbände, mit denen schon eine Zusammenarbeit begonnen wurde oder noch geplant war, umfasste sechsundzwanzig Einrichtungen. In acht Vereinigungen war die BFA mit Vertreterinnen beteiligt: im Landwirtschaftlichen Forschungsrat, im Hauptausschuss der Deutschen Landwirtschafts-Gesellschaft, im Reichskuratorium für Wirtschaftlichkeit in Industrie und Handwerk, in der Interessengemeinschaft für Ernährung, im Beirat des Instituts für Bauforschung, in der Forschungsgesellschaft für Agrarpolitik und Agrarsoziologie, in der Zentralstelle für Berufserziehung sowie im Hauptausschuss der Arbeitsgemeinschaft für Soziale Betriebsgestaltung. Die BFA verzeichnete schon im ersten Jahr ihres Aufbaus regen Besuch aus dem In- und Ausland (Frankreich, Schweden, USA, Österreich).

Alle diese genannten, umfangreichen Arbeiten wurden mit einem kleinen Team von Mitarbeiterinnen und einigen wenigen Mitarbeitern geleistet. Offiziell war Käthe Delius als Direktorin der BFA und gleichzeitige Institutsleiterin von Bad Godesberg am 1. April 1951 ernannt worden. Am 1. Oktober 1951 folgte die Einstellung von Dr. Elfriede Stübler als Institutsdirektorin in Stuttgart. Als stellvertretende Direktorin in Bad Godesberg wurde Dr. Irmgard Berghaus zum Zeitpunkt der Eröffnung der BFA am 1. April 1952 berufen. Jedes Institut besaß noch jeweils vier weitere Angestellte. Die Verwaltung in Bad Godesberg wurde von zwei Mitarbeiterinnen und einem Mitarbeiter, das Institut in Stuttgart von einer Mitarbeiterin getätigt. Bücherei und Archiv wurden von je einer Angestellten übernommen. Sechs weitere waren im Rahmen von Forschungsaufträgen beschäftigt. Das gesamte Team bestand demnach zum Zeitpunkt der Eröffnung aus dreiundzwanzig Kollegen und Kolleginnen.

*Käthe Delius und Norman Smith, Office of Economic Affairs. Food and Agriculture Division, Bad Godesberg, bei der Eröffnung der Bundesforschungsanstalt am 10. Juni 1952*

Im Entwurf einer Dienstanweisung war festgehalten, dass die BFA zur Hebung des Lebensstandards der ländlichen Familie beitragen sollte. Dies solle geschehen durch wissenschaftliche Forschung und Versuche, durch Sammlung und Auswertung aller für die Förderung der Hauswirtschaft in Frage kommenden wissenschaftlichen Ergebnisse anderer Institute. Dieses Ziel entsprach dem vorherrschenden gesellschaftspolitischen Interesse am Anfang der fünfziger Jahre. Die BFA sollte sich zum Zeitpunkt ihrer Gründung dementsprechend mit ihren Arbeiten hauptsächlich auf Bevölkerungskreise mit existentiellen Schwierigkeiten konzentrieren. Käthe Delius erläuterte dazu in „Nutzen und Ordnung", dass sie darunter insbesondere Kleinbauernbetriebe und Haushalte verstand, in denen die Frau einer außerhäuslichen Berufstätigkeit nachging. Sie „erweiterte" die vorläufige Dienstanweisung insoweit, dass nicht nur die ländlichen, sondern auch die städtischen Hauswirtschaften Berücksichtigung finden sollten, da sich beide „nicht ohne weiteres trennen lassen".[560]

Im § 1 der Dienstanweisung war außerdem formuliert worden, dass sich die Anstalt „an Hochschulkursen für Hauswirtschaft an den Universitäten" beteiligt. Für Käthe Delius stand daher die Zusammenarbeit mit diesen sowohl in Bezug auf die Forschung, wie auch die Lehre und Ausbildung an erster Stelle. Mittel für die Durchführung von Forschungsaufgaben waren durch die Vermittlung des Landwirtschaftlichen Forschungsrates beantragt und durch das BMELF aus ebenfalls ERP-Mitteln zur Verfügung gestellt. Das Bundeswirtschaftsministerium hatte gemeinsam mit einem Industrieunternehmen einen Forschungsauftrag an das Institut in Stuttgart vergeben. In einer ganzen Reihe von Arbeiten stand der Landhaushalt im Mittelpunkt der Untersuchungen. Es galt, die Rentabilität des landwirtschaftlichen Betriebes, die Wirtschaftlichkeit seines Haushaltes und das Leben der bäuerlichen Familie zu erfassen. Weitere Forschungsaufgaben galten dem Gebiet der Ernährung, Wohnung, Kleidung, Wäsche sowie Maschinen- und Geräteprüfung. Diese Projekte bezogen sich sowohl auf den städtischen wie auch auf den ländlichen Haushalt. Diese Forschungen zielten sowohl wirtschaftliche wie auch technische Lösungen zur Förderung der Arbeitserleichterungen für die Frauen an, wie sie auch hauswirtschaftliche und soziologische Grundlagen zu erheben gedachten, um generell Projekte zur Verbesserung des Lebensstandards von Familien in Stadt und Land entwickeln zu können.

In Bezug auf die Entwicklung eines landwirtschaftlichen Studiums Fachrichtung Ländliche Hauswirtschaft war sowohl mit der Landwirtschaftlichen Hochschule Hohenheim wie mit der Landwirtschaftlichen Fakultät der Universität

---

560 Delius, Käthe, Die Bundesforschungsanstalt für Hauswirtschaft in Bad Godesberg, in: Nutzen und Ordnung 3,4/1951, S. 161–168, hier S. 162.

561 Ebd., S. 163.

*Käthe Delius mit Gästen
im Ausstellungsraum der
Bundesforschungsanstalt
Bad Godesberg*

Bonn ein Abkommen verhandelt worden. Grundsätzlich war angestrebt, „dass an den landwirtschaftlichen Fakultäten der Universitäten wichtige Stützpunkte für die Hauswirtschaftswissenschaften entstehen."[561] Der entsprechende, für beide Einrichtungen fast identisch formulierte Passus lautete – hier sei der für die Universität Bonn zitiert: „Landwirtschaftliches Studium Fachrichtung ‚Ländliche Hauswirtschaft'. 1.) Die Landwirtschaftliche Fakultät der Universität Bonn richtet im Rahmen des landwirtschaftlichen Studiums eine Fachrichtung ‚Ländliche Hauswirtschaft' ein und wird dazu Fühlung mit dem Bundesministerium für Ernährung, Landwirtschaft und Forsten und dem Kultusministerium von Nordrhein-Westfalen aufnehmen. 2.) Das Studium in der Fachrichtung ‚Ländliche Hauswirtschaft' steht allen Studenten (innen) offen, welche die Zulassungsbestimmungen der Universität erfüllen. 3.) Die Diplomarbeit soll in diesem Fall aus dem Gebiet der ländlichen Hauswirtschaft angefertigt werden. 4.) Die Erwerbung des Doktorgrades mit einer Arbeit aus der Fachrichtung ‚Ländliche Hauswirtschaft' ist möglich und erfolgt nach der Promotionsordnung der Fakultät."[562] Diese Vereinbarungen waren im Vergleich mit dem Handlungsspektrum des Institutes für Hauswirtschaftswissenschaft in der Weimarer Republik ein weiterer wesentlicher Schritt hin auf die Etablierung eines akademischen Studiums der Ländlichen Hauswirtschaft. Käthe Delius konnte aus dem ersten Arbeitsjahr berichten, dass die Bemühungen der BFA in den meisten Fällen auf großes Interesse und Verständnis trafen, aber sie verhehlte auch nicht, dass manche Kreise sich „gegenüber einer wissenschaftlichen Arbeit auf hauswirtschaftlichem Gebiet skeptisch gezeigt hätten."[563]

## Protest des Office of Economic Affairs. Food and Agriculture Division, Bad Godesberg

Am 10. März 1952 erreichte das BMELF ein umfangreiches Schreiben von Norman L. Smith, Office of Economic Affairs. Food and Agriculture Division, Bad Godesberg, Germany, Mehlemer Aue. Es war gerichtet an Friedrich Wilhelm Maier-Bode und beinhaltete eine scharfe Rüge. Norman Smith verwies auf das Ausstehen von Unterlagen, deren Lieferung als Voraussetzung für die Freigabe der Mittel für den Neubau der BFA in Stuttgart-Hohenheim verabredet worden seien: „Am 2. Oktober 1951 schrieben wir Ihnen einen Brief, in dem wir anführten, dass DM 500 000 (Projekt Nr. III Bl Gründung des hauswirtschaftlichen Instituts in Stuttgart-Hohenheim) unter den folgenden Bedingungen freigegeben würden: 1. Daß Ihr Ministerium und unsere Ernährungs- und Landwirtschafts-

---

562 Bundesforschungsanstalt für Hauswirtschaft. Erster Bericht aus dem Jahre 1951/52, BArch, B 116/28254.

563 Ebd.

564 BArch, B 116/2994.

abteilung sich bezüglich der Satzung einigen werden. 2. Daß ein Übereinkommen ähnlich dem, welches Sie mit der landwirtschaftlichen Hochschule in Hohenheim getroffen haben, auch mit der Universität Bonn treffen. 3. Daß der zentrale hauswirtschaftliche Beratungsausschuß des Bundesministerium für Ernährung, Landwirtschaft und Forsten sowohl als auch die Unterausschüsse im Norden und Süden Deutschlands so bald als möglich gebildet werden."[564]

Diese Vereinbarung sei nochmals sechs Wochen später in einer Besprechung im Ministerium bestätigt worden, so dass man sich bereit erklärt hätte, die 500.000 DM schon freizugeben. Inzwischen seien jedoch weitere dreieinhalb Monate seit der Freigabe des Geldes vergangen, und es seien weder eine Liste der Ausschussmitglieder, noch Abschriften der Satzung, noch das Übereinkommen mit der Universität Bonn und der Landwirtschaftliche Hochschule in Hohenheim, noch die Baupläne für das Institut in Hohenheim vorgelegt worden. Außerdem bemängelte Norman Smith grundsätzlich die lange Dauer der Projektentwicklung: Seit der Bewilligung von 1 Million DM auf der Grundlage des ursprünglichen Antrags am 15. November 1950 seien eineinhalb Jahre vergangen und man habe schon vor diesem Zeitpunkt diese Angelegenheit gründlich besprochen. Dabei bestätigten die amerikanischen Vertreter ausdrücklich ihr Interesse: „Wir waren und sind immer noch außerordentlich an diesem Projekt interessiert und an der Hauswirtschaft im allgemeinen, jedoch hat sich diese Sache unmöglich lange hingezogen". Norman Smith meinte angesichts dieser Sachlage Anzeichen zu erkennen, „die auf fehlendes Interesse oder Unvermögen auf Seiten des Ministeriums, das Projekt durchzuführen, schliessen lassen. Leider haben wir diesen Eindruck auch bezüglich einiger anderer Gegenwertprojekte in der Hauswirtschaft." Das war eine harsche Rüge und es folgte die Drohung, die finanziellen Zusagen zurückzuziehen, falls die vereinbarten und noch ausstehenden Unterlagen nicht bis zum 15. April 1952 vorgelegt würden: „Hinsichtlich der bedauerlichen und unglücklichen Situation sehen wir keine andere Möglichkeit als dem Chief der U.S.A. Mission zu empfehlen, dass, falls die Angelegenheit bezüglich der beiden hauswirtschaftlichen Projekte bis zum 15. April 1952 nicht annehmbar geklärt wird, die Summe von

DM 500 000 für die dritte Gegenwertzahlung, das Institut in Hohenheim, zurückgezogen wird und, dass der unverausgabte Restbetrag von DM 1.000.000 eventuell auch zurückgezogen und neu geplant wird."

Norman Smith listete detailliert auf, was von ihrer Seite erforderlich vorzulegen wäre:

1. Eine Abschrift der Satzung für die Bundeshauswirtschaftsinstitute, rechtmäßig unterschrieben.
2. Eine Liste der Namen und Adressen der Mitglieder des Beratungsausschusses oder Ausschüsse.
3. Ein vollständiger Bauplan für das Institutsgebäude in Stuttgart-Hohenheim.
4. Ein von den Rektoren der Universität Bonn und der Hochschule Hohenheim und dem Bundesministerium für Ernährung, Landwirtschaft und Forsten unterzeichnetes Abkommen, aus dem das Verhältnis der Zusammenarbeit der hauswirtschaftlichen Institute und der landwirtschaftlichen Hochschule, der beide angeschlossen sind, hervorgeht.
5. Eine Abschrift des Lehrplanes, der zu einem Diplom in der Hauswirtschaft an der Universität Bonn und der landwirtschaftlichen Hochschule in Hohenheim führt.
6. Eine Abschrift des Forschungsprogramms für jedes Institut.

Die amerikanischen Geldgeber verwiesen nochmals darauf, dass alle angeführten Punkte von Anfang an Bestandteil der Genehmigung des Projektes in Höhe von 1,5 Millionen DM waren. Ferner sei ebenfalls Teil der Vereinbarung gewesen, dass die Vergabe der Gelder davon abhing, dass sein Büro die Pläne genehmige. Die Schlussformel des Schreibens lautete: „Bitte seien Sie versichert, dass wir auch weiterhin den ehrlichen Wunsch haben, die hauswirtschaftliche Arbeit hier im Bundesgebiet auf eine höhere Basis zu bringen. Wir müssen die Sache so oder so zu einem Ende bringen und werden uns an den 15. April 1952 als endgültiges Datum halten."

Ob die Amerikaner Recht mit ihrer Unterstellung hatten, dass in Teilen der Ministerialverwaltung nicht die notwendige Unterstützung für die hauswirtschaftlichen Projekte vorhanden war, muss mangels weiterer Unterlagen offen bleiben. Ohne Frage aber waren die Amerikaner darüber sehr verärgert, dass sich die offizielle Eröffnung der BFA so lange verzögerte. Ihr Anspruch, mit dieser eine Modernisierung der ländlichen und städtischen Hauswirtschaft zu befördern, den deutschen Frauen in diesem Bereich eine akademische und wissensgesättigte Ausbildung und Berufstätigkeit zu schaffen, setzte sich nicht so effektiv um, wie sie es erwarteten. Für sie hatte die Gründung einer BFA eine Schlüsselstellung, um den Lebensstandard in der deutschen demokratischen Nachkriegsgesellschaft zu verbessern. Der BFA war eine komplexe Aufgabenstellung durch Forschung, Lehre und Beratung zugemessen, die in mehrfacher Hinsicht neue Strukturen legen und die Basis für eine Hilfe zur zukünftigen Selbsthilfe abgeben sollte. Grundsätzlich besaß ihre Realisierung darüber hinaus den psychologischen Aspekt der Ermutigung von Frauen, Stärke und Verantwortung in die Gesellschaft der Zukunft einzubringen.

Der geharnischte Brief zeigte Wirkung. Auch wenn nicht alle geforderten Unterlagen im April vorlagen – der Beirat etwa sollte erst im Jahr 1953 gebildet werden, weil sich der Bundesrechnungshof einmischte und aus Kostengründen eine Verkleinerung verlangte – so gelang es doch, die BFA mit den beiden Instituten Bad Godesberg und Stuttgart am 10. Juni 1952 offiziell zu eröffnen.[565] Der Neubau für das Institut in Stuttgart-Hohenheim, Garbestraße 11, wurde schließlich am 1. November 1953 mit den drei Sachgebieten Hauswirtschaftliche Geräte, Ernährung sowie Bauen und Wohnen bezogen.

Die Errichtung der BFA in Bad Godesberg hatte 941.017 DM gekostet, davon 541.766 DM für den Kauf des Grundstücks, Bau- und Einrichtung der Gebäude und nochmals 372.251 DM für einen Neubau, den der Land- und hauswirtschaftliche Auswertungs- und Informationsdienst (AID) auf dem Gelände der BFA in Bad Godesberg bezog.[566] Dieser Betrag wurde vollständig, ohne Eigen-

---

565 Bs. [Irmgard Berghaus?], Ein Jahr Bundesforschungsanstalt für Hauswirtschaft, in: Nutzen und Ordnung 4/1952, S. 81–90.

566 ERP-Projekt A 2 – II. Tranche. Schreiben d. Bundesministers des BMELF an den Bundesminister für wirtschaftlichen Besitz des Bundes v. 10.12.1958,

*Neubau der Bundesforschungsanstalt für Hauswirtschaft Stuttgart-Hohenheim, Institut für Ernährung und Technik*

mittel, nur aus ERP-Mitteln finanziert. Die BFA in Bad Godesberg verfügte über 1.500 qm Nutzfläche. Sie besaß 78 Räume, wovon 16 Räume mit 414 qm im Kellergeschoß lagen.[567] Das Gebäude der BFA in Stuttgart-Hohenheim wurde auf einem Gelände errichtet, das dem Land Baden-Württemberg gehörte, und

BArch, B 102/245431. Auf dem Gelände der BFA in Bad Godesberg waren noch weitere Einrichtungen vorhanden: „Im Gebäude in Bad Godesberg sind außer einem Institut der Anstalt noch die Bundesanstalt für Naturschutz und Landschaftspflege und der aus Mitteln des Kap. 1002 Tit. 601 vom Bund unterhaltene Land- und Forstwirtschaftliche Forschungsrat e. V. untergebracht. Ferner hat der aus Mitteln des Kap. 1002 Tit. 603 a unterhaltene Land- und Hauswirtschaftliche Auswertungs- und Informationsdienst e. V. auf dem Gelände der Anstalt in Bad Godesberg ein Gebäude mit Hilfe von ERP-Mitteln errichtet." Vgl. Brief des Bundesrechnungshofes an den Bundesminister für Ernährung, Landwirtschaft und Forsten v. 3.7.1958, BArch, B 102/245431.

567 Aktenvermerk v. 18.5.1960, BArch, B 102/245431.

für das zu Gunsten der Bundesrepublik ein Erbbaurecht für 99 Jahre bestellt werden sollte. Die für Stuttgart insgesamt zur Verfügung gestellten ERP-Mittel beliefen sich auf insgesamt 655.000 DM.[568]

## Deutsche Gesellschaft für Hauswirtschaft e. V.

Die heute noch bestehende Deutsche Gesellschaft für Hauswirtschaft e. V. wurde in engem Zusammenhang mit der Projektierung der BFA im Jahr 1951 gegründet. Die Gründungsversammlung fand am 11. Juni 1951 in Königswinter statt. In das Vereinsregister Bonn wurde sie als „Gesellschaft für Hauswirtschaft" unter der Nr. 1106 am 21. Mai 1953 eingetragen.

Die Anregung zur Gründung einer Gesellschaft für Hauswirtschaft ging wie so viele Impulse auf hauswirtschaftlichem Gebiet in der Nachkriegszeit auf die amerikanische Professorin Dr. Katherine Holtzclaw von der HICOG Frankfurt/Main zurück. Sie hatte Aenne Sprengel und Anneliese Spies für ihre Idee gewonnen.[569] Die beiden hatten einige interessierte Frauen zu einer vorbereitenden Besprechung wegen der Gründung einer Gesellschaft für Hauswirtschaft zunächst am 1. März 1951 nach Bad Godesberg in den Schaumburger Hof eingeladen. Käthe Delius war von Anfang an dabei, den vorgeschlagenen Verein aus der Taufe zu heben und übernahm ein Vorstandsamt. Anwesend waren bei der Vorbesprechung: Dr. Aenne Sprengel, Anneliese Spies, Dr. Irmgard Berghaus, Martha Peters, Dr. Elfriede Stübler, von Gablenz, Anneliese Stölzl, Käthe Delius, Fini Pfannes, Dr. Martha Schwandt. Man war sich einig, dass die Gründung einer solchen Gesellschaft als Ort für weitreichende fachliche Kooperation sinnvoll wäre. Als Zielsetzung formulierte man die gegenseitige fachliche Unterrichtung, die Förderung der hauswirtschaftlichen Forschung sowie der planmäßigen Auswertung fachlicher Ergebnisse und Erfahrungen

---

568 Vermerk v. Käthe Delius v. 12.7.1951, BArch, B 116/29941.
569 Faltblatt, BArch, B 116/15735.

im Dienst von Haushalt und Familie, und die gemeinsame Förderung der Hauswirtschaft im Hinblick auf ihre zentrale Bedeutung.

An der Gründungsversammlung am 11. Juni 1951 nahmen 29 Frauen teil, die einstimmig die Gründung befürworteten:[570]

| | |
|---|---|
| M. Fedde | American H. Ec. Asso. Land Nebraska USA |
| v. Gablenz | Engershausen bei Pr. Oldendorf |
| Prof. Dr. K. Holtzclaw | HICOG, Frankfurt/Main |
| M. Haselhorst | Hess. Landvolkshochschule, Frankfurt |
| M. Faust | Wiesbaden, Beratungsstelle für Stadt und Land |
| Frieda Laible | Landfrauenverband Württemberg-Baden |
| Gertrud Hehr | Steinbachhof, Kreis Vaihingen/Enz |
| Luise Schwarz | Frauenfachschule München |
| Dr. Reuter | RKW Frankfurt/Main |
| Dr. Ing. Viertel | Wäschereiforschung Krefeld |
| Dr. Ridder | Verband der Deutschen Haushaltsmaschinen-Industrie, Velbert |
| Maria Klöver | Wäschereiforschung Krefeld |
| A. Blendermann | Staatl. Hauswirtschaftliches Seminar Kirchheim/Württemberg |
| R. Frankenfeld | Deutscher Landfrauenverband Stuttgart |
| Gräfin Wrangel | Hess. Landw. Beratungsdienst Gießen |
| A. Spies | Bundesernährungsministerium Bonn |
| Dr. Berghaus | AID-Frankfurt/Main |
| Fini Pfannes | Deutscher Hausfrauenbund Frankfurt/Main |
| Dr. Karsten | Bundesinnenministerium Bonn |
| Dr. Silberkuhl-Schulte | Frauenbergerhof bei Brohl/Rhein |
| Frau Gudula Marschall, | Doz. Pädagogische Hochschule Wilhelmshaven |
| M. Kreutzberg | Städt. Bildungsanstalt f. Frauenberufe Bonn |
| Gertrud Altmann Gädke | Ding/Lohe |
| Dr. Landgrebe-Wolff | Zentrale für Gasverwertung, Frankfurt/Main |

Dr. Martha Bode-Schwandt   Bundeswirtschaftsministerium Bonn
Dr. E. Wingerath   Kultusministerium Nordrh.-Westf. Düsseldorf
Lisa Heinen   Vereinigung Deutscher Elektrizitätswerke Frankfurt/Main
Käthe Delius   BFA Bad Godesberg
Frl. Jordan   Bundesernährungsministerium

Die Versammlung wählte einen vorläufigen Vorstand, der die Gesellschaft bis zur nächsten Mitgliederversammlung leiten sollte. In diesen vorläufigen Vorstand wurden Aenne Sprengel, Bonn, BMELF, Schuldirektorin Luise Schwarz, München, Antonienstr. 6, Regina Frankenfeld, Stuttgart-W., Rotebühlstr. 84, Fini Pfannes, Frankfurt/Main, Klaus-Groht-Str. 11 und Käthe Delius, Bonn, Friedrich-Ebert-Allee 51 gewählt.

Zur Förderung der vielseitigen Interessen der Hauswirtschaft sollten „Stadt und Land, Praxis, Wissenschaft, Schule und Verwaltung, Produzenten und Verbraucher zu gemeinsamer Arbeit zusammengebracht werden, um auf diese Weise Einfluß auf die Öffentlichkeit zu vertiefen." Schon in der Gründungsversammlung am 11. Juni beschloss die neue Gesellschaft ihre nächste Tagung, die sich dem Thema Rationalisierung im Haushalt zuwenden sollte. Sie fand am 22. Januar 1952 in der BFA in Bad Godesberg statt. Das Interesse aus ganz unterschiedlichen Bereichen war groß: Es nahmen Landfrauen, Hausfrauen, Berufsschullehrerinnen, Fachberaterinnen, Landwirtschaftslehrerinnen, Leiterinnen von höheren Fachschulen, Universitätsprofessoren, Vertreter von Wirtschaft, Industrie und Frauenverbänden teil.[571] Käthe Delius hielt einen der Einführungsvorträge zur Organisation und den Aufgaben der Gesellschaft für Hauswirtschaft. Sie betonte hier, dass die Hauswirtschaft den gesamten Komplex des Familienlebens umfasse und es gälte, die „Beziehungen zu den ver-

---

570  Zit. n. dem Faltblatt, BArch, B 116/15735.
571  Zeiß, (o. V.), Aus der Bundesforschungsanstalt für Hauswirtschaft. Die Gesellschaft für Hauswirtschaft tagte am 22. Januar 1952 in Bad Godesberg, in: Nutzen und Ordnung 1/1952, S. 22–24, hier S. 22.

schiedensten Außenpotenzen, wie Schule, Beruf, Industrie, Gesundheitswesen usw." zu berücksichtigen. Eine weitere Aufgabe sähe die Gesellschaft in der Förderung der Forschung, sie wolle deshalb Forschungsarbeiten veranlassen.

Auf der sich anschließenden Mitgliederversammlung wurden ein Vorstand und ein erweiterter Vorstand gewählt. Den Vorstand stellten Käthe Delius, Aenne Sprengel, Regina Frankenfeld, Finni Pfannes und Luise Schwarz. Den erweiterten Vorstand bildeten Katherine Holtzclaw, E. Wingerath, M. Hofmann, Anneliese Spies, Frieda Laible, L. Müller-Barentin, Ch. Riese. Käthe Delius übernahm die Geschäftsführung der Gesellschaft für Hauswirtschaft. Die nächste Mitgliederversammlung der Gesellschaft sollte sich mit dem Thema Methoden der Erwachsenenbildung befassen.

## Weiterführung der „Hauswirtschaftlichen Jahrbücher" durch die Zeitschrift „Hauswirtschaft und Wissenschaft"

Käthe Delius hatte es von Anfang als notwendig angesehen, dass die BFA eine eigene wissenschaftliche Zeitschrift herausgeben sollte. Dieses Vorhaben hatte sie schon in ihrem Ersten Bericht aus dem Jahr 1951/52 angekündigt.[572] In einem Vermerk aus dem Jahr 1956 notierte sie: „Als damalige Leiterin der Bundesforschungsanstalt sah ich es als notwendig an, die wissenschaftliche Zeitschrift „Hauswirtschaftliche Jahrbücher", die im Jahre 1928 von mir gegründet worden ist, in dieser Form wieder aufleben zu lassen, damit die wissenschaftlichen Arbeiten der Bundesforschungsanstalt für Hauswirtschaft das notwendige Publikationsorgan haben und die Möglichkeit besteht, einschlägige wissenschaftliche Ergebnisse zu veröffentlichen bzw. sie zu diskutieren."[573]

Schon im November 1952 schloss sie daher mit dem Verlag Handwerk und Technik einen Vertrag über die Neuherausgabe der „Hauswirtschaftlichen Jahr-

---

572 BArch, B 116/28254.
573 Vermerk Käthe Delius v. 14. November 1956 zur Entstehung und Vertragsform der Hauswirtschaftlichen Jahrbücher, BArch, B 116/15735.
574 Ebd.

bücher" ab. Daraus geht hervor, dass die BFA zunächst beabsichtigte, die „Hauswirtschaftlichen Jahrbücher" unter gleichem Titel in neuer Folge wieder aufleben zu lassen. Die Redaktion sollte von der BFA, Bad Godesberg, und von der Gesellschaft für Hauswirtschaft übernommen werden. Die Jahrbücher waren als das offizielle Organ sowohl der BFA, Bad Godesberg/Stuttgart als auch der Gesellschaft für Hauswirtschaft, Bad Godesberg, deklariert. Beide Einrichtungen zeichneten als Herausgeber und waren für die inhaltliche Gestaltung verantwortlich. Erste Vorsitzende der Gesellschaft für Hauswirtschaft war seinerzeit Ministerialrätin Dr. Aenne Sprengel, die Schriftleitung der Zeitschrift übernahm Käthe Delius nach ihrer Aussage „ehrenamtlich". Die Jahrbücher sollten vorerst zweimal jährlich erscheinen. Die Auflage des ersten Heftes war mit 2.000 Exemplaren geplant, danach sollten jeweils 1.000 gedruckt werden.

Da die BFA damals nicht selbst die erstmalige Finanzierung einer wissenschaftlichen Zeitschrift übernehmen konnte, so Käthe Delius, erhielt die Gesellschaft für Hauswirtschaft aus ERP-Mitteln 2.000 DM zum Anlaufen des Fachjournals. Es erschien nun unter einem etwas veränderten Titel: „Hauswirtschaft und Wissenschaft. Neue Folge der Hauswirtschaftlichen Jahrbücher". In der Einführung des ersten Heftes hieß es, dass Mut dazu gehöre, heute eine Zeitschrift herauszubringen, die infolge ihres wissenschaftlichen Charakters sich nur an einen verhältnismäßig kleinen interessierten Kreis wenden würde.

Eine stabile Finanzierung war jedoch noch immer nicht gesichert: „Da die Ausfallgarantie, die die Amerikaner über die Gesellschaft für Hauswirtschaft zur Gründung der Zeitschrift in Höhe von 2000,- zur Verfügung stellten, nicht ausreichte, hat die BFA beim Erscheinen des dritten Heftes der Zeitschrift aus ihren Etatmitteln, (Titel für Veröffentlichungen), einen Betrag von 1000,- DM zur Verfügung gestellt. [...] Von diesem Zeitpunkt an trägt das alleinige Risiko nunmehr der Verlag."[574] Mit dem Verlag hatte Käthe Delius vereinbart, dass, wenn ein Gewinn anfallen würde, sollte er zum Ausbau der Zeitschrift und vor allem für den Fonds für die Autorenhonorare, der für gute wissenschaftliche Beiträge knapp war, verwandt werden. Das Fachjournal erwarb sich wegen seiner wissenschaftlichen Qualität große Anerkennung. Im Jahr 1956 hatte es einen Bestand von 689 Abonnenten, wovon 170 Bezieher zugleich Mitglieder der Gesellschaft für Hauswirtschaft waren. Auch nach ihrem Ausscheiden aus der BFA blieb Käthe Delius aktiv im Vorstand der Gesellschaft für Hauswirtschaft und behielt die Schriftleitung der „Hauswirtschaft und Wissenschaft". Noch heute ist „Hauswirtschaft und Wissenschaft" mit dem Untertitel „Europäische Zeitschrift für Haushaltsökonomie, Haushaltstechnik und Sozialmanagement" das Organ der Deutschen Gesellschaft für Hauswirtschaft e. V.

## Konstituierung eines Beirates der Bundesforschungsanstalt für Hauswirtschaft

In die Berufung eines Beirates, der angesichts der immer wieder befragten Konzeption und Organisationsstruktur der BFA sowie auch einer Evaluierung ihrer Arbeiten von zentraler Bedeutung war, hatte sich der Bundesrechnungshof eingeschaltet und eine Reduzierung der Anzahl der Mitglieder des Beirates verlangt.[575] Im Ministerium einigte sich man intern darauf, auf diese Forderung einzugehen und eine Reduktion des Beirats von 15 auf 11 Mitglieder zu akzeptieren: Dem Beirat sollte nun nur noch ein Mitglied des BMELF und vier statt sechs Mitglieder der Gesellschaft für Hauswirtschaft angehören. Die Auswahl und Berufung zog sich jedoch weiterhin hinaus. Am 20. Februar 1953 erinnerte Aenne Sprengel Ministerialrat Werner Tornow im Haus an den endlich zuwege zu bringenden Beirat. Sie berichtete, dass anlässlich der Sitzung des Verbraucherausschusses des Bundeswirtschaftsministeriums verschiedene Vertreterinnen nach dem Beirat gefragt hätten: „Es bestände großes Interesse, daß dieser Beirat sich endlich konstituiert. Ich habe darauf hingewiesen, daß der Beirat nur klein sein könnte und daß die eigentliche Arbeit über verschiedene Probleme der hauswirtschaftlichen Forschung in kleineren Arbeits- und Fachausschüssen geleistet werden müsse."[576]

---

[575] Protokoll v. Käthe Delius v. 18.11.1952, bezugnehmend auf ein Schreiben d. Bundesrechnungshofes v. 1.9.1952, BArch, B 116/15734.

[576] B 116/15734.

Im Juli 1953 wurden folgende Mitglieder vorgeschlagen:

Min.Dir. Prof. Maier-Bode – Bundesministerium für Ernährung, Landwirtschaft und Forsten
Min.rat Dr. Fr. Walter – Bundesministerium für Wirtschaft
Irene Schöning, Riestedt b. Uelzen – Vom Agrarausschuß vorgeschlagen
Friedel Opfinger – Vom Agrarausschuß vorgeschlagen
Prof. Dr. Rheinwald – Landwirtschaftliche Hochschule Stuttgart-Hohenheim
Prof. Dr. Böker – Landwirt. Fakultät der Universität Bonn
Kultusministerin Chr. Teusch – Gesellschaft für Hauswirtschaft
Reg.Rätin Blasche, Hess. Staatsministerium für Arbeit, Landwirtschaft und Wirtschaft – Gesellschaft für Hauswirtschaft
Frau Lüthje, Hausfrauenbund, Kiel – Gesellschaft für Hauswirtschaft
Frau Dr. Jensen, Bundesministerium für Wohnungsbau – Gesellschaft für Hauswirtschaft
Marie-Luise Gräfin Leutrum, Unterriexingen – Landfrauenverband

Alle Vorgeschlagenen erklärten sich bereit, dem zu wählenden Beirat anzugehören. Seine konstituierende Sitzung fand schließlich am 26. November 1953 statt.[577] Käthe Delius hielt einen Vortrag über die Entstehungsgeschichte und Aufgabenstellung der BFA. Christine Teusch (1888–1968)[578] wurde zur Vorsitzenden des Beirats gewählt. An den für die nächste Beiratssitzung festgelegten Themen lässt sich erkennen, dass der Beirat in die grundsätzlichen Fragen, die die BFA betrafen, einzusteigen bereit war: 1. Anwendung und Nutzbarmachung der Forschungsergebnisse auf dem Gebiet der Hauswirtschaft, 2. Aufnahme von Kontakt zu anderen Bundesforschungsanstalten, um über die Verteilung

---

577 BArch, B 116/28254.
578 Christine Teusch (Zentrum) hatte v. 1920 bis 1933 dem Reichstag angehört. 1945 war sie der CDU beigetreten. Am 19. 12. 1947 wurde Teusch von Ministerpräsident Karl Arnold gegen den Willen Konrad Adenauers, des damaligen CDU-Fraktionsvorsitzenden im Landtag, zur Kultusministerin NRWs berufen. Dieses Amt hatte sie bis 1954 inne.

und Abgrenzung von Aufgabenbereichen zu beraten, 3. Befassung mit der zusätzlichen Finanzierung der BFA durch Mittel der Deutschen Forschungsgemeinschaft und des Deutschen Stifterverbandes. In der Folge sollte er sich mit mehreren Gutachten und Stellungnahmen in die Diskussion um eine Strukturänderung der BFA zu Wort melden.

## Verleihung des Professorentitels und Abschied von der Bundesforschungsanstalt für Hauswirtschaft

Am 10. Juni 1953 wurde Käthe Delius der Titel eines Professors verliehen. Es war dies ein Ehrentitel, der ihr für ihren seit drei Jahrzehnten andauernden Einsatz für die wissenschaftliche Erforschung der Hauswirtschaft verliehen wurde. Begonnen hatte ihr Engagement für die Anerkennung der Hauswirtschaft als wissenschaftliche Disziplin mit der Gründung der Zentrale für Hauswirtschaftswissenschaften an der Pädagogischen Akademie für soziale und pädagogische Frauenarbeit im Jahre 1925, aus der später das Institut für Hauswirtschaftswissenschaft entstanden war.

Ab dem Jahr 1953 mehrten sich die Anzeichen, dass Käthe Delius wegen Krankheit immer öfter im Dienst fehlte. Verantwortlich dafür mag das riesige Arbeitspensum gewesen sein, Gründe könnten jedoch auch darin gelegen haben, dass interne Spannungen, die hauptsächlich mit der Leiterin des Institutes in Stuttgart entstanden, Käthe Delius belasteten. Von Anfang an war Elfriede Stübler geneigt, nicht die Hauptverantwortlichkeit von Käthe Delius als Direktorin für beide Institute der BFA zu achten und wurde mehrfach von Seiten des Ministeriums ermahnt, die Angelegenheiten ihres Institutes nicht direkt mit Abteilungen des Ministeriums zu verhandeln, sondern den Dienstweg über die Leitung der BFA einzuhalten. Elfriede Stübler hatte grundsätzliche Vorbehalte gegenüber der von Käthe Delius ausgearbeiteten Konzeption für die BFA. Nach ihrem Dafürhalten gehörte in den § 1 der noch auszuarbeitenden Dienstanweisung eine stärkere Betonung der praktischen, d. h. der Versuchs- und Prüfungstätigkeit, gegenüber der forschenden Betätigung der Anstalt.

Käthe Delius – und in diesem Fall gemeinsam mit Aenne Sprengel, Werner Tornow und Irmgard Berghaus – war ganz anderer Meinung. Sie war überzeugt davon, dass der technisch-praktischen Arbeit gegenüber der Forschung nur eine untergeordnete Bedeutung zukommen sollte.[579] In einer Besprechung im Ministerium bat sie wegen der Differenzen mit Elfriede Stübler dringend darum, eine vorläufige Geschäftsordnung für die BFA zu erlassen, um die Vertretungsbefugnisse der Direktorin gegenüber der Leiterin des Institutes für Ernährung und Technik baldigst zu regeln.

Die ständigen und sicher zermürbenden Konflikte aus geringen oder weniger geringen Anlässen konnten jedoch nicht beendet werden. In einem ausführlichen Schreiben an das BMELF im Oktober 1953 wurde Käthe Delius sehr grundsätzlich. Inzwischen sah sie sich von Beamten des Ministeriums nicht ausreichend in ihren Kompetenzen berücksichtigt und konnte zu wenige Schritte erkennen, die Elfriede Stübler im Sinne der Richtlinien disziplinierten. Sie berichtete, Stübler habe ihr anlässlich der Tagung der Gesellschaft für Landbauwissenschaft in Bad Ems den Entwurf eines Prospektes für das Institut für Ernährung und Technik mit der Bitte um Stellungnahme und mit der Bitte, ein Nachwort zu verfassen, übergeben. Sie habe ihr erklärt, Ministerialdirektor Prof. Maier-Bode und Ministerialrätin Sprengel hätten sich bereit erklärt, das Vorwort zu übernehmen. Sie, Käthe Delius, habe einem Schreiben des Ministeriums entnommen, dass schon Vorverhandlungen über das Prospekt mit dem Ministerium stattgefunden hätten. Die Entscheidung sei infolgedessen schon gefallen, ohne dass sie bisher zugezogen worden sei: „Meine Stellungnahme erübrigt sich demnach, obwohl in dem Prospekt einige sachliche Dinge unrichtig angegeben sind und m. E. auch die ganze Aufmachung noch einmal besprochen werden müsste."[580] Sie habe nach ihrer Rückkehr aus ihrem Krankenurlaub festgestellt, dass Elfriede Stübler in verschiedenen wichtigen Angelegenheiten

---

579 Protokoll v. Käthe Delius v. 18.11.1952, BArch, B 116/28254.

580 Schreiben v. Käthe Delius v. 19.10.1953 an das Bundesministerium für Ernährung, Landwirtschaft und Forsten, BArch, B 116 28254.

unmittelbar an das BMELF herangetreten und Entscheidungen ohne Zuziehung der Leitung der BFA getroffen werden seien. Forschungsanträge seien unmittelbar an das Ministerium geleitet und ihr nur auf energische Bitte zur Stellungnahme zugeschickt worden. Auch in Bezug auf das Projekt „Wanderberatung" sei vom Ministerium eine Entscheidung getroffen worden, die sowohl die Verwaltung als auch die sachliche Bearbeitung betroffen hätte, die aber lediglich dem Institut für Ernährung und Technik mitgeteilt worden wären.

Käthe Delius argumentierte, dass nach der Dienstanweisung der BFA der Direktorin die Wahrnehmung der Verwaltungsangelegenheiten und der wissenschaftlichen Aufgaben sowie die Vertretung der Anstalt nach außen übertragen seien. Sie monierte, dass die Wahrnehmung dieser Aufgaben bedinge, dass die Leiterin der Gesamtanstalt zumindest vor einer Entscheidung durch das Ministerium in Angelegenheiten des Institutes in Stuttgart gehört wird. Dies jedoch sei in den vorliegenden Fällen nicht geschehen. Sie entnehme daraus, dass das Ministerium in Bezug auf die Zusammenarbeit der beiden Institute in Zukunft eine andere Regelung plane. Diese würde bedeuten, dass man anscheinend beide Institute selbständig ohne Verbindung miteinander arbeiten lassen wolle und von einer einheitlichen Leitung in wissenschaftlicher und verwaltungsmäßiger Hinsicht absehe. Wenn dies der Fall wäre, würde dies eine Änderung der Dienstanweisung notwendig machen. Sie schloss ihr Schreiben mit der dringenden Bitte, die Frage der Zuständigkeit der Leitung der BFA in Bezug auf das Institut in Stuttgart zu klären: „Ich wäre dankbar, wenn eine Entscheidung bald getroffen werden könnte, damit ich von der Verantwortung, die ich nach der Dienstanweisung übertragen bekommen habe, entlastet werde."[581] Die Unstimmigkeiten mit Elfriede Stübler hielten an, bezogen sie auch auf die Stellvertreterin von Käthe Delius, Irmgard Berghaus. Noch nach dem Ausscheiden von Käthe Delius aus dem Beruf Ende Dezember 1954 finden sie sich in zahlreichen Stellungnahmen und Berichten Hinweise auf das Weiterbestehen der Konflikte.

---

581 Schreiben v. Käthe Delius v. 19.10.1953, BArch, B 116/28254.

Aus einem Arbeitsbericht von Irmgard Berghaus vom 21. Dezember 1954 geht hervor, dass sie in diesem Jahr zehn Monate lang Käthe Delius während ihrer Krankheit vertreten hatte.[582] Einem weiteren Schreiben von Berghaus kann man entnehmen, dass Käthe Delius seit der Eröffnung der BFA eindreiviertel Jahre wegen Krankheit gefehlt habe.[583] Dennoch hatte unter deren Leitung die BFA in kürzester Zeit eine beachtenswerte Bilanz und Entwicklung vorzuweisen. Dies zeigt alleine der Blick auf die Forschungsprojekte: Bis Ende 1954 hatte die BFA 18 größere Forschungsvorhaben abgeschlossen und für acht Forschungsprojekte im Haushaltsjahr 1954 die Endberichte vorgelegt.[584] Von 1951 bis 1956 waren vom BMELF insgesamt 55 Forschungsaufträge erteilt worden. Davon hatte die BFA selbst 15 erhalten. Da die Sachgebiete, in denen in den beiden Instituten der BFA gearbeitet wurde (Wirtschaftslehre, Soziologie, Textil und Bekleidung, Ernährung, Bauen und Wohnen, Maschinen und Geräte), sehr umfassend waren, hatte man beschlossen, zusätzlich 16 Forschungsaufträge an den wissenschaftlichen Nachwuchs und noch einmal 24 Aufträge an einzelne Wissenschaftler und an weitere Institute zu vergeben. Eine Zusammenstellung aller Arbeiten mit dem Status ihrer Bearbeitung und Angaben zu ihrer Veröffentlichung waren publiziert.[585] Im Zeitraum von 1950 bis 1956 hatte die BFA einschließlich ihres Etats und der Errichtung der beiden Institute seit dem Jahr 1950 4,7 Millionen DM ausgegeben.[586] Dies war eine beachtliche Summe, verglichen aber mit dem Gesamtbetrag, der der landwirtschaftlichen

---

582 Arbeitsbericht v. Dr. Irmgard Berghaus v. 21.12.1954, BArch, B 116/15734.

583 Schreiben v. Dr. Irmgard Berghaus v. 2.5.1956, BArch, B 116/28248 (IA4-323/56).

584 Jahresbericht 1954, BArch, B 116/15734. Vgl. auch: Pfau, Cornelia, Piekarski, Johannes, Projektliste der Bundesforschungsanstalt für Hauswirtschaft bzw. ihrer Nachfolgeinstitute, in: Oltersdorf, Ulrich, Preuß, Thomas, Haushalte an der Schwelle zum nächsten Jahrtausend: Aspekte haushaltswissenschaftlicher Forschung – gestern, heute, morgen, Frankfurt/M. 1996, S. 397–414.

585 Krause, Jilly, Hauswirtschaftliche Forschung, in: Sprengel, Aenne (Ministerialrätin im Bundesministerium für Ernährung, Landwirtschaft und Forsten, von ihr zusammengestellt u. bearb.), Ländliche Hauswirtschaft. Wissenswertes aus Forschung, Ausbildung und Beratung, Teil 1, Schriftenreihe des Land- und Hauswirtschaftlichen Auswertungs- und Informations-Dienstes, Heft 104, Frankfurt am Main 1957, S. 5–18, hier S. 11–17.

586 Ebd., S. 9.

Forschung zur Verfügung gestanden hatte, doch relativ niedrig. Es klaffte zwischen den Erwartungen von Frauenverbänden, Verbraucherorganisationen, der Industrie sowie vielen einzelnen Frauen im Verhältnis zu den zur Verfügung stehenden und notwendigen Mitteln eine große Lücke. Dennoch zog man in vielen Bereichen produktiven Nutzen aus den Arbeiten der BFA: Die Ergebnisse wurden von den hauswirtschaftlichen Lehr- und Beratungskräften aufgegriffen, insbesondere im landwirtschaftlichen Schul- und Beratungswesen, sie fanden Verwendung in der Hausfrauenberatung in Stadt und Land und stellten die Basis für die Entwicklung hauswirtschaftlicher Maschinen und Geräte. Nicht zuletzt flossen sie ein in größere Projekte zur Erhebung von volkswirtschaftlichen und betriebswirtschaftlichen Daten. Die Publikationsliste von sowohl Monographien wie Aufsätzen war beeindruckend lang. Dem Organisations- und Stellenplan der BFA für das Rechnungsjahr 1955 konnte entnommen werden, dass sich der Mitarbeiterkreis seit Beginn von 24 auf 48 verdoppelt hatte.

Nach der arbeitsintensiven Aufbauphase mit weitreichenden Erfolgen, aber auch Verzögerungen und Behinderungen war ersichtlich und nach den starken gesellschaftspolitischen und wissenschaftspolitischen Veränderungen der Jahre von 1950 bis 1955 auch erforderlich, dass die BFA und ihre Leitung ihr Konzept und mögliche Veränderungen überdenken mussten. Besonders musste Käthe Delius enttäuscht darüber sein, dass der auch von den amerikanischen Experten immer betonten Schaffung eines Lehrstuhls für Hauswirtschaftswissenschaft und der Etablierung eines eigenständigen Studiengangs der Hauswirtschaft kein entscheidendes Vorankommen beschieden war. Die Skepsis und der Widerstand dagegen waren auf deutscher Seite zu groß. Es sollte noch weitere zehn bis fünfzehn Jahre dauern, bis ein erster hauswirtschaftswissenschaftlicher Lehrstuhl realisiert werden konnte. Die ersten Studierenden der Haushaltswissenschaften haben in der Bundesrepublik Deutschland im Jahre 1962 einen Hörsaal betreten.[587] Helga Schmucker hatte in diesem Jahr den ersten Lehrstuhl

---

587 Seel, Barbara, Ökonomik des privaten Haushalts, Stuttgart 1991, S. 5.

für Wirtschaftslehre des Haushalts und Verbrauchsforschung an der Justus-Liebig-Universität Gießen erhalten und zugleich die Leitung des Institutes für Wirtschaftslehre des Haushalts und Verbrauchsforschung übernommen. Ihre Nachfolgerin, Rosemarie von Schweitzer, überlieferte, dass sich trotz dieser grundlegend neuen Bedingungen auch dann noch die Begeisterung an der durch und durch männlich geprägten Ordinarien-Universität für eine Wissenschaft vom Haushalt in Grenzen hielt.[588]

Käthe Delius war bewusst geworden, dass aus gesundheitlichen Gründen ihre Kräfte nicht mehr ausreichten, um ihr Amt so auszuüben, wie es ihrer Ansicht nach erforderlich war.[589] So bat sie um die Versetzung in den Ruhestand zum 31. Dezember 1954. Zur Würdigung ihrer Verdienste um die gesamte ländlich-hauswirtschaftliche Bildungsarbeit und die Förderung der Hauswirtschaft als Wissenschaft, die sie als Direktorin der BFA in ihrem letzten Berufsabschnitt noch intensivieren konnte, wurde ihr am 17. Januar 1955 in der BFA in Bad Godesberg von Ministerialdirektor Dr. Cornelius Franz Herren das Bundesverdienstkreuz und die Dankesurkunde des Bundespräsidenten Prof. Dr. Theodor Heuß überreicht. Diese Ehrung war Anlass für viele, sich ihrer Verdienste zu vergewissern und ihre Leistungen zu würdigen. Dabei wurde der „Wegbereiterin für eine neue Epoche des ländlich-hauswirtschaftlichen Bildungswesens"[590] in weiten Kreisen fachliche Anerkennung gezollt. Es war vielen bewusst, dass sie durch weitschauende Planung Wege gewiesen hatte, „welche auch heute im Schulwesen und in der Forschung klar erkennbar sind."[591] Beeindruckt hatte ihre Persönlichkeit: „Sie besitzt in hohem Maße die Gabe der Menschenführung; ihr Mut zum Neuen, ihr Verantwortungsbewusstsein für alle, die ihr unterstellt waren, ihr Idealismus, ihr Gerechtigkeitssinn

---

588 Schweitzer, Rosemarie von, Erinnerungen an die ersten 40 Jahre Ökotrophologie, Gießen 2012.
589 Delius, Käthe, Ansprache, in: Nutzen und Ordnung 1,2/1955, S. 3–5.
590 Blasche, Margarete, Käthe Delius. Wegbereiterin für eine neue Epoche des ländlich-hauswirtschaftlichen Schulwesens, in: Blatt der Altmaiden. Mitteilungsblatt des Reifensteiner Verbandes 73/1955, als Sonderdruck erschienen.
591 Silberkuhl-Schulte, Maria, Käthe Delius 65 Jahre alt, in: Hauswirtschaft und Wissenschaft 6/1958, S. 3–6.

und ihr Einfühlungsvermögen stempeln sie zu einer Persönlichkeit, die bei umfassendem Wissen und Können von einer Lauterkeit des Charakters ist, wie man ihn selten findet."[592]

Kommissarische Leiterin der Bundesforschungsanstalt mit ihren beiden Instituten wurde von 1955 bis 1960 Elfriede Stübler. 1959 wurde beschlossen, das Institut der Bundesforschungsanstalt in Bad Godesberg zu schließen und die Bundesforschungsanstalt für Hauswirtschaft in Stuttgart-Hohenheim mit den vier Fachgebieten Wirtschaftslehre des Haushalts, Lebensmitteltechnologie im Haushalt, Haushalttechnik sowie Bauen und Wohnen auszubauen. Im Jahr 1974 wurde die BFA als Institut für Hauswirtschaft in die neu errichtete Bundesforschungsanstalt für Ernährung eingegliedert. Diese wurde gebildet aus der Forschungsanstalt in Karlsruhe, der Bundesforschungsanstalt für Hauswirtschaft in Stuttgart-Hohenheim und der Bundesanstalt für Qualitätsforschung pflanzlicher Erzeugnisse in Geisenheim. Der Hauptsitz der neuen Bundesforschungsanstalt für Ernährung war in Karlsruhe. 2004 entsteht durch weitere Zusammenlegung von Forschungseinrichtungen die Bundesforschungsanstalt für Ernährung und Lebensmittel. Diese wurde 2008 umbenannt in Max Rubner-Institut, Bundesforschungsinstitut für Ernährung und Lebensmittel Karlsruhe.

Bereits zwei Jahre vor ihrer Pensionierung hatte sich Käthe Delius mit einem Zweitwohnsitz in Freiburg im Breisgau angemeldet. Dorthin verlegte sie ihren Hauptwohnsitz, nachdem sie aus dem Beruf verabschiedet worden war. Ihre Wohnung in Bonn behielt sie noch bis zum Jahr 1961. Als Achtzigjährige wechselte Käthe Delius innerhalb Freiburgs in das Evangelische Stift in der Hermannstrasse. Zwei Monate bis zu ihrem Tod am 20. November 1977 verbrachte sie im Johanneshaus in Niefern-Öschelbronn bei Pforzheim. Über ihr Leben nach der Pensionierung bis zu ihrem Tod ist, außer dass sie gerne reiste, wenig bekannt.

Am Anfang von Käthe Delius' beruflichem Weg stand eine jugendlich-schwärmerische Entscheidung für eine berufliche Ausbildung, die den Wunsch nach

592 Ebd.

*Professor Käthe Delius wird am 17. Januar 1955 anlässlich ihres Ausscheidens aus dem Dienst das Bundesverdienstkreuz verliehen.*

Eigenständigkeit und Unabhängigkeit aufscheinen ließ. In der Begegnung mit der Frauenbewegung wurde ihr zunächst persönlich motiviertes Emanzipationsstreben komplementiert durch ein großes Interesse, an einer soliden Stärkung von Frauenbildung und Frauenarbeit mitzuarbeiten. In ihrer Ausbildung in der Wirtschaftlichen Frauenschule Obernkirchen des Reifensteiner Verbandes erhielt dieses noch unstrukturierte Interesse starke Impulse durch die Vertiefung der Kenntnis von einem nur rudimentär vorhandenen ländlich-hauswirtschaftlichen Bildungswesen und seine Vernachlässigung im Vergleich mit dem landwirtschaftlich-männlichen. Die Bestärkung und Erziehung der Schülerinnen zu einem sinnvollen, gesellschaftlich notwendigen Engagement war ein Eckpfeiler in der Pädagogik der Reifensteiner Frauenschulen, der nicht zurückstand hinter der Forderung, ein gründlich qualifiziertes Wissen zu erwerben. Die Reifensteiner Schulausbildung bildete für Käthe Delius' Lebensarbeit Wurzeln, gab ihr Orientierung, mit der sie so pragmatisch, wie kreativ und weitsichtig umgehen sollte.

Ein adäquater Handlungsraum bot sich Käthe Delius mit der Tätigkeit als Geschäftsführerin einer Berufsorganisation. Sie tauchte hier ein in ein sehr agiles Frauennetzwerk von aktiven Frauen und Frauenverbänden, nicht zu intensiv involviert in politische und frauenpolitische Auseinandersetzungen, dennoch hilfreich und wirkungsvoll als eine selbstbewusste, gesellschafts- und berufspolitisch äußerst aktive Szene von Frauen. Käthe Delius gelangen in diesem Kontext erste Erfolge in der öffentlichen Vertretung von Frauenberufsinteressen, in der Ausarbeitung und Etablierung von Ausbildungsgängen sowie der Kooperation mit Vertretern des Parlamentes und des Staates. Als Referentin für das ländlich-hauswirtschaftliche Schulwesen im Preußischen Landwirtschaftsministerium ergriff sie die Chance zur Strukturierung und zur Förderung des Schulwesens. Mit der weitsichtigen Intention, der Hauswirtschaft im landwirtschaftlichen Betrieb eine stärkere Anerkennung, der Arbeit der Frauen im Betrieb eine bessere Akzeptanz und der Mädchenbildung eine größere Geltung zu verschaffen, verwarf sie einen separaten Weg der Mädchenausbildung und schuf Mädchenklassen an den bisher nur von Jungbauern besuchten Landwirtschaftsschulen. Mit der Ausarbeitung von einheitlichen Lehrplänen, der Erarbeitung von Ausbildungsbestimmungen für verschiedene ländlichen Berufe, der Erreichung der verbesserten Finanzierung der Lehrerinnen durch den Staat, erreichte Käthe Delius einen Zuwachs von Schulen und eine Förderung der Bildungs- und Berufschancen für Mädchen und Frauen auf dem Land.

Schon Ida von Kortzfleisch hatte eine wissenschaftlich basierte, ländlich-hauswirtschaftliche Ausbildung gefordert und schon Anfang der 1890er Jahre vorgeschlagen, „Wirthschaftliche Frauen-Hochschulen" zu gründen. Es sollte die Absolventin einer Wirtschaftlichen Frauenschule sein, die in Deutschland in der Weimarer Republik erstmals Voraussetzungen und Vorarbeiten für die Erarbeitung und Institutionalisierung einer Wissenschaft von der Hauswirtschaft schuf und dieses Vorhaben dann in der jungen Bundesrepublik mit der Einrichtung und Leitung der Bundesforschungsanstalt für Hauswirtschaft wieder aufnahm. Seinen Ausgangspunkt nahm die Initiative für eine Wissenschaft vom Haushalt in den 1920er Jahren von Qualifikationsanforderungen im Schul- und Beratungswesen: Käthe Delius sorgte sich um die grundlegende Ausbildung der Seminarlehrerinnen und kreierte als ersten Schritt für diese eine Zusatzausbildung an dem von ihr gegründeten Institut für Hauswirtschaftswissenschaft. Vielfältige Aufgaben in Forschung, Lehre und Ausbildung waren dem Institut gestellt: Beziehungen der Hauswirtschaft zur Naturwissenschaft, zur Volkswirtschaft, Entwicklung einer Wirtschafts-, Betriebs- und Arbeitslehre, Klärung wissenschaftlicher Fragen der Haushaltstechnik, Probleme privater Haushalte und nicht zuletzt die Erforschung soziologischer Zusammenhänge. Auch für die BFA galt unter der Leitung von Käthe Delius ein ähnlich ambitioniertes, umfangreiches Programm, das insbesondere die Ausarbeitung eines Studienganges Hauswirtschaft als Kernpunkt einer Institutionalisierung einer akademischen Disziplin Hauswirtschaft inkludierte. Letzteres gelang zu ihrem Bedauern nicht. Bei ihrer Verabschiedung aus dem Beruf formulierte sie nach jahrzehntelanger Tätigkeit für die Förderung der Hauswirtschaft das Fazit, dass sie ein unfertiges Werk hinterließe. Eine zentrale Erkenntnis gab sie ihren Nachfolgerinnen mit auf den Weg: Der Zentralpunkt der Hauswirtschaft sei der Mensch und die Familie[593] – es war dies ihr Plädoyer für ein humanes Zusammenleben.

---

593 Delius, Ansprache, S. 5.

# ABKÜRZUNGEN

| | |
|---|---|
| AID | Land- und hauswirtschaftlicher Auswertungs- und Informationsdienst |
| AS | Archiv Gedenkstätte und Museum Sachsenhausen |
| BArch | Bundesarchiv Berlin, Koblenz |
| BBG | Berufsbeamtengesetz |
| BDF | Bund Deutscher Frauenvereine |
| BFA | Bundesforschungsanstalt für Hauswirtschaft |
| BMBF | Bundesministerium für Bildung und Forschung |
| BMELF | Bundesministerium für Ernährung, Landwirtschaft und Forsten |
| BRD | Bundesrepublik Deutschland |
| DDP | Deutsche Demokratische Partei |
| DDR | Deutsche Demokratische Republik |
| DNVP | Deutschnationale Volkspartei |
| DVP | Deutsche Volkspartei |
| ECA | Economic Cooperation Administration, US-amerikanische Agentur im Rahmen des Marshallplans |
| ERP | European Recovery Program, genannt Marshallplan |
| GPU | Geheimpolizei der Sowjetunion (1922–1934) |
| GS | Preußische Gesetzsammlung |
| GULAG | Die Gesamtheit der Straf- und Arbeitslager der Sowjetunion |
| HICOG | U.S. High Commissioner for Germany; Amerikanischer Hoher Kommissar in der Alliierten Hohen Kommission |
| KGB | Sowjetischer In- und Auslandsgeheimdienst |
| KPD | Kommunistische Partei Deutschlands |
| MSA | Mutual Security Agency; US-Agentur zur Verwaltung der Marshall-Plan-Gelder |
| MWD | Ministerium für innere Angelegenheiten der Sowjetunion (ab 1946) |
| NKDW | Innenministerium der Sowjetunion, auch Volkskommissariat für innere Angelegenheiten genannt (ab 1946 umbenannt in Ministerium für innere Angelegenheiten, MWD) |
| NLA BU | Niedersächsische Landesarchiv, Standort Bückeburg |
| NRW | Nordrhein-Westfalen |
| NSKV | Nationalsozialistische Kriegsopferversorgung |

| | |
|---|---|
| **NSDAP** | Nationalsozialistische Arbeiterpartei |
| **NSLB** | Nationalsozialistischer Lehrerbund |
| **NSF** | Nationalsozialistische Frauenschaft |
| **OECD** | Organisation for Economic Co-operation and Development, Organisation für wirtschaftliche Zusammenarbeit und Entwicklung |
| **OEEC** | Organisation for Economic Co-operation and Development, Ausschuss für europäische wirtschaftliche Zusammenarbeit |
| **RBF, später RBL** | Reichsverband der Beamtinnen und Fachlehrerinnen in Haus, Garten und Landwirtschaft; Reichsverband der Beamtinnen und Lehrerinnen in Haus, Garten und Landwirtschaft |
| **RDH** | Reichsverband Deutscher Hausfrauenvereine |
| **REM** | Reichs- und Preußisches Ministerium für Wissenschaft, Erziehung und Volksbildung (Kurzform: Reichserziehungsministerium von 1935 bis 1938) |
| **RLHV** | Reichsverband Landwirtschaftlicher Hausfrauenvereine |
| **RMEL** | Reichsministerium für Ernährung und Landwirtschaft |
| **RMWEV** | Reichsministerium für Wissenschaft, Erziehung und Volksbildung (1934/1938) |
| **SA** | Sturmabteilung; paramilitärische Kampforganisation der NSDAP |
| **SBZ** | Sowjetische Besatzungszone |
| **SMAD** | Sowjetische Militäradministration in Deutschland |
| **SMERSch** | Spionageorganisation der Sowjetunion |
| **SMT** | Sowjetisches Militär-Tribunal |
| **SPD** | Sozialdemokratische Partei Deutschlands |
| **SS** | Schutzstaffel; eine Organisation der NSDAP |
| **VELF** | Verwaltung für Ernährung, Landwirtschaft und Forsten des Vereinigten Wirtschaftsgebietes |

# LITERATUR

Abelshauser, Werner, Deutsche Wirtschaftsgeschichte. Von 1945 bis zur Gegenwart, 2. überarb. u. erw. Aufl., München 2011

Agde, Günter, Sachsenhausen bei Berlin. Speziallager Nr. 7, 1945–1950. Kassiber, Dokumente, Studien, Berlin 1994

Albers, Helene, Die stille Revolution auf dem Lande. Landwirtschaft und Landwirtschaftskammer in Westfalen-Lippe 1899–1999. Ausstellung im Stadtmuseum Münster, Münster 1999

Ansprache des Vertreters des Landwirtschaftsministeriums, in: Maidenblatt 7/1923, S. 98f

Arbeiten zur Methodik in der Frauenschule. Durchgeführt in der pädagogischen Abteilung des Sozialpädagogischen Instituts unter der Leitung von Dr. Gertrud Bäumer. Sonderdruck aus „Die Lehrerin", Leipzig 1918

Assmann, Aleida, Frevert, Ute, Geschichtsvergessenheit – Geschichtsversessenheit. Vom Umgang mit deutschen Vergangenheiten nach 1945, Stuttgart 1999

Backe, Herbert, Deutschlands Versorgung, in: Hauswirtschaftliche Jahrbücher, Lieferung 1/1941, S. 1–6

Baddack, Cornelia, Katharina von Kardorff-Oheimb (1879–1962) in der Weimarer Republik, Göttingen 2016

Bajohr, Stefan, Rödiger-Bajohr, Kathrin, Die Diskriminierung der Juristin in Deutschland bis 1945, in: Kritische Justiz, Jg. 13, 1980, S. 39–50

Balfour, Michael, Vier-Mächte-Kontrolle in Deutschland 1945–1949, Düsseldorf 1959

Bäumer, Gertrud, Baum, Marie, Soziale Frauenschule und sozialpädagogisches Institut Hamburg. Bericht über die ersten beiden Arbeitsjahre Ostern 1917 bis Ostern 1919, erstattet von Dr. Gertrud Bäumer und Dr. Marie Baum 1919, Hamburg 1919

Benz, Ute (Hg.), Frauen im Nationalsozialismus. Dokumente und Zeugnisse, München 1993

Benz, Wolfgang, Ämter- und Kompetenzchaos, in: Studt, Christoph (Hg.), Das Dritte Reich. Ein Lesebuch zur deutschen Geschichte 1933–1945, München 1997, S. 112–115

Benze, Rudolf, Erziehung im Großdeutschen Reich. Eine Überschau über ihre Ziele, Wege und Einrichtungen, 3. Aufl., Frankfurt (Main) 1943

Berghaus, Irmgard, Das Pflichtjahr als Arbeitseinsatz- und Erziehungsfaktor, in: Hauswirtschaftliche Jahrbücher, Lieferung 1/1941, S. 6–14

Berghaus, Irmgard, Die Hauswirtschaftliche Lehre im Familienhaushalt, in: Hauswirtschaftliche Jahrbücher, Lieferung 1/1941, S. 13–21

Bericht über die Mitgliederversammlung der Zentrale der Deutschen Landfrauen am 29. September 1922, in: Maidenblatt 10/1922, S. 174

Berlage, A., Aus der Bundesforschungsanstalt für Hauswirtschaft, Bad Godesberg. Lehrgang der Diplom-Landwirtinnen, in: Nutzen und Ordnung 2,3/1952, S. 74

Beuys, Barbara, Die neuen Frauen – Revolution im Kaiserreich 1900–1914, München 2014

Biegler, Dagmar, Frauenverbände in Deutschland. Entwicklung Strukturen Politische Einbindung, Opladen 2001

Birkenfeld, Günther, Der NKDW-Staat. Aus den Berichten entlassener KZ-Insassen, in: Der Monat 18/1950, S. 628–632

Blasche, Margarete, Käthe Delius. Wegbereiterin für eine neue Epoche des ländlich-hauswirtschaftlichen Schulwesens, in: Blatt der Altmaiden. Mitteilungsblatt des Reifensteiner Verbandes 73/1955, als Sonderdruck erschienen

Boetticher, Johanna Erika von, Der Maidentee 27. Februar 1912, in: Reifensteiner Maidenzeitung 15/1912, S. 23–26

Böhm, Wolfgang, Biographisches Handbuch zur Geschichte des Pflanzenbaus, Berlin 1997

Bonwetsch, Bernd, Der GULag – das Vorbild für die Speziallager in der SBZ, in: Reif-Spirek, Peter u. a., Speziallager in der SBZ, S. 62–80

Boreé, Karl Friedrich, Frühling 45. Chronik einer Familie, Düsseldorf 2017

Bötticher, Johanna Erika von, Eine Plauderei über die Ausstellung „Die Frau in Haus und Beruf", in: Reifensteiner Maidenzeitung 15/1912, S. 5–9

Bracher, Karl Dietrich, Dualismus oder Gleichschaltung. Der Faktor Preußen in der Weimarer Republik, in: Bracher, Karl Dietrich, Funke, Manfred, Jacobsen, Hans-Adolf (Hg.), Die Weimarer Republik 1918–1933. Politik, Wirtschaft, Gesellschaft, 2. Aufl., Bonn 1988, S. 535–551

Bracher, Karl Dietrich, Funke, Manfred, Jacobsen, Hans-Adolf (Hg.), Die Weimarer Republik 1918–1933. Politik, Wirtschaft, Gesellschaft, 2. Aufl., Bonn 1988

Brand, Marie Berta Freiin von (Hg.), Die Frau in der deutschen Landwirtschaft. Deutsche Agrarpolitik auf geschichtlicher und landeskundlicher Grundlage, Bd. 3, Berlin 1939

Breuer, Frieda, Was muß der Lehrling der ländlichen Hauswirtschaft wissen? Veröffentlichung der Landwirtschaftskammer f. d. Prov. Sachsen, 3. Aufl., Halle (Saale) 1926

Breuer, Frieda, Ländlich-hauswirtschaftliche Betriebslehre, Veröffentlichung der Landwirtschaftskammer f. d. Prov. Sachsen, Halle (Saale) 1926

Breuer, Frieda, Das ländlich-hauswirtschaftliche Bildungswesen, Naturwiss. Diss., Halle (Saale) 1939

Broszat, Martin, Der Staat Hitlers. Grundlegung und Entwicklung seiner inneren Verfassung, München 1983

Bs. [Irmgard Berghaus?], Ein Jahr Bundesforschungsanstalt für Hauswirtschaft, in: Nutzen und Ordnung 4/1952, S. 81–90

Budde, Gunilla Friederike, Auf dem Weg ins Bürgerleben. Kindheit und Erziehung in deutschen und englischen Bürgerfamilien 1840–1914, Göttingen 1994

Budde, Gunilla Friederike, Blütezeit des Bürgertums. Bürgerlichkeit im 19. Jahrhundert, Darmstadt 2009

Clark, Christopher, Preußen. Aufstieg und Niedergang 1600–1947, Bonn 2007

Clark, T. N., Die Stadien wissenschaftlicher Institutionalisierung, in: Weingart, Peter (Hg.), Wissenschaftssoziologie. 2: Determinanten wissenschaftlicher Entwicklung, Frankfurt a. M. 1974, S. 105–121

Conze, Eckart, Frei, Norbert, Hayes, Peter, Zimmermann, Moshe, Das Amt und die Vergangenheit. Deutsche Diplomaten im Dritten Reich und in der Bundesrepublik, München 2010

Corni, Gustavo, Gies, Horst, „Blut und Boden". Rassenideologie und Agrarpolitik im Staat Hitlers, Idstein 1994

Corni, Gustavo, Gies, Horst, Brot – Butter – Kanonen. Die Ernährungswirtschaft in Deutschland unter der Diktatur Hitlers, Berlin 1997

Dahm, Karola, Bewertung der Frauenarbeit in der Landwirtschaft und ihre Berücksichtigung in der Vergleichsrechnung nach § 4 Landwirtschaftsgesetz, in: Sprengel, Aenne (Ministerialrätin im Bundesministerium für Ernährung, Landwirtschaft und Forsten, von ihr zusammengestellt und bearbeitet), Ländliche Hauswirtschaft. Wissenswertes aus Forschung, Ausbildung und Beratung, Teil 1, Schriftenreihe des Land- und Hauswirtschaftlichen Auswertungs- und Informations-Dienstes, Heft 104, Frankfurt am Main 1957. S. 19–22

Darré, Walther, Das Bauerntum als Lebensquell der nordischen Rasse", München 1929

Darré, Walther, Neuadel aus Blut und Boden, München 1930

Darré, Richard Walther, Die Frau im Reichsnährstand, in: Odal 2/1933/34, S. 606–625

Das landwirtschaftliche Berufs- und Fachschulwesen im Aufbau, hg. v. Reichsministerium für Wissenschaft, Erziehung und Volksbildung, Langensalza, Berlin, Leipzig 1938–1943

Datenbank d. deutschen Parlamentsabgeordneten: Parlamentsalmanache/Reichstagshandbücher 1867–1938: http://www.reichstag-abgeordnetendatenbank.de

Demps, Laurenz (Hg.), Luftangriffe auf Berlin. Die Berichte der Hauptluftschutzstelle 1940–1945, Schriftenreihe des Landesarchivs Berlin, Bd. 16, Berlin 2012

Derlitzki, Prof. Dr., Die hauswirtschaftliche Abteilung der Versuchsanstalt für Landarbeitslehre Pommritz/Sa., in: Hauswirtschaftliche Jahrbücher 1930, S. 29–31

Dertinger, Antje, Frauen der Ersten Stunde. Aus Gründerjahren der Bundesrepublik, Bonn 1989

Deutsch, Therese, Mitglied des Preußischen Landtages, Ländlich hauswirtschaftliches Ausbildungswesen, in: Land und Frau 13/1927, S. 211f

Deutsche Pädagogische Auslandsstelle (Pädagogische Abteilung des Deutschen Akademischen Austauschdienstes e. V., Berlin) (Hg.), Fünfter Internationaler Kongress für Hauswirtschaftsunterricht, Berlin 21.–26. August 1934, Berlin 1934

Deutsche Wissenschaft, Erziehung und Volksbildung. Amtsblatt des Reichs- und Preußischen Ministeriums für Wissenschaft, Erziehung und Volksbildung und der Unterrichtsverwaltungen der Länder, Berlin 1935–1945

Die deutsche Berufserziehung. Ausgabe 6: Ländliches Schulwesen. 5,6/1944. Sondernummer zum zehnjährigen Bestehen des Reichserziehungsministeriums

Die Fortbildung der landwirtschaftlichen Lehrerinnen, in: Haus, Garten, Landwirtschaft 9/1922, S. 47

Die Gehälter im Januar, in: Haus, Garten, Landwirtschaft 2/1923, S. 3

Die Praktisch-Wissenschaftliche Versuchsstelle für Hauswirtschaft in Leipzig, in: Jahrbuch des Reichsverbandes Deutscher Hausfrauen-Vereine e. V., Berufsorganisation der deutschen Hausfrauen 1927, Berlin 1927, S. 19–27

Die Zentrale der deutschen Landfrauen, in: Maidenblatt 1/1918, S. 5f

Dieckmann, Ilse, Bericht über die Vorstandssitzung am 12. Oktober 1924, in: Haus, Garten, Landwirtschaft 11,12/1924, S. 27

Dincklage, Agnes von, Verbandsbericht 1919/20, in: Maidenblatt 2/1920, S. 17–26; Bericht Obernkirchen, in: Maidenblatt 4/1925, S. 52

Döring, Valentin, Die Neuordnung des ländlichen Berufs- und Fachschulwesens, in: Deutsche Wissenschaft, Erziehung und Volksbildung 1936, Nichtamtlicher Teil S. 73–75

Döring, Valentin, Das ländliche Schulwesen im Dienste der Berufsausbildung, Langensalza 1937

Döring, Valentin, Die landwirtschaftlichen Berufs- und Fachschulen nach 2 Jahren Krieg, in: Reichsministerium für Wissenschaft, Erziehung und Volksbildung (Hg.), Das landwirtschaftliche Berufs- und Fachschulwesen im Aufbau, Bd. 2, S. 287–300

Dornheim, Andreas, Der lange Weg in die Moderne. Agrarische Politik und ländliche Gesellschaft in Deutschland 1918 bis 1960. Habilitationsschrift Universität Erfurt 2000

Dornheim, Andreas, Rasse, Raum und Autarkie. Sachverständigengutachten zur Rolle des Reichsministeriums für Ernährung und Landwirtschaft in der NS-Zeit. Erarbeitet für das Bundesministerium für Ernährung, Landwirtschaft und Verbraucherschutz, Bamberg 2011, (http://www.bmel.de/SharedDocs/Downloads/Ministerium/RolleReichsministeriumNSZeit.pdf?_blob=publicationFile)

Ebbinghaus, Angelika (Hg.), Opfer und Täterinnen. Frauenbiographien des Nationalsozialismus, Nördlingen 1987

Eine Akademie für soziale und pädagogische Frauenarbeit, in: Maidenblatt 19/1925, S. 297

Eingabe an den Herrn Reichsminister für Ernährung und Landwirtschaft, in: Haus, Garten, Landwirtschaft 11/1922, S. 55

Einladung zur Tagung unseres Verbandes, in: Haus, Garten, Landwirtschaft 1/1923, S. 1

Endemann, Margarete, Die Hausbeamtin, in: Maidenblatt 1/1916, S. 5–7

Erlaß des Preußischen Ministeriums für Landwirtschaft, Domänen und Forsten v. 24. Juli 1919 I A II e 1731. Veröffentlicht im Amtsblatt 1919, S. 317

Erler, Peter, Müller-Enbergs, Helmut, Hoernle, Edwin, in: Wer war wer in der DDR?, 5. Ausgabe, Bd. 1, Berlin 2010

Erziehung und Unterricht in den landwirtschaftlichen Berufs- und Fachschulen, hg. v. Reichsministerium für Wissenschaft, Erziehung und Volksbildung, Langensalza 1940

Falter, Jürgen W., Hitlers Wähler, München 1991

Faustmann, Antje, Frauen in den Internierungslagern der SBZ/DDR 1945–1950 am Beispiel Sachsenhausen, Examensarbeit, Potsdam 1993

Fegebank, Barbara, Der private Haushalt in systemtheoretisch-ökologischer Betrachtung, Frankfurt am Main u. a. 1994

Felsmann, Barbara, Gröschner, Annett, Meyer, Grischa, Backfisch im Bombenkrieg.

Notizen in Steno von Brigitte Eicke, Berlin 2013

Festschrift zum Jubiläum 40 Jahre Johanneshaus Öschelbronn. Zentrum für Lebensgestaltung im Alter 1974–2014, Niefern-Öschelbronn 2014

Finn, Gerhard, Die politischen Häftlinge der Sowjetzone, Pfaffenhofen 1960, Köln 1991

Finn, Gerhard, Sachsenhausen 1936–1950. Geschichte eines Lagers, Bad Münstereifel 1988, 3. Aufl. 1991

Finn, Gerhard, Die Spezialager der Sowjetischen Besatzungsmacht 1945 bis 1950, in: Materialien der Enquete-Kommission „Aufarbeitung von Geschichte und Folgen der SED-Diktatur in Deutschland", S. 337ff.

Foitzik, Jan, Sowjetische Militäradministration in Deutschland (SMAD) 1945–1949. Struktur und Funktion, Berlin 1999

Fragstein, Margarete von, Bericht über die Tagung des Verbandes zur Förderung hauswirtschaftlicher Frauenbildung am 29. u. 30. Sept., in: Maidenblatt 11/1916, S. 163–167; 6/1917, S. 91; 7/1917, S. 110

Frauenschule Malchow i. Meckl. des Mecklenburgischen Frauenschulverbandes, Schwerin, in: Maidenblatt 7/1918, S. 78

Frevert, Ute, ‚Mann und Weib, und Weib und Mann'. Geschlechter-Differenzen in der Moderne, München 1995

Frick, Immanuel, Die Berufsaussichten der Lehrerin der landwirtschaftlichen Haushaltungskunde, in: Maidenblatt 9/1920, S. 137–139

Fricke, Karl-Wilhelm, Politik und Justiz in der DDR. Zur Geschichte der politischen Verfolgung 1945–1968. Bericht und Dokumentation, Köln 1978

Friedländer, Saul, Das Dritte Reich und die Juden: Bd. 1., Die Jahre der Verfolgung: 1933–1939, durchgeseh. Sonderausgabe München 2007

Gablenz, Orla von, Hauswirtschaftliche Betriebslehre und Unterricht?, in: Nutzen und Ordnung 2,3/1953, S. 46–47

Gantenberg, Mathilde, Die Frauenoberschule, ein neuer Weg weiblicher Bildung, in: Hauswirtschaftliche Jahrbücher 1/1933, S. 24–26

Gehälter, in: Haus, Garten, Landwirtschaft 11/1922, S. 53

Gehmacher, Johanna, Hauch, Gabriella (Hg.), Frauen- und Geschlechtergeschichte des Nationalsozialismus. Fragestellungen, Perspektiven, neue Forschungen, Innsbruck–Wien–Bozen 2007

Generalversammlung des Verbandes zur Förderung hauswirtschaftlicher Frauenbildung, in: Maidenblatt 8/1918, S. 89f.

Gerhard, Ute, unter Mitarbeit von Ulla Wischermann, Unerhört. Die Geschichte der deutschen Frauenbewegung, Reinbek bei Hamburg 1990

Girbig, Werner, Im Anflug auf die Reichshauptstadt. Die Dokumentation der Bombenangriffe auf Berlin, Stuttgart 2001

Götze, Marianne, Nächtliche Erlebnisse während der Berliner Ausstellungstage, in: Reifensteiner Maidenzeitung 15/1912, S. 19–22

Götze, Marianne, Ein hauswissenschaftliches Institut der Zukunft, in: Die Deutsche Hausfrau 1/1915/16, S. 155

Greven-Aschoff, Barbara, Die bürgerliche Frauenbewegung 1894–1933, Göttingen 1981

Grünbaum-Sachs, Hildegard, Zur Krisis in der Hauswirtschaft, 4. Veröffentl. des Instituts für Hauswirtschaftswissenschaften, Berlin 1929

„Grüne Woche" in Berlin. Die Textilschau der Bundesforschungsanstalt für Hauswirtschaft, in: Nutzen und Ordnung 2,3/1953, S. 82–85

Gruner, Wolf, Nolzen, Armin (Hg.), Bürokratien. Initiative und Effizienz, Berlin 2001

Güldner, Hans (Hg.), Die höheren Lehranstalten für die weibliche Jugend in Preußen. Bestimmungen, Verfügungen und Erlasse über Lyzeen, Oberlyzeen (Frauenschulen und Wissenschaftliche Oberlyzeen) und Studienanstalten sowie über deren Lehrkräfte; mit einem Abschnitt über Privatschulen und einem solchen über Höhere Mädchenschulen, 2., stark verm. Aufl., Halle 1913

Harter-Meyer, Renate, Der Kochlöffel ist unsere Waffe. Hausfrauen und hauswirtschaftliche Bildung im Nationalsozialismus, Hohengehren 1999

Harvey, Elizabeth, „Der Osten braucht dich!". Frauen und nationalsozialistische Germanisierungspolitik. Aus dem Englischen von Paula Bradish, Hamburg 2009

Hauch, Gabriella, Nationalsozialistische Geschlechterpolitik und bäuerliche Lebenswelten. Frauenspezifische Organisierung – Arbeitsteilung – Besitzverhältnisse, in: Gehmacher, Johanna, Hauch, Gabriella (Hg.), Frauen- und Geschlechtergeschichte des Nationalsozialismus. Fragestellungen, Perspektiven, neue Forschungen, Innsbruck, Wien, Bozen 2007, S. 70–86

Hauptversammlung des Verbandes zur Förderung hauswirtschaftlicher Frauenbildung in Berlin v. 19. bis 22. Mai 1915, in: Frauenwirtschaft 6/1916, S. 82–96

Hausbeamtin – Hausgehilfin, in: Haus, Garten, Landwirtschaft 12/1922, S. 58

Häusser, Alexander, Maugg, Gordian, Hungerwinter. Deutschlands humanitäre Katastrophe 1946/47, Berlin 2010

Havermann, Prof. Dr., Bonn, Maier-Bode, Ministerialdirektor, Bonn, Schule, Prof. Dr., Hannover (Hg.), Amerikanische Landwirtschaft. Erlebnisse und Erfahrungen deutscher Landwirtschaftsexperten mit Farmern, Professoren und Beraterin in den USA, bearb. von Röhm, Helmut, Dr., Hiltrup bei Münster (Westf.) 1951

Heidrich, Hermann (Hg.), Frauenwelten. Arbeit, Leben, Politik und Perspektiven auf dem Land, Bad Windsheim 1999

Heimann, Siegfried, Der Preußische Landtag 1899–1947. Eine politische Geschichte, Berlin 2011

Henning, Friedrich-Wilhelm, Wirtschafts- und Sozialgeschichte, Bd. 3: Das industrialisierte Deutschland 1914 bis 1992, 8. Aufl., Paderborn 1993

Herbst, Kurt (Hg.), Die ländliche Mädchenfortbildungsschule. Beiträge zu ihrer Einrichtung, äußeren u. inneren Gestaltung, mit e. Geleitwort von Käthe Delius u. einer Zusammenstellung aller amtl. Bestimmungen durch Amtsrat Danz, Berlin 1930

Herfeld, Thea, Lehrstühle für hauswirtschaftliche Betriebslehre, in: Land und Frau 11/1949, S. 122

Herwarth von Bittenfeld, Käthe, geb. Stackmann, Die Fachausbildung der ländlichen volksschulentlassenen Jugend und ihre Bedeutung für die Volkswirtschaft, dargestellt an der Provinz Hannover. Dissertation, Philosophische Fakultät der Friedrich-Wilhelms-Universität Berlin 1922

Herwarth von Bittenfeld, Käthe, Die Gestaltung des ländlich-hauswirtschaftlichen Lehrlingswesens, in: Maidenblatt 12/1922, S. 187

Herwarth von Bittenfeld, Käthe, Die Fachausbildung der ländlichen volksschulentlassenen Jugend und ihre Bedeutung für die Volkswirtschaft, dargest. an der Prov. Hannover. Ein Ausschnitt abgedruckt in: Jahrbuch der Philosophischen Fakultät der Friedrich-Wilhelms-Universität zu Berlin, Dekanatsjahr 1921–1922, Berlin 1926, S. 66–73

Herwarth, Käthe von, Bücher, Zeitschriften und Lehrmittel für Beratung und Unterricht, in: Wirtschaftslehre des Landhaushalts, S. 48–59

Herwarth, Kaethe von, Buchführung im städtischen Haushalt, in: Hauswirtschaftliche Jahrbücher. Berichte für Hauswirtschaft in Wissenschaft und Praxis, hg. v. der Reichsfrauenführung, Lieferung 1, Januar 1940, S. 14–17

Herwarth, Kaethe von, Der VI. Internationale Kongreß für Hauswirtschaftsunterricht, in: Hauswirtschaftliche Jahrbücher. Berichte für Hauswirtschaft in Wissenschaft und Praxis, hg. v. der Reichsfrauenführung, Lieferung 1, Januar 1940, S. 35–38

Herwarth, Kaethe von, Reichsausschuß für Hauswirtschaft, in: Hauswirtschaftliche Jahrbücher. Berichte für Hauswirtschaft in Wissenschaft und Praxis, hg. v. der Reichsfrauenführung, Lieferung 2, Mai 1942, S. 80–82

Herwarth, Kaethe von, Normung und Hauswirtschaft, in: Hauswirtschaftliche Jahrbücher. Berichte für Hauswirtschaft in Wissenschaft und Praxis, hg. v. der Reichsfrauenführung, Lieferung 3, Mai 1943, S. 60–63

Heydekampf, Anna von, „Die Frau in der Landwirtschaft" auf der „Frauenausstellung", in: Reifensteiner Maidenzeitung 15/1912, S. 14–19

Heydekampf, Anna von (Geschäftsf. Vors. d. Hausbeamtinnen-Komm. d. Reifensteiner Verbandes), Zur Frage der Ausbildung der Haushaltspflegerin, in: Land und Frau 51/1927, S. 847

Heyl, Hedwig, Das ABC der Küche, Berlin 1885, 2. verbess. u. verm. Aufl., Berlin 1888

Heyl, Hedwig, Hauswirtschaft, Dünnhaupts Studien- und Berufsführer; Band 18 C, Dessau 1927

Höcker, Karla, Die letzten und die ersten Tage. Berliner Aufzeichnungen 1945, Berlin 1966

Hoernle, Edwin, Die Agrarpolitik der Nationalsozialisten und die Aufgaben der KPD, in: Kommunistische Internationale 2/1934

Hoernle, Edwin, Der deutsche Faschismus zerstört die Landwirtschaft, in: Kommunistische Internationale 2/1939

Hoernle, Edwin, Deutsche Bauern unterm Hakenkreuz, Paris 1939

Hoernle, Edwin, Die Lage der Bauernmassen im faschistischen Deutschland, Moskau 1941

Höing, Hubert, (Hg.), Zur Geschichte der Erziehung und Bildung in Schaumburg, Bielefeld 2007

Höing, Hubert (Hg.), Schaumburger Profile. Ein historisch-biographisches Handbuch, Bielefeld 2008

Holtzclaw, Katharine, Die Hauswirtschaft als Forschungsgebiet und Grundlage für Frauenberufe, in: Nutzen und Ordnung 6/1951, S. 280–283

Holzmann, Clara, Wir Maiden und die Ausstellung „Die Frau in Haus und Beruf", in: Maiden-Zeitung der Frauenschule Obernkirchen 5,6/1912, S. 1–3, hier S. 1

Hübinger, Gertrude (Übersetzerin), Bernège, Paulette (Autorin), Die Organisation der Hausarbeit nach wissenschaftlichen Grundsätzen. Übersetzt im Auftr. d. Zentrale für Hauswirtschaftswissenschaft, Veröffentlichung des Instituts für Hauswirtschaftswissenschaft an der Akademie für soziologische und pädagogische Frauenarbeit in Berlin, H. 2, Langensalza 1927

Hübinger, Gertrude, Der Arbeiterhaushalt vor und nach dem Krieg, in: Hauswirtschaftliche Jahrbücher 1/1932, S. 21–33

Hübinger, Gertrude, Die Hauswirtschaft im Lichte d. Statistik (als rechts- u. staatswiss. Diss. zugel. in Innsbruck 1931 unter dem Titel: Die Hauswirtschaft der Nachkriegszeit in Zahlen), Veröffentlichungen des Instituts für Hauswirtschaftswissenschaft an der Deutschen Akademie für soziale und pädagogische Frauenarbeit in Berlin, H. 10, Langensalza, Berlin, Leipzig 1933

Huerkamp, Claudia, Bildungsbürgerinnen. Frauen im Studium und in akademischen Berufen, 1900–1945, Göttingen 1996

Hürter, Johannes, Mayer, Michael (Hg.), Das Auswärtige Amt in der NS-Diktatur, Berlin, München, Boston 2014

Hüttenberger, Peter, Nationalsozialistische Polykratie, in: Geschichte und Gesellschaft 4/1979, S. 417–442

Jahrbuch des Reichsverbandes Deutscher Hausfrauen-Vereine e. V., Berufsorganisation der deutschen Hausfrauen 1927, Berlin 1927

Jahresbericht des AID – Land- und Hauswirtschaftlicher Auswertungsdienst e. V. – 1954–1956, Heft 10, Frankfurt am Main 1956

Jahresbericht des Historischen Vereins für die Grafschaft Ravensberg, Bielefeld 1977

Jahresbericht 1916/18, erstattet auf der Mitgliederversammlung am 13. u. 14. Mai 1918 des Verbandes der hauswirtschaftlichen Frauenbildung, in: Frauenwirtschaft 9/1919, S. 97–100

Jubiläumsausgabe 1928, siehe: 50 Jahre Hauswirtschaftliche Jahrbücher

Just, Herrmann, Die sowjetischen Konzentrationslager auf deutschem Boden 1945–1959, hg. v. d. Kampfgruppe gegen Unmenschlichkeit, o. O. [Berlin] 1952

Kater, Michael H., Krisis des Frauenstudiums in der Weimarer Republik, in: Vierteljahresschrift für Sozial- und Wirtschaftsgeschichte, Jg. 59, 1972, S. 207–255

Kerchner, Brigitte, Beruf und Geschlecht, Göttingen 1992

Kilian, Achim, Die Häftlinge in den sowjetischen Speziallagern der Jahre 1945–1950. Zusammenfassung des derzeitigen Kenntnisstandes hinsichtlich Zahl, Verbleib und Zusammensetzung nach Internierungsgründen, in: Materialien der Enquete-Kommission „Überwindung der Folgen der SED-Diktatur im Prozeß der deutschen Einheit", S. 373–439

Kische, Dorothea, Dr., Kurzer Bericht über unsere diesjährige Hauptversammlung am 19. Februar 1925 in Berlin, in: Haus, Garten, Landwirtschaft 3/1925, S. 7f

Kleinau, Elke, Opitz, Claudia, Geschichte der Mädchen- und Frauenbildung, Band 2. Vom Vormärz bis zur Gegenwart, Frankfurt/New York 1996

Klewitz, Marion, Lehrersein im Dritten Reich, Weinheim 1987

Kluge, Ulrich, Agrarwirtschaft und ländliche Gesellschaft im 20. Jahrhundert, München 2005

Kohlmann, A. [Aurelie], Der Botanische Garten in Dahlem, in: Maiden-Zeitung der Frauenschule Obernkirchen 2/1911, S. 5–7

Kohlmann, A. [Aurelie], Die Arbeit im Laboratorium, in: Maidenblatt 4/1916, S. 49f

Kohlmann, A. [Aurelie], Gemüsebau im Hausgarten, 5. Aufl., Gotha 1922

Kohlmann, A. [Aurelie], Kurze Anleitung im Obstbau, 3. Aufl., Gotha 1922

Kohlmann, A. [Aurelie], Die Pflege der Zimmerpflanzen, 3. Aufl., Gotha, 1922

Kohlmann, A. [Aurelie], Wrangel, Ellen Gräfin, Anleitung zum Experimentieren, Gotha 1922

Konferenz über das ländlich-hauswirtschaftliche Lehrlingswesen, in: Haus, Garten, Landwirtschaft 9/1922, S. 47f

Kortzfleisch, Ida von, Ansprache beim Stiftungsfest, in: Maiden-Zeitung der Frauenschule Obernkirchen 4/1912, S. 11–15

Krause, Jilly, Hauswirtschaftliche Forschung, in: Sprengel, Aenne (Ministerialrätin im Bundesministerium für Ernährung, Landwirtschaft und Forsten, von ihr zusammengestellt u. bearb.), Ländliche Hauswirtschaft. Wissenswertes aus Forschung, Ausbildung und Beratung, Teil 1, Schriftenreihe des Land- und Hauswirtschaftlichen Auswertungs- und Informations-Dienstes, Heft 104, Frankfurt am Main 1957, S. 5–18

Krüger, Elsa, Der deutsche Frauenkongress, in: Reifensteiner Maidenzeitung 15/1912, S. 9–14

Krüger, Gabriele, Das Institut für Hauswirtschaftswissenschaft auf der Ausstellung „Die Ernährung", Berlin, in: Hauswirtschaftliche Jahrbücher 1/1928, S. 65–70

Krüger, Gabriele, Wie oft muß ein Küchenmotor in Benutzung genommen werden, um in einem 5 Personen-Haushalt als wirtschaftlich zu gelten?, in: Hauswirtschaftliche Jahrbücher 2/1932, S. 49–64

Krüger, Gabriele, Kochen und Wissenschaftliche Arbeitslehre, in: Hauswirtschaftliche Jahrbücher 1/1933, S. 6

Krüger, Gabriele, Müller-Kemler, Maria, Das Landmädel. Arbeitsbuch für Schülerinnen landwirtschaftlicher Berufsschulen, Halle a. d. Saale 1940

Krüger, Gabriele, Käthe Delius, in Leben und Beruf, hg. v. Verband der Lehrerinnen für landwirtschaftliche Berufs- und Fachschulen e. V., 1/1963, S. 1f.

Krüger, Gabriele, Erinnerungen an den Aufbaulehrgang für Lehrerinnen der landwirtschaftlichen Haushaltungskunde in Berlin, in: Beruf und Leben 1/1966, S. 2223

Krüger, Peter, Mitmachen?, in: Studt, Christoph (Hg.), Das Dritte Reich. Ein Lesebuch zur deutschen Geschichte 1933–1945, München 1997, S. 47f

Kueßner-Gerhard, Liselotte, Der Reichsverband landwirtschaftlicher Hausfrauenvereine, in: Mende u.a., Deutsches Frauenstreben, S. 37–72

Kühle, Barbara, Titz, Wolfgang, Speziallager Nr. 7 1945 – 1950, hg. i. A. der Nationalen Mahn- und Gedenkstätte Sachsenhausen, Berlin 1990

Kuller, Christiane, „Kämpfende Verwaltung". Bürokratie im NS-Staat, in: Süß, Dietmar, Süß, Winfried (Hg.), Das „Dritte Reich". Eine Einführung, München 2008, S. 227–245

Landwirtschaftliche Jahrbücher. Zeitschrift für wissenschaftliche Landwirtschaft, hg. v. Dr. G. Oldenburg, Geh. Ober-Regierungsrat und vortrag. Rat im Preußischen Ministerium für Landwirtschaft, Domänen und Forsten

Langenthaler, Ernst, Schlachtfelder. Alltägliches Wirtschaften in der nationalsozialistischen Agrargesellschaft 1938–1945, Wien, Köln, Weimar 2016

Lauterer, Heide-Marie, Parlamentarierinnen in Deutschland 1918/19–1949, Königstein/Taunus 2002

Leistung und Gegenleistung, in: Haus, Garten, Landwirtschaft 10/1922, S. 49

Lenzer, Gudrun, Frauen im Speziallager Buchenwald 1945–1950. Internierung und lebensgeschichtliche Einordnung, Münster 1996

Leo, Annette, Überlegungen zu einem Vergleich des nationalsozialistischen Konzentrationslagers Sachsenhausen 1937 bis 1945 mit dem sowjetischen Speziallager Sachsenhausen 1945 bis 1950, in: Materialien der Enquete-Kommission „Überwindung der Folgen der SED-Diktatur im Prozeß der deutschen Einheit", S. 441–489

Linse, Ulrich (Hg.), Zurück o Mensch zur Mutter Erde. Landkommunen in Deutschland 1890–1933, München 1983

Lipinsky, Jan, Gefängnisse und Lager in der SBZ/DDR, in: Materialien der Enquete-Kommission „Überwindung der Folgen der SED-Diktatur im Prozeß der deutschen Einheit", S. 490–566

Loesch, A. v., Zur Frage der Fortbildungsschulen auf dem Lande, in: Land und Frau 52/1927, S. 867

Lüdde-Neurath, Walter, Regierung Dönitz. Die letzten Tage des Dritten Reiches, 2. Aufl., Göttingen 1953

Lüders, Marie-Elisabeth, Fürchte dich nicht. Persönliches und Politisches aus mehr als 80 Jahren. 1878–1962, Köln, Opladen 1963

Margis, Hildegard, Hauswirtschaftliche Beratungsstellen in der Stadt (Die Heibaudi), in: Mende u. a., Deutsches Frauenstreben, S. 165–176

Materialien der Enquete-Kommission „Aufarbeitung von Geschichte und Folgen der SED-Diktatur in Deutschland" (12. Wahlperiode des Deutschen Bundestages). Hg. v. Deutschen Bundestag, Band IV, Recht, Justiz und Polizei im SED-Staat, Baden-Baden, Frankfurt am Main 1995

Materialien der Enquete-Kommission „Überwindung der Folgen der SED-Diktatur im Prozeß der deutschen Einheit". (13. Wahlperiode des Deutschen Bundestages). Hg. v. Deutschen Bundestag, Band VI. Gesamtdeutsche Formen der Erinnerung an die beiden Diktaturen und ihre Opfer– Archive, Frankfurt am Main 1999

Mende, Clara (Hg.), unter Mitarbeit v. Käthe Delius, Eva Förster, Gräfin Margarete Keyserlingk, Liselotte Kueßner-Gerhard, Hildegard Margis, Frida Spandow, Dr. Aenne von Stranz, Deutsches Frauenstreben. Die deutsche Frau und das Vaterland, unter dem Protektorat des Reichsausschusses deutscher Hausfrauenvereine und des Reichsverbandes landwirtschaftlicher Hausfrauenvereine, Stuttgart, Berlin [1931]

Mende, Clara, Die Entwicklung des städtischen hauswirtschaftlichen Unterrichts in Deutschland, in: Deutsche Pädagogische Auslandsstelle, S. 34f.

Mentel, Christian, Weise, Niels, Die zentralen deutschen Behörden und der Nationalsozialismus. Stand und Perspektiven der Forschung, hg. v. Frank Bösch, Martin Sabrow, Andreas Wirsching, München/Potsdam 2016

Merker, Wolfgang, Die Deutschen Zentralverwaltungen in der sowjetischen Besatzungszone Deutschlands 1945–1947. Dissertation zur Erlangung des akademischen Grades, Doktor eines Wissenschaftszweiges. Eingereicht bei der Akademie der Wissenschaften der DDR, Forschungsbereich: Gesellschaftswissenschaften, Berlin 1980

Merker, Wolfgang, Die Zentralverwaltungen, in: Schöneburg, Karl-Heinz und Autorenkollektiv, Errichtung des Arbeiter- und Bauernstaates der DDR 1945–1949, Berlin/DDR 1983, S. 57–80

Michael, Susanna, Der ländliche Hauswirtschaftslehrling. Leitfaden für Ausbildung und Prüfung nach den Bestimmungen des Reichsnährstandes, Berlin o. J. [etwa 1939]

Ministerialblatt der kgl. Pr. Verwaltung für Landw., Domänen und Forsten für 1914

Mironenko, Sergej, Niethammer, Lutz, Plato, Alexander von (Hg.), Sowjetische Speziallager in Deutschland 1945 bis 1950, Bd. 1. Studien und Berichte, Berlin 1998

Mitgliederversammlung des Vereins Institut für Hauswirtschaftswissenschaften e. V., 31.1.1933, in: Hauswirtschaftliche Jahrbücher 1933, S. 44

Mitteilungen des Vorstandes, in: Maidenblatt 9/1922, S. 145f

Mitteilungen des Vorstandes, in: Maidenblatt 10/1922, S. 160

Mitteilung, in: Haus, Garten, Landwirtschaft 5/1923, S. 7

Mitteilungen, in: Haus, Garten, Landwirtschaft 3/1924, S. 4f

Modrow, Hans, Watzek, Hans (Hg.), Junkerland in Bauernhand. Die deutsche Bodenreform und ihre Folgen, Berlin 2005

Möller, Horst, Weimar. Die unvollendete Demokratie, München 1997

Morsey, Rudolf, „Zur Geschichte des ‚Preußenschlags'", in: Vierteljahrshefte für Zeitgeschichte 9/1961, S. 430–439

Mühe, Kathrin, Frauen in den sowjetischen Speziallagern in Deutschland 1945 bis 1950. Häftlingsalltag und geschlechtsspezifische Aspekte, in: Deutschland Archiv 37, 4/2004, hg. v. d. Bundeszentrale für politische Bildung, Bonn, Bielefeld 2004, S. 629–639

Münkel, Daniela, Nationalsozialistische Agrarpolitik und Bauernalltag, Frankfurt am Main, New York 1996

Münkel, Daniela (Hg.), Der lange Abschied vom Agrarland. Agrarpolitik, Landwirtschaft und ländliche Gesellschaft zwischen Weimar und Bonn, Göttingen 2000

Nagel, Anne C., Hitlers Bildungsreformer. Das Reichsministerium für Wissenschaft, Erziehung und Volksbildung 1934–1945, 2. Aufl., Frankfurt am Main 2013

Nettl, John Peter, Die deutsche Sowjetzone bis heute. Politik–Wirtschaft–Gesellschaft, Frankfurt am Main 1953

Niedbalski, Bernd, Deutsche Zentralverwaltungen und Deutsche Wirtschaftskommission (DWK). Ansätze zur zentralen Wirtschaftsplanung in der SBZ 1945–1948, in: Vierteljahrshefte für Zeitgeschichte, Bd. 33/1985, S. 456–477

Niemann, Carl, Geschichte der Firma Bertelsmann & Niemann, Bielefeld, von 1858 bis 1924, hg. u. eingel. v. Karl Ditt, in: Jahresbericht des Historischen Vereins für die Grafschaft Ravensberg, Bielefeld 1977, S. 159–189

Niethammer, Lutz, „Die Jahre weiß man nicht, wo man die heute hinsetzen soll". Faschismuserfahrungen im Ruhrgebiet, Berlin, Bonn 1983

Niethammer, Lutz, Alliierte Internierungslager in Deutschland 1945: Ein Vergleich und offene Fragen, in: Reif-Spirek, Peter, Ritscher, Bodo (Hg.), Speziallager in der

SBZ. Gedenkstätten mit „doppelter Vergangenheit", Berlin 1999, S. 100–123

Nutzen und Ordnung. Gegenwartsfragen der Forschung, Lehre und Beratung für Wirtschaft, Haushalt und Familie, 1950 – 1955

Nützenadel, Alexander (Hg.), Das Reichsarbeitsministerium, Verwaltung – Politik – Verbrechen, Göttingen 2017

Oldenburg, Gustav, Das landwirtschaftliche Unterrichtswesen im Königreich Preußen, zugleich landwirtschaftliche Schulstatistik für die Jahre 1909, 1910 und 1911. Auf Grund amtlicher Unterlagen und Berichte im Auftrage des Ministers für Landwirtschaft, Domänen und Forsten, Berlin 1913

Oldenburg, Gustav, Parey, Paul, Hugo Thiel †, in: Landwirtschaftliche Jahrbücher Bd. 52, 1919, S. I–IV

Oldenburg, Gustav, Der Ausbau des landwirtschaftlichen Unterrichts- und Beratungswesen in Preußen, Berlin 1920

Oldenburg, Gustav, Entwicklung, Stand und Zukunftsaufgaben des landwirtschaftlichen Unterrichtswesens in Preußen, in: Landwirtschaftliche Jahrbücher. Zeitschrift für wissenschaftliche Landwirtschaft, hg. v. Dr. G. Oldenburg, Geh. Ober-Regierungsrat und vortrag. Rat im Preußischen Ministerium für Landwirtschaft, Domänen und Forsten, 1/1927, S. 1–101

Oldenburg, Gustav, Sechs Monate Aufbauarbeit in der Türkei: Bericht d. dt. landwirtschaftl. Sachverständigen-Delegation über ihre Tätigkeit i. d. Zeit vom 1. April bis 30. Sept. 1928, Langensalza 1928

Oltersdorf, Ulrich, Preuß, Thomas, Haushalte an der Schwelle zum nächsten Jahrtausend: Aspekte haushaltswissenschaftlicher Forschung – gestern, heute, morgen, Frankfurt/M., 1996

ORRin Käthe Delius zum Professor ernannt, in: Das Reich der Landfrau. Beilage der Mitteilungen der Deutschen Landwirtschafts-Gesellschaft 26/1953, S. 219

Orth, Albert, Thiel als Landwirt, in: Mitteilungen der Deutschen Landwirtschafts-Gesellschaft, Jg. 24, 1909, S. 361f

Ortmeyer, Benjamin, Mythos und Pathos statt Logos und Ethos, 2. Aufl., Weinheim 2009

Pekesen, Berna, Zwischen Sympathie und Eigennutz. NS-Propaganda und die türkische Presse im Zweiten Weltkrieg, Berlin, Münster, Wien 2014

Pfau, Cornelia, Piekarski, Johannes, Projektliste der Bundesforschungsanstalt für Hauswirtschaft bzw. ihrer Nachfolgeinstitute, in: Oltersdorf, Ulrich, Preuß, Thomas, Haushalte an der Schwelle zum nächsten Jahrtausend: Aspekte haushaltswissenschaftlicher Forschung – gestern, heute, morgen, Frankfurt/M. 1996, S. 397–414

Professor Käthe Delius, in: Das Reich der Landfrau, 27. 1. 1955, S. 31

Raithel, Thomas, Machbarkeitsstudie: Vorgeschichte des Bundesministeriums für Bildung und Forschung bzw. seiner Vorgängerinstitutionen, München 2015

Rantzau, Georg Graf zu, Das Reichsministerium für Wissenschaft, Erziehung und Volksbildung, Berlin 1939

Reichardt, Sven, Seibel, Wolfgang (Hg.), Der prekäre Staat. Herrschen und Verwalten im Nationalsozialismus, Frankfurt am Main 2011

Reichsministerium für Wissenschaft, Erziehung und Volksbildung (Hg.), Das landwirtschaftliche Berufs- und Fachschulwesen im Aufbau, Langensalza, Berlin, Leipzig 1938

Reichsministerium für Wissenschaft, Erziehung und Volksbildung (Hg.), Erziehung und Unterricht in den landwirtschaftlichen Berufs- und Fachschulen, Langensalza, Berlin, Leipzig 1940

Reichsministerium für Wissenschaft, Erziehung und Volksbildung (Hg.), Das landwirtschaftliche Berufs- und Fachschulwesen im Aufbau, Bd. 2, Langensalza, Berlin, Leipzig 1943

Reichssiedlungsgesetz 1919 v. 11. August 1919, in: Reichs-Gesetzblatt 1919, S. 1429–1436

Reicke, Ilse, Die großen Frauen der Weimarer Republik. Erlebnisse im „Berliner Frühling", Freiburg, Basel, Wien 1984

Reif-Spirek, Peter, Ritscher, Bodo (Hg.), Speziallager in der SBZ. Gedenkstätten mit „doppelter Vergangenheit", Berlin 1999

Renner, Kurt, Quellen und Dokumente zur landwirtschaftlichen Berufsbildung von ihren Anfängen bis 1945, Köln, Weimar, Wien 1995

Richarz, Irmintraut, Oikos, Haus und Haushalt. Ursprung und Geschichte der Haushaltsökonomik, Göttingen 1991

Ries, Hildegard, Geschichte des Gedankens der Frauenhochschulbildung in Deutschland. Inaugural-Dissertation zur Erlangung der philosophischen Doktorwürde der Philosophischen und Naturwissenschaftlichen Fakultät der Westfälischen Wilhelms-Universität zu Münster in Westfalen, 10. Oktober 1927

Rohrbach, Justus (Autor), Schlange-Schöningen, Hans (Hg.), Im Schatten des Hungers. Dokumentarisches zur Ernährungspolitik und Ernährungswirtschaft in den Jahren 1945–1949, Hamburg, Berlin 1955

Rudloff, Karin, Sitzung des Verbraucherausschusses des Bundes-Wirtschaftsministeriums, in: Nutzen und Ordnung 1/1952, S. 25f

Ryan, Cornelius (Hg.), Der letzte Kampf, Neuaufl. mit aktuellem Vorw. v. Johannes Hürter, Stuttgart 2015

Salomon, Alice, Die Frauenakademie, in: Blätter des Deutschen Roten Kreuzes, Berlin 1922, S. 23–26

Salomon, Alice, Die Idee einer Hochschule für Frauen, in: Die Erziehung 2/1925, S. 125–127

Salomon, Alice, Die Akademie für soziale und pädagogische Frauenarbeit, in: Deutsche Mädchenbildung 23–25/1925, S. 561f

Salomon, Alice, Die deutsche Akademie für soziale und pädagogische Frauenarbeit im Gesamtaufbau des deutschen Bildungswesens, in: Deutsche Zeitschrift für Wohlfahrtspflege 3/1929, S. 137–144

Salomon, Alice, Charakter ist Schicksal. Lebenserinnerungen, hg. v. Rüdeger Baron u. Rolf Landwehr, Weinheim, Basel 1983

Satzungen des Institutes für Hauswirtschaftswissenschaften, in: Hauswirtschaftliche Jahrbücher 2/1932, S. 35–37

Sawahn, Anke, Die Frauenlobby vom Land. Die Landfrauenbewegung in Deutschland und ihre Funktionärinnen 1898 bis 1948, Frankfurt am Main 2009

Sawahn, Anke, Wir Frauen vom Land. Wie couragierte Landfrauen den Aufbruch wagten, Frankfurt am Main 2010

Sch., M., Die Wissenschaft geht in den Haushalt, in: Land und Frau 33/1949, S. 409

Schaser, Angelika, Frauenbewegung in Deutschland 1848–1933, Darmstadt 2006

Schendzielorz, Gerda, Garten der Einsamkeit, Hameln 1995

Schenck, Ernst-Günther, Vom Massenelend der Frauen Europas in den Wirrnissen des XX. Jahrhunderts, Bonn-Bad Godesberg 1988

Schlegel-Matthies, Kirsten, „Im Haus und am Herd". Der Wandel des Hausfrauenbildes und der Hausarbeit 1880–1930, Stuttgart 1995

Schmahl, Hermannjosef, Disziplinarrecht und politische Betätigung der Beamten in der Weimarer Republik, Berlin 1977

Schmidt, Hans, 1828–1928. Hundert Jahre Geschichte der Firma Conr. Wilhm. Delius & Co. Mechanische Spinnerei und Weberei für Segeltuche Versmold (Westf.), Berlin 1929

Schöneburg, Karl-Heinz und Autorenkollektiv, Errichtung des Arbeiter- und Bauernstaates der DDR 1945–1949, Berlin/DDR 1983

Schott, Maria, Heydekampf, Anna von, Endemann, Margarete, Tretet ein in den Reichsverband land- und forstwirtschaftlicher Fach- und Körperschaftsbeamten!, in: Maidenblatt 3/1920, S. 37f

Schott, Maria, Ziele und Aufgaben des Reichsverbandes der Beamtinnen und Fachlehrerinnen in Haus, Garten und Landwirtschaft, in: Haus, Garten, Landwirtschaft 1/1929, S. 2–5

Schumann, Frank, Edwin Hoernle (1883–1952) – Vater der Bodenreform, in: Modrow, Hans, Watzek, Hans (Hg.), Junkerland in Bauernhand. Die deutsche Bodenreform und ihre Folgen, Berlin 2005, S. 59–81

Schwarz, Christina, Die Landfrauenbewegung in Deutschland. Zur Geschichte einer Frauenorganisation unter besonderer Berücksichtigung der Jahre 1998 bis 1933, Mainz 1990

Schweitzer, Rosemarie von, Lehren vom Privathaushalt. Eine kleine Ideengeschichte, Frankfurt/New York 1988

Schweitzer, Rosemarie von, Erinnerungen an die ersten 40 Jahre Ökotrophologie, Gießen 2012

Schwelling, Birgit, Heimkehr – Erinnerung – Integration. Der Verband der Heimkehrer, die ehemaligen Kriegsgefangenen und die westdeutsche Nachkriegsgesellschaft, Paderborn u. a. 2010

Seel, Barbara, Ökonomik des privaten Haushalts, Stuttgart 1991

Seidel, Ina, Meine Kindheit und Jugend. Ursprung, Erbteil und Weg, Stuttgart 1935

Silberkuhl-Schulte, Maria, Die Wurzelentwicklung beim Wiesenschwingel, Göttingen 1925

Silberkuhl-Schulte, Maria, Hauswirtschaftlicher Unterricht in Amerika, in: Land und Frau 16/1927, S. 267

Silberkuhl-Schulte, Maria, Ein einfaches, überall durchführbares Verfahren zur Feststellung des Härtegrades von Waschwasser, in: Land und Frau 48/1927, S. 792

Silberkuhl-Schulte, Maria, Die Betriebslehre als Grundlage der ländl. Hauswirtschaftl. Wirtschaftsberatung, in: Hauswirtschaftliche Jahrbücher 1929, S. 86–93

Silberkuhl-Schulte, Maria, Die Stellung der Hauswirtschaft zum landw. Betrieb mit besonderer Berücksichtigung des bäuerlichen Betriebes, in: Hauswirtschaftliche Jahrbücher 1/1931, S. 1–6

Silberkuhl-Schulte, Maria, Hauswirtschaft eine Konsumtionswirtschaft?, in Hauswirtschaftliche Jahrbücher 4/1932, S. 116–124

Silberkuhl-Schulte, Maria, Die Landfrauenfrage, in: Die Frau 6/1932/33, S. 361–365

Silberkuhl-Schulte, Maria, Allgemeine Wirtschaftslehre des Haushalts, 1. Teil: Die Betriebsmittel, Langensalza 1933

Silberkuhl-Schulte, Maria, Der durchdachte Haushalt (Vortrag), hg. v. Reichskuratorium f. Wirtschaftlichkeit, Berlin 1933

Silberkuhl-Schulte, Maria, Professor Käthe Delius, in: Nutzen und Ordnung 4,5/1953, S. 89–91

Silberkuhl-Schulte, Maria, Käthe Delius 65 Jahre alt, in: Hauswirtschaft und Wissenschaft, Bd. 6, 1/1958, S. 3–6

Silberkuhl-Schulte, Maria, Die Stellung des Privathaushaltes in der Volkswirtschaft. Ein Beitrag zur Wirtschaftslehre des Haushaltes, Hamburg 1959

Solschenizyn, Alexander, Der Archipel GULAG, 3 Bände, Bern 1974

Spengler, Oswald, Der Untergang des Abendlandes. Umrisse einer Morphologie der Weltgeschichte, Band 1, Wien 1918

Spranger, Eduard, Lebensformen. Ein Entwurf, in: Festschrift für Alois Riehl. Von Freunden und Schülern zu seinem 70. Geburtstage dargebracht, Halle (Saale) 1914, S. 416–522

Spranger, Eduard, Die Idee einer Hochschule für Frauen und die Frauenbewegung, Leipzig 1916

Spranger, Eduard, Lebensformen. Geisteswissenschaftliche Psychologie und Ethik der Persönlichkeit, 2., völlig neu bearb. u. erw. Aufl., Halle (Saale) 1921

Spranger, Eduard, Psychologie des Jugendalters, Leipzig 1924

Sprengel, Aenne, Die Lehre von der Statik in der Wirtschaftslehre des Landbaus, Auszug aus einer vom Professorenrat der Landwirtschaftlichen Hochschule Bonn-Poppelsdorf genehmigten Dissertation, vorgelegt am 7. Juni 1921, Wesel 1921

Sprengel, Aenne, Die Lehre von der Statik in der Wirtschaftslehre des Landbaus, Wesel 1921, Bonn-Po., LaH., Diss., 1924

Sprengel, Aenne, Leitfaden für Lehrfrau und Lehrling in der ländlichen Hauswirtschaft / Aenne Sprengel, Stettin-Neutorney 1925

Sprengel, Aenne, Popp, Otto, Lese- und Arbeitsstoffe für die weibliche Landjugend, Berlin 1927

Sprengel, Aenne, Vorwort, in: Wirtschaftslehre des Landhaushalts, S. 3

Sprengel, Aenne, Die Notwendigkeit eines Ausgleichs zwischen den volkswirtschaftlichen und den volksgesundheitlichen Forderungen auf dem Bauernhof, in: Wirtschaftslehre des Landhaushalts, S. 36–43.

Sprengel, Aenne, Die Beratungsstützpunkte auf dem Lande, in: Hauswirtschaftliche Jahrbücher Lieferung 2, Mai 1941, S. 59–67

Sprengel, Aenne, Grundsätzliches zur landwirtschaftlichen Situation, in: Nutzen und Ordnung 2/1951, S. 102–104

Sprengel, Aenne (bearbeit. u. zusammengest.), Beratungsmethoden in der ländlichen Hauswirtschaft. Vorträge und Diskussionen der internationalen Tagung 21. – 25. Juli 1952 in der Bundesforschungsanstalt für Hauswirtschaft, Bad Godesberg 1952

Sprengel, Aenne, Hauswirtschaftliche Forschung und Beratung?, in: Nutzen und Ordnung 2,3/1953, S. 37–42

Sprengel, Aenne, Käthe Delius, in: Hauswirtschaft und Wissenschaft. Neue Folge der „Hauswirtschaftlichen Jahrbücher". Hg. v. d. Gesellschaft für Hauswirtschaft, Bad Godesberg, unter Mitwirkung der Bundesforschungsanstalt für Hauswirtschaft, Bad Godesberg/Stuttgart, Hamburg 1/1955, S. 3–5

Sprengel, Aenne (Ministerialrätin im Bundesministerium für Ernährung, Landwirtschaft und Forsten, von ihr zusammengest. u. bearb.), Ländliche Hauswirtschaft. Wissenswertes aus Forschung, Ausbildung und Beratung, Teil 1, Schriftenreihe des Land- und Hauswirtschaftlichen Auswertungs- und Informations-Dienstes, Heft 104, Frankfurt am Main 1957

Sprengel, Aenne (Ministerialrätin im Bundesministerium für Ernährung, Landwirtschaft und Forsten, von ihr zusammengest. u. bearb.), Ländliche Hauswirtschaft. Wissenswertes aus Forschung, Ausbildung und Beratung, Teil 2, Schriftenreihe des Land- und Hauswirtschaftlichen Auswertungs- und Informations-Dienstes, Heft 109, Frankfurt am Main 1958

Sprengel, Aenne (Ministerialrätin im Bundesministerium für Ernährung, Landwirtschaft und Forsten, von ihr zusammengest. u. bearb.), Ländliche Hauswirtschaft. Wissenswertes aus Forschung, Ausbildung und Beratung, Teil 3, Schriftenreihe des Land- und Hauswirtschaftlichen Auswertungs- und Informations-Dienstes, Heft 117, Frankfurt am Main 1960

Sprengel, Aenne (Ministerialrätin im Bundesministerium für Ernährung, Landwirtschaft und Forsten, von ihr zusammengest. u. bearb.), Ländliche Hauswirtschaft. Wissenswertes aus Forschung, Ausbildung und Beratung, Teil 4: Die Situation der Frauen in der Landwirtschaft, Schriftenreihe des Land- und Hauswirtschaftlichen Auswertungs- und Informations-Dienstes, Heft 144, Frankfurt am Main 1966

Sprengel, Aenne (Ministerialrätin im Bundesministerium für Ernährung, Landwirtschaft und Forsten, von ihr zusammengest. u. bearb., Mitarbeit von Marianne Mangold), Ländliche Hauswirtschaft. Wissenswertes aus Forschung, Ausbildung und Beratung, Teil 5: Beratungseinrichtungen, Schriftenreihe des Land- und Hauswirtschaftlichen Auswertungs- und Informations-Dienstes, Heft 152, Frankfurt am Main 1968

Steffen-Korflür, Brigitte, Studentinnen im „Dritten Reich". Bedingungen des Frauenstudiums unter der Herrschaft des Nationalsozialismus, Diss. Bielefeld 1991

Steiger, Heinrich (gez.), Neue Ausbildungsbestimmungen für Lehrerinnen der landwirtschaftlichen Haushaltungskunde, in: Maidenblatt 12/1925, S. 178–180

Steiger, Heinrich, Das landwirtschaftliche Bildungswesen in Preußen. Denkschrift des Ministers für Landwirtschaft, Domänen und Forsten, 2. Ausgabe, Berlin 1929

Stephenson, Jill, Women in Nazi Society, New York 1975

Strauss, B., Aus der Bundesforschungsanstalt für Hauswirtschaft, Bad Godesberg. Tagung der Beratungs-Spezialistinnen, in: Nutzen und Ordnung 2,3/1952, S. 74f

Strow, Helen, Holtzclaw, Katharine, Beratungsmethoden, in: Nutzen und Ordnung 2,3/1952, S. 65–68

Stübler, Elfriede, Der Einfluss einiger Natrium- und Calciumsalze auf das Wachstum, den Calcium- und Phosphorstoffwechsel und das Säure-Basengleichgewicht bei Meerschweinchen. Inaugural-Dissertation zur Erlangung des Grads eines Doktors der Landwirtschaft, vorgelegt der Landwirtschaftlichen Hochschule Hohenheim. Arbeit aus dem Institut für Tierernährungslehre an der landwirtschaftlichen Hochschule Hohenheim, im Dezember 1941

Stübler, Elfriede, Home Economics in Amerika und die Frage der Errichtung hauswirtschaftlicher Institute in Deutschland, in: Havermann, Prof. Dr., Bonn, Maier-Bode, Ministerialdirektor, Bonn, Schule, Prof. Dr., Hannover (Hg.), Amerikanische Landwirtschaft. Erlebnisse und Erfahrungen deutscher Landwirtschaftsexperten mit Farmern, Professoren und Beraterin in den USA, bearb. von Röhm, Helmut, Dr., Hiltrup bei Münster (Westf.) 1951, S. 302–321

Stübler, Elfriede, Aus der Arbeit der Hauswirtschaftlichen Forschungsanstalt Stuttgart, in: Nutzen und Ordnung 3,4/1951, S. 165–168

Stübler, Elfriede, Die Bundesforschungsanstalt für Hauswirtschaft und die Spezialistin, in: Nutzen und Ordnung 2,3/1952, S. 44–48.

Stübler, Elfriede (Institut für Ernährung u. Technik der Bundesforschungsanstalt für Hauswirtschaft, Stuttgart), Neue Erkenntnisse auf dem Gebiet der Vitamin-Forschung, Schriftenreihe des Land- und Hauswirtschaftlichen Auswertungs- und Informationsdienstes, Heft 31, Bad Godesberg 1952

Stübler, Elfriede, Posega, Gertrud (Bearb.), Beiträge zur Ernährung in der Landwirtschaft Teil 1, Der Nahrungsmittelverbrauch in 84 Betrieben Württembergs im Jahre 1950/51, Bundesforschungsanstalt f. Hauswirtschaft, Institut f. Ernährung u. Technik, Stuttgart-Hohenheim, Bad Godesberg 1954

Stübler, Elfriede, Zacharias, R., Thumm, G., Kochen unter Druck: die Wirtschaftlichkeit des Verfahrens und sein Einfluß auf den Vitamingehalt verschiedener Gemüse, Bundesforschungsanstalt für Hauswirtschaft, Institut für Ernährung u. Technik, Stuttgart-Hohenheim, Hiltrup bei Münster (Westf.) 1955

Stübler, Elfriede, Pesch S., Schlecht, K., Flüssiggas und Elektrizität in Landhaushalten: Versuche mit Elektro- u. Propangasherden, Hiltrup b. Münster (Westf.) 1956

Stübler, Elfriede (Bearb.), Arbeitsstudien in der Hauswirtschaft. Im Auftr. d. REFA-Fachausschusses Hauswirtschaft, Berlin, Köln, Frankfurt a. M. 1960

Stübler, Elfriede, Einführung in das Arbeitsstudium in der Hauswirtschaft. Im Auftr. d. Refa-Fachausschusses Hauswirtschaft, hg. vom Verband f. Arbeitsstudien, Refa e. V., Darmstadt, Berlin, Köln, Frankfurt a. M. 1962

Stübler, Elfriede, Aufriss einer Arbeitslehre des Haushalts, Schriftenreihe des Land- u. Hauswirtschaftlichen Auswertungs- u. Informationsdienstes, Heft 176, Bonn–Bad Godesberg, Frankfurt a. M. 1973

Stübler, Elfriede, Nachruf für Käthe Delius, in: Hauswirtschaft und Wissenschaft 6/1977, S. 246

Stübler, Elfriede, Dr., im Gedankenaustausch mit Dr. Aenne Sprengel, Dr. Maria Silberkuhl-Schulte und Gabriele Krüger, M. Sc., 50 Jahre Hauswirtschaftliche Jahrbücher. Reminiszenzen aus der Gründungszeit, in: Jubiläumsausgabe der Hauswirtschaftlichen Jahrbücher, Zeitschrift für Hauswirtschaftswissenschaft, hg. v. Institut für Hauswirtschaftswissenschaft an der Akademie für soziale und pädagogische Frauenarbeit, Berlin, Nachdrucke aus den Jahren 1928, 1929, 1930, hg. v. der Deutschen Gesellschaft für Hauswirtschaft e. V., Bad Godesberg, u. dem Institut für Hauswirtschaftswissenschaft der Bundesforschungsanstalt für Ernährung, Stuttgart–Hohenheim 1978, S. 5–7

Stübler, Elfriede, Bundesforschungsanstalt Hauswirtschaft Retrospektive, in: Haus-

wirtschaft und Wissenschaft 3/1985, S. 380–396
Studt, Christoph (Hg.), Das Dritte Reich. Ein Lesebuch zur deutschen Geschichte 1933–1945, München 1997
Süß, Dietmar, Süß, Winfried (Hg.), Das „Dritte Reich". Eine Einführung, München 2008
Tenorth, Heinz-Elmar, Eduard Sprangers hochschulpolitischer Konflikt 1933. Politisches Handeln eines preußischen Gelehrten, in: Zeitschrift für Pädagogik 4/1990, S. 573–596
Thiel – der Verwaltungslandwirt, in: Pflügende Hand – Forschender Geist. Lebensbilder denkwürdiger Bahnbrecher und Führer des Nährstandes, hg. v. Martin Kühner unter Mitarbeit v. Herbert Morgen, Berlin 1934, S. 160–167
Tornow, Werner, Chronik der Agrarpolitik und Agrarwirtschaft des Deutschen Reiches, Hamburg, 1972
Tornow, Werner, Die Entwicklungslinien der landwirtschaftlichen Forschung in Deutschland, hg. v. Bundesministerium für Ernährung, Landwirtschaft und Forsten in Zusammenarbeit mit dem Land- und Hauswirtschaftlichen Auswertungs- und Informationsdienst e. V., Bonn-Duisdorf 1958
Um ein antifaschistisch-demokratisches Deutschland. Dokumente aus den Jahren 1945–1949, Redaktion G. A. Belov, Ministerium für Auswärtige Angelegenheiten der DDR, Ministerium für Auswärtige Angelegenheiten der UdSSR, Berlin/DDR 1968, S. 100ff.
Velsen, Dorothee von, ... im Alter die Fülle. Erinnerungen, Tübingen 1956
Verbandsbericht 1918/19, in: Maidenblatt 3/1919, S. 38
Verbandsbericht 1919/20, in: Maidenblatt 2/1920, S. 22
Verbandsbericht 1923/24, in: Maidenblatt 2/1924, S. 14–19
Verbandsbericht 1924/25, Jahresbericht Reifenstein und Obernkirchen, in: Maidenblatt 4/1925, S. 49–51
Verbandsbericht 1925/26, in: Maidenblatt 2/1926, S. 51
Verbandsbericht 1926/27, in: Maidenblatt 2/1927, S. 18
Verdienstkreuz für Frau Prof. Käthe Delius, in: Nutzen und Ordnung 1,2/1955, S. 2
Von zur Mühlen, Bengt (Hg.), Der Todeskampf der Reichshauptstadt, Berlin/Kleinmachnow 1994
Verfügung des Ministers für Landwirtschaft vom 18. 7. 1924 – I 33502 – betreffend ländlich-hauswirtschaftliches Schulwesen, in: Maidenblatt 13/1924, S. 192–194
Wagner, Leonie, Nationalsozialistische Frauenansichten. Weiblichkeitskonzeptionen und Politikverständnis führender Frauen im Nationalsozialismus, Frankfurt/Main 1996, 2. Aufl. Berlin 2010
Weinberg, Margarete, Der Verband zur Förderung der hauswirtschaftlichen Frauenbildung in seinem Wirken 1902–1916, in: Frauenwirtschaft 7/1917, S. 97–108
Weingart, Peter (Hg.), Wissenschaftssoziologie. 2: Determinanten wissenschaftlicher Entwicklung, Frankfurt a. M. 1974
Wendelmuth, Gerda, Sommerobst wird eingemacht, Leipzig, Berlin 1935
Wendelmuth, Gerda, Die Zubereitung der Gemüse, Leipzig, Berlin 1935
Westfälisches Geschlechterbuch, bearbeitet von Uta v. Delius, Bielefeld-Theesen, Siebenter Band. Deutsches Geschlechterbuch. Genealogisches Handbuch Bürger-

licher Familien. Quellen- und Sammelwerk mit Stammfolgen Deutscher Bürgerlicher Geschlechter, Band 193, Limburg an der Lahn 1987

Wieler, Joachim, Er-Innerung eines zerstörten Lebensabends. Alice Salomon während der NS-Zeit (1933–1937) und im Exil (1937–1948), Darmstadt 1987

Wildt, Michael, Kreutzmüller, Christoph (Hg.), Berlin 1933–1945, München 2013

Winckel, Max, Ernährungslehre, Gotha 1930

Winkler, Dörte, Frauenarbeit im ‚Dritten Reich', Hamburg 1977

Wirtschaftliche Frauenschule Obernkirchen, Reg. Bez. Kassel, Verein für wirtschaftliche Frauenschulen auf dem Lande, o. O. 1903

Wirtschaftslehre des Landhaushalts. Vorträge der Arbeitsgemeinschaft „Wirtschaftslehre des Landhaushaltes", veranstaltet in der Landfrauenschule Wittgenstein zu Birkelbach-Westfalen v. 13.–15. Juli 1938 unter Leitung des Deutschen Frauenwerkes, Reichsstelle für hauswirtschaftliche Forschungs- und Versuchsarbeit, hg. v. d. Reichsfrauenführung als Sonderdruck der Hauswirtschaftlichen Jahrbücher, verantw. für d. Inhalt: Kaethe von Herwarth, Stuttgart 1939

Wolff, Mathilde, Wo liegen heute unsere Aufgaben?, in: Maidenblatt 9/1920, S. 135–137

Wolff, Mathilde, Frauenstudium und Landwirtschaft, in: Die Gutsfrau 18/1921, 217–219

Wolff, Mathilde, Das ländlich-hauswirtschaftliche Ausbildungs- und Fortbildungswesen in Deutschland, Jena, Dissertation (Auszug) 1923

Wolff, Mathilde, Ländlich-hauswirtschaftliches Schulwesen in Holland, in: Land und Frau 22/1927, S. 368f, 23/1927, S. 387, 24/1927, S. 401f

Wolff, Mathilde, „Mehr Milch!", in: Land und Frau 9/1927, S. 139f

Wolff, Mathilde, Zukunftswege des ländlich-hauswirtschaftlichen Schulwesens, in: Land und Frau 17/1927, S. 283

Wolff, Mathilde, Vom internationalen Kongreß für hauswirtschaftlichen Unterricht in Rom, Mitte November 1927, in: Land und Frau 49/1927, S. 806f

Wörner-Heil, Ortrud, Von der Utopie zur Sozialreform. Jugendsiedlung Frankenfeld im Hessischen Ried und Frauensiedlung Schwarze Erde 1915 bis 1933, Darmstadt, Marburg 1996

Wörner-Heil, Ortrud, Frauenschulen auf dem Lande. Reifensteiner Verband (1897–1997), 2. Aufl., Kassel 1997

Wörner-Heil, Ortrud, Die Wirtschaftlichen Frauenschulen des Reifensteiner Verbandes als neuer Schultyp in der modernen Berufsbildung. Ein Beitrag zu den Anfängen des ländlich-hauswirtschaftlichen Bildungswesens, in: Heidrich, Hermann (Hg.), Frauenwelten. Arbeit, Leben, Politik und Perspektiven auf dem Land, Bad Windsheim 1999, S. 99–118

Wörner-Heil, Ortrud, Frauenelite und Landfrauenbewegung in Württemberg. Der Landwirtschaftliche Hausfrauenverein als adelig-bürgerlicher Begegnungsraum, in: Flemming, Jens, Puppel, Pauline, Troßbach, Werner, Vanja, Christina, Wörner-Heil, Ortrud, Lesarten der Geschichte. Ländliche Ordnungen und Geschlechterverhältnisse. Festschrift für Heide Wunder zum 65. Geburtstag, Kassel 2004, S. 418–444

Wörner-Heil, Ortrud, Adelige Frauen in der Landfrauenschule Obernkirchen (1901–

1970), in: Höing, Hubert (Hg.), Zur Geschichte der Erziehung und Bildung in Schaumburg, Bielefeld 2007, S. 315–348

Wörner-Heil, Ortrud, Helene Morgenbesser, in: Höing, Hubert (Hg.), Schaumburger Profile. Ein historisch-biographisches Handbuch, Bielefeld 2008, S. 217–222

Wörner-Heil, Ortrud, Adelige Frauen als Pionierinnen der Berufsbildung. Die ländliche Hauswirtschaft und der Reifensteiner Verband, Kassel 2010

Wörner-Heil, Ortrud, „Vorsteherin" der Wirtschaftlichen Frauenschule Obernkirchen. Agnes Freiin von Dincklage, in: Wörner-Heil, Ortrud, Adelige Frauen als Pionierinnen der Berufsbildung. Die ländliche Hauswirtschaft und der Reifensteiner Verband, Kassel 2010, S. 383–410

Wrangel, Ellen Gräfin, Was es schon einmal gegeben hat (1922–1933) ... Wir sind noch nicht viel weitergekommen. Landfrau und Landwirtschaftskammer – vor 35 Jahren, in: Nutzen und Ordnung 3,4/1955, S. 126–128

Zeiß, (o. V.), Aus der Bundesforschungsanstalt für Hauswirtschaft. Die Gesellschaft für Hauswirtschaft tagte am 22. Januar 1952 in Bad Godesberg, in: Nutzen und Ordnung 1/1952, S. 22–24

Zentrale für Hauswirtschaftswissenschaften, in: Die Volksernährung. Zeitschrift für die Gesamtinteressen der wissenschaftlichen, praktischen und technischen Fragen der Volksernährung und Hygiene, für Nahrungsmittelkunde und –technik 1/1925/26, S. 190

50 Jahre Hauswirtschaftliche Jahrbücher. Reminiszenzen aus der Gründungszeit, Dr. Elfriede Stübler im Gedankenaustausch mit Dr. Aenne Sprengel, Dr. Maria Silberkuhl-Schulte und Gabriele Krüger, M. Sc., in: Jubiläumsausgabe der Hauswirtschaftlichen Jahrbücher, Zeitschrift für Hauswirtschaftswissenschaft, hg. v. Institut für Hauswirtschaftswissenschaft an der Akademie für soziale und pädagogische Frauenarbeit, Berlin, Nachdrucke aus den Jahren 1928, 1929, 1930, hg. v. der Deutschen Gesellschaft für Hauswirtschaft e. V., Bad Godesberg, u. dem Institut für Hauswirtschaftswissenschaft der Bundesforschungsanstalt für Ernährung, Stuttgart–Hohenheim Stuttgart 1978

# VERÖFFENTLICHUNGEN VON KÄTHE DELIUS, EINE AUSWAHL

Nahrungsmittellehre, o. O., 1920
Leitfaden für Nahrungsmittellehre, 3. Aufl., Gotha o. J. [1926]
Nahrungsmittellehre, 8. verm. Aufl., Gotha 1940
Die Ziele des Reichsverbandes deutscher Gutsbeamtinnen, in: Maidenblatt 9/1921, S. 151f
Die Konditorkunst in der Küche, Leipzig, Wien, 3., verb. u. erw. Aufl., Zürich 1922 (Rittershaus, Karl, unter Mitwirkung von Käthe Delius)
Verein ländlicher Fachlehrerinnen, in: Maidenblatt 4/1922, S. 66
Berufsorganisation, in: Maidenblatt 6/1922, S. 101–102
Zur Gehaltsfrage der Praktikantinnen, in: Maidenblatt 6/1922, S. 102
Die Fortbildung der landwirtschaftlichen Lehrerinnen, in: Haus, Garten, Landwirtschaft 9/1922, S. 47
Eingabe an das Reichsarbeitsministerium und den Reichswirtschaftsrat, in: Haus, Garten, Landwirtschaft 12/1922, S. 59 (Gemeinsam mit Herwarth, Käthe von)
Hausbeamtinnen, in: Maidenblatt 3/1923, S. 31
Neue Aufgaben, in: Haus, Garten, Landwirtschaft 11/12 1923, S. 15
Ländlich-hauswirtschaftliches Schulwesen, in Maidenblatt 13/1924, S. 191f
Für die Lehrerinnen. Arbeitsgemeinschaft landwirtschaftlicher Lehrerinnen, in: Maidenblatt 1/1925, S. 7
Die ländliche Mädchenfortbildungsschule, In: Haus, Garten, Landwirtschaft 6/1925, S. 15
Wie gewinnen wir Lehrkräfte für ländliche Mädchenfortbildungsschulen?, in: Haus, Garten, Landwirtschaft 10/1925, S. 36
Aus- und Fortbildung der Lehrerinnen der Landwirtschaftlichen Haushaltungskunde, in: Maidenblatt 20/1925, S. 306–308
Zum Geleit, in Hauswirtschaftliche Jahrbücher 1/1928, S. 2
Hauswirtschaft und Bildung, in: Hauswirtschaftliche Jahrbücher 1/1929, S. 1–5
Die pädagogische Ausbildung der Gärtnerinnen, in: Haus, Garten, Landwirtschaft 7/1930, S. 50f
Die ländliche Mädchenfortbildungsschule. Beiträge zu ihrer Einrichtung, äußeren u. inneren Gestaltung, mit e. Geleitwort von Käthe Delius u. einer Zusammenstellung aller amtl. Bestimmungen durch Amtsrat Danz, Berlin 1930, (Herbst, Kurt (Hg.))
Der Gartenbaulehrer und die Gartenbaulehrerin, in Haus, Garten, Landwirtschaft 2/1931, S. 9f
Theorie und Praxis im hauswirtschaftlichen Unterricht, in: Hauswirtschaftliche Jahrbücher 4/1931, S. 123–127
Das ländliche hauswirtschaftliche Bildungswesen, in: Mende, Clara (Hg.), Deutsches Frauenstreben. Die deutsche Frau und das Vaterland, unter Mitwirkung von Käthe Delius, Eva Förster, Gräfin Margarete

Keyserlingk, Liselotte Kueßner-Gerhard, Hildegard Margis, Frida Spandow, Dr. Aenne von Strauß. Unter dem Protektorat des Reichsausschusses ländlicher Frauenverbände, des Reichsverbandes deutscher Hausfrauenvereine und des Reichsverbandes landwirtschaftlicher Hausfrauenvereine, Stuttgart, Berlin o. J. [1931], S. 254–264

Rezension des Buches von Maria Silberkuhl-Schulte, Allgemeine Wirtschaftslehre des Haushalts, in: Hauswirtschaftliche Jahrbücher 1/1933, S. 26–31

Frau und Siedlung, in: Haus, Garten, Landwirtschaft 2/1933, S. 10

Einordnung der Lehrerin für hauswirtschaftlichen Gartenbau und der Geflügelzuchtgehilfin in das ländlich-hauswirtschaftliche Schul- und Beratungswesen, in: Haus, Garten, Landwirtschaft 12/1933, S. 99f, (abgedruckt in „Unterricht und Praxis", Nr. 17)

Die Bedeutung der Menschenkenntnis im ländlich-hauswirtschaftlichen Beratungswesen, in: Hauswirtschaftliche Jahrbücher 2/1934, S. 55–59

Die Entwicklung des ländlich-hauswirtschaftlichen Unterrichts in Deutschland, in: Deutsche Pädagogische Auslandsstelle (Pädagogische Abteilung des Deutschen Akademischen Austauschdienstes e. V., Berlin) (Hg.), Fünfter Internationaler Kongress für Hauswirtschaftsunterricht, Berlin 21.–26. August 1934, Gesamtbericht, Berlin 1934, S. 32–34

Nahrungsmittellehre. Umgearb. u. neu hg. v. Max Winckel, Gotha 1934

Erläuterungen zum Lehrplan der Oberklasse der Landfrauenschulen auf der Tagung in Berlin am 18./19. November 1937, in: Reichsministerium für Wissenschaft, Erziehung und Volksbildung (Hg.), Das landwirtschaftliche Berufs- und Fachschulwesen im Aufbau, Langensalza, Berlin, Leipzig 1938, S. 60–69

Wegweiser durch die ländlichen Frauenberufe. Ratgeber für den ländlichen Nachwuchs, für Eltern, Lehrer u. Berufsberater, Berlin 1939 (Gemeinsam mit Michael, Susanna)

Warum müssen sich die hauswirtschaftlichen Fach- und Berufsschulen auf wissenschaftliche Versuchs- und Forschungsarbeit stützen?, in: Hauswirtschaftliche Jahrbücher 1/1939, S. 15–17

Die praktische Gestaltung des Unterrichts in der Wirtschaftslehre des Haushalts, in: Wirtschaftslehre des Landhaushalts, hg. v. der Reichsfrauenführung, Sonderdruck der Hauswirtschaftlichen Jahrbücher 1939, S. 44–48

Rezension des Buches von Dr. Frieda Breuer, Wirtschaftslehre des Landhaushaltes, Leipzig 1940, in: Hauswirtschaftliche Jahrbücher, Lieferung 3, September 1941, S. 45

Drei Frauenberufe in der Landwirtschaft, in: Die deutsche Landfrau 1942, S. 152f

Worte des Dankes, in: Blatt der Altmaiden 9/1950, o. S. [4]

Was gehört zu einer erfolgreichen Wirtschaftsberatung? (I.), in: Nutzen und Ordnung 11,12/1950, S. 171–176

Das Tagewerk der Landfrau, in: Nutzen und Ordnung 11,12/1950, S. 217

Beratungsmethoden für Kleinbäuerinnen, in: Nutzen und Ordnung 2/1951, S. 116–118

Rezension von „Täglich wird die Welt erschaffen" von F. W. Maier-Bode, in: Nutzen und Ordnung 2/1951, S. 160

Die Bundesforschungsanstalt für Hauswirtschaft in Bad Godesberg, in: Nutzen und Ordnung 3,4/1951, S. 161–164

Die Diplomlandwirtin und die ländliche Hauswirtschaft, in: Nachrichten für Beratung und Ausbildung in der Landwirtschaft 3/1951

Wünsche der Beraterinnen für den Ausbau ihrer Beratungsstelle, in: Nutzen und Ordnung 5/1951, S. 244–246 (Gemeinsam mit Strauss, Bertel)

Rezension von „Vom Teig zum Gebäck". Praktische Verfahren der Teigverarbeitung mit naturwissenschaftlichem Sinnbezug" von Gertrud Aschoff, in: Nutzen und Ordnung 6/1951, S. 320

Entwicklung und Form der Hauswirtschaft, in: Nutzen und Ordnung 5/1952, S. 139–141

Welche Ziele verfolgen die Hefte „Hauswirtschaft und Wissenschaft"?, in: Hauswirtschaft und Wissenschaft. Neue Folge der „Hauswirtschaftlichen Jahrbücher" 1/1953, S. 5–9

Das Zeitproblem in der Hauswirtschaft, in: Hauswirtschaft und Wissenschaft. Neue Folge der „Hauswirtschaftlichen Jahrbücher" 1/1955, S. 5–12

Ansprache, in: Nutzen und Ordnung 1,2/1955, S. 3–5

Das ländlich-hauswirtschaftliche Ausbildungswesen und seine Entwicklung aus den ersten Anfängen, in: Nutzen und Ordnung 3,4/1955, S. 56–63

Die bäuerliche Hauswirtschaft vom arbeitswissenschaftlichen Gesichtspunkt aus gesehen. Ein Beitrag zur Wesenserklärung der Hauswirtschaft, in: Hauswirtschaft und Wissenschaft 2/1956, S. 55–66

Untersuchungen über Frauenarbeit in bäuerlichen Betrieben des Bundesgebietes, unter besonderer Berücksichtigung der Hauswirtschaft, vorgelegt von Käthe Delius, Professorin und Direktorin der Bundesforschungsanstalt für Hauswirtschaft, Bad Godesberg/Stuttgart-Hohenheim, Wissenschaftliche Mitarbeiterin: Diplomlandwirtin Ursula Schneider. Hg. v. Bundesministerium für Ernährung, Landwirtschaft und Forsten, Bonn 1957

Käthe von Herwarth zum Gedenken, in: Blatt der Altmaiden 126/1960, S. 2f, hier S. 3